部级领导干部历史文化讲座

大国智慧

中华优秀传统文化培育的核心思想理念

国家图书馆◎编

国家圖書館出版社

图书在版编目（CIP）数据

大国智慧 / 国家图书馆编. -- 北京 : 国家图书馆出版社, 2017.10

ISBN 978-7-5013-6286-8

Ⅰ. ①大… Ⅱ. ①国… Ⅲ. ①中华文化－文集 Ⅳ. ①K203-53

中国版本图书馆CIP数据核字(2017)第244573号

书　　名　**大国智慧**

著　　者　国家图书馆　编

责任编辑　王燕来　黄　鑫

出　　版　国家图书馆出版社（100034　北京市西城区文津街7号）
　　　　　（原书目文献出版社　北京图书馆出版社）

发　　行　（010）66114536　66126153　66151313　66175620
　　　　　66121706（传真）　66126156（门市部）

E-mail　nlcpress@nlc. cn（邮购）

Website　www.nlcpress.com→投稿中心

经　　销　新华书店

印　　装　北京中科印刷有限公司

版　　次　2017年10月第1版　2017年10月第1次印刷

开　　本　787×1092（毫米）　1/16

印　　张　25.5

字　　数　354千字

书　　号　ISBN 978-7-5013-6286-8

定　　价　68.00元

目　录

任继愈
中华五千年的历史经验

任继愈（1916—2009），山东省平原县人。1938年毕业于北京大学，1941年毕业于北京大学文科研究所（硕士）。1942—1964年任教于北京大学哲学系。1964—1985年任中国科学院世界宗教研究所（现属中国社会科学院）所长、研究员。筹建中国第一所宗教研究机构，并与北京大学合作培养宗教学本科生，为中华人民共和国培养了一大批宗教学研究人才。1987年后任国家图书馆馆长，兼北京大学教授、中国社会科学院研究生院博士生导师、中国社科基金宗教组召集人、中国哲学史学会会长等。作为学术界的代表，当选为第四、五、六、七、八届全国人大代表。

主要著述有《汉唐佛教思想论集》《中国哲学史论》《任继愈学术论著自选集》《任继愈学术文化随笔》《老子全译》等。主编《中国哲学史》《中国哲学发展史》《中国佛教史》《中国道教史》《宗教词典》《中华大藏经》等。

今天我讲的题目是中华五千年的历史经验。说是五千年，实际上越往后，咱们知道的事情越多。这五千年中间，越往后，对我们的关系就越深。从古代联系到现在，这个问题可以看得更清楚。我们常说“事后诸葛亮”，这是个贬义词，过去的事情发生了，事后你才提。如果从全面的角度理解这句话，也有很深的道理。因为总结经验，就是事后才能总结，当事情进行中间，你反倒看不清楚，事后冷静下来，看得才更清楚。古代有一个诗人说，“睫在眼前常不见”，就是说睫毛离眼睛最近，你反倒看不见它，越近的，越不一定看得清楚，就是这个道理。我们回头看一看五千年是怎么走过来的，因为正在走的时候，你看不清楚。我们上山最有经验，正在爬山的时候，只顾眼前那一点，看不清楚，可是到了一定的高度，在高处，回头望望你刚才走过的路，哪个地方有点弯路，哪个地方走错了，或是走不合适了，越到高处，看得越清楚。学习历史就有这么个作用，事后让你总结，回头看看，让你增加些知识，总结经验，吸取教训。这五千年我们走过来的路，有成功的，也有失败的，总起来说，成功的多，失败的少，所以才取得今天的成就。如果失败的多，成功的少，那么五千年越来越萎缩，就没有今天的局面了。

汉族的龙图腾

最近我看媒体和一些书刊，对历史有些埋怨情绪，说当初要是辛亥革命以后，袁世凯不叛变多好，再往上推，戊戌变法要是成功多好，甚至抱怨五四运动，说五四运动否定得太多，现在看还得重新估价，诸如此类。这个看法我觉得是非历史的看法，也是不科学的。历史本身不会有什么错误，世界上发生的事情，就是客观事实，事实是不可改变的，也不可能按照你的意志来改变。但人在历史中间，处理问题的时候，对待历史所采取的措施会发生错误。这个错误不是历史本身造成的，这点应该说明。

我们现在从民族的、经济的、政治的、文化的四个方面来谈谈这五千年。

中华民族，这是个统称，细分下面有56个民族，汉族是其中之一，汉族以外还有55个民族，汉族的人数最多，占90%以上。这五千年是怎么走过来的，我们全部的历史也不能说详细，也不可能说得清楚，我们就拿几个大的变化时代来看。汉族，中华民族，它的形成，我想可以分成五个时期：第一个时期是春秋战国时期。春秋战国时期，是个民族大融合时期，融合交流，通过战争，经济交流，政治交往。第二个时期是魏晋南北朝时期，前后将近三四百年，也是个大的融合时期，在第二个时期里，很多民族共同向封建化进步。五胡十六国变化，是北方少数民族接受封建文化，特别是汉文化的一个过程。魏晋时期佛教来了，道教也有了，意味着宗教影响了民族文化的融合。第三次民族大融合就是隋唐时期。这个时期民族的融合又深入了一步，从南北对立的两个政权合成一个，隋唐统一了，合成一个统一的大国。这个时候的民族关系更深了，融合得更多了。比如，唐朝的皇帝，他的身份是汉族，其实他是个混血儿，他的母系是少数民族。窦氏、独孤氏、长孙氏都是北方的少数

年画尉迟恭

民族，皇族本身就是混血的一个家族。隋唐时代政府的重要官员，像将军、官吏，好多都是少数民族。我们看农村里过春节贴门神，门神挂的两个像，一个是尉迟恭，一个是秦琼，门神尉迟恭就是新疆少数民族人，尉迟，从这个姓就知道是少数民族，唐太宗重用他，做禁卫军的领袖。隋唐时候，文官、武官不分种族，一律对待，升官一样地升，处分也一样地处分，融合得比较好。第四次是元朝，元朝是蒙古族统治，蒙古族人当皇帝了，可下面也用大量的非蒙古族的各级官员和士兵，蒙古族是少数，大量的还是汉族及其他民族。元朝是皇帝改朝换代，皇帝换了，可是指导治国的方针及治国的思想，完全继承了宋朝的，甚至是宋朝以前的一些制度。元朝在全国地方州县普遍建立孔庙，云南有孔庙是从元朝开始的，继承了宋朝，奉孔子思想为治国最高准则。根据孔府的档案，从元朝开始，孔府的档案保存得较完好，没有遗失，中国的档案保存最完整的其中一个就是孔府。第五次是清朝，清朝满族入关，是一次大的融合。

汉族是一个很优秀的民族。汉族有一个特点，那就是各族中间的通婚关系不是像别的民族限制得那么严、那么死，远缘通婚的比较普遍。我们从遗传的角度来看，近亲繁殖违反优生原理。古代早已发现近亲结婚子孙繁衍得不好。云南滇西地方的一个寨子，世世代代在小范围里内部通婚，据统计它那个地方痴呆症占10%，男人身高最高的是1.6米，历次招兵，体格检验都不合格。所以，一个族群封闭起来不和外边来往，近亲繁殖，就越来越退化，越来越退步。汉族不是这个情况。因为汉族有这么一个特点，从隋唐以后，种族歧视在中国不像世界上别的国家那么严重。

大家学过历史，知道犹太族是最顽强的一个民族，谁都消化不了它，它是独立的，经历也很艰难，失去了祖国，经过很多波折，不过最终还是存在下来了。以色列是第二次世界大战以后，通过联合国新建的国家。犹太族也有一部分流浪到了中国，宋朝的时候在开封就有一支，以后就消失了。最难与别的民族融合的犹太族，只有到了中国就消失了。这么一个顽强的民族，怎么到了中国就不见了呢？可见中国民族政策的传统没有什么歧视。因为中国有科举制度，许他科举，许他读书、考秀才、考举人，做了官，世界观慢慢地就一致起来，接受教育，改变了宗教信仰，接受中国的汉文化，流浪到中国的犹太族就不见了。

那年我到尼泊尔去，尼泊尔人说，北京白塔寺是尼泊尔的工程师建筑的，他们很关心这位工程师，问他的后裔还有没有，我说早已无从查询了。明朝到现在五六百年，与当地华人通婚，慢慢地就成了中华民族成员了。中华民族，从春秋战国、南北朝、隋唐，到宋、元、明、清，经过几次大的民族的交融，犹如河流汇合，慢慢地融成一个多民族的海洋，总称为中华民族。全世界许多地区，民族纠纷非常严重，可只有中国，不能说没有，可比有些国家的问题和矛盾少多了。所以，我们说中华民族是各个民族共同创造的，长期的几千年的交流融合、取长补短、互相交往这么过来的，形成了中华民族。

下面从经济方面来看这个问题。地缘关系，越在古代占的比重就越大，因为人控制自然的能力有限，所以在古代，受地区的影响就大一点。中华民族的活动范围，一个是长江流域，一个是黄河流域。根据史志文献记载，黄河是我们的母亲河，中国的黄河流域是中华民族的摇篮，这当然不成问题。近年来，我们将考古发现与历史文献、古代传说相结合，可知长江流域也是中华民族的摇篮。传说，禹会诸侯于涂山，涂山就是现在的绍兴一带；舜南巡到苍梧，苍梧就是湖南一带；周穆王南巡，死在汉水，也是到南方；舜死后，娥皇、女英也死在湖南。可见，从传说尧、舜、禹开始到现在的长江流域，是我们中华民族共同活动的区域。因为历史朝代不同，有的朝代辖区向外扩展一点，有的朝代向里收缩一些。我们中华民族活动的舞台，生活栖息的地方，范围就是以长江流域、黄河流域为中心，向东北可延伸一点，向西也可延伸一点，再远就有沙漠限制了，再往西有大山挡着了，几千年来，就在这个范围里头，经济上有它的互补性。三千年前从春秋战国开始，荀子的《富国篇》就提到铁出在北方，皮毛也出在北方，盐是出在东方，木材出在南方。经济上的互补，各个国家都不能自己独立，都要求加强交流，大家互相受益。所以，经济上互相交流、互相补充，迫使我们中华民族的交流越来越密切，国家与国家的交流、人群与人群之间的交流越来越密切。比如春秋战国时期，人才流动非常频繁，学有专长的人，从这个国家跑到那个国家，从那个国家跑到这个国家。古时候的国有点像城邦的意思，不像现在的国家这么严格。孔子、孟子都曾周游列国，这个国家不用，那个国家可以用。希望能做官，实施政治上的抱负。互相补充、互相需要、互相满足，也是促成我们这个中华民族发展的动力。这是从经济上来说。虽然古代的经济不像现在的经济交流这么频繁，可是也需要互相交流。

再从政治上来看五千年我们是怎么走过来的。最早国家很多，像禹有3000个诸侯，武王伐纣有8个，然后几百个诸侯参加战争，一个国家就一个部落，一个群体，头儿很多。经过发展，国家的数目越来越少了。到了战国时期，就剩了 7 个大的、强的国家，称战国七雄，最后就统一到秦了。这个统一是秦始皇个人的野心呢，还是什么原因呢？我看不能这么看，因为从民族交流来看，从经济的交流来看，已经有这个需要。所以，我们看春秋战国，百家争鸣，诸子百家都在提出治国平天下的方案，那方案中间各个学派都不一样。孔子也提出统一，以周天子为主。孟子也讲天下要定为一，要统一天下。荀子也要统一天下，韩非也要统一天下。老子、庄子好像没有讲到统一天下，可是讲到小国寡民。这个小国寡民，你仔细看，不是讲的国家要那么大，讲的是地方单位，基层组织要小，不是国家要小。因为老子、庄子都讲圣人治天下，这个圣人，不是一个村子的圣人，而是对天下来说的。在百家争鸣的不同中间，我们看到一个共同的地方。哪个共同地方呢？就是要求我们把天下怎么合在一起。有这么一个愿望，方法不同，手段也不一样。可是统一这个要求是一致的。思想家能看到历史的潮流，历史前进的方向，就是要统一。统一后，才可以避免好多没有统一前的毛病。

原先讲秦始皇“焚书坑儒”，说秦始皇比较粗暴。从后来秦朝实际的措施，以及地下发掘的资料来看，我看秦始皇没有真正地“焚书坑儒”。他坑的那些儒生是什么人呢？就是帮助秦始皇求长生的那些人——方术上的儒生，不是孔孟之道的那些儒生。儒家的书，秦朝还保留了，不但保留了，而且还学习它，用来教育秦始皇的子弟。历史记载，秦始皇死的时候，赵高给胡亥出主意，唆使幼子胡亥假借秦始皇的口气，让太子扶苏自尽。扶苏接到赵高他们这个假诏书，当时与扶苏同时镇守在北方的一个大将蒙恬，说这个诏书可能是假的，你是不是再去核实核实，问问是真是假。扶苏说这个不能问，这事不需要问。按忠孝的原则父亲交下的任务只能完成，不能怀疑，一定要遵守，用不着问。可见秦始皇教育子弟，用孔孟的思想来教育他们，不是用法治。赵高又劝胡亥，说你可以当皇帝，你可以继位。胡亥说我有兄长，我替他，不合理，我不能越过他去继位，违反孝道，废兄而立弟，这是不义。可见胡亥也是接受孔孟之道的教育，《史记》上，司马迁有明确记载，有他们的原话。

这么一个大国怎么实行有效统治？从政治上看，要有理论指导才行，就是秦始皇开始已经采纳了“孝”“忠”，忠君，孝父母，用这个观念统治全国，统一思想。因为这么大块地方，要直接管理很难，必须统一思想才行。总的格局是中央权力要集中，分散的农民要安居乐业。秦汉以后就是这么一个总的局面，一直维持了两千多年，就是政治上要求集中，这是个总的趋势。秦朝亡国很快，秦始皇统一了十几年，国家就亡了。后来对秦始皇的评价不是太公正，说秦始皇是暴君。因为秦朝的历史是汉朝人写的，汉朝人代替了秦朝，它打倒了秦朝，它就把秦朝说得坏些。怎么看出秦始皇没那么坏呢？就是秦朝那些法律，汉朝批评、抱怨的法律，到了汉朝得了天下20多年以后，还实行秦朝的法律。比如，秦始皇不准带着书，书不能传播，这是秦始皇定的。可是汉朝到了汉惠帝的时候，还用这条法律，还没有废，可见秦朝的法律汉朝还在执行。如果说是暴虐，汉朝和秦朝是一样的，继承了它。从政治上看秦朝大变革，就是由中央直接管理全国这么大的地方，就是长江流域、黄河流域这么一大块地方。

这个新体制的变化很复杂，在今天就是一个系统工程，很难的一个事情，管理经验也不足，所以10多年就失败了。刘邦继承后，认为秦朝失败可能与没有分封他的子弟有关系，所以刘邦就纠正秦始皇这个问题，他的子弟都封王，分兵把守各省，还公布“非刘氏而王，天下共击之”。后来又传了两代，他的子弟自己起来造反，反对汉朝的中央政府。汉朝一看这个不行，又放弃了分封的办法，这是汉朝变更秦朝制度的一次反弹。秦朝亡得快，主要是经验不足，统治这么个大国经验不足。统一六国以前，秦朝在国内行之有效的一些办法，要推广到从长江到黄河流域，一大片的地域，就很难行得通。比如出工，秦国原来以陕西咸阳为中心，国土面积小，老百姓给国家干活，他自带干粮，干完 1 个月就回家了。统治全国以后，国土面积扩大了，从广东、福建调民工到咸阳来做工，要自带干粮，就算服劳役 1 个月，那路上的耗费就不得了，那怎么受得了呢？秦朝灭亡就是劳工带头造反搞起来的，是

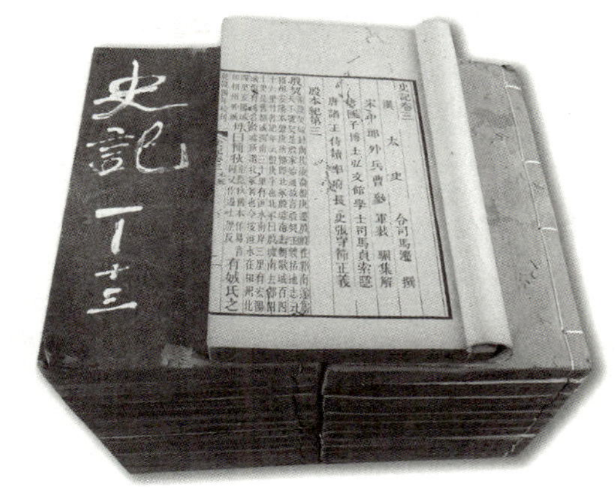

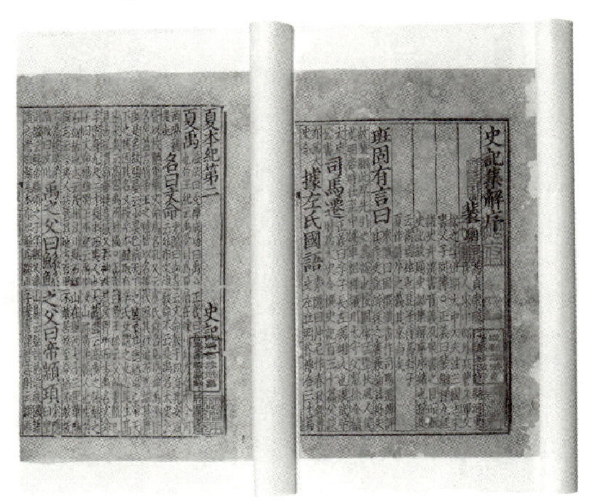

《史记》书影

刘邦利用征调的民工起义。民间有孟姜女哭长城的传说，流传很广。虽不能断定实有其人，但确可断言，必有其理。当时是天怒人怨受不了。秦汉这一时期是建立多民族的统一的大国，有成功，也有失败处。

怎么样把这个多民族的统一大国巩固下来，进行有效管理，是很困难、很麻烦、很不容易的。经历了差不多一千年之久的探索，才找到一个路子把它稳定下来，有效地统治起来。关键在哪里？最大的困难在于中央政府要绝对地统一，没有绝对的权力，它不能支配这个全局。这么大个面积等于整个欧洲，欧洲现在还统一不起来，还在争论，何况中国这么大面积？要有效地控制实在不容易。另一方面，还要老百姓维持生活，要保证生产，才能维持小农经济的正常发展。小农经济非常脆弱，一家一户，是生产单位，又是消费单位，经不起风吹雨打。一有天灾人祸，这个家的主要劳动力一生病，一下就垮下去了。既要维护、保证小农经济的生产，又要维持中央政府的绝对统治，这一对长期的矛盾当中，怎么取得平衡，让它有效地运转？找到这条有效的道路，差不多找了一千年。直到唐朝中期才开始找到这条道路，而从理论上提出则是《大学》这个书。《大学》字数不是太多，是《礼记》的一篇，唐朝就把它单独提出来，着重地讲《大学》。这个《大学》，主要讲什么呢？它就讲一个人从个人的思想活动、家庭关系、社会关系，一直到国王治国平天下，分8个步骤、8个阶段、8个层次。修身、齐家、治国、平天下，这是一个步骤。对内，是正心、诚意、格物致知，内心修养叫一个人从内心到行动都要纳入这个大一统的国家的要求范围之内。唐朝韩愈总结了《大学》的这个思想以后，宋朝就接受了。在唐朝以前，考试主要是考“五经”，宋以后“四书”代替了“五经”的地位。“四书”包括《论语》《孟子》《大学》《中庸》这四部书，宋明以后考试都用这“四书”，这是思想方面有这么个变化。

再从政治体制上来看，君臣之间的关系、地位也在变化。在汉唐的时候，皇帝和宰相坐而论道，坐下来互相讨论问题，几乎是平等地讨论问题，君臣之间的关系，不像后来离那么远。汉光武帝写信问他的大臣：你的夫人对你很好，是不是给你挠挠背，抓抓痒。再一个就是汉朝皇帝的姐姐新寡，皇帝看上一个大臣宋弘，忠厚正直，想把宋弘介绍给他姐姐，让他姐姐与宋弘结婚。皇帝有一天找宋弘谈话，说，听说富易交、贵易妻，有这个话吗？意思是说，富了以后可以换一换朋友，做了大官，地位变了，可以换换老婆，有这话没有？宋弘说：我只听说“贫贱之交不可忘，糟糠之妻不下堂”。皇帝一听宋弘的态度很明朗，他姐姐就在屏风后面很近，他回头对他姐姐说“事不谐矣”，事情办不成了。可见君臣之间很自由，不像后来地位那么悬殊。到了宋朝以后，宰相与皇帝之间讨论问题时，皇帝坐着，宰相大臣站着。朱熹是南宋的著名学者，给皇帝讲书，皇帝不喜欢朱熹这个老师，于是就赶他走，给他下了个条子，说天气冷了，我看你岁数大了，站着讲书也很累，就不要讲了，你回去吧，就给辞退了。可是再往后，明朝、清朝君臣关系又进一步拉开距离，君臣之间对话站着也不行，得跪着。试想一个人坐着，一个人跪着，根本没法讨论问题，只能一个发指示，一个接受命令。

所以从历史上看，这几千年来中央政府的权力越来越重，皇帝的权威越来越大，人民的地位越来越受限制。这个变化说明，君权越来越重。所以，有人说中国向来有民主的传统，这话不符合事实。孟子说过：“民为贵，君为轻，社稷次之。”那个“贵”的意思，不是民比君主还贵重，而是说农民问题很重要，民心的向背很重要，孟子没有民比君还尊贵的意思。从政治上看，五千年来中央权力越重，人民和臣的地位越低。

从文化上来看，这五千年来也很有变化。文化，就是中国的长期统一，中央政令不受隔阂，一直通行无阻。靠的是什么呢？一个是靠工具好，中国有统一的汉字，这是很了不起的，在全世界是绝无仅有的。你看古希腊文，也是古文字。有一次在雅典图书馆，见有一个人在借柏拉图的书，当然是用古希腊文写的。我就问那个借书的人，我说你看这个？他说我看不懂，我是来查字典的。我说你是教什么的？他说我是教希腊语文的老师。就这个语文老师，看不懂柏拉图用古文写的书。可中国这个汉字怎么样呢？你们看从甲骨文到现在，文字没有中断，你写鱼、马，没有死亡，现在还认得出、看得见，它不是考古的对象，它还活着。这汉字起作用太大了。我们到福建、广东出差，语言不通，说话很困难，可是你拿着《人民日报》就通行无阻。完全可以看得出，中国的长期的凝聚力与这个古汉字大有关系，而且秦始皇统一，做了很有功劳的一件事。前几年发现在湖北楚墓的竹简，那些字我们有些不认识，怎么才能找到认识的途径呢？里头有些书是北方的书，有的是《老子》的，有的是《论语》的，对照着看，对着上下文猜，这是什么字，那是什么字，而且还认不全。我们现在的楚文字还认不全，这是发现楚国有文字，别的国家也有各国文字，北方也有各国文字，不过没有发现，那没法推论了。

语言的统一，也有记载。北京话，咱们在北京住这么多年，从北京往西走，走到门头沟，这个语言就跟北京话不一样。再往东走到天津，北京话和天津话显然就不一样。河北省也有不一样的地方。北京话这个区域里从什么时候开始出现北京官话呢？明朝的笔记记载，明朝是太监专政，说着官话，穿着华贵的衣服，骑着大马，到这里来的就是朝廷来的，是北京派来的。明朝开始已经出现了以北京语言为中心的变化，清朝就更普遍了。这个北京话，科举考试，除了考他的文章以外，还有一个口试，这个口试不一定考别的，就让他讲一段书，拿一段书让他讲一讲，念一念。广东人也不能用广东话来念，福建人也不能用福建话来念，只能用普通话来念，语言的统一已经在做这个工作。总的来讲，对民族的统一起到了巨大的作用。这一点欧洲还远远没做到。这是从语言、从工具、从文字来看。

我们再从信仰来看，也看出我们中国文化的统一也很早。3世纪时候，五胡十六国，北方正在乱，有一个大臣就劝国王，说信佛没什么好处吧？佛是外国人。那个国王就说，正因为他是外国人我才信，我也是外国人嘛。那个时候皇帝自己不是汉族。又过了若干年，到了10世纪的时候，或者9世纪末，辽国与宋对立，南边是宋，北边是辽。辽国国王对大臣说，咱们要提出一个信仰，让大家共奉，才有一个中心，你想想信什么好？大臣说，当然信佛了，大家都崇拜佛。辽国王说：不，我想，信孔子好，孔子治国平天下，对我们辽国有好处。从辽开始就信孔子，儒家的思想。这种思想，这种意识，就在少数民族里都有接受，也不是强迫它，是自己选择的。后来战争这么多，孔庙没有焚毁过，一直保存较好，各个民族都尊重它、供奉它。就是说文化上也有这种条件，有一个倾向，就是有一个共同喜欢的中心的东西。

清朝乾隆皇帝，自觉地保持满族的传统，说我们这个骑射、尚武精神不要丢掉，他从心里很欣赏、佩服汉族的文化和礼教。乾隆曾经让人画过《行乐图》，也就是现在的生活照，画有山、水、竹林、七弦琴，乾隆穿着晋人的衣冠，不带辫子，未穿箭袖袍服，这说明乾隆心里觉得中华文化很可爱，很愿意学习，而且接受了中华汉文化的伦理标准。咱们都知道，清朝顺治的母亲改嫁过，改嫁给多尔衮，在清朝入关前风俗就这样，哥哥死了，嫂子跟小叔结婚，社会认可，没什么奇怪的，不存在问题。接受汉文化以后，采用了汉文化的伦理标准，清朝历史就有意回避这一段。北大孟森教授，是研究清史的专家，他为这个事情辩护，说没这回事，是汉人造谣中伤。胡适有信和他辩论，说你举的理由都没有说明没有这回事情，你只是推断说不可能、不应该，还没有证明来否定这个事情。可见从辽到清都认为这个汉文化很深厚，值得学习，值得信奉，因此接近它，认同它。所以从文化上讲，中华文化的认同感大家也是很明确，也是自觉自愿接受的。

这是从四个方面来讲，说起来是为了方便。实际上，这四个方面是混融地，交替地发生关系，绝不是单独地发生关系。中华民族这五千年，整个是共同走过来的。在这个过程中，有文化的、民族的、经济的、政治的，各方面的综合，造成了越融合越近，越融合越密切，形成这么一个共同的一个机构、一个组织、一个意识。这个意识，变成牢不可破的一种意识，就是认为中华民族的统一是正常的，不统一是不正常的，统一是应该的，不统一是不应该的。这个意识也不是后来才有的，就是从分裂开始，就有这个倾向。三国时候，诸葛亮要恢复汉室，他要统一；曹操的赤壁之战，他要打孙权，他也为的是统一；到了淝水之战，五胡时代的苻坚打晋朝，在安徽合肥附近打了一仗，苻坚打败了，他打仗也是为了统一，当然也有他的政治野心，从理论上说他要统一天下；南朝也有几次北伐，像刘裕也打到过洛阳，打到过北方，也要统一。这说明什么呢，就说统一是中华民族的正常状态，应该是统一，不应该是分裂。我们看中国历史实际情况，也是这么一种情况。我初步把这个分裂与统一的年代算了一算，分裂的时间从秦汉以后占中华七分之一的时间，七分之六是统一时代。

统一给我们国家和民族带来什么好处呢？我初步地想一想，有这么几个好处：

第一，消灭了内战。我们看历史，战国时代没有一天不打仗的。这个战争，打败了就不用说了，当了奴隶，当了俘虏，打胜的也是灾难重重，吃亏的也是老百姓。比如：战后的瘟疫、灾荒，一定会有这些事情。但战争也锻炼了人，提高了战争的理论。比如说，《孙子兵法》那个书就是战争的总结，是战争理论的总结。有一个朋友说《孙子兵法》是春秋时期完成的，后来没有发展，是不是后来不行了？我看他问得有道理，事出有因，实际上也很自然，因为秦汉以后没有大战争了，没有大战你总结什么呢？所以说中国的兵书自《孙子兵法》以后就没有新的大的发展，就是因为战争规模也小了，时间也短了，经验自然也不足嘛。有些地方有过水战、火器，那只是补充，但战略思想没什么变化。损失就是这个兵法没有继续发展，可好处就太多了，不死人了，百年繁荣发展生产，老百姓安居乐业，这是天大的好事。消灭了战争，是内部战争，如果有战争，那是外边来的。农民起义是另外一回事，农民起义是政府力量控制不了，农民起来了。那时也有战争，不过地方之间的混战没有了。

第二，兴修水利，防止水害，没有统一的国家不可能实现。像前几年长江大水，要不是全国力量，光是局部力量，湖北治湖北，江西治江

《孙子兵法》

西，那就治不好，永远不可能治好。有了统一，可以除水害，兴水利，有统一的规划，这个是显著的好处。特别是像黄河这种河，这种害河，要不在统一的国家，不治，老百姓要遭大殃。

第三，全国统一还有一个显而易见的好处，就是中国这么大，总是有荒年，不是这里旱灾，就是那里涝灾，就是那里虫灾。有了统一的国家，它可以统一调拨、调剂，以丰补欠，可以免灾区的赋税，施行救济。唐朝还有一个规定，可以易地避荒灾，政府允许逃荒。唐玄奘就是混在逃荒的队伍里跑出国境的。要是没有统一的国家，就没有这个措施，就不可能，有个界限管着，你怎么能随便流动呢，不可能。

第四，统一还有一个好处，就是防止外在方面的侵略。因外来的侵略是从一个方面来的，从局部来的，过去中国历史上从北方来得多，从山西大同、河套、绥远来得多，要不是统一的话，谁挨着边界最近，首当其冲，它就受损害，别人也不管。统一就不一样，统一后，你打山西，可广东、河南都来支援你。所以，后来抵抗外来的侵略，统一的政府有这个条件，有这个能力，要不是统一，没有这个条件，也没有这个能力。抗日战争咱们记忆犹新，日本并不是首先占领南京，它是先占的东北。我们不承认，不认可，非跟它打不可，后来占了华北，还不行，还要打，一直打到最后，我们把日本的人力、财力给耗光，结果它失败了，我们胜利了。欧洲就不一样，欧洲不统一，欧洲希特勒打捷克，别国不管。所以这个多民族的统一大国，给中国人民带来了实际的好处，这是亲身感受得到的。

第五，统一带来的好处，一直到最近。比如咱们增加内需，要不是统一大国的话，别国没有资格提这个条件。新加坡的经济学家很多，日本的经济学家也不少，它就不能用增加内需来解决国内的经济困难。我们有这个条件，这就是沾统一大国这个光，没有统一就不可能有这个条件。

第六，多民族统一大国还有一个好处，就是我们大规模的物质文明、精神文明的建设，要靠全国的人力、财力来完成，靠局部完成不了。比如说我们的运河，牵扯到好多省。我们修长城，也是牵扯到好多省，这是物质方面的建设。精神文明建设就更多了：我们修书，如明朝的《永乐大典》、清朝的《四库全书》。《四库全书》用钱不是很多，纸张书籍用不了很多钱。可是精神产品光有钱是做不到的，要有人才，要有专家，要有人力，人才绝不是有了钱就可以解决的。今天我投入2亿，明天你就给我多少人才，没有这回事。人才要从全国选拔才行。前几年，台湾的经济比大陆平均发达得多，可是台湾编个像样的书就编不出来。人才就那么多，就两千万人，你选拔人才，能选出多少？选不出来。所以它们向大陆盗版的很多，就是这个道理，它没有。修《四库》有多少人才？来自安徽的戴东原，来自江苏的王念孙，河北的纪晓岚，还有各省的专家。所以人才的集中，不是全国选，选不出来。不论物质文明建设，还是精神文明建设，靠全国的人才来完成，这就是多民族的统一大国给我们带来的好处。正因为有这么些好处，所以，政府改朝换代换了多少次，皇帝有汉族，也有非汉族的，可这个多民族的统一的体制始终没有变，而且维持得很好，全国各族人民接受了这种体制。

那么，也有人会怀疑，怎能说明中国的老百姓拥护这种制度呢？这个问题，孟子就答复过，孟子说，尧传给舜，舜传给禹，这是天命。那个孟子的学生也很调皮，问天命是怎么告诉你的？是怎么知道的呀？孟子说："天不言，以行与事示之而已。"人民有了问题找谁，他找禹还是找舜的儿子呢？最后还是到禹那里去告状。他们主持祭祀，被天接

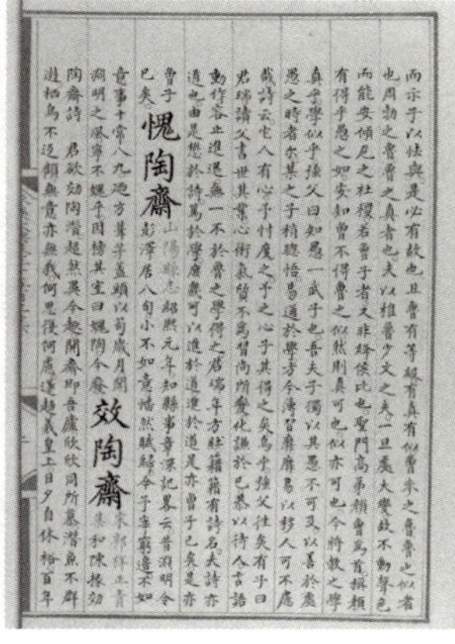
愧陶齋

效陶齋

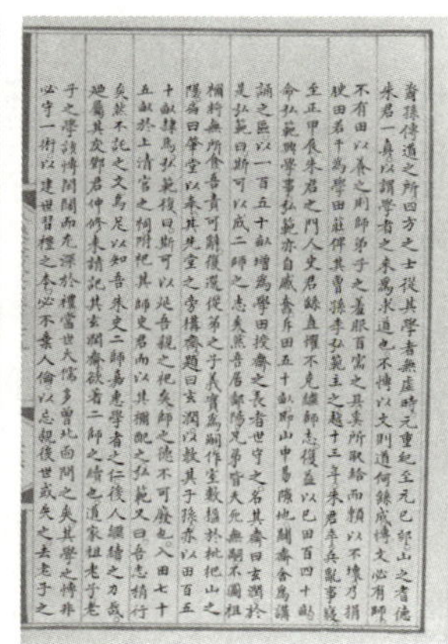

《永乐大典》书影

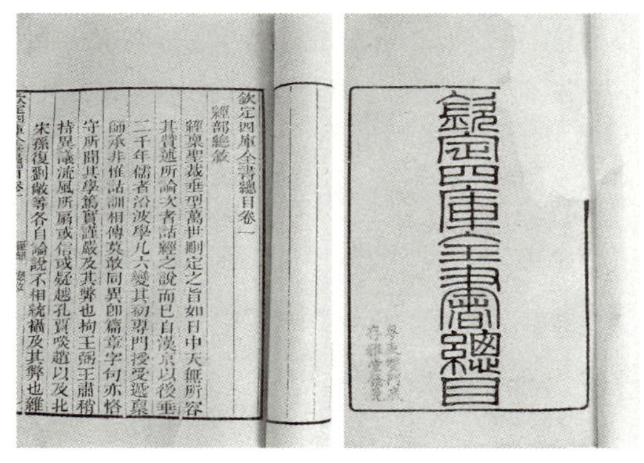
欽定四庫全書總目卷一

經部總敘

經稟聖裁垂型萬世刪定之旨如日中天無所容其贊述所論次者詁經之說而已自漢京以後垂二千年儒者沿波學凡六變其初專門授受遞稟師承非惟詁訓相傳莫敢同異即篇章字句亦恪守所聞其學篤實謹嚴及其弊也拘王弼王肅稍持異議流風所扇或信或疑越孔賈啖趙以及北宋孫復劉敞等各自論說不相統攝及其弊也雜

《四库全书总目》书影

受了，他们主持国家事务，被老百姓接受了，服从了，这就证明是天命，这是民意，这是一种很自然的表示同意、不同意的方式。这个方式是低级的、初步的方式，动物也有，不光人有，不顺从它就不干。比如你驯服一匹马，它不听你的话，不让你骑，也是它的意志的表现。老百姓也是这样，他不给你好好干活，证明你违反了民意，违反了天意。其实就是这么个道理。成立人民公社那时候，我正在大兴乡下，当初还认为老百姓觉悟不高，这样的通向共产主义的好事，你怎么不赞成呢？后来实践证明，这是民意不同意，不但是北京大兴农民不同意，别的地方的农民也不同意，所以他们采用不合作、不给你好好干来表示。公社干部来检查，就派人去放哨，看到有人来检查就干，没人来检查就躺地上睡觉，这就是民意。中国，这个统一的多民族的大国，不管改朝换代怎么变，始终维持多民族统一这个形式，这是民意愿意采取这个方式，所以这个方式就维持二千年之久。

所以说中国两千年的国情，就是“多民族的统一的大国”。我们从历史上看国情，这就是我们的国情。这是摸索了若干年才找到的道路。长治久安、抵抗外来侵略、防御自然灾害、从事建设都离不开这个体制。人口多，有它的好处，比如一个人拿1块钱，凑齐了就是12、13亿。一个人2块钱20多亿就出来了。这是一个了不起的综合力量。这个条件举世无双，只有中国才有这么个条件。印度人口跟我们差不多，也是10亿以上，它的民族问题始终没解决，而且很矛盾很尖锐。俄罗斯国家也很大，民族问题也没解决。欧洲更别说，迄今仍是列国林立，统一不起来。民族之间绝对没有问题那也不可能，亲兄弟有时还吵吵闹闹，夫妻还有离婚的。总体来看，民族关系在中国处理得是相当好的。

中华民族共同生活、共同组成这么个国家，这么大一个范围的集体，长治久安，维持几千年不断发展，克服了很多困难，而且最后站起来了，前进了，靠的是什么呢？靠的是我们多民族的统一的大国，这个条件是很了不起的，是买不到的，是长期积累下来的丰厚的遗产。如果要不是这么一个大国，清朝道光以后，连割地带赔款，割到最后我们还剩960万平方公里（我们以前是1300万多平方公里）。只有这么一个统一的、多民族的大国，才能抗得住沉重的磨难，没有被摧垮。

一直到今天，我们的国力也不算很强大。可是，就连不喜欢我们的列强，也不敢轻视我们。是什么原因呢？我看主要的原因，不是我们强，是我们大。这个大是买不来的条件，它不是现在变大的，是从来就大，几千年了就这么大。我们这个国家，在世界来说是唯一五千年持续不断发展的大国。你看历史上没有啊，埃及历史比我们早一点，中亚那边也比我们早一点，两河流域巴比伦也比我们早一点，赫梯比我们早一点，他们都中断了。希腊也是古代文明古国，后来也不行了。到过雅典的人，看到很残破的一些旧殿宇，给人以破落户的印象，风景很好，就是败落。那些大殿都是破烂的样子。从古到今几千年维持不断，持续发展，唯一的国家就是我们中国。要充分地认识这个国情。这是我们考虑问题，选择方向、道路的依据，这是个出发点，也是落脚点。我们对过去的优点、长处要给以足够的认识。这就说明封建文化给我们创造了举世无比的、丰厚的遗产。我们中国这么多的科学家、文学家、艺术家，很多成就都是在两千多年来的封建社会里完成的。比一比欧洲封建社会，它也有成就，比起中国来就差得太远了。就是中国共产党产生的历史与西方的共产党也不一样。咱们学过的马克思主义三个来源，三个组成部分，那是根据欧洲情况讲的。在我们中国，马克思主义的来源在哪里呢？我看就一个来源，就是爱国主义。它是从救国救民的真理，从这里来接触了马克思主义。有识之士为了这个多民族的统一大国不受肢解，不当亡国奴，自强独立，走现代化，才找到马克思主义。中国从一开始就是要走自己的道路，所以有些西方国家不了解中国的国情，认为苏联一垮，就跟多米诺骨牌一样，都倒了。国情不一样，它不会跟着倒，这个话毛泽东也说过，先进的中国人寻找救国救民的真理，这样接受了马列主义。封建社会给我们留下了丰厚的遗产，这个一定要把它讲够，要认识够。

今天我们面临一个新问题，这个现代化的任务摆在我们面前。我们了解过去，在过去的基础上，怎么样才能不被目前激烈的竞争所淘汰，立于不败之地。这个现代化的道路还很艰难，不能躺在古人的成就上，躺在祖宗遗产上来过日子。我们应该做些什么？封建社会给我们带来好多实惠，好多好处，让我们避免了亡国，克服了灾难，创造了灿烂的文化。可是，同时也要看到，在我们走向现代化的今天，这个封建主义思想的残余对我们起到什么干扰，起到什么阻碍，也要充分地认识到、认识足，才能迈开步，要不然很容易变成复古主义，说我们祖宗样样都好，一直都是好，好到没法再前进了，这行吗？显然是不对的。

有哪些封建残余到现在还有影响呢？比如说家长制。家长式的不民主影响到各级政府，影响到党内，党员对民主精神也不是了解得那么透。家长制在过去有它的根源，小农经济需要家长制，一家的生产计划、劳力安排都要听家长的，家长有绝对的权威，他有支配权。所以封建社会需要有家长制，要没有家长制这个生产就不能维持。家庭是个生产单位，也是个消费单位，没有家长当家怎么行呢？所以说家长制的产生是必然的，非有不可，它立过功。可是现在过民主生活，家长制要继续起作用，人民之间没有平等讨论的机会，一个人说了算，这个显然是不行的。再比如小农经济的生产，它生产的产品，不是为了交换，是为了自己消费。小农经济不存在成本核算的意识，它也不需要成本核算，一家一户过日子可以行得通。如果把这种思想带到企业里，管理一个企业，管理一个国家的财政，成本核算的观念不强，甚至不懂得成本核算，不计成本，这个企业非关门不可，它不适应现代化。再比如，小农经济很容易看重近期效益，不看长远，眼前利益看得很重。从我们多年经济建设看来，各地方的领导官员，近期效益看得非常重。5年之内你能拿个什么成果出来，10年之内又怎么样，再远就没有了。成绩做在本届政府当任上最好，不能太遥远。中国教育为什么不发达？因为教育，特别是中小学教育，普及教育，对象是青少年，十年八年看不见效益，有了效益也不是你在任的时候看得出来的。初中孩子毕业，在20年以后才起作用呢，你培养得再好又怎么样呢？我们现在历届政府抓大学抓得多，抓中学抓得不够。有的小学老师欠薪打白条，大学就好得多。大学校长容易见成绩，我有多少多少发明，开个展览会，一五一十地摆出来给人看。我在大学教了10多年书，我感觉大学教育现在比世界发达国家有差距。大学上不去，就是中学没上去。各地方、各政府、各级官员看重近期效益，投入到中小学看不见近期效益，没有回报，所以就不往这里使劲，欠薪，教员缺额，小农意识对我们的现代化影响有多大！

小农经济的另一个特点，就是直接经验看得多，看不起书本知识，认为书没用。其实书本知识，就是前人的直接经验的记录。如果书本知识不重要，光看直接经验，那么就狭窄得很，有限得很。直接经验只能对你当前有帮助，它具有限制性。把一个人的经验变成千万人的经验，要靠间接经验，靠传播媒体的普及、传播、推广。没有文化，知识贫乏能行吗？建设现代化国家，要提高国民文化素质，就是要扫文化盲。这个文化盲不是说不识字，而是文化素质不够，只看近的，不看远的，只看眼前，不看将来。欣赏能力也跟文化有关，古典音乐不是每个人一听就懂的，外国的朋友对于交响乐，也是学习、学习，欣赏、欣赏才听得懂的。媒体公布的犯罪的官员狂嫖乱赌，一个晚上，连一个工厂输掉的都有。文化素质不高，他认为赌博是享受，是快乐。18世纪末、19世纪初法国曾经流行享受主义，追求快乐，大吃大喝。人的肚子是有限的，吃饱了就不能再吃了，屋角放上只桶，用羽毛探进嘴里，引起呕吐，吐光了，回头再接着吃，这种“享受”，算享福吗？一个文化素质欠缺的人他就喜欢这个，停留在低级的消费、低级的刺激上。报上公布的赖昌星拉干部下水，无非拉这些文化素质不高的人。

中国的家族观念很强，这也是小农意识的体现。我看好多现代企业用人，特别是农村乡镇企业用人，第一代发展得很好，后来发展不下去了，因为什么呢？因为任人唯亲！美国有个王安电脑公司，是一个很不错的企业，但王安的儿子把事业给毁了。我们的企业，私人创业的有多少是传给他的亲属、家属、家族的，看董事会、董事长、理事长有多少都是亲属的！这都是封建主义的残余带到现代社会的。外国人很少靠他的父亲，外国人看重的是自己创出来的，不是靠祖先。就说中关村，这个现代企业的核心地方，有人初步统计一下，那些管事的人，跟家族血缘有关系的人很多，如果属实，这就限制了现代化的发展，现代化不能这样做。家族意识、小农意识，不放手家族以外的人。从消极方面来说，贪污腐败，也是以家族为单位。正面的、反面的都有，说明封建残余的势力是造成我们今天现代化的障碍，而且还在起作用。我们农村干部的选举，如果这个村姓张的多，这个书记如果不是姓张，是个外姓的，你就办不通。这说明封建残余思想已经阻碍现代化。这是长期以来留下这么个观念。我们有时骂一个人，说这个人不好，六亲不认，其实真正秉公办事，六亲有什么非照顾不可的呢？五四运动是革命行动，北大打个大旗，说曹汝霖卖国，是曹操的后代，不是好人。曹操变成坏人是宋朝以后变的，不是以前变的。曹操在唐朝还有一个很好的名声，杜甫《丹青引》头一句就是“将军魏武之子孙”。曹操的后代变成卖国贼了，坏人就是曹操的后代，显然是封建思想在作怪。

农村包围城市，共产党从此逐步取得全国胜利，就因为是封闭型的自然经济。我们当初革命根据地大大小小好几十块，延安这块是最大的，南到海南岛都有，当年靠小农经济积蓄了革命力量。今天我们走现代化，应当突破那个范围继续前进才对。看事物的利与弊，往往是纠缠在一起，当初你沾了它的光，如要继续前进，就要摆脱小农意识，实现大同世界，达到共产主义，那时没有国界，没有国家，消灭政党。

国家是保护一个群体最基本的单位，也是最有效的一个单位。中国、外国、大国、小国都一样。国家的作用绝对不能忽视。爱国主义在今天来说，绝不是过时的东西。因为现在，国与国没有一个有权力的机构能够仲裁它，虽然有个国际法庭，有个联合国，但那是个讲坛，没有行政力量。所以一个国家若是不强大，科技不发展，就要挨打，事实已经证明这点。爱国主义没有过时。世界要和平最好都放下武器，可也要注意一点，要同时放下武器，不能你首先放下武器，就像宋襄公那样仁义之师，那蠢事，不可学。我们中国今天所以有发言权，就是因为我们有一定的综合国力，有这么多的人力、物力，还有我们的核武器。我们收回香港就是一个很明显的例子。二战结束后顾维钧代表中国就提出香港何时收回的问题，丘吉尔说以后再说吧，这一句话就过去了。国力强盛以后，香港就收回来了。50年代，陈毅外长到北大讲话，跟老师、学生见面，他说科学技术发达后，我这个外交部部长也好当，就是这么个道理。所以说爱国主义一定要坚持、要抓紧。爱国，就是爱我们这个多民族统一的大国，要爱这个社会主义国家。

从反面来看更能说明爱国主义的重要性。外国敌对势力企图使这个多民族国家分裂，支持“台独”、达赖集团的分裂活动，还有“东突”

活动。我们要搞多民族的统一，敌对势力就反对这个统一。他们反对多民族的统一，说明这个存在是应该的，而且是必需的。我们说科学，自然科学落后，要挨打，这个已经为多数人所接受了。文科，社会科学落后，要挨打，还没引起足够的注意。如果忽视这个问题，不去重视，同样也要挨打，甚至还要给国家造成极大的伤害。近代一位史学家讲，“亡人之国者必先亡其史”。日本占领东北后，成立一个伪满洲国，它不让学生学中国历史，一学历史就知道这是霸占，日本侵略就站不住脚。日本占领了台湾就重写台湾的历史。李登辉受的教育就是日本教给他的历史。越南被法国占了之后，办了一些专科学校，学工程可以，学技术可以，学医可以，学文科不行，更不能研究越南的历史。这从反面来说明，亡国必定亡它的历史。日本政府官员多次参拜靖国神社，就是军国主义的爱国主义，不光是东条英机，凡是为国战死的都放在那里。所以爱国主义对于今天来说非常重要，绝不可忽视。

为了我们国家的兴旺发达、繁荣昌盛，我们要加强爱国主义教育，特别是中小学生的爱国主义教育尤其重要。现在南京的中学生中知道南京大屠杀发生的地方的很少，甚至不知道，这怎么可以呢？日本广岛第二次世界大战中遭过原子弹的轰炸，他们让客人去参观，以受害者的身份，述说当时的历史。广岛死的人和南京死的人数差不多，南京死难的人是日本跑到我们国家来，用刀砍杀的，日本广岛挨炸与南京大屠杀不属于同一性质，不可以类比。所以爱国主义不能不讲，教育好下一代，是百年大计。我觉得中小学的历史教科书爱国主义讲得不够。电影讲乾隆皇帝讲得多，可是当前的爱国主义讲得很少。希望爱国主义要抓紧、抓好，中学青少年更重要，21世纪全靠他们了。

南京大屠杀纪念馆

我们也有光荣的传统不能丢，有孔子、孟子、庄子、老子以及后来一系列科学家、文学家，多得很。同时也要放开眼光，外国也有一些他们的英雄人物，我们也要学习，也要知道，光看到我们也不行。我们中华民族是一个勤劳、勇敢的民族，可是外国（比如欧洲）也不都是懒惰、愚昧的，他们也有他们的长处。我们胸怀要大一点，真正放眼世界，走向世界，要吸收一切有价值的文化，为建设社会主义所用，这才是我们努力的方向。我从事教育这么多年，深感全国上下对人文科学、社会科学，没有放在足够重视的地位上，这个很危险。人文科学、社会科学，不像自然科学那么立竿见影，好像慢性病，潜伏期很长，不治它，也不至于当时要了命。正因为这样，所以大家更要及早引起注意，早点抓抓爱国主义，让国家立于不败之地。因为国际是非，最后的判断者是以综合国力来仲裁。以前尼克松回忆录上讲过，“国际条约的有效程度，就是看双方遵守的程度”。你遵守，就有效；不遵守，就无效。因为国家没它的上级机构，上面没人管它。一国之内可以守法，有最高法院、基层法院管着它。国际上没这个，国际法是个理论的东西，不能真正解决问题。“科教兴国”是我们的国策，是根本。“科教兴国”是真理。直到大家摆脱了愚昧，才能走向富强。愚昧怎么能够发展呢？过去我们工作中的许多失误，不就是无知造成的吗？不就是只顾眼前利益，不顾后果造成的吗？现代化需要各个方面努力才行。世界很复杂，个人的见识有限，谨以个人的感受跟大家交换一下意见，这些意见仅供参考。

王　博

《道德经》的精神：节制与宽容

王博，1967年生，内蒙古人。1992毕业于北京大学哲学系，获哲学博士学位。现任北京大学哲学系主任、教授、博士生导师，儒学院院长。主要研究古代中国哲学，尤其偏重道家、儒家、早期经学和出土文献等领域。已出版《老子思想的史官特色》《易传通论》《庄子哲学》《中国儒学史——先秦卷》等著作多部，发表学术论文80余篇。

一、引言：关于生命和世界两种不同的设计

今天我来谈谈中国古代的一部经典——《道德经》。这部经典的后面有一个人，是我自己学习哲学三十几年以来最尊重的几个人之一。如果抛开西方哲学不谈，就中国传统哲学内部来说，我自己最喜欢的人可能是庄子。但是最喜欢和最尊重是两个不同的概念。我个人最尊重的两个人，一个是山东人，一个是河南人。山东人是孔子，河南人是老子。

孔子和老子在某种意义上是中国古代两个最伟大的设计师。我们盖楼需要设计，穿衣服需要设计，做活动也需要设计。我们过一种生活需不需要设计？这个世界需不需要设计？换句话说，我们用一种什么样的秩序、一种什么样的价值观，来安排这个世界，这就是设计。孔子和老子是两个典型意义上的设计师，他们设计了中国人对生命和世界的理解，更进一步来说，中国人的生活方式就是被他们设计出来的。他们两个人给我们提供的设计方案是不一样的。如果用颜色来比喻，孔子提供的设计方案基本上是暖色调的，而老子提供的设计方案则是冷色调的。如果读和孔子有关的书，你会有一种温暖澎湃的感觉。比如读《论语》，一定会觉得很温暖、很舒服，因为它里面讲爱。孔子的学生问老师说：“你的志向是什么？”孔子说：“老者安之，朋友信之，少者怀之。”看到这里，你会觉得很温暖，因为孔子对世界、对各种不同的人群是如此关心，并且找到适合安顿

老子

孔子

不同年龄群体的一种方式，这就是一种很暖色调的感觉。

可是如果读《道德经》、读《庄子》的话，感觉和读儒家经典是不一样的，就好比走进了秋天。例如读《老子》的第五章，会觉得这是一个比较冷的世界。“天地不仁，以万物为刍狗；圣人不仁，以百姓为刍狗。”这给我们一种凉飕飕、冷冰冰的感觉。我年轻的时候，第一次读到“天地不仁”这样的话，非常不理解，怎么会有人说出这样刻毒的话来？“天地不仁”“圣人不仁”，天地不爱这个世界，圣人不爱这个世界，但是现在我再来理解这句话，我会感受到老子背后的大爱与大仁。道家有一种正言若反的智慧，是用一些否定性的说法，来表达某种肯定的道理的智慧。比如“大仁不仁”，“不仁”前面放一个“大仁”，就会觉得不一样，原来还有一个更伟大的“仁”。

儒家和道家体现出两种非常不同的精神气质。儒家像春天，道家像秋天。换句话说，如果接触孔子，会有如沐春风的感觉，觉得孔子应该是一个很温和的人。我们读《论语》，会看到里面有很多关于“温”的表述。比如“色思温”“温良恭俭让”“温而厉”“即之也温”等等。可是如果去接近老子，可能更多地感觉到他身上的那种冷峻。春天和秋天还代表什么？春天代表某种理想主义的情怀，而秋天更多地代表一种成熟和冷静，是把理想深深地埋在现实世界之中的一种思考。我们每个人都经历过青春时代，我们在四十几岁的时候和在二十几岁的时候，对世界的理解会有很大的变化。这种变化，从某种意义上讲就是从某种理想的情怀到现实的思考的变化。从这个意义上讲，我觉得孔子和老子也代表了一种轨迹——一种思想的轨迹，一种生命的轨迹，同时也是一种理解世界的轨迹。

孔子和老子的思想有很多的不同。比如说孔子更多地讲“万物一体”，讲群体。他会把群体当作是人的一种生活方式，换句话说，他比较少谈个人。儒家讲个人的时候，基本上都是把它放到群体里面去讲的，放在一个关系秩序里面去讲。以儒家最核心的观念“仁”字来说，我有一个最简单的描述——二人一体。“仁”的最基本含义就是爱，当你爱一个人的时候，那个人不在你的生命之外，而在你的生命之中，这就叫一体。从二人一体进一步到万物一体，儒家倡导的万物一体是要在家国天下中间去实现的，包括礼乐教化。礼乐就是最基本的秩序，而我们对世界的塑造是通过教化的方式来完成的。所以儒家特别注重教育，特别注重学习，这是它的基本观念。儒家基本上是伦理导向的，著名哲学家梁漱溟先生对中国文化有非常深刻的理解，他写过一本《中国文化要义》，在书中特别提到，中国文化很重要的特点就是伦理本位。所谓伦理更多的是一种奠基在情理之上的关系，比如父子之间的关系。

梁漱溟

老子和孔子“万物一体”的观念不同，他更多的是讲“万物的自在”。生活中有两种人，一种人比较喜欢扎堆，如果离开群体，就会有惶惶不可终日的感觉，我们身边都会有这样的人。可是还有另外一些人，他们可以享受群体，但同时更享受一种自在的感觉，他们更愿意把时间留给自己，比如自己读书，自己听音乐，自己做很多很多事情。他们更喜欢那种自由自在的感觉，这就是老子所倡导的一种精神，老子主张自由导向的观念。《道德经》里有很多跟“自”有关的词，比如“自化”“自正”“自然”等等。

老子讲的道法自然，跟礼乐教化是不一样的。礼乐教化是通过教育的方式、通过学习的方式来塑造一个世界，这就需要一个标准、一个统一的价值观，而道法自然更多地表现出顺应。老子认为这是最简便的一种方式。因为想要改造一个人，比改造这个世界还要难，这就是人们常说的“江山易改，本性难移”。所以有时候一个比较智慧的方式就是顺应。比如大禹治水，大禹的父亲鲧想要利用某种人为的方式去治水而不得，大禹则顺应水往下面走的趋势疏江导河，最后奠定了大地的秩序。所谓道法自然，不是不要秩序，只不过这个秩序应该更多地尊重万事万物的本性，而不是某个人的意愿。

孔子和老子的思想构成了中国传统文化里面非常丰富的内容。道家是高明的，他们对世界的思考不是直来直去的。道家传统里面有两个主角——老子和庄子，合称“老庄”。老庄的智慧其实就是“老装”，所谓的“老装”，完全没有负面的含义，而是非常积极的、充满正能量的一种思考，非常高明。

二、老子：史官与隐士

老子曾经长期在朝廷里面做官，突然有一天他不干了，骑着青牛，西出函谷。老子在他生命的后半段留给我们的印象太过深刻，所以后人都认为他如闲云野鹤。其实他的前半段经历更加重要。因为老子如果仅仅是个隐士，仅仅在这个世界之外，那么他去看这个世界是永远看不清楚的。所以我更强调老子作为入世者的角色。老子一直处在权力世界，一直在这个世界的核心里面生活。虽然没有很确切的记载，但是我们可以推测老子是出生在一个地位相当高的世袭贵族家庭，所以有丰富的为官经验。那么他具体做什么官？史官。史官大概有三个职责：第一个职责就相当于我们今天的国家图书馆馆长。担任这个角色的人和一般人不同，他应该具有很渊博的知识，对世界非常了解。知识掌握在不同的人手里，作用是不一样的。知识掌握在官员手里，可以转化成塑造和改变这个世界的力量。而老子恰恰是这样的一个人——一个有知识的官员，因此具有很强的力量。第二个职责是天道。我们现在生活在一个科学和理性的世界，对各种各样的灾异已经习以为常。但在2500年以前，这些异常的天象或者自然界的变化，都会被看作是某种神圣意志的体现。所以一旦出现日全食，皇帝可能要下《罪己诏》。第三个职责是作为史官最重要的角色，即帝王师。《道德经》有一种指点江山、指点帝王的气势。这一点是老子至今仍然能够被我们记住的很重要的理由。汉代人讲道家，认为在老子之前还有三个人十分重要。紧邻老子的是管子，即管仲。管仲是齐桓公的老师，齐桓公九合诸侯，一匡天下，管仲之力也，这是春秋战国时大家的公论。管仲之前是姜太公，他是帮助周武王灭掉商纣王最关键的角色。姜太公之前是伊尹，他是帮助商汤灭掉夏桀的最主要角色。这三个人与老子一样，都是帝王师。正因为此，《老子》这本书讲的就是统治的艺术、管理的艺术，汉代人称为“君人南面之术”。因此，历代帝王都很喜欢读这本书，有很多皇帝都亲自注释过，譬如唐玄宗、宋徽宗、明太祖、清世祖等。

明太祖朱元璋

在这里特别讲一下朱元璋。朱元璋不是读书人出身，但是当了皇帝之后说要做一个学习型的皇帝，于是开始读书。有一天他读老子《道德经》，看了之后意有所动，就找来不同的版本研读，后来产生了把读书心得写下来出书的想法，但是又怕天下读书人笑话，于是暂且搁下。可是过了一段时间，他再拿起这本书，读到《老子》第七十四章的第一句话："民不畏死，奈何以死惧之。"朱元璋看到这句话后就再也放不下了，他宁可冒着被知识分子嘲笑的风险，也要把读《道德经》的心得写下来，于是就有了现在《道藏》里面看到的朱元璋御注《道德经》。

"民不畏死，奈何以死惧之。"这代表了一种政治状态，朱元璋会心动可能是因为朱元璋是明朝太祖皇帝。他在混战中间夺取政权，知道最好的政治是让老百姓处在一种比较自在的状态。毛主席也非常喜欢读《老子》，他曾经有过一个很著名的说法，认为《道德经》是一部兵书。其实早在唐朝就曾经有过类似的说法，唐朝王真著有《道德经论兵要义述》一书，就是把《道德经》作为一部兵书来看待。前些时间，习近平主席讲话里面也多次引用了《老子》中的话，如"治大国，若烹小鲜""道法自然""以百姓心为心"等。

老子是一个对世界非常了解，但同时又能够跳出这个世界的人。我们中国人形容一个人特别厉害，用六个字是"进得去出得来"，用八个字是"入乎其内，出乎其外"。比如关羽温酒斩华雄，过五关斩六将，然后入万军丛中取上将首级如探囊取物，这是真正的英雄。其实对世界也是一样。老子对权力、对财富、对这个世界，就是进得去出得来，入乎其内，出乎其外。只有出乎其外，才会获得另外一个视角。用不同的视角看世界，才能把握得更准确和透彻。老子在权力世界生活了几十年，后来成为隐士，正因为他走出去了，所以才获得另外一种生命视角，成为一个哲学家、一个圣人、一个至今都会被世界记住的人。

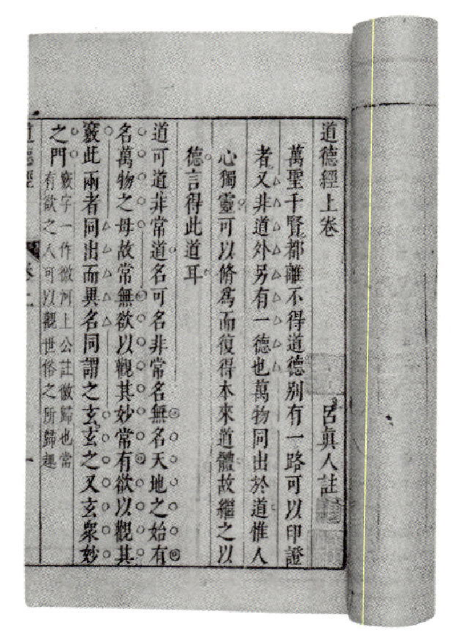
道德經上卷　　呂眞人註
萬聖千賢都離不得道德別有一路可以印證者又非道外另有一德也萬物同出於道惟人心獨靈可以脩爲而復得本來道體故繼之以德言得此道耳
道可道非常道名可名非常名無名天地之始有名萬物之母故常無欲以觀其妙常有欲以觀其竅此兩者同出而異名同謂之玄玄之又玄衆妙之門 竅字一作徼河上公註徼歸也常有欲之人可以觀世俗之所歸趣

明崇祯五年（1632）刻本《道德经》书影

三、世界之道：有无之间

《道德经》最核心的字眼就是道和德。首先从道说起。我想抛开那些比较抽象、比较枯燥的说法，用最简单的一句话做一个描述，所谓道就是有无之间的一条路，这是老子最伟大的一个发现。我们每个人都能够意识到这个世界的矛盾和对立。比如说我们人类有男性和女性，这是人类社会永恒的矛盾，我不相信会解决，从男性角度看世界和从女性角度看世界是不一样的；而作为父母亲和孩子，看到的世界也是不一样的。从天上看世界和地上看世界也不一样，从地上看世界，长城很伟大；可是从天上看世界，长城不见了，这也是不同的角度。所以对于老子来说，他很重要的一个贡献是发现这个世界上各种各样的对立。《老子》第二章，就是在讲对立："有无相生"，有无对立；"难易相成"，难易对立；"长短相形，高下相倾，音声相和，前后相随"，这些都是对立。而所有的对立最后都变成一个对立——有和无。"有"是我们想要的，"无"是我们不想要的；"有"是你要追求的，"无"是你特别想摆脱的。我们都有这样一种需要，智慧就在于怎么去看这两个东西。有了智慧就会知道，我们想要的和不想要的是相伴而来的，世界上没有有百利而无一害的事情，所有的事情都是在权衡和选择。有利一定有害，有害一定有利。我们在做任何决策的时候，其实都是一样的。当然有时候我们可以把利放得比较大一点，把害缩得比较小一点，或者把害隐藏起来。可是一个很清楚的人，一定能够把利害同时呈现出来，这就是对立。而老子在对立事物之间的理解上面也有他的特殊性。他说有无之间的关系是"有无相生"，也就是说你想要的和你不想要的，你要追逐的和你拒绝的，是相生的，这是他的一个非常重要的智慧。一般的人都喜欢"有"，不喜欢"无"，都喜欢拥有东西，而不喜欢失去东西，这很正常。可是，我们有没有想过一个问题，就是《老子》第十一章里面讲的问题，他说："三十辐共一毂（gǔ），当其无，有车之用。埏

（shān）埴以为器，当其无，有器之用。凿户牖（yǒu）以为室，当其无，有室之用。故有之以为利，无之以为用。”这三个例子，我们都有现实经验。比如坐车，车之所以能开动，是因为有个轴，车轴中间是空的，所以车子可以动，如果它不是空的，就不能够运动。茶杯之所以成为茶杯，是因为它的中间是空的，所以它才能够发挥器皿的作用。有些人之所以能够更好地发挥作用，是因为身边的好多人没有用，如果身边的所有人都有用，他就不能更好地发挥作用。再比如一支队伍如果全部由顶级明星来组成，那么这个队伍一定是一塌糊涂，一般来说一个队伍只有一个核心，这样它的力量才能够更好地体现出来，才能够更好地平衡。教室之所以成为教室，是因为它是由很多建筑材料围成的空间。进一步说，人之所以能够很清醒地去思考问题，是因为我们的脑子有时候是放空的，如果脑子完全是一团乱麻，就不可能去思考问题。“故有之以为利，无之以为用”，这是老子的发现。老子有两个发现，第一个发现是“无”的发现，他发现了一个我们平常没有发现，甚至于我们想要把它丢开的东西——无。第二个发现是“有无相生”，也就是说“无”是成就“有”的。杯子需要空间，是因为只有有空间，陶瓷才能够发挥作用，才能够用来喝茶。我们可以设想一下，如果世界都被“有”所充满，那么这个世界肯定是没有活力的，必须要给万物留有空间。

很多人说《老子》一书是讲阴谋的，我年轻的时候也觉得《老子》有点阴谋的味道，可是后来我理解了它想说什么。《老子》有些地方可能真的会有阴谋的感觉，它说：“以圣人后其身而身先；外其身而身存。非以其无私邪？故能成其私。”“后其身而身先”，“后”就是“无”，“先”就是“有”，这就叫“有无相生”。“外”就是“无”，“存”就是“有”。后面讲得更加清楚，“无私”就是“无”，“成其私”就是“有”，“无私”才能“成其私”。所以当我们仅仅把《老子》看作是个人生存技巧的时候，它也许充满了某种权术的味道，但是当我们把它看作是一个政党治国平天下的方略的时候，它就是大智慧，是通过放弃而获得的智慧。

《老子》里面这种文字有很多，有一段话是最典型的，这段话在把《老子》解释成兵书的时候，作用最明显。《老子》第三十六章讲了几个对子，这几个对子我们都可以称之为“有”和“无”。前半句都可以称之为我们想要达到的目的，后半句就是我们为了达到这个目的要去做的事情。“将欲歙（xī）之，必固张之。”歙，就是合的意思，想要合上一个东西就要张开它。“将欲弱之，必固强之。”如果想要削弱一个东西，不要直接削弱它，而是先要让它强大。“将欲废之，必固兴之。”想要废掉一个东西，就要先使之兴起。“将欲取之，必固与之。”如果想要更好地争取人心，最好的方式是“与之”。这是一种大智慧，掌握这种智慧，我们在制定各种各样的策略的时候，就会有不同的思路，这也就是老子说的“是谓微明”。所谓“微明”就是一般人看不到的智慧，只有智者、圣人才能够看到的智慧。“微明”的核心就是“柔弱胜刚强”，也就是《老子》里面讲的“道”，即宇宙间最根本的法则。

我们再来看《老子》第四十章，“反者道之动”。所谓“反”就是向相反的方向去变化，就是有无相生。这一章最后一句话“天下万物生于有，有生于无”。很多人认为《老子》是一部讲“无”的书。后来有一个非常伟大的注释者王弼，他在《老子注》中提出了一个很重要的观念——世界以无为本。我们一般人都认为世界以有为本，可是王弼认为《道德经》是在讲以无为本。以无为本并不是拒绝“有”，有人认为以无为本就是对“有”的否定，对“有”的毁灭，这就大错特错，以无为本的意思是只有通过“无”才能成就“有”。这是老子和王弼提出来的一种解决问题的思路。只有通过类似于“将欲取之，必固与之”这样的一种思路，权力才能更好地延续下去，这是他提出的一种解决问题最根本的方法。

“天下万物生于有，有生于无。”这就是以无为本，“无”不是用来毁灭“有”的，而是用来成就“有”的。所以讲“无”，意义不在

“无”而在“有”；“兴”的意义不在“兴”，在“废”；“张”的意义不在“张”，在“歙”，这就是《老子》讲的跟“道”有关的智慧。

四、天地之德：刚柔之间

“无”如果体现在我们面对世界的态度时，就变成另外一个字，这个字是《道德经》的第二个核心观念——德，而用来解释“德”的最简单的一个字是“柔”。

“柔”是老子对“德”的最核心概括。儒家讲道德，道家也讲道德，但他们之间有所不同。儒家讲的道德的核心是仁义，道家讲的道德核心是对仁义的一种超越，对仁义的某种扬弃。

王弼

关于老子的“柔”有很多说法。人一上岁数，就会掉牙齿，但是却没有人掉舌头，为什么？因为“舌柔长存，齿坚易折”。台风来了，越刚强的树木、越刚强的东西越容易被摧毁，而柔弱的东西基本上都能够保留下来。这就是刚柔之间的一个分别。老子非常喜欢的自然物质是水，水最能够体现柔弱之德。柔弱和软弱，虽然只有一字之差，但含义却大不相同。柔弱是自信的最好体现，老子认为一个真正自信的人，就是一个柔弱的人，而不是一个看起来很刚强的人。《老子》第七十八章讲道：“天下莫柔弱于水，而攻坚强者莫之能胜，以其无以易之。弱之胜强，柔之胜刚；天下莫不知，莫能行。是以圣人云：受国之垢，是谓社稷主；受国不祥，是为天下王。正言若反。”老子经常说一些反话，但其实是正话，他用

“正言若反”的方式把道理说出来。天下没有比水更柔弱的东西，但如果用来对付刚强的东西，没有什么比水更有力量。这是一个弱胜强、柔胜刚的世界。但我们千万不要以为这是指一个弱小的力量一定可以胜过一个强大的力量。老子更多的是在讲柔弱的态度会胜过刚强的态度。我们是以刚强的态度来面对世界，还是以比较柔弱的态度来面对世界，最后的结果是不一样的。这个道理，说起来容易，做起来很难，即所谓“天下莫不知，莫能行”。所以老子特别强调一个真正的领袖应该“受国之垢，受国不祥”，承担天下所有的污垢，承担天下所有的不祥。

我们经常讲到领袖这个词。领袖拥有最高的权力，所以就应该承担最大的责任，所有的功劳归于他们，所有的错误也归于他们，这是再正常不过的。任何人不可能只要功劳不要错误。这个例子跟我们前面讲的道理是一样的。《老子》第七十六章讲柔弱和刚强：“人之生也柔弱，其死也坚强。万物草木之生也柔脆，其死也枯槁。故坚强者死之徒，柔弱者生之徒。是以兵强则灭，木强则折。强大处下，柔弱处上。”人活着的时候都是柔弱的，如果哪一天我们去了另外一个世界，变成了僵尸，也就真正达到了坚强，草木也一样。所以“坚强者死之徒，柔弱者生之徒”是一般的法则。老子是一个常识的颠覆者，这正是他高明的体现。一般的人只知道一是一，二是二，但是老子说：“道生一，一生二，二生三，三生万物。”也就是说一不是一，一还是二，二不是二，二还是三。有很多人认为钉就是钉，铆就是铆。老子的伟大在于，他认为除了钉和铆之外，还有一个东西叫铆钉，这就是一种比较高明的智慧，透过这种智慧，我们可以对坚强、对柔弱、对勇敢进行另外一种角度的思考。比如“勇于敢则杀，勇于不敢则活”。我在二十几岁读这段话的时候，完全没有感觉，可是随着年龄的增长，这些话沉淀在我的记忆里，挥之不去，我才知道有一种智慧叫“勇于不敢”。汉语里面有个字叫“牛”，年轻人很喜欢用这个字。可是在汉字里面，跟“牛”字相关的一个很重要的词就是“牺牲”，牛的态度容易导致牺牲，这很正常。所以，不管对一个人来说，还是对一个组织来说，不知退让的态度，是一种值得我们去反思的态度。

关于柔弱，《老子》中还有非常著名的四个字——“上善若水”。《老子》的第八章中说，水是一种具有柔弱德行的存在，“水善利万物而不争，处众人之所恶，故几于道”。水的最大特点就是不争，只有不争才会像老子所说的“故无忧”，才不会有问题。对于这种柔弱胜刚强之德，老子有另一个不同的说法，是谓“玄德”。“生而不有，为而不恃，功成而弗居”，这就是玄德，也就是柔弱之德。“生而不有”就是创造而不占有。“为而不恃”则是指做了很多事情，但是并不炫耀。“功成而弗居”则是指成功了但并不居功，这就是玄德，是《老子》里面所体现出的一种柔弱之德。

五、节制：无为

老子思想中最关键的两个词就是节制和宽容。关于节制我想用无为这个词来讲，关于宽容我想用自然这个词来讲。

关于无为，我们经常有很多误解。无为不是不为，不是不做事情，而是为的一种方式。它跟有为的区别在于他们为的方式不同。有为在道家的字典里面是一个地地道道的负面字眼。顺应世界的法则而为，叫作无为，也就是说如果不顾及世界的客观法则，不顾及百姓的意愿，完全按照自己的意志去做，这就叫有为。所以有为就是把自己的意志强加给这个世界。一个人想把个人的意志强加给这个世界并不容易，但是对于掌握权力的人来说，相对容易一点。道家夸奖人一般会说“年轻无为”，这在道家层面上是一个褒义词。无为其实是有智慧地去作为，老子觉得，如果这样去作为，可以事半功倍，如果有为，可能就事倍功半。

前面我们讲到“天地不仁”，其实“天地不仁”就是无为。老子认为“仁”就是有为，“爱”就是有为。老子了不起之处就在于他有时候会把一些特别美好的字眼消解。所以在《老子》第八十一章有这样一句话："信言不美，美言不信。"真正值得相信的话永远不是漂亮的话，漂亮话永远是不值得相信的。比如就爱来说，因为天地不仁，所以我们有时候以爱的态度去面对世界的时候，我们获得的结果恰恰是我们不想要的。

道家另一个代表人物庄子讲的一个故事可以更好地诠释上面的观点。庄子说，某年某月的某一天，有一只海鸟从大海飞到鲁国的都城曲阜，鲁国国君很高兴，高兴之余就要为鸟举行盛大的欢迎仪式，用现代的语言来形容就是鸣礼炮21响，检阅三军仪仗队，然后举行国宴，准备好酒，有人唱歌伴奏，还有温泉，还有仆人服务，这是鲁国国君能想到的最好的爱鸟方式。可是最后这只鸟被吓死了，因为在鸟看来，21发礼炮就如21发追魂夺命弹，三军仪仗队是抓捕它的特别行动小组，国宴上缺了一道菜——清蒸海鸟，而温泉是给它煺毛的地方，仆人则是厨师，所以他们对同样事物的认知完全不一样。鲁国君主特别爱这只鸟，可是结果是把它爱死了，这是《庄子》里面讲的一个实实在在的故事。于是庄子说，其实爱人有两种方式，第一种是按照自己对世界的理解去爱人，第二种是按照对方喜欢的方式来爱人。所以庄子用了一个区分，他说一种是"以己养养鸟"，就是用自己喜欢的养鸟的方式去养鸟；第二种是"以鸟养养鸟"，就是用鸟喜欢的方式来养鸟。我们通过这个故事可以了解老子为什么说天地不仁。因为"仁"有时候不一定带来好的结果，因为"仁"最大的问题是以己度人。

庄子

有些话听起来很温暖，但是做起来很难，比如"将心比心"就是一件很困难的事情，因为每个人想要的、所理解的都是不同的。《庄子》里面有一个脍炙人口的"鱼之乐”的故事。故事说庄子和他的老朋友惠施在石桥上看到鱼自由自在地游泳，于是庄子说，鱼很快乐。惠施问道：“子非鱼，安知鱼之乐？”你不是鱼，怎么知道鱼是快乐的？这是一个很经典的问题。庄子辩护说：“子非我，安知我不知鱼之乐。”你不是我，怎么知道我不知道鱼是快乐的？惠施接着说：我不是你，所以我不知道你是不是知道鱼是快乐的；可是你不是鱼，所以我知道你一定不知道鱼是快乐的。这个故事看起来是一个辩论，但其实他们两个人有一个共同的前提，这个前提就是如果你不是我，你就不知道我是怎么想的。

我前面说过，读《老子》会觉得有点冷，读《庄子》会觉得更冷，这就是生活，就是哲学家对世界的理解。所谓的“天地不仁”，实际上是对自己意志的一种收敛、一种节制。也就是说，我们不能够在爱的名义之下去干涉别人、去控制别人，因为爱并不一定给对方带来他想要的，这就是老子特别想表达的思想。

所谓“无为”，用一句话来说就是权力的自我节制。权力需要节制，已经成为现代社会的共识，现在很多领导人也都在倡导权力的节制。制度就是一种节制的手段，把权力放在制度的约束里。另外一种节制的手段就是德行，即自我节制。古今中外很多人都说这是一个权力和财富的世界，这个世界权力最大，其次是财富。但是看《老子》会获得一种新的理解，《老子》第二十五章写道：“故道大，天大，地大，王亦大。域中有四大，而王居其一焉。人法地，地法天，天法道，道法自然。”老子认为在王前面有地，地前面有天，天前面还有道，王在四大中敬陪末座，所以权力需要节制，掌握权力之后如果完全按照自己的意志去行事，是会付出代价的。

宋代沈括的《梦溪笔谈》里记载，宋太祖赵匡胤问大臣赵普：“天下何物最大？”赵普用了四个字来回答：“道理最大。”一般开国皇帝都比较清醒，赵匡胤在听到这个答案之后颔首良久，屡屡称善，觉得这句话讲得太好了。我们每个人其实都能够意识到这个世界上道理最大，而不是人最大，不是权力最大，也不是财富最大。权力可以被剥夺，财

沈括像

富可以被剥夺，但是道理是亘古长存，永远不会被剥夺的。当我们意识到这一点，我们就会有一种自我节制的意识。我非常喜欢《老子》第三十三章中的几句话：“知人者智，自知者明。胜人者有力，自胜者强。知足者富，强行者有志。不失其所者久，死而不亡者寿。”是不是一旦掌握权力就能更多地了解这个世界？不一定，我们如果有这个想法的话，就会比较危险。“胜人者有力，自胜者强。”一旦掌握权力，想要去扳倒一个人太容易了，可是真正的强者是练《葵花宝典》的人，“若练神功，必先自宫”。我们现在很多深化改革的方案，其精神就是“自宫”的精神，就是一种自我节制的精神，就是要把更多的机会留给世界，留给市场，留给百姓，这才是真正的“自胜者强”。

《道德经》第七十一章说：“知不知，尚矣；不知知，病也。圣人不病，以其病病，是以不病。夫唯病病，是以不病。”知道自己不知道是最高的智慧，所以最高的智慧是无知。这段话提醒我们一定要有节制。我很喜欢《道德经》里“光而不耀”四个字，“光”就是光芒，有光芒但不要太耀眼，太耀眼就太张扬。“不耀”是一种态度，是一种自知之明的态

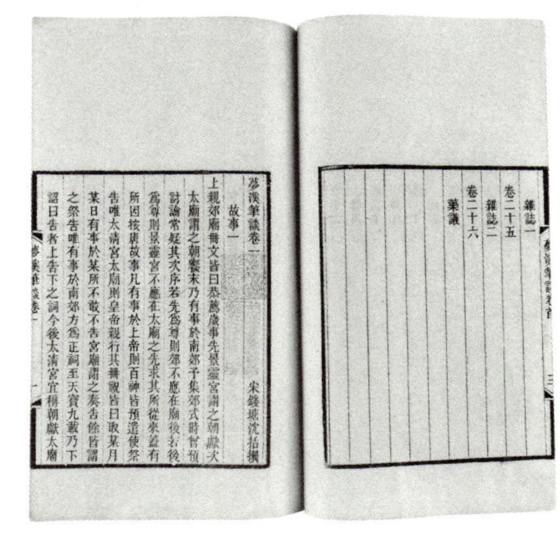

雜誌一
卷二十五
雜誌二
卷二十六
藥議

夢溪筆談卷一　宋錢塘沈括撰
故事一
上親郊廟冊文皆曰恭薦歲事先景靈宮謂之朝獻次太廟謂之朝饗末乃有事於南郊予集郊式時曾預討論常疑其次序若先爲尊則郊不應在廟後若後爲尊則景靈宮不應在太廟之先求其所從來蓋有所因按唐故事凡有事於上帝則百神皆預遣使祭告唯太清宮太廟則皇帝親行其冊祝皆曰取某月某日有事於某所不敢不告宮廟謂之奏告餘皆謂之祭告唯有事於南郊方爲正祠至天寶九載乃下詔曰告者上告下之詞今後太清宮宜稱朝獻太廟

《梦溪笔谈》书影

度，也是“自胜者强”的态度。一个人越有光芒，对别人越构成威胁，如果他无限制地去放大光芒，会非常危险。

六、宽容：自然

对于中国人来说，最熟悉的词是爱，不是宽容。爱和宽容最大的区别在于爱是从自己出发的，宽容是从别人出发的。爱在某种意义上讲是把自己的意志强加给别人，可是宽容却是更多地让别人以他自己的方式呈现出来，这是爱和宽容的不同。《老子》第四十五章第一句话是“圣人恒无心，以百姓心为心”。我很喜欢这句话，我觉得这是中国经典里面最伟大的一句话。我们经常把自己的心安在别人身上，当我们从另外一个角度思考，把百姓的心变成自己的心，就是“圣人恒无心，以百姓心为心”，这是真正的宽容。“善者，吾善之，不善者，吾亦善之，德善。信者，吾信之，不信者，吾亦信之，德信。”这是最高的宽容。我们经常按照自己的意志把世界撕裂成两半，在这个世界中，你认为它不善，它不一定不善；而你认为善的，也未必就是真善，所以我们对这个世界的判断往往是不准确的。因此老子说真正的领袖应该有一种胸怀、一种能力、一种气魄，这就是宽容。结合现实来说，宽容就是给百姓以生存发展的空间。

老子主张“道法自然”，关于这个词也有很多误会，很多人认为“自然”就是自然界。实际上，“道法自然”是说给百姓更大的空间，给社会更大的空间，要达成这个目标取决于对权力的节制。宽容有时候就是不能制定太多规矩，《老子》第五十七章说：“天下多忌讳而民弥贫。”这是说给百姓制定的规则越多，百姓就会越穷。下一句，“民多利器，国家滋昏”，这是说老百姓想得越多，就越会反过来对付国家，“利器”就是智慧，在这里指狡诈的智慧。“人多伎巧，奇物滋起；法令滋彰，盗贼多有。”以前读这句话我不能理解，明明法令是来约束盗贼的，却说“法令滋彰，盗贼多有”。后来我理解了，这句话是说法令越多，人民的活动违反这些限制的机会也就越多，人民成为盗贼的机会也就越大。如果法律制定得不合理，就会人为地制造出很多违法者。之所以违法，是因为法律给予的空间太小了，这是一个很清楚的道理。所以老子接着说："我无为而民自化；我好静而民自正；我无事而民自富；我无欲而民自朴。"它的核心意思就是说，如果不折腾，百姓也许会形成一个自然的秩序，一个很好的秩序，这就是社会自然活力和组织力的一种释放。

在过去的几十年里，中国政府出台了很多政策，这些政策一个大的方向就是对社会的管制，特别是对经济活动管制的减少。一方面是法律的健全，另一方面是某些随意性东西的减少，这种减少最好地释放了百姓的创造力和活力。老子认为，如果百姓的创造力和活力都释放了，领导就好当了，在一些事情上就不用绞尽脑汁去进行计划，而社会本身也会形成一种良性的秩序。这就是老子的治国思路。

七、结　语

老子给后世留下三大法宝："一曰慈，二曰俭，三曰不敢为天下先。"

第一个法宝就是慈，即宽容。我们知道，秦始皇统一了六国，在此之前，没有任何一个人像秦始皇那样拥有如此集中的权力，但秦帝国二世而亡，仅仅存在了15年就土崩瓦解，谁之罪？陈胜和吴广起义，天下响应，仅仅是导火索而已。这两个农民之所以起义，就是因为秦帝国太不宽容了。从一个工地转到另外一个工地，仅仅因为下雨耽误了时间，按照秦朝的法律就要杀无赦。因此立法的关键不在于有法，而在于有什么样的法律，也就是说制定出来的法律是否真正考虑到社会和人民的需要，这是一个需要多视角平衡的法律。所以就宽容而言，在中国的传统思想中，法家最不宽容，道家最宽容，居中的是儒家，基本上是这样一个格局。

第二个法宝是俭。很多人对于俭有不同的理解，有人说是节俭，其实俭是指收敛。《老子》里面有一句话叫“企者不立，跨者不行”，“企”就是踮着脚，嫌自己不够高，拼命想高一点，这种人是站不稳的；“跨者不行”，嫌自己站得不够宽，把腿分开，这样是不能走路的。所以做人要收敛，这是一种为人处世的态度。

第三个法宝是“不敢为天下先”。有一句俗语是“老子天下第一”，但《道德经》主张“不敢为天下先”。这两句话并不矛盾，“天下第一”是讲位，“不敢为天下先”是讲德，德位要相配。天下第一其实并不好当，小李飞刀就是传说中的天下第一，结果江湖上所有人都想去挑战他。天下第一就要面临挑战，所以天下第一需要一种智慧，一种“不敢为天下先”的智慧。这个核心就是不争，非常有柔弱之德的一种智慧。

老子主张“慈故能勇；俭故能广；不敢为天下先，故能成器长”。这三大法宝的核心就是宽容，就是无，但结果却是有，是成就。老子的智慧是一种以退为进的智慧。

最后，我想用《老子》第八十一章中的两句话来总结一下老子的智慧，这个智慧是前面所有内容的综合。“圣人不积，既以为人己愈有；既以与人己愈多。天之道，利而不害；圣人之道，为而不争。”“圣人不积”是指圣人不会把所有的东西都攥在自己手上，圣人绝对不贪婪。“圣人不积，既以为人”中的“既”就是全部的意思，如果一个人全部都为了别人，他自己拥有的就越多。这也就是我们平常讲的一个词——舍得，有舍才有得，有无才有有。所以“天之道，利而不害；圣人之道，为而不争”。不是什么都不干，也不是不为，而是为而不争，这种智慧在今天仍然值得我们学习。

任继愈

今天看《易经》

一、《易经》的起源

《易经》自古称为“六经”之祖，其余为《诗》、《书》、《礼》、《乐》、《春秋》，都是有文字的记录，唯独《易经》产生于人类创造文字之前，用画来表达意思。最初只有—（阳）及– –（阴）两画。按照数学排列组合的规律，这两种基本符号三组组合，只能有八种可能，是为八卦的开始。这八种再重合一下就变成64种排列方式。阴阳代表正面、反面或者有、没有两个意思。

历代记载伏羲作八卦，文王演绎为64卦，古代传说一直是这么相传，司马迁《史记》也有记载，今天看来这个记载符合实际情况。伏羲时代是群婚制，没有固定的家庭，靠打猎为生。狩猎有时有收获，有时无收获，生活资料来源不固定。所以人就想预先测算今天的收获，测算、预测这是人类的进步，只有人类有这个智慧。

伏羲是驯服兽类的一个代表人物，中华民族有一个特点，古代人没有名姓，就以神话人物对人类的贡献为其名称。种植物的神农氏，发明用火的燧人氏，发明造屋的有巢氏，这些“氏”不是他们的名姓，人们纪念他，憧憬他，就以他们对群体的贡献为名。

伏羲

这一点中华民族与西方神话有些不同。比如西方认为普罗米修斯劫下天火传到人间，天帝发怒，给他以惩罚；中国燧人氏摩擦生火，钻木取火发明用火。中华民族最早传说中，人与自然界的关系中，人起了主要作用，而不是神。

中华民族是注重实践、务实的民族，而且处于北半球寒温带，这一带植物有生长季节，有生长期、成熟期，有春夏秋冬，人们只有努力才能维持生活，而赤道附近地区如印度印尼，一年气候相差不大，且植物四季常绿，可以维持生活，不用担心食物问题。所以中国人民勤劳、勇敢不是天生的，而是从原始社会开始环境长期磨炼而成。

因此，我们对祖先氏族领袖崇拜，是因为他们留下永远的丰功伟绩，像大禹治水、燧人氏发明火、有巢氏发明房屋等等，所以祖先崇拜是中华民族的一个习惯，祖先常常留在人们记忆、传说中，所以敬天，敬天神。

阴阳是根据世界现象归纳的概念，“近取诸身，远取诸物”，自始至终是对立的统一，有不一样，可又互相需要互相离不开。这个观念很原始、很朴素，可也很根本。八卦把乾作为阳性、男性的代表，代表进取、刚强、主动，阴性是坤，代表万物保守、服从、顺从方面的性质。

最早祖先崇拜的祖字，左边礻部代表祭坛，右边念“祖”，古代“且”象征生殖器崇拜，考古发掘陶制、泥巴制、石头制的“且”有很多，这说明中华民族祖先崇拜由来已久。后来儒家继承了这个传统加以发展发挥使神圣化，给以崇高的解释，一直到明清。比如清朝故宫皇帝办公的地方叫乾清宫，皇后住坤宁宫，中间的殿叫交泰殿。

占卜之所以流行久是因为占卜方式最早是一阴一阳，可行不可行，一正一反，从数学角度看，机遇是一样的，所以看起来很公平。算卦至少有50%是猜对的，如果后人再加上社会经验、算卦人的愿望欲望给以解释补充，又增加了25%的可能性，这样按概率论来说算卦准确率有75%。人们心理上有个习惯，对于有利的、算对的、应验的事情容易记住，算不对的事情，容易记不大清楚，所以古人一直相信算卦可以解决疑难问题。但随着人类社会生活的丰富发展，人类行为不限于可行不可行这两个绝对对立的方面，还有很多中间的可能，介于可行不可行之间。八卦后来就发展为64卦，每卦有个爻，爻有384个可能。爻的增加是社会复杂性的结果，是自然的结果。

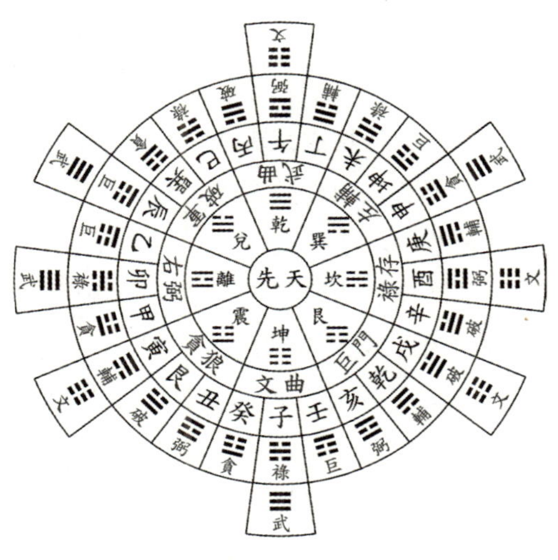

周易六十四卦

《易经》原来只有卦象，后来算卦的人将解说词做了记录传下来，称为《易传》，有10类，附在卦后。

科学发展到今天，除了人类以外，还没有发现任何一种动物懂得用占卜。《易经》文字很简单，所以可以有多种解释来理解，中国“五经”里，只有《易经》注释最多，据现在初步调查，光64卦的解释大概有4千多种，有出版的书，也有未发表的手稿，其中山东省图书馆收集最全。

《易经》是从图像开始，对易图的解释也有一个逐渐完善的传承系统。沿着图像、64卦的排列顺序的变化形成另一个支派，称为“象数学”，易图的象数学经过几千年流传，已发现古今流行的也有二千多种关于图像的著作，而且现在还不断出新。

今天我介绍给大家的几本书就是中华人民共和国成立以后最近几年出的，《易经》留给人们无限发展的余地。

二、《易经》内容简介

商代甲骨文也是用来占卜的，但凿龟、看灼裂的“兆”，只有专业人员才看得懂，手续比较麻烦。《易经》的占卜方法比较容易，因为是周人习用的一种方法，故称《周易》。

古代国家大事，一是祭祀，一是打仗。小的个人的事情也需要占卜，该做不该做的，也需要占卜。

《易经》哲学思想的基本内容可以分两个方面：

（一）万物交感观念

《周易》64卦里，天、地是实物，天在上，地在下，天地是万物之母，天地生六个子女，巽、震、兑、离、坎、艮。

《易经》所谓“吉”的一些卦，一般是上下两卦具有交感的性质；所谓“凶”或不吉利的一些卦，一般是上下两卦不具有交感的性质。《易经》占卜问吉凶祸福，本身是迷信，但是《易经》对于吉凶的解释，却包含当时人们对世界一般事物最原始的哲学见解。《易经》善于从交感的观点观察万物的动静变化，并认为凡有动象、有交感之象的卦是吉的，有前途的，因为它符合事物发展的原则。

如泰卦的象是地在上天在下，实际上应当天在上地在下。阳气上升、阴气下降就象征天和地的交感变化。与此相反，如否卦的象是天在上地在下，天本来就在上，地本来就在下，这种情况不会引起上下交感易位的变化。不交感，就没有变化，事物就没有发展前途，所以否卦不如泰卦吉。泰卦和否卦是一个对立面，一吉一凶。吉和凶的根据是变和不变，交感和不交感。它透过宗教迷信的形式反映出极其朴素的辩证法观点。

总的原则就是事物在变化发展中就有前途，就是吉利的；如果没有发展变化就没有前途，是凶的。《周易》的这个认识我想是从丰富的社会实践提炼出来的最朴素的一种辩证法观点，虽然还不完整。

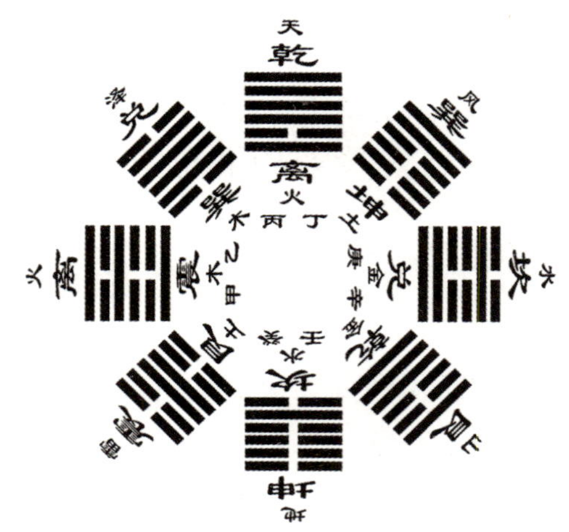

先后天卦位之五行所属

荀子是先秦很有名的哲学家，也是儒家大师之一。

荀子说过，善意者不占。真正懂得《易经》的人，不去算卦。《易经》主要要懂得其道理，算卦算吉凶祸福是次要的。

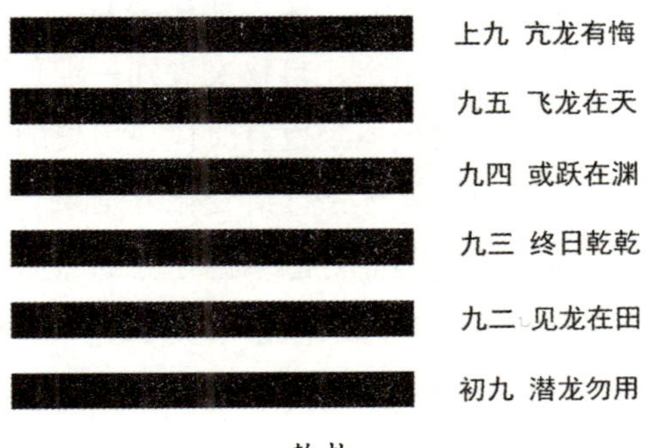

乾卦

（二）物极必反的观念

物极必反的观点，就是事物发展到极端，就要走向反面。《易经》举乾卦为例，乾卦有六爻，从下往上，第一爻叫初，然后二三四五六，最后一个叫上，乾卦初爻到六爻中间有六个层次六个变化阶段，以龙为例，因为龙是中华民族的一个图腾民族象征，龙的变化从存在、变化到最后，乾卦爻第五个层次，九五爻是吉，九五至尊是最好的一个结果，但是到顶就是亢龙有悔。

初九（第一爻）是潜龙勿用；九二（第二爻）是见龙在田，利见大人；九三（第三爻）是终日乾乾，奋斗不息，一直在前进；九四（第四爻）是或跃在渊，无咎；九五（第五爻）是飞龙在天，利见大人，这是最好的爻；上九（第六爻）是亢龙有悔，亢是走到头，走极端。用龙的变化说明一个事物从开始到衰败有一个过程，事物有进有退有得有失，到了极端就过渡到反面。

《易经》还提到“无平不陂，无往不复”，指出没有任何平路，都是有坑坑坎坎的，事物是循环的，没有一去不返的，这都说明“物极必反”的原则。这个观点在春秋时期广泛传播且为人接受。所以今天说人要有忧患意识，就是在平安的时候要考虑到不平安，顺利的时候要考虑到不顺利，处在逆境的时候不要悲观，因为还有否极泰来。

秦朝范雎，做了多年宰相，很有功劳，后来燕国人蔡泽进言说《易经》无往不复，物极必反，你做了多年宰相，到顶了，最好早一点退下来，否则会有灾祸，范雎接受了他的意见，推荐蔡泽做宰相。可见《易经》已经深入人心，深入到社会上层，这个故事记载在《史记》。

《易经》指出，事物发展到一定程度不得不过渡到反面，这是朴素的辩证法思想。但是也有时代、历史的局限性。基本弱点在于神秘地、抽象地脱离了具体条件讲变化。结果变化、发展成了人们无法驾驭的神秘力量，人们不能自己掌握自己的命运，最后仍然跳不出神学的圈子。但在当初这个观念已经很可贵了。

古代吉凶祸福、物极必反，有循环论的意思，今天我们是进化论，不是循环论，是螺旋形上升，跟从前不同，但是基本原理是古人打下的，它没有摆脱神学体系的影响。所以随着科学的发展，宗教迷信思想越来越少，阵地越来越窄，科学阵地越来越扩大。

从《易经》也可以看出，古代哲人怎么摆脱迷信命定论，走向科学世界观的一个过程，《易经》作了一个很好的开端，给我们开了个好头。

《易经》基本内容就是物极必反与上下交感的观点，任何《易经》书里都离不开这两个基本观点的解释。详细的解释就千变万化，就不在这里详述了。客观地解释《易经》的基本内容基本框架就是这样，这本书大家可以慢慢看。

三、今天看《易经》

首先要看到，不关心未来的人是短见的人，不关心未来命运的民族就没有希望，不能立足于世界民族之林，所以关心未来是人类进步可贵的地方，有关心未来、创造未来的要求，才有改善环境、创造发明的动力。《易经》出现到现在几千年了，可以看出中华民族历经了不断前进，关心未来，改变现状，开拓新世纪的过程。

有一些人出于爱国热忱，故意拔高《易经》，提出电脑的二进位原理《易经》早已提出，电脑发明权不在外国，而在《易经》，我认为爱国主义是好的，为祖国争光也是精神可嘉，可是这不符合事实，不可信。这种所谓的爱国用不科学的方法对待过去的传统文化，是错误的道路，不可取。爱国是好的，可是用歪曲历史的方法讲爱国主义，就没有价值，也没有说服力。

还有一种歪曲，比如现在从中央到地方都讲和谐社会，认为《易经》中早就提到和谐共处。最近报上还有一篇文章大讲《易经》的智慧，但不能说今天的和谐来自《易经》，而且《易经》本身的精神是对立统一中的不断进取，是“天行健，君子以自强不息”。如果歪曲古代《易经》迎合现在的政治口号，这是糟蹋了《易经》，糟蹋了古人，也不是历史唯物主义的态度，不是真正爱护《易经》。我们只能从发展观来看《易经》，这才是正确的态度，也是唯一的道路。

《易经》的发展观辩证法与物质是分不开的，我们这个物质世界辩证发展同时又是客观存在的，哲学是关于整个宇宙发展的总规律的学问，给人提供了观察认识世界、适应改变世界的工具，观点和方法不可分。

拿我个人来说，我在中华人民共和国成立以后开始学马克思主义，苏联联共党史第4章第2节斯大林解释唯物辩证法，观点是唯物的，方法是辩证的，我认为这个说法简明而不准确，因为观点和方法不可分割。

中国一开始就有全局发展观的萌芽，天行健，自强不息，永远在变化，这是《易经》的根本精神。全局观点是中国的特色，从日常生活里可以看出，比如在欧洲商店买东西，你买2.5元的东西，给他10元，他就先找5毛，再找2元，最后给5元，从小到大找起；而中国正相反，同样的买2.5元的东西，给他10元，他先找你5元，再给你2元，再给你0.5元。又比如外国人写信，先写门牌号，再写街道、城市、国家；而中国人写信，先写国家，再写省、市、街道、门牌。这是思维习惯，中华民族习惯从整体到具体，这一点非常可贵。

同样辩证法，俄罗斯人理解是一种理解，中国人也是一种理解，在原来的民族习惯的传统思维上接受新的辩证唯物主义，发展比较正常比较合理。

因此从哲学萌芽开始，我觉得《周易》起了很健康发展的道路，带了个好头。我们照搬苏联教科书，也走过一些弯路。结合中国历史实际，把马克思主义中国化，这是在座的共同责任。真正的马克思主义在中国传统上让它现代化、科学化，继续发展，不能拔高，不能歪曲，也不能拿它实用主义来应付现在政治口号，这也糟蹋了历史。

马克思主义原理与革命实践结合产生了新中国，实践证明是成功的。毛泽东同志得到全国以至全世界的称赞，也是用马克思主义根据现代中国实际来发展展开革命的。当时中国革命的实际情况是地主阶级、资产阶级、工人、农民，还有帝国主义几种力量有着错综复杂关系，中国共产党把关系摆对，认识清楚，采取农村包围城市的经验取得了革命的成功。中华人民共和国成立以后，开始发展生产、安定生活，抓得也很好，取消一切不平等条约，做得也很好，毛泽东在中国创造了不朽的功勋，不管世界上喜欢不喜欢这个人，诽谤或者称赞，历史上这是个伟大的功勋，中华人民共和国成立，毛泽东功劳不朽。

可是建成以后发展文化也得将马克思主义普遍原理跟中国传统文化实际相结合，新中国社会主义文化建设才可以走上正路。中国社会的实际，文化的实际，有五千年之久持续不断的发展，这是中华民族文化的特点，而这个实际过去我们结合的不够，甚至有一些轻视，有一段时期就割断了历史，有一个时期就利用了这个历史，有个稿子叫“古为今用”，我写了这么多文章，从来不用这四个字，这个词有流弊。

今天我们任务就是如何把马克思主义对立统一普遍原理和五千年传统文化相结合，要探索一条新路，继承五千年的好的文化。列宁曾经说过，共产主义文化应该继承一切人类有价值的东西。我们应该拿来人类一切有价值的东西包括古代、当前的，包括中国、世界的，为我所用，建设社会主义新文化体系，这正在酝酿形成中，这是我们共同的一个责任。

但是现在社会有个普遍倾向，认为自然科学、数理化、应用科学是科学，社会科学好像不在考虑之内，没有摆在应有的地位，这是不全面的，人类文化既包括自然科学、应用科学，也包括社会科学，如果丢掉那一半，而且不承认是科学，对着干，会吃很大的亏。我们这些年走一些弯路就是由于忽略社会科学也有规律。科学创造发明可以创造财富，但如果违背社会科学规律，创造的财富可以化为乌有。“文化大革命”就是活生生的教训，国民经济几乎走到崩溃的边缘，原因就在于割断了历史，割断了传统文化，违背经济规律。辩证法主要是发展观、全局观，如果只是局部或凝固地看问题都违反规律，受惩罚的是社会和群体。围湖造田破坏自然规律，结果受到惩罚。提倡学生努力学习，可是忽略了世界观教育、为人的教育。要知道，人民素质全面发展并不是单科突进。

现在研究《易经》不是崇拜迷信古人，而是在古人留下的很好遗产基础上起步、前进，按照规律发展，这不仅是任务，也是大家共同的愿意。

建立中国特色社会主义，经济发展已经成绩显著，连续二三十年不断持续发展，这很不容易。文化建设也要抓起来，现在问题是文化建设还没有引起足够重视。人民代表大会提出教育经费要增加，经费是一个方面，另外要培养什么人，也值得注意。

举例子来说，只有中国有五千年持续不断的历史，在这里演员就是中华民族的各个民族，有时汉族当皇帝，别的民族就辅助它，有的是少数民族当皇帝，汉族就辅助它，没有中断。可是中国学校对历史太不重视，另外投入力量也不够，有的考理科不考历史，这不行，要认识到，教书是育人。培养十三亿现代化的公民，不仅要懂得数理化，还要懂得怎么做人、怎么生活，这应该从小开始。

拿教育投入来说，科研有回报，可是九年义务教育没有回报，只有投入，一般地方官员对没有回报的投入不感兴趣。所以虽然高端支持，但是基础薄弱，这个问题也不小，就不在这讲了。

今天主要讲《易经》发展变化观点留下一个很好的宝贵遗产，我们要沿着正确的道路发挥发展充实。建设中国特色社会主义，如果缺少旧的优良传统，也做得不会令人满意。

问：《易经》和《道德经》之间有没有什么联系？《易经》的辩证法，对立、统一，好像在《道德经》里也有反映，这两者是传承关系吗？

任继愈：这有先后的关系，《易经》在前，老子《道德经》在后，古人说过，易老相通，老子继承发展得很好。不过《易经》讲刚健进取，老子讲柔弱胜刚，老子看见《易经》的刚健进取，有所发展，但是有所偏离。

余敦康

《周易》的决策智慧

余敦康，湖北汉阳人，1930年生。1960年毕业于北京大学哲学系。现任中国社会科学院世界宗教研究所研究员，中国社会科学院研究生院教授、博士生导师。

长期从事中国哲学史、思想史研究，主要著作有《何燕王弼玄学新探》《内圣外王的贯通》《中国哲学史论集》《魏晋玄学史》《宗教·哲学·伦理》《周易现代解读》《易学今昔》《汉宋易学解读》等。

很高兴有机会讲一讲《周易》的决策智慧，今天的讲座实际上是个漫谈性质的介绍，主要讲一下《周易》在中国传统文化中的地位。

一、中国的智慧在《周易》

《周易》里面是不是有一种智慧？它是一本算命的书还是一本蕴含着决策智慧的书？我曾经拜读过经济学家吴敬琏的《何处寻找大智慧》，这本书提出了“何处寻找大智慧”这个问题，但是好像没有找到大智慧在哪里。现在经济学家有困惑，从事各行各业的人有困惑，我们做学问的人也照样有困惑，那么何处寻找大智慧呢？

《周易》是中国智慧的总汇。从汉代到清代的两千多年历史中，《周易》一直是群经之首。我认为解决困惑的智慧应该到《周易》里面去找。宋朝的大哲学朱熹写了一本《周易本义》。这本书后来被定为各家的标准教科书。从汉朝开始，几乎所有的知识分子和官员都学《周易》，从《周易》里面找智慧。

朱熹

鸦片战争以后掀起了西学东渐的浪潮，从这时起《周易》的地位一落千丈。冯友兰的高徒朱伯昆先生花了毕生的精力写了一部《易学哲学史》。这本书的结论就是在中国文化接受西学以前，中国人的理论思维、哲学思维、逻辑思维都是从《周易》里面找到根源、找到源泉、找到精神的原动力的。《周易》还贯穿于儒家、佛教、道教之中。道教思想完全是来自《周易》的，佛教在中国化的过程中也从《周易》里面吸收了思想的成果。所以中国的智慧在哪里，就是在《周易》。

朱熹的《周易本义》是一本非常标准的、先进的教科书。它在序言中写到“易之为书、卦爻彖象之义备、而天地万物之情。”这句话的意思是《周易》这套象数系统，把天地万物之情都表现出来了。一部《周易》就是世界宇宙的一个图式，反映了整个宇宙和人生。这么神妙的智慧是什么呢？朱熹说就两个字——阴阳。一部《周易》讲的就是阴阳，八八六十四卦是阴阳，三百八十四爻也是阴阳。只要把阴阳两个字弄懂了，整个《周易》就会一通百通。

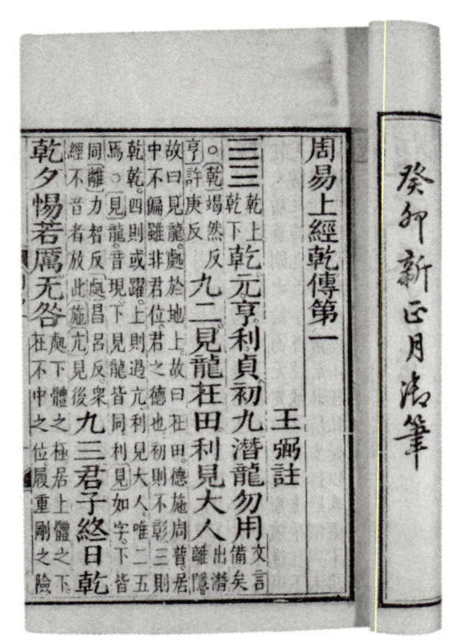
周易上經乾傳第一
王弼註
乾下乾上
乾元亨利貞初九潛龍勿用九二見龍在田利見大人
九三君子終日乾乾夕惕若厲无咎

《周易》书影

但是到了“五四时期”，中国人开始拼命地到西方去找智慧，到西方去找救国救民的真理。中国有中国的智慧，西方照样也有西方智慧，究竟哪个智慧高，哪个智慧低呢？有一些人认为中国的智慧比不上西方，要全盘西化。不学西方的智慧，中国就要落后了，落后就要挨打。针对这种想法，梁漱溟当时写了一本书——《东西文化及其哲学》，讲述了东西文化及其哲学。他认为东方的文化和西方的文化不一样，哲学也不一样。两者各有所长，各有所短，应该互相交往，取长补短。他把当时的世界分为三个地区，一个是中国、一个是西方，再一个是印度。从梁漱溟写出这本书以后，中国的学者开始把中国的文化和西方文化进行一种平等的比较。西方中心论是黑格尔第一个提出来的。黑格尔认为东方，包括中国和印度，都没有哲学，并且在他的《哲学史讲演录》中也把中国和印度的哲学排除在外。

到了20世纪，黑格尔的代言破产了。罗素又写了一本《西方的智慧》。他认为西方的智慧来源于希腊，而希腊智慧的顶峰是柏拉图。所以希腊哲学史、西方哲学史都是以柏拉图作为最高源头的。中国有中国的智慧，西方有西方的智慧，印度也有印度的智慧。经过很多大学者的研究，大家才知道这三大地区、三大民族的文化都有不可替代、不可磨灭的价值，都有它合理的地位。

作为一种智慧，一定有一个源头。西方智慧的源头是柏拉图，印度智慧的源头是《奥义书》，中国智慧的源头是《周易》。

《周易》成书于两千五百多年前，它的创作过程可谓“人更三圣，世历三古”。《周易》不是一个人写出来的，是三个圣人写出来的。伏羲、文王和孔子，这三个圣人经过了上古、中古和近古才完成了这本书。按照朱熹的说法，伏羲之易和文王之易是算命之书，到了孔子时代才上升为哲学之书。所以《周易》经过了一个从卜筮到哲学的发展过程。

冯友兰先生说，一部《周易》，就是中华民族的精神现象学。中华民族的精神有一个发生、成长、发展、定型、成熟的阶段。这几个阶段都浓缩在《周易》这本书之中，所以叫精神现象学。根据考古学者和文史专家研究证明，卜筮、算命、预测吉凶是世界上许多民族童年时代的一个共有现象。中国殷周时期的卜筮主要有两种，一种叫龟卜，一种叫易占。龟卜就是利用乌龟壳来预测吉凶。先把决策的问题刻在乌龟壳上，放到火上烧，然后请专家根据烧出的“兆”来判定吉凶。这样长期积累就形成了甲骨文，它是一种国家档案。另外一种方法就是用五十根草来算卦。由于龟卜非常贵重，所以只有宫廷、王室才有资格用。筮草哪里

龟卜

都可以找到，简便易行，所以筮草发展起来，龟卜却渐渐消亡了。

为什么龟卜不能形成一套哲学，而卜筮能够形成一个哲学？《周易》全部的秘密就在这个问题之中。筮草算卦时用两个爻，一根叫阳爻，两根叫阴爻。把它们按照数学的自然规律排列，必然就形成了八个卦，八个卦相重以后必然形成六十四个卦。“太极生两仪，两仪生四象，四象生八卦”，秘密就在这个地方。这套符号系统可以把算卦的卦筮准确有序地编排进去，就成了现在所谓的《易经》。

到了春秋战国时期，人们更加理性了。从那时开始儒家和道家对这套符号系统进行不断地开发，使其变得具有哲学含义。老子说“道生一，一生二，二生三，三生万物，万物负阴而抱阳，冲气以为和”，一下子把《周易》提到一个哲学的高度。儒家也是根据《易经》进行推演，把社会中的君臣、父子、夫妇、兄弟等关系用阴阳来解释。这样儒家和道家都对《周易》进行了开发，形成了各自的哲学系统。

二、《周易》的智慧在“和谐”

《周易》中的八卦依次为乾卦、坤卦、震卦、巽卦、坎卦、离卦艮卦和兑卦。八卦里面分阴分阳。乾卦是纯阳之卦，坤卦是纯阴之卦，两者互相之间交合，然后派生出另外六个卦。这六个卦也分阴分阳，古时候人们就是从这几个简单的符号系统中开发出了一系列的哲理。

八卦图

乾坤六子 乾为天，是纯阳之卦，坤为地，是纯阴之卦。乾坤两卦被看作是父亲和母亲，父亲、母亲交合以后生出叫六个孩子，就是“乾坤六子”。“乾坤六子”又分三男三女。震卦是奇数，因此是阳卦，称之为长男。坎卦为中男，艮卦为少男。巽卦是长女，离卦是中女，兑卦是少女。八卦中每一个卦代表一个卦象，我们举几个例子。

否卦与泰卦 否卦是乾卦在上，坤卦在下。泰卦是坤卦在上，乾卦在下。这两个卦表明整个宇宙由阴和阳组合而成。为什么天在上，地在下是否卦？地在上天在下就是泰卦？这里面有很多哲学道理。六十四卦中，有的是相互和谐的关系，有的是互相冲突的关系。天在上地在下，这个关系不好，所以叫否卦。否卦就是天地不通。泰卦是天在下地在上，天地交而泰。从阴阳的角度来讲，乾卦代表阳气，坤卦代表阴气。否卦是阳气上升，坤气下降，阴阳背道而驰，所以不好。泰卦是阴气上升，阳气下降，阴阳互相交合，天地交而泰，所以是个好卦。卦的好坏就是根据阴和阳相互之间的关系确定的。

既济卦与未济卦 既济卦是坎卦在上，离卦在下，坎卦的卦象为水，离卦的卦象为火。既济卦颠倒后就组成不同的卦，叫未济卦。既济就是已经成功，未济就是没有成功。从卦象来看，既济卦是水在上，火在下，这叫水火既济，阴和阳总是很好。那么未济卦是火在上，水在下，阴和阳不协调，所以未济卦是没有成功。八卦的不同重合组成六十四种不同的形态。这些不同的形态，构成了整个宇宙的图式，使我们对宇宙产生了一种哲学的思考。

韩国太极旗 韩国的国旗叫太极旗，中间是一个太极图，太极是由阴阳鱼组成的，上面是一条白鱼，下面是一条黑鱼。黑白鱼头尾相抱，即老子所说的“万物负阴而抱阳”，也就是阴阳结合为一体。而且，更重要的是白鱼有一个黑眼睛，黑鱼有一个白眼睛，前者是阳中有阴，后者是阴中有阳，谁也离不开谁。此外，韩国国旗上还有四个卦，即乾坤坎离。乾代表天，坤代表地，两卦相对，天不能没有地，地不能离开天，天地组合就是一个宇宙。坎代表水，离代表火，常言道“水火不相容”，不相容，也一定要把它组合起来，这就是“仇必和而解”。

“仇必和而解” 这句话出自宋朝哲学家张载的《太和篇》，张载把《周易》的思想总结为四句话，“有象斯有对，对必反其为，有反斯有仇，仇必和而解。”这四句话实际上是告诉我们应该怎样处理矛盾。张载认为《周易》的最大特点就是把世界上的万世万物都分成一阴一阳，而且所有的事物都必须是相对的，没有对立就没有世界。有上就有下，有东就有西，有左就有右，有天就有地。所以说“有象斯有对”。“对必反其为”是讲既然事物是相对的，那么他们的行为方式、价值取向就不会一样。比如说东和西不一样，左和右不一样，君和臣不一样，夫和妇、男和女不一样。行为方式的不同、价值取向的不同就会产生矛盾，也就是“有反斯有仇”。但是我们也要注意，冲突有对抗性的，也有非对抗性的。最后一句话特别重要，就是“仇必和而解”。碰到了矛盾，碰到了冲突，必须想办法和解。通过和来解决矛盾，这句话代表了中国人的一种价值取向。

睽卦　这个卦很重要。睽卦的上面是离卦，下面是兑卦，离上兑下。离为火，兑为泽，泽就是水。从这个卦象的组合来看，这个卦不好。火往上动，泽是水，水往下流，这不是和否卦一样吗！这就是“有象斯有对，对必反其为，有反斯有仇”，这个卦有仇了，有矛盾了。睽就是你和我不照面，相背离。既然不好，我们应该怎么样来对待这个问题呢？我们应该“仇必和而解”，还是消灭这个对立呢？我们应该求同存异。《周易》的智慧就在这里。

求同存异　《周易》认为矛盾是事物的当然状态，没有哪个事物没有矛盾。当你把对立面消灭之后，你自己也不存在了，所以要容忍，要宽容。抱着容忍和宽容的态度，使相反的事物相反而相成，求同存异。《周易》明确地把“求同存异”这个成语写在睽卦里面。

第一次把求同存异用于外交的是周总理。1955年召开万隆会议，当时中华人民共和国成立不久，全世界封锁中国。面对这种情况，周总理提出中国的外交方针是求同存异。这样外交局面一下子就打开了，把纳赛尔、苏加诺、尼赫鲁、奈温等各国领导人都团结了起来。而且就在万隆会议上，根据求同存异确定了“和平共处五项原则”。

那么《周易》是否对一切问题都主张“仇必和而解”，用和解的方式解决问题呢？我们再来看一个卦。

革卦 我们把睽卦的上下颠倒一下，就变成了另外一个卦。我们通过看卦的符号就知道，这个卦比睽卦还要差。因为上面的兑卦是泽，下面的离卦是火，火在下头要把水烧干，水在上头要把火浇灭，水火不相容。

水火不相容，就会发生一种对抗性的矛盾。这个卦就叫“革卦”，革就是改革，就是革命。《周易》虽然说“仇必和而解”，但是当这个矛盾是结构性的矛盾，不可调和的时候，就要改革。

《周易》中有一句话，“汤武革命，顺乎天而应乎人”，这是《周易》的主要思想。革命这个词是《周易》提出来的。当矛盾无法解决时，就要革命，要顺乎天应乎人。革命的目的不是为了继续革命，而是“革故鼎新”，建立一个新的制度去代替旧的。我们的改革开放就是革了一个故，鼎了一个新。

我们对现实的矛盾要有一个清醒的认识。大多数矛盾都是可以调和的，对于可以调和的矛盾，我们应该抱着宽容、容忍、谦虚的态度，尊重对方，求同存异。存异很重要，不存异就没法求同。我们中国的智慧提倡“求同存异”“和而不同”。但如果是对抗性的矛盾、结构性的矛盾，就要改革，要革故鼎新。《周易》集中体现了这种大智慧。

晋卦与明夷卦 晋卦上面是离卦，下面是坤卦。离卦的卦象是火，坤卦的卦象是地。把晋卦上下颠倒就成了明夷卦。从卦象来看，还是晋卦好。上面是火，火代表光明；下面是地，光明普照大地的意思。

假设我们生在一个晋卦的时代，光明的时代，我们应该怎么做？《周易》告诉我们，生在这个大好的时代，我们要“自昭明德”。但是如果不幸生在一个明夷卦的时代，我们还要“自昭明德”就不行。在那样的时代我们应该“用晦而明”、韬光养晦，而不能露锋芒，表现自己。在明夷卦的时代，用晦才是明，韬光养晦是最明智的。

《周易》中关于用晦而明举了很多例子。殷纣王时代箕子和周文王都是用晦而明。邓小平同志在“文革”时期被关在南昌，也是用晦而明，粉碎“四人帮”后，开始自昭明德。

乾卦 一个乾卦，其中智慧无穷。乾卦是纯阳之卦，它的总体形象就是龙。中华民族是一条龙，我们都是龙的传人。乾卦的六爻好比一条龙的六个发展阶段。乾卦实际上是指导我们在不同的发展阶段应该怎么自我实现。

初九，潜龙勿用。九是阳爻的表现，初九就是乾卦的第一个爻。初九的龙，是一条潜龙，潜在地底下的龙，谁都不知道你是龙。诸葛亮当时在隆中是卧龙，卧龙就是潜龙。既然是潜龙，就不要表现你自己，要勿用。这时要不断地提高自己的修养。不要以为自己是一条龙，就张牙舞爪。

九二，见龙在田，利见大人。九二就是说你这条龙从地底下上升到地面来了。“利见大人”有利于见一个大人，这个大人是伯乐，他知道你是千里马，可以提拔你。潜龙就没有这个机会，你到地面上来才有这个机会，这个时候你要小心谨慎。

九三，君子终日乾乾，夕惕若，厉无咎。九三比九二还要高一级，上升到一个中间阶段，成了一个中级的干部。这个次位上不在天，下不在田，悬在半空中，处境危险。作为以龙为象的君子应对这种处境，白天要自强不息，晚上也要戒惧警惕，虽然面临危险，可以免犯过错。

九四，或跃在渊，无咎。处在这个位次的龙可以做出两种选择，或者往上向天空飞跃，或者往下退居深渊，随时进退，免犯过错。作为一条龙，它在地底下没有事，升上天空也没有事，关键的关键在它离开地面上升到天上的这个过程最难。就好像一架飞机起飞最难。基层干部好当，高层干部也好当，唯独中层干部最难当。但是乾卦告诉你没有关系，因为你是龙，你必然要经过这个考验，不在基层磨炼，不经过考验，你没法成才。

九五，飞龙在天。飞龙在天就是实现了自己的理想，飞上了天空，可以自由地翱翔。所以我们说九五之尊，九五是尊位。

上九，亢龙有悔。龙飞到天空后，被胜利冲昏了头脑，得意忘形，这就是失败的开始。海淀区的周良洛和上海市的陈良宇都是亢龙有悔。他们过去确实是成功了，但就是在最后的关头，没有把握好自己。

《周易》不是简简单单只做一些警告。它还从两个方面来总结教训。为什么“亢龙有悔”呢？从思想认识方面来说，他们都犯了三个错误。第一个是“知进而不知退”，第二个是“知得而不知丧”，第三个是“知成而不知亡”。要想纠正亢龙有悔的错误，我们必须戒骄戒躁、居安思危。

避免亢龙有悔，还要做到一点，就是不能脱离群众。《周易》说得很好，之所以成为九五之尊，不是传位的问题，而是群众的拥戴。“云从龙，风从虎，同声相应，同气相求”，你之所以能够飞龙在天，完全是受了群众的拥戴。一旦脱离了群众以后，就会出现亢龙有悔的局面。

《周易》究竟是本什么样的书？孔子说“五十以学《易》，可以无大过也”。意思就是五十岁学《周易》，可以不犯大错误了。孔子说：“五十而知天命。”因为人到了五十岁，人生的经验积累得很丰富，有成功的经验，也有失败的教训。学了《周易》以后，人就可以从成功的经验或者失败的教训中进行一些总结，迁善改过。

《周易》里面有三句话很重要。一句话是：“吉凶者，言乎其失得也。”“失得”，失就是错误，得就是正确。意思是一件事情的结果是凶是吉不是命中注定的，而是取决于决策的正确与错误。我们每一个人都是趋吉避凶，希望转祸为福。抱着这种希望，做一种决策的时候总是希望往好的方面来发展。但谁也不是常胜将军，所以就有了第二句话：“悔吝者，言乎其小疵也。”意思就是做一件事情不太完全如意时，需要反思小毛病在哪。第三句话是：“无咎者，善补过也。”意思就是之所以没有错误、相对满意，是因为善于补过、改正错误，这叫迁善改过。这三句话强调对客观的形势要有正确的认识，对于行为规范要合理遵守。这里面体现了一种思维模式，一种价值理念，这就是哲学。所以我们把《周易》归结为一本迁善改过之书是最好不过了。

学习《周易》应该把六十四卦、三百八十四个爻全部烂熟于胸中。就好比我们下棋一样，如果想成为一个棋道高手，就要把这个棋谱好好地研究一下，对于可能发生的各种情况，都能做到心中有数。这样到了正式应战的时候，才能“运用自妙，成乎于心”。所以学习《周易》是一种思维模式的训练，是一种战略战术的模拟。六十四卦代表六十四种不同的情况，三百八十四爻代表三百八十四个不同的选择，学习《周易》以后，就能够达到“运用之妙、成乎于心”的高度。所以几千年来人们都是通过各种不同的比较在《周易》里面寻找智慧。《诗经》里面也蕴含了很多智慧，但这些智慧很多是关乎恋爱的智慧。“关关雎鸠，在河之洲，窈窕淑女，君子好逑。”淑女找君子，君子找淑女，学习了这首诗以后，就可以得到一个好姻缘。《周易》的智慧是关乎治国平天下的道理，是治国安邦、经世致用、体现者东方智慧的管理哲学。汉朝人班固通过不断地总结，把“六经”、诸子、诗赋等当时汉代所有的现成书做了分类，编集起来，写成了《汉书·艺文志》，正式视《易》为群经之首。魏晋三玄分别是《周易》、《老子》、《庄子》，所以《周易》还是三玄之首。唐朝太宗时期编写《五经正义》，《周易》仍位于首位。

中国历代都有很多改革，有些改革成功了，有些改革却失败了，但是可以肯定地告诉大家，中国历代的改革思想都是源自《周易》，这是事实。以宋朝为例，宋朝有两次大的改革，一次是以范仲淹为首进行的“庆历新政”，此次改革的理论依据就是《周易》。范仲淹是位《周易》专家，还有胡瑗、孙复、石介、欧阳修等《周易》大家相辅助。要特别强调地是胡瑗，胡瑗叫胡安定，他把《周易》规定为“明体达用”之

范仲淹

书，“明体”是知道理论，“达用”是联系实际，既有理论又有实际，完全根据《周易》而来的。当时胡瑗在苏州和湖州这两个地方办起了书院，培训了一大批的学生。后经范仲淹提拔出任国子监祭酒，类似于国家级的教育部长。有研究宋史的人告诉我，宋朝几乎有一半以上的文臣武将、高级干部、部级干部，都是出自胡瑗的名下，可见《周易》起了多么大的作用。宋神宗时期王安石主持熙宁变法，搞《三经新义》，以《周易》作为此次改革的指导思想。《周易》认为整个世界、社会、人生、政治是相互依存的关系，你离不开我，我离不开你，谁也不能够消灭谁，因此就要在这种互相依存的关系中寻求平衡，寻求互动。

司马光

庆历新政失败了，熙宁变法也失败了，失败的原因在哪里呢？庆历新政的失败是因为宋仁宗听信了谗言，不相信范仲淹，认为范仲淹和欧阳修结为朋党，危害政权。王安石变法失败的原因与庆历新政是一样的。宋神宗最初非常信任王安石，把他从普通地方官员提拔至宰相。可是中间遭遇了挫折以后，就罢免了王安石的相位。之后又经历了第二次起用，第二次罢免。司马光、“二程”（程颢、程颐）、程伊川等人认为王安石太专制，刚愎自用，同时王安石“结党为援”争权夺利，打压苏东坡、司马光等人。由于党争，变法图新的大好形势被破坏了。我刚才说到“有象斯有对、对必反其为，有反斯有仇，仇必和而解”。熙宁变法期间王安石、司马光、程伊川等人都在“仇必和而解”这五个字上面犯了错误。这几个字说起来容易，真正做起来是很难的，可是他们终于认识到“仇必和而解”是一件天经地义的事。司马光为观古知今、以史为鉴编撰了《资治通鉴》，并将其主观观点都表达在“臣光曰”篇幅

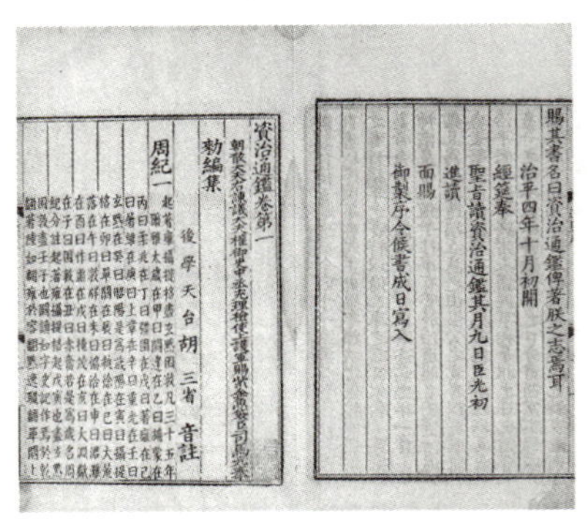

《资治通鉴》书影

中，这些“臣光曰”所使用的评价标准都源自《周易》，如果没有看过《周易》就不会领悟司马光的历史观。所以说史学和《周易》是密切贯通的。历史上很多大人物都把《周易》当作是一个战略思想，一个最高的思想源泉。我曾经写了一篇文章，专门研究明朝宰相张居正。明朝万历年间张居正的十年改革是成功的，他的成功得益于“戒慎恐惧”四个字。张居正始终抱着“君子终日乾乾”的意识，熟读《周易》，对六十四卦、三百八十四爻了如指掌，不断从《周易》中汲取决策管理思想，指导自己的改革事业。张居正作为一朝宰相，总会遇到各种各样的困境，而《周易》中的困卦告诉世人，“困而不失其所亨，其为君子乎！”意思是说困难虽然存在，并不是不可克服，应当保持乐观的信念，处之泰然，从容应对，这就是君子的处困之道。康熙晚年命令大臣李光地把朱熹、程伊川二人关于易学的书结合起来编纂了《周易折中》一书，并亲自作序。序中说他从童年开始就读《周易》，读了五十多年，深知这本书对于治国安邦的重要性。

三、“和谐”以“不和谐”为前提

《周易》的核心思想是什么呢？就是一个和字。故宫中间三大殿——太和殿、中和殿、保和殿，太和、中和、保和这三个词都是从

《周易》中来的。《周易》乾卦中说到，“乾道变化，各正性命，保合太和，乃利贞。”中国自孔子以来就把“和”作为一种指导思想、一种核心价值观。这是因为中国是一个泱泱大国，历来就主张用“和”来解决民族问题、宗教问题、政治问题等。固然有些问题尚未处理好，但是这种和谐思想是存在的。

改革开放三十年以来，中国最大的成就就是观念的转变，由斗争哲学转为和谐哲学。“文革”以前的几十年，我们曾经走过一段弯路，过分地强调以阶段斗争为纲。环境的问题也是斗争，于是与天斗，围湖造田。斗争在当时看来固然有它的历史必要性，但是到了“文革”的时候就到了崩溃的边缘，非改不可了。这就是《周易》里讲的革卦，要解放思想。十一届三中全会高度肯定了实践是检验真理的唯一标准，批判了两个“凡是”的错误主张，确定了解放思想、实事求是、团结一致向前看的指导方针。这样的话，就慢慢地转移到以和谐为纲上来了。标志性的事件就是2004年的中国共产党第十六届中央委员会第四次会议，正式提出了“构建社会主义和谐社会”的概念，这个和谐就源于“仇必和而解”的思想。

和谐观念可以用来处理国内外的各种矛盾，中美问题、中日问题、台湾的问题，都要以和谐为纲。以美国为例，无论是克林顿还是布什，刚上台的时候，都与中国为敌，因为遏制、压制中国是美国一贯的思维。布什刚上台时曾说中国是其战略竞争对手。可是我们却不与其为敌，尽量进行谈判，运用“仇必和而解”的方式来解决矛盾。美国的罗伯特·B.佐利克说过一句话，我们美国人错了，原来中美的关系是个利益攸关方。所谓利益攸关方，用中国的来话就是阴和阳互相依存。美国是阳，中国是阴，彼此互相依存。《周易》中有句很好的话，“独阴不生，独阳不长”。意思就是事情是由矛盾所构成，只有阴而无阳，不称为世界，只有阳而无阴，也不能称为世界，阳不能把阴消灭掉，阴也不能把阳消灭掉。也就是你中有我，我中有你，互相依存。这就是和谐思想的高明之处。

时代转换了，作为执政党应该始终坚持以和谐为纲这个思想。我们所要建设的社会主义和谐社会，应该是民主法治、公平正义、诚信友爱、充满活力、安定有序的社会。我们把这六个内容与古代的和谐观念比一比，只有一条古代没有达到，那就是民主法治。《周易》里面就讲公平正义，叫“大中之政”，就是公平正义。诚信友爱，互相之间不讲诚信是不行的，阴和阳之间要以诚相待。安定有序很重要，《周易》里不断地讲安定有序。还有一个是充满活力，以前老说《周易》思想没有活力，其实大错，《周易》思想绝对是充满活力的，只要阴和阳互相协调，那么家庭、社会、民族、国家就充满活力。如果老是斗来斗去，就会两败俱伤，《周易》里面关于这样的教训太多了。人与自然的和谐是《周易》的一个前提，《周易》讲“推天道而明人事”，人事要服从天道，就是要与自然相互协调。学习《周易》达到的最高的境界就是“大人”，“夫大人者，与天地合其德，与日月合其明，与四时合其序。”虽然我们达不到这个境界，但是遵循的方向就是人与自然的和谐。我们现在讲民主法治，这与《周易》的根本原理并不矛盾。《周易》讲泰卦，天地交泰就是要以民为本，民为邦本，本固邦宁，作为高层领导人要经常深入基层才能处理危机，所以以人为本才是社会主义价值观的核心。这些思想在《周易》里面都有体现。

《周易》源自卜筮之术，经过哲学改造之后，就成了一种哲学化的卜筮，不同于原始蒙昧的巫术。朱熹说过，有伏羲的《易》，有文王的《易》，有孔子的《易》，它不断地发展，就构成一个精神现象学，有它的童年，有它的少年，有它的成年，还有它成熟的壮年。著名经济学家吴敬琏从经济学的角度提出了一个问题——何处寻找大智慧？诚然，我们需要西方的智慧，需要和西方的智慧进行交流，但是我们中国人根本的智慧在哪里呢？几千年的文明，几千年的历史和文化告诉我们，在《周易》里。中国几千年来一直是把《周易》看作是我们的智慧源泉，而《周易》的智慧就是这四句话，“有象斯有对，对必反其为，有反斯有仇，仇必和而解。”这四句话太高深了，我们把它学懂以后就会对事物产生一种非常客观、非常切合实际的认识。对任何问题都不要一厢情愿，比如中美矛盾、中日矛盾、城乡差别问题、贫富分化问题等等，这些现实的矛盾不可避免，关键在于如何处理。中国的智慧完全集中于“仇必和而解”，过去我们认为一切矛盾都要斗争，结果发现斗争可以取一时之利，却不能长治久安。

周易的阴阳哲学是通过一套结构严密的象数符号表示出来的，其基本符号为“—”“- -”，“—”是阳爻，“- -”是阴爻，阴阳组合就形成了六十四卦，阴阳协调就是吉卦。例如，晋卦的卦象是“明出地上”，象征政治清明的治世，君子应当“自昭明德”；而明夷卦的卦象则是“明入地中”，象征政治黑暗的乱世，君子则要反其道而行之，应当“用晦而明”。这就是《周易》里边很简单的道理。

我希望在二十一世纪的时候，中国人都能够在《周易》里边找到智慧，并将其发扬光大，使周易文化走向世界，和世界文明平等交往。古代的智慧已经转化成现代社会的和谐口号，只要我们能把民主政治的口号落到实处，《周易》所折射出的大智慧就在当今社会中得到了充分体现。

阎步克

从世卿世禄到选贤任能

——中国古代入仕制度概述

阎步克，1954年生，辽宁沈阳人，历史学博士。北京大学中国古代史研究中心教授、博士生导师。2005年入选教育部第7批“长江学者奖励计划”特聘教授，2007年获教育部“高等学校国家教学名师奖”，2008年入选教育部社会科学委员会人文学部委员。

阎步克先生主要专业方向为魏晋南北朝史、中国古代政治制度史和政治文化史。主要著作有：《察举制度变迁史稿》《士大夫政治演生史稿》《品位与职位——秦汉魏晋南北朝官阶制度研究》《从爵本位到官本位——秦汉官僚品位结构研究》《服周之冕——〈周礼〉六冕礼制的兴衰变异》《中国古代官阶制度引论》等。其中，《士大夫政治演生史稿》荣获“首届长江读书奖专家著作奖”。

中国史的最大特点之一，就是集权官僚政治的早熟。自秦以来，中国就是一个由皇帝与官吏共同管理的国度。所以官员如何选拔录用，就成了一个至关重要的政治问题。

中国历代选官制经历过不小变化。在技术层面上，历代政治家、管理者不断改进考察选拔程序，以求录用到最称职的官员，由此推动了选官制的变迁。在政治层面上说，选官制是为政治体制服务的，一旦政治体制发生变化，选官制就将随之而变。那么首先，我们对历代政治体制和选官制的关系，作一简述。

一、夏商周的政治体制，在周代进入了典型形态。此期的重大政治特点之一，就是贵族政治。大小贵族凭借高贵血统和传统家族权势，世代把持政治权力。

二、战国以来，中国历史发生一场巨大政治转型，由小型简单社会进入了大型复杂社会。通过战国变法，“中央集权的官僚帝国”体制获得了巨大发展。官僚政治的特点之一，就是功绩主义、择优录用，用古语说就是“选贤任能”。秦汉国家行政的承担者，来自文法吏、儒生两大群体，他们都是凭借专业能力得到选拔的。

三、魏晋南北朝时期，一个被称为“士族”或“门阀”的阶级发展起来了。他们凭借雄厚的文化、崇高的门第，世代占据高官显位。江东有顾、陆、朱、张，北方有崔、卢、李、郑，最显赫的是王、谢两大家族。“士族政治”成了这个时代的特色。

四、唐以来，科举制创立。科举制以考试选官，至少在考试这个环节上，“门第”不起作用。这就给寒门士人提供了一个进身之阶。科举考生、进士群体作为一种新兴的政治力量，随即展示了强劲的政治竞争力，门阀势力逐渐衰落下去。选贤任能的官僚政治恢复了活力，又上了一个新台阶。唐宋明清时期的政治体制，回归于官僚政治。

历代选官制，就是随着上述政治体制的变迁，而不断变迁的。周代实行贵族政治，相应地，选官就采用世卿世禄之法。到了秦汉，建立了官僚政治，察举制应运而生——举孝廉、举秀才等等。察举制经过六七百年的发展，到唐代演变成为科举制。若对两千年选官制变迁做一个最简概括，那就是六七百年的察举，一千三百年的科举。

古代科举考试场景

同时在帝制时代，家族特权性质的选官制，在一定范围内依然存在着。这是一个官本位社会，有了官位，权力、财富、声望什么都有了，因此传统官僚就有了一个政治要求：能把官位传给子孙后代。而皇帝对这一诉求的态度，是矛盾的。一方面从行政管理角度看，若官职依家族、门第、血缘选拔，其能力、素质就无法保障。皇帝好比雇主，官僚好比雇员。从理论上说，每一位雇主都希望自己的雇员精明强干、胜任称职。但另一方面，从维持稳定角度看，皇帝若不给官僚特权，官僚就可能转而拥护别人当皇帝，这样的政治风险也很大。所以为了保障官僚、大臣们的政治效忠，多少要给他们一些甜头。纵观中国历代政治，可以发现一个规律：皇权强则官权弱，皇权弱则官权强。皇权、官权二者此消彼长。因此，中国政治最核心的政治秘密，往往就隐藏在官僚特权里面。

那么在帝制时代、家族特权性的选官制又有哪些呢？汉代有任子制；魏晋南北朝有九品中正制；唐宋虽然进入了科举时代，但门荫、恩荫依然保持了较大规模。由此我们又看到了历史的苍凉：人类历史不仅会走回头路，而且它的进步总是比期望的要慢很多。要削弱一个巨大的既得利益集团，往往需要几十年、上百年甚至几百年的时间。中古士族嬴得的巨大特权，到了唐宋，不会一下子降下来，所以门荫、恩荫依然保持了较大规模。不过到了明清，情况就变了。朱元璋以降，专制集权高度强化，“皇权强则官权弱”的规律开始发挥作用。明清官僚的各种特权明显萎缩，恩荫制度虽依然存在，但已经变质，变成了官生、荫监的形态了。

一、贵族政治：世卿世禄

周代政治形态是贵族政治，选官上就采用世卿、世禄、世官之法。

首先是“世卿”制度。所谓“卿”就是执政大臣。在周代，天子与诸侯的朝廷上都有一批大贵族，把持政权、做执政大臣，而且实行世袭制，父死子继，由嫡长子继承。这就是世卿制。

鲁国的世卿有孟孙、叔孙、季孙三大家，世代为卿。楚国的大贵族有昭、屈、景、鬥（dòu）等。大诗人屈原出自屈氏家族，所以屈原年纪轻轻就做了高官。晋国有“六卿”，即范、中行、智、韩、赵、魏。韩、赵、魏后来把晋国一分为三，各自做了国君，史称“三家分晋”。曾有学者把“三家分晋”事件视为中国封建社会的开端。齐国的大贵族有国、高、晏、田等。晏氏出了一位著名的外交家晏婴，他出使楚国，留下了若干有趣的故事。田氏后来发展得非常强大，竟然篡夺了齐国的君权。又有学者把“田氏代齐”事件，视为中国封建社会的开端。由此我们看到世卿势力如此之大，竟然影响到了历史分期。

屈原

其次再看“世禄”制度。世卿的嫡长子继承父位，其余的子弟，通常也都各自有官、有爵、有禄位。这个制度就叫“世禄”。

再看“世官”制度。这里的“官”指某一个特定的官职，它由某个家族固定地把持。世官制所涉及的官职，往往需要较高的专业知识技术。在历史早期，知识技术是稀缺资源，某家族专门传承某种知识技术，此家族世代做某官，有一定的历史合理性。比如占卜是一门专业技术，占卜之官往往就是世官，父死子继。史官的专业要求也相当高，所以往往也是世官。伟大史学家司马迁的祖先，在周宣王之后“世典周史”。1976年在陕西扶风发现的青铜器“史墙盘”，其铭文显示，一个微氏家族从周武王到周夷王七代做史官。因某家族世代做某官，世代相继，这家人往往就以官名做了他们家的姓氏了。例如，世代负责占卜，这家人就姓了卜；世代做史官，这家人就姓了史；世代做乐师的就姓了师，世代做巫师的就姓了巫，世代负责祭祀就姓了祝，世代负责制陶就姓了陶，世代负责屠宰就姓了屠，世代制作毛皮衣服就姓了裘，等等。这叫“以官为氏”。中国人的若干姓氏就是这么来的。

从春秋末年到战国，官僚政治突飞猛进，所以社会上的“举贤”呼声高涨起来了。儒家、墨家、法家都主张举贤。社会上还滋生出了许多“举贤”佳话。这都反映出了时代的变化。

史墙盘

二、选贤任能：汉代察举

战国秦汉间官僚政治赢得了巨大发展，各种新兴的“举贤”之法因之而生。察举制出现了。

汉武帝元光元年（前124）下诏：“初令郡国举孝廉各一人。”命令各位郡守国相，在每年年底以“孝廉”为科目之名，推荐一位贤人到朝廷来。由此建立了孝廉岁举之制。史学家劳榦曾这样赞扬：元光元年是“中国学术史和政治史上最可纪念的一年”。

首先谈谈察举制的结构。汉代察举先后发展出了很多科目。它们大致可以分为两大类：特科与岁科。

特科是随机的、不定期的察举。什么时候朝廷需要某种人才，皇帝就下诏设立一个科目。让大臣、地方官推荐。比如贤良、方正、文学科，都是特科。有一些科目面向特种专业人才：太学（相当于最高学府）缺了老师，皇帝就可能下诏举明经；廷尉府（相当于最高法院）缺了法官，皇帝就可能下诏举明法。若黄河决口、洪水泛滥，皇帝就可能下诏察举“能治河者”；若边防线上狼烟四起、匈奴来犯，皇帝就可能下诏察举“勇猛知兵法者”“高第良将”。这类特科体现了汉代察举的一大特点：分科取人、专才专用，有利于贯彻专业原则。

抵御匈奴

岁科是每年年底固定举行的察举。其中最重要的是郡太守举孝廉和州刺史举秀才。汉武帝把天下分为十三州部，设置刺史负责监察，西汉后期还负责岁举秀才。从理论上说，各州每年察举的秀才共13人，人数少、荣誉高，任命也比较优越，通常直接任命县令、县长。到了东汉，因开国皇帝名为刘秀，为了避讳，秀才改称茂才。

汉光武帝刘秀

郡太守所举孝廉，在东汉每年约二百余人。朝廷照例让他们进入郎署，做郎中。郎中是皇帝的侍卫，拿着兵器在回廊之中值勤站岗。“郎”的本意是回廊，这个官儿是拿值勤地点命名的。郎中等于是皇帝的私人保镖。历史早期存在着一个重要制度：贵族大臣子弟当官一般不能一步到位，通常要分两步走。第一阶段，应到王宫里当差打杂做侍从，或值勤站岗做侍卫，服务若干年——也算是一种培训；然后再经一次选拔，才能进入第二阶段，担任国家的正式行政官职。郎官就是从这种传统发展而来的。郎中再经一次选拔，就可以担任县令、县长、县丞、县尉了。

所以，举孝廉，做郎中，进而担任令、长、丞、尉，就成汉代官僚的“经典仕途”了。汉代名碑《曹全碑》中，就能看到“举孝廉”“除郎中”和“拜酒泉禄福长”三个环节。汉代年轻人向往做郎，因为由此就踏上了人生的金光大道。汉代乐府民歌中就有这样的夸耀：“兄弟四五人，皆为侍中郎。”所以汉魏间“郎”又被用作青年男子的美称。周瑜又称“周郎”，孙权又称“孙郎”。今天以“郎”为青年男子之称，就是这么来的：先由回廊之“郎”变成官名之“郎”，又变成了青年男子之“郎”。

汉代察举有若干特点。首先，如果科举制是一种考试制度，那么察举就是一种推荐制，它以州郡长官及大臣担任举主，举主的个人考量起决定作用。这种做法，在政治清明之时能够正常运作，若政治腐败，那么举主营私舞弊的空间就是比较大的，他可能会在“举状”（推荐书）上把一个无能之辈说得天花乱坠。科举考试就不一样了，即便举状写得天花乱坠，一张考卷会让他原形毕露。而且科举的精密复杂也大大超过察举。就此而言，察举推荐不如科举考试严密客观。然而我们又知道，学历高、会考试的人，不一定工作能力强。若政治清明、长官能秉公推荐，那么他的个人观察，可能比只看考分准确得多。即便现代社会，推荐、考试两种办法都在使用着，二者可以并存互补。

察举的又一特点，是分科取人。缺了老师就举明经，缺了法官就举明法，很有针对性，较多地体现了专业原则。而科举时代就不一样了，天下士人只考进士一科。就是说历史早期相对偏重分科取人，而历史后期变成了不分科取人了。

察举制的第三大特点是“以德取人”。德行的要求相对较高。像贤良、方正等科，都以德行来命名。孝廉科更不用说了，充分体现儒家以德治国、以孝治天下的政治理想。儒家有一个很高远的政治理想，认为富国强兵并不是最高政治境界，一个由善良的人组成的社会、人人以善意彼此相待的社会，才真正和谐美好。所以政治的最高境界是教育，是把每个人都变成善良的人。所以选官不能只看能力，还要看道德，因为官员还承担了一个更高的社会使命：给民众做道德表率。而各种德行之中，“孝”被认为是最崇高的，“百行孝为先”。而且“孝于亲者必忠于君”，所以就要“求忠臣于孝子之门”。这么一种政治理想，真就影响到了汉代国家制度，催生了“孝廉”之科。这样的选官科目非常富有“中国特色”。

必须指出，虽然汉代选官重孝子、选官举孝廉，但也不是不考虑行政能力。东汉光武帝改革察举，实行了一种“授试以职”的制度。他规定，州郡长官对将要察举的茂才、孝廉，应该先给他一个职务，经一年试用证明了其通政事，然后才能举至朝廷。这种“试职”之法，有效地强化了对能力的考察，它体现了另一种“以能取人”的选官精神，跟“以德取人”很不相同了。

到了东汉后期，顺帝阳嘉年间，察举又发生了较大变化：孝廉一科实行考试了。考试的办法是“诸生试家法，文吏课笺奏”。即，儒生出身的考试儒家经典，文吏出身的考试公文写作。这种通过专业文化知识的书面考试的取人之法，可称“以文取人”。孝廉考试的出现，表明察举制向科举制的演进，迈出了一大步。

不难看到，汉代察举制包含着多种选官倾向，体现了多种选官原则，既有“以德取人”因素，也有“以能取人”“以文取人”因素。从两千年的发展结果看，最终是“以文取人”占据了主导。

在实行考试之前，察举只有一个环节，举主推荐即能得官。实行考试后，察举制就出现了一个结构性变动，它有了两个环节：一是州郡举荐，二是中央考试。魏晋南北朝以来，中央考试的分量越来越重。在北朝后期，个别地方官开始考试秀才了。进入唐代，各州县普遍实行考试。中央、州县两个都考试，察举由此进化为科举。

三、任子制、九品中正制与门荫制

下面再来介绍几种家族特权性的选官制度。

（一）任子制

前面已提到，历史早期有一个重要制度：贵族大臣子弟要做官，首先应该到王宫里当侍从、侍卫。这就是战国秦汉任子制的来源。汉代《任子令》规定：二千石以上官员任职满三年，便可任子弟一人为郎官。即，父亲可以任儿子为郎，如苏武“少以父任，兄弟并为郎”；兄长可以任其弟为郎，如骠骑显位将军霍去病任其弟霍光为郎。朝廷有时还成批地任子，如东汉安帝诏：以公卿、校尉、尚书子弟各一人为郎、舍人。

历代官僚特权有大有小，汉代任子制给官僚的特权，可以说是相对较小的。理由有四：

1.级别限制较高，仅限二千石以上官。郡守是二千石，可以说相当于后代四品左右的官。也就是说后代的四品以上官在汉代才有任子权利，比这低的官就没有这个特权。跟历代官僚特权相比，汉代的任子范围不算太大。

2.人数少，通常一家只一人。

3.郎官不是正式国家官员，在早期连俸禄都没有。他们相当于皇帝的私人保镖，要宿卫宫廷、值勤站岗，也是个挺辛苦的差使。其制服、战马、剑等装备要自备，花费很大。所以做郎官有财产限制，中等财产以下人家的子弟不能做郎官，因为你承担不起花费。考虑到其辛苦与花费，对这个特权的评估也可以低一点儿。

4.任子郎地位低于孝廉郎。汉代郎官来源有二：任子郎、孝廉郎。皇帝认为孝廉郎是有真才实学的贤人，选拔时优先考虑；而对靠“拼爹”上来的任子郎，皇帝是很轻视的，选拔时往往置之一边。若官职的空缺多了，皇帝发了善心，宣布这次选官任子郎也有份，但任职往往也低于孝廉郎，比如说只能做县丞、县尉，不能做县令、县长。

（二）九品中正制

九品中正制又叫“九品官人法”。前已提示，魏晋南北朝是中国政治史上的一个特殊阶段，士族政治阶段。这从《三国演义》小说、电视剧中是看不出来的，然而专业研究早已揭示了这样一点。一看选官制就清楚了，恰好有一种九品中正制，与这个时代共始终。

这个制度是魏文帝曹丕颁布实行的。其具体办法，是遴选德高望重的朝廷官僚担任“中正”。中正是一个业余的差事，其责任是每月初一集会，品评士人，根据其德行、才能之高下，把士人分成上上、上中、上下、中上、中中、中下、下上、下中、下下九品。士人凭借所获得的中正品，到吏部候选，吏部就根据其中正品的高下授予相应的官职。中正品高的，起家官就高一些；中正品低的，起家官就低一些。这就是九品中正制。

魏文帝曹丕

中正品是九品，官品也是九品，但二者不可混为一谈。中正品是士人个人的做官资格等级，而官品则是官职的等级。但两种九品之间也有一定联系，日人宫崎市定认为，中正品与起家官品通常相差四品左右。就是说，若士人被评为中正一品，就意味着他理论上最高可以做到一品官儿，但他必须从比中正品低四品的官儿，也就是五品官起家；若士人被评为中正二品，就意味着他理论上最高可以做到二品官儿，但他必须从六品官起家。以此类推，到了中正六品以下的官，就只能做无官品的流外之吏了。

从形式上看，中正应参考社会舆论，根据士人的德才来品评，好像并没有优待士族。但这是一个士族政治的时代，不久就变成了按父官位、家族门第来定品了，造成了“上品无寒门，下品无势族”的局面。中正制度在事实上维护了门阀特权。

魏晋南北朝士族的选官特权，就相当之大了。当时士族子弟“平流进取，坐致公卿”，史称“公门有公，卿门有卿”（“公”就是三公或八公，是宰相级的；“卿”就是列卿、九卿，类似今之国务院各部部长。这就好比说：总理的儿子接着当总理，部长的儿子接着当部长）。南朝王僧达出自琅邪王氏，他做官时“自负才地，三年间便望宰相”；其孙王融“自恃人地，三十年望为公辅”。南朝史学家沈约曾有比较：“周汉之道，以智役愚”，“魏晋以来，以贵役贱”。意思是战国秦汉选拔高智能的人才来管理其他人，等于说是选贤任能的；而魏晋以来情况变了，人先天就有了贵贱之分：生于高门则天生就高贵，就能做高官；生于寒门则天生就低贱，只能做小官，甚至根本没资格做官。这个时代“士庶之科，较然有辨”，谁是高门士族，谁是寒门庶族，泾渭分明，世代不变。

至唐，九品中正制被废除。

（三）门荫与恩荫

中古士族的巨大特权，在唐代一下子降不下来，所以唐宋时期的门荫、恩荫依然保持了较大规模。

唐代法律规定，皇亲国戚、有封爵者可以门荫，五品以上官僚子孙也有资格门荫；六品到九品官子弟，可以从“品子”出仕。“品子”就是根据其父品级，给儿子出身品级的意思，实际也是门荫。

大致说，三品以上官子孙，给七品出身；四五品官子弟，给八品出身；六至九品官子弟，给从九品出身。一家不限一人，全家子弟都有份儿。九品官僚全都有荫子权。一二品官甚至可以荫及曾孙。唐代的六部尚书是三品官儿，七品则是县官的品级。拿今天的话来打比方：唐代部以上领导，其儿子生下来就注定了是县处级干部。唐代门荫优于科举，因为由门荫最高可以获得七品出身，而进士及第只能获得从九品出身。

唐太宗李世民

不要误以为唐代实行科举了，官僚就都是考上来的了。其实相反，唐代官僚大部分出自门荫。宋代依然如此，官僚大部分来自恩荫，而非科举。宋代科举已颇繁荣，科举取士年均高达360人左右，而恩荫入仕年均500人左右。当时“一人入仕，则子孙、亲族俱可得官，大者并可及于门客、医士，可谓滥矣！”（赵翼）什么官的子弟从什么官起家，都有明确规定，如宰相的儿子从诸寺丞起家，副宰相的儿子从太祝郎、奉礼郎起家。

明清皇权专制高度强化，“皇权强则官权弱”，恩荫制度虽依然存在，但已有了较大变化，特权缩小了。首先，此期恩荫变成了“官生”“荫生”形态。即，一定品级上官员，其子弟一人可以进国子监太学读书。这等于只给了一个上大学的机会，比起直接给官、给品级，入仕特权显然缩小了。第二是品级限制大大提高，明初官生面向一至七品子弟，后来缩小到三品以上；清朝限于京官四品、外官三品、武官二品以上。第三是人数大减，一家只限一人。第四是官生、荫生要学习三年，入学、毕业都有考试。第五，科举而来的举人、进士更能保障政治前途，可以光宗耀祖，比官生与荫生优越。最后，就是明清的官生或荫生规模非常小。明南京太学洪武二十四年（1391）民生为1487人，官生仅45人；洪武三十年民生为1826人，官生仅3人。可以说，明清高等教育与最高学府的公平开放，完全就是现代水平。

（四）历代官僚选官特权变迁

总的看来，周代公、卿、大夫、士各级贵族都有特权，世卿、世禄、世官，这时的特权相当之大。秦汉任子制，所任的郎官不是官，只是值勤站岗的侍卫，且限于二千石以上官子弟，相当于后代四品以上，一家只一人，这种特权相对较小。魏晋南北朝时，门阀子弟“平流进取，坐致公卿”，“公门有公，卿门有卿”，这个特权相当之大。唐代五品以上门荫、六品以下品子，九品官全都有特权，一家不限一人，这个范围很大。宋代大约七品以上京朝官子弟可以恩荫。明清不再向官僚子弟直接授官、给品级了，只是做官生、荫生，一家仅一人，大致限于四品以上，特权大为萎缩。这样的变化轨迹，对理解中国政治史很有帮助。

四、科举考试：公平竞争

（一）唐宋科举

察举制以举主推荐为中心，科举制则允许自由投考。在察举制的进化中，一些科目逐渐采用考试了。那么发展到何时，士人不需要被动等待推荐，而是可以自由报名参试了，就将成为一个决定性的变化。唐高祖武德五年（622）下令，本次大臣、地方官举荐人才，允许士人“投牒自进”，即主动报名。此后“投牒自进”逐渐普及到了各个科目。以王朝设科招考、士人自由投考为特点的科举时代，拉开大幕。

唐代的科举考生有“乡贡”“生徒”两大来源。“乡贡”是自由报名的士人，他们若通过了州县考试，就获得了参加中央考试的资格。“生徒”是国家学校的学生，在经过学校考试后，也可以参加中央考试。按，南北朝的皇帝，往往就让学校的学生直接参加科目考试。至唐，“生徒”成了考生的来源之一，这反映了学校与科目结合起来了，教育培训跟考试、录用、任官初步一体化了。

两批考生随后参加尚书省礼部主持的国家级考试。有很多科目可供考生选择，如进士、明经、秀才、明法、明字、明算等等。可见科举制在创立之初，还保持了察举制的一大特点：分科取人。不过到了宋朝，就出现了诸科向进士一科集中的趋势。经过金元而至明清，基本就只考进士一科了。

宋代形成了三级考试制度：州县考试、尚书省礼部试，再加上皇帝亲自主持的殿试。殿试实行不久，就取消了黜落之法，参试者一律录取，以显示皇恩浩荡。殿试的功能，就变成给进士分甲授予学位。宋英宗把一年一试，改为三年一试。

至此已能看到这样一些大趋势：

1.从世卿世禄发展到举荐，再由举荐发展到考试，是周以来三千年选官变迁的一条主线。

2.学校与科目的结合日益紧密。唐朝的生徒已成为考生的一大来源。北宋末年一度废科举，完全采用学校考试来录用官员。经过金元而至明清，学校与科目完全合一，要参加科举必须首先入学读书。这样，教育培训与考试、录用、任官，就完全一体化了。

3.诸科向进士一科集中的趋势。帝制前期偏重分科取人，而明清不分科取人，士人基本上只考进士一科。这个变化的意义，首先是能简化制度。进而还能带来一个社会效益：更便于保障公平竞争，维系社会流动。历史后期文教繁荣，人才的供应已不成问题。此时的科举几乎变成了一个全体士人参加的社会流动游戏。各地各阶层的士人按同一套游戏规则，在同一起跑线上起跑，沿同一条跑道公平竞争，以期“知识改变命运”，实现向上流动，进入统治阶层。所以，历史后期的科举制的功能，跟今天的高考、公务员考试存在着很大相似性：不仅用于选拔称职的人才，而且事关社会流动。公元7世纪中国就开始实行了科举制，这就大大提高了社会、民众对公平的期望值，不妨说考什么已不是最重要的了，更重要的是同一标准、同一方式下的不同结果，优胜劣败。这最终导致了分科取人之法的衰落和诸科向进士一科集中。公平原则不断被强化，专业原则就相对淡化了。

（二）明清科举

明清是科举制高度成熟发达的时代。此时因科目与学校已完全合一，所以考试的流程，看上去就分外漫长。不妨把它分为两大阶段，第一阶段是入学及学校之内的考试，第二阶段是传统意义的三级科举考试。

清朝科举场景

第二阶段最后的“朝考”，这里解释一

下。殿试及第的进士还可以参加一次朝考，及格者可以进入翰林院做庶吉士。庶吉士是一种高级进修生，在翰林院修习三年，结业后可在翰林院留任编修、检讨等职，由此就获得了“翰林”的资格。明清逐渐形成了一种惯例：非进士不入翰林，非翰林不入内阁。经庶吉士而为翰林，就有希望进入内阁做大学士。所以庶吉士有“储相”（未来的宰相人选）之称。就做官资格而言，庶吉士与翰林，也不妨看成一级学历。

为了这样的晋升机遇，很多进士乐于参加朝考，去做庶吉士。较早时候，杨树藩有统计，清代进士约有43%做了庶吉士。邸永君的最新统计显示，清朝每科进士录取平均230多人，其中平均有51人考上了庶吉士，占进士的1/4以上。清雍正之后定型的朝考，实际已成了第四级考试。

（三）科举制与社会流动

历史后期，特别是宋明清时期，科举制有效促进了社会流动，提高了统治集团的更新率。唐后期的宰相，出自科举的已高达80%。北宋71名宰相，有64名出自科举。不计皇帝，国家领导人几乎都是最高学历。明清非进士不入翰林，非翰林不入内阁。清朝二百六七十年，做了内阁大学士但没有进士学历的，只有左宗棠一人。

唐代科举及第者，约1/4来自寒素士人。《宋史》有记载的官员，有46.1%来自寒族。对南宋两份进士题名录的考察显示，非官员家族出身的进士，在1148年占56.3%，在1256年占57.5%。何柄棣考察了多达12226名明清进士的家世，结果显示，此期进士中三代无任何功名者，占30.2%。

这样的社会流动规模与统治集团更新规模，虽然比不上现代社会，但多少已有一定可比性了。现代社会的一个普世价值，就是“人人生而平等”。每个人应得到享受生活的同等权利，每个人应得到发挥能力的同等机会，已成为当今世界的共同理想。而我们中国人在公元7世纪就创造了一种无与伦比的科举制，它给了绝大多数中国男性这样一个机会："知识改变命运"，通过文化知识竞赛的方式，一种比靠血缘、靠金钱或靠马上抢夺天下文明得多的方式，实现向上流动。可以说，科举制体现了中国人在寻求人类平等的道路上的历史探索与历史贡献。

降低人类社会的不平等，从理论上说有三种途径：第一，降低等级高度，尊卑贵贱贫富的差距不能太大；第二，增加上升通道，让各行各业都能到达顶点，条条大道通罗马；第三，活跃社会上下层的对流。由此可以看到，科举制主要是通过第三种方式，即活跃社会上下层对流的方式来增进平等的。不过传统中国是一个官本位社会，尊卑贵贱贫富的差距悬殊；在这里，"万般皆下品，唯有读书高"，也就是唯有做官高，造成了千军万马走独木桥。这样两个情况，又限制了科举制积极作用的发挥。

五、结语

概而言之，我们从三个方面论述了传统选官。

在技术层面上，展示了"以德取人""以能取人""以文取人"的各自表现形式与关系变迁。

在政治层面上，展示了选官制与政治体制的相互关系。在贵族政治、士族政治、官僚政治之下，会有不同的选官制度与之配合。

进而在社会层面上，可以看到，在传统中国选官制跟社会公平、社会流动息息相关，直到今天依然如此。这就是一个"中国特色"。

王春瑜

中国历代监察制度与权力牵制

王春瑜，江苏省建湖县人。1937年出生于苏州。1960年毕业于复旦大学历史系，1963年毕业于复旦大学历史系研究生班元明清史专业，获副博士学位，在上海师范大学任教。1979年至今，在中国社会科学院历史研究所明史研究室工作。研究员。中国作家协会会员。1992年起享受国务院政府特殊津贴。兼任宁波市廉政文化研究会顾问，中外廉政文化研究所所长。

研究方向主要为明代政治史、社会生活史，并研究清初及其他王朝商业经营史、政治史、文化史。

主要历史著作有《明清史散论》《看了明朝就明白》《明朝酒文化》《交谊志》《古今集》，合著《历史学概论》《明朝宦官》《明朝宦官与经济史料初探》等。出版有杂文、随笔《土地庙随笔》《老牛堂札记》《续封神》《铁线草》等12种，主编《明史论丛》《中国反贪史》及杂文、随笔丛书14种。《中国反贪史》获得“中国图书奖”。

一、监察制度与权力牵制同步产生、发展

监察是跟权力同步产生的。为什么这么说？从理论上讲，任何事物的发展都是对立统一的发展，马克思曾经讲过，只要有一种思想存在，就必然有另一种与它相对立的思想产生。

（一）萌芽时期

大家都知道，人类社会是从原始社会开始的，原始社会大家共同地从事简单的生产，共同地消费，没有多少剩余产品，那个时候古人类的生活水平可以说是极其低下的。当时食物很少，古人为生存而猎杀动物，北京人追动物一直追到北冰洋，这说明当时猎取食物，维持最低的生命需要，要付出多大的代价。所以原始人共同生产，没有什么剩余产品，也不可能有私有的观念。

但是到原始社会后期，情况就不一样了，形成很多部落，部落酋长开始有支配权，他有可能利用这个权力把一部分东西据为己有，但同时另外一种思想也就产生了，就是如何制止据为己有，相应的措施随之产生。

清代乾嘉学者写了很多的文章来考证明堂到底是什么。史学大师顾颉刚先生写过一篇文章，认为明堂也就是原始部落酋长开会的一个会议厅，就像我们现在会议大厅，是这么一个机构，在明堂里面可以议事，哪一个酋长如果做了损公利己的事，就可以对他提出批评，到后来，就在这个明堂里放一个鼓，叫登闻鼓。古代还是原始的民主，对哪一个酋长有意见，认为哪一件事情处理得不公，都可以到明堂里面去击鼓，请大家来进行评议。登闻鼓发展到后来，成了放在县衙的门口有一个很大的鼓，到秦汉的时候，一直到明清，这个登闻鼓一直放在县衙的门口。

当然后来在演变过程中，随着腐败，这鼓也失去它原有的作用了，你击这个鼓不让你进去，为什么？大家知道一句话“衙门八字开，有理无钱莫进来”。

除了登闻鼓以外，更值得我们回味的是华表。在天安门前，有两个华表，好多人都不知道干什么用的，有年轻人曾经问我，这是不是国家的象征？其实不是国家的象征。牧惠同志在20世纪80年代初写过一篇很有名的文章，叫《华表的沧桑》，讲天安门前的华表的来龙去脉。华表来历很早，古代称为诽木。在众人议事的地方竖一块木头，木头上面要放一块横的板，这个样子有一点像中午的“午”，所以又称为午木。那横板上有时候要装饰一点图案，看上去像一朵花，古代“花”跟“华”两个字是相通的。所以演变到后来，就变成了华表。

华表

在华表的横板上面是可以写字的：对某人有意见，国家应该如何治理？实际上它最早是起监察作用的。但是到秦汉以后，华表从议事的地方被搬到宫廷里去了，这样它的作用就消失了。到宋以后，华表从宫廷里面又被搬到宫廷外面去，一直沿袭到现在。我们现在看到的天安门前面的两个华表，当初的意义完全丧失，变成一种装饰品，而且演变成一种权力的符号。但是在一些文人心目中，华表还是非常神圣的。明成祖朱棣是从建文帝朱允炆手里夺权的，杀人无数，其中有一个知识分子叫方孝孺，非常有名，他很惨，被杀了以后，株连十族，家族被杀了几百口人。他的弟弟临死之前，曾经写了一首诗，送给他：“阿兄何必泪潸潸？取义成仁在此间。华表柱头千载鹤，旅魂依旧到家山。”就是说1000年以后，我的忠魂还是回到家乡。从这里看，华表在方孝孺以及其他一些知识分子心目里，确实变成国家的一种象征。这也从一个侧面说明监察制度到后来有名无实，成为一个符号。

（二）监察制度与权力牵制的发展

夏朝，进入了阶级社会，但夏商周三代的监察权力建制仍然处于雏形阶段。《周礼》里面个人的执掌规定非常具体，包括监察。当然，当时的监察未必像《周礼》写得那么具体，是儒家把它理想化的产物。

战国的时候规定要对高官，包括丞相的权力进行监督，丞相如果纳贿受金，他的手下人要被处死刑，一般老百姓贪污黄金一镒（二十四两），不处死刑而受处罚。这里就可以着出一个问题，丞相严重贪污了，不处死刑，叫别人去代过，反映出儒家的根深蒂固的政治观念，“刑不上大夫，礼不下庶人”。战国时的《法经》已经深刻打上了“打苍蝇，不打老虎”的政治烙印，这对后代有很深远的影响。几年前我曾经写过一篇杂文，叫《月下谁敢追萧何》。我说萧何如果贪赃枉法，跟晚上月下强盗杀人放火本质上是一样的，强盗你可以去抓他逮他，谁敢月下去追萧何呢？历史上的萧何确有问题，他也受贿，买了很多田产，这里面有贪污腐败行为，但是谁敢去处理萧何？

商代因为有文字记载，所以现在研究殷商史的学者对商代的政治制度很清楚。殷商也有一些防止腐败的措施，但是还很不完备。严格讲起来，中国的监察制度跟权力牵制要到秦始皇统一中国以后才比较健全。秦朝从中央到地方建立了一个监察网，这对抑制官吏腐败起了约束作用。中国古代监察制度要说简单，一句话就能概括，就是台谏制度。所谓“台”就是御史台，“谏”就是谏官，御史是监察百官的，谏官是对皇帝进言的，也可以说是对皇帝进行监督的。御史大夫从什么时候开始设立的？就是从秦始皇统一中国以后，有正式的御史大夫纠察弹劾百官，下面有御史中丞、侍御史等等，这是中央。在地方上呢？县令既是地方行政的一把手，但同时也行使监察权。所以，这里就有一个问题，从秦朝来看，监察权和行政权还是纠缠在一起的，没有从行政系统中独立出来。

汉承秦制，御史制度得到加强。御史在汉代最高可以做到副丞相，已经是很高的级别了，有时候可以代皇帝起草诏书、命令等等，所以地位相当特殊。汉代一度御史权力甚至超过丞相，这个问题很值得研究。

西汉的张汤是历史上非常有名的酷吏。张汤这个人很有意思，我看可以说是汉朝司法界的一个早熟的天才，借用鲁迅的话讲，他也是一个卑劣的天才。据《汉书·张汤传》记载，张汤还是小孩子的时候，他家里的老鼠偷了一块肉，吃了不少，剩下的就拖到老鼠洞里去了。张汤大怒，拿起铁锹把老鼠洞刨开来了，把老鼠抓出来，然后历数老鼠的罪状，还一本正经写了判决书，判决老鼠死刑，对老鼠实施剐刑，千刀万剐。我看童年张汤心里就非常残忍。后来他做了高官了，权力很大，超过丞相，搞严刑峻法，极其惨无人道。

张汤墓

中国历史上有一些酷吏，完全离开封建社会的法制轨道，搞法外法，没有一个有好下场。张汤最后被大名鼎鼎的朱买臣，设计了一个政治圈套让他钻进去，他走投无路，自杀了。大家都看过京剧《马前泼水》，说的就是朱买臣和他的妻子崔氏的故事。

从汉代监察制度比较好的经验来看，主要一点是建立刺史制度。刺史跟一般的御史不一样，他不干别的事，就做单纯的监察官，他的官俸比较少，只有六百石，但是他可以对二千石的郡守进行弹劾。

这里需要说明的是中国历史上以小制大，以内制外，都是皇权制度下进行监察操作的很重要的原则。有人写文章，曾经系统地研究过，就是从秦汉到明清御史基本上都是没有超过七品的。但是有很多御史就是不怕死，甚至超过自己的权限，不是监督郡官，而是监督六部，有少数御史越权，对皇帝进行进谏，这个情况也是从汉代开始的。

当然这里有一个问题，御史也好，刺史也好，是监察别人的，他们的权力坐大了怎么办？这也必须权力牵制，就是对御史、刺史、监察别人的人也必须进行监察，对他的权力加以约束。所以历史上就说“纠视刑狱，审录冤枉”，这对司法机构本身的权力起了一种牵制作用，减少了司法腐败。当然还有其他一些措施，譬如说提倡并实施监察人员互纠，所有官员皆有权对监察机构及官员进行举奏弹劾。我想这些措施对维持监察机构的纯洁性、与其他监察机构保持均衡和有序的状态，对维护整个国家机器的正常运转显然是有利的。

监察制度在汉代已基本定型。在以后的漫长历史时期内，有所增减，名称经常有变化。

比较值得一提的就是魏晋南北朝时期，形成了三省制。三省制是将国家政务机构分成三个部门，一个是中书省，一个是门下省，一个是尚书省。它们有分工，“中书主受命，门下主封驳，尚书主施行”。这里值得一提的就是“封驳”制度，这在世界监察史上都是很特别，其他国家没有这样的制度。皇帝下一个诏书，门下省如果认为不妥，可以把它封驳。也就是把皇帝下的命令挡回去。所以门下省看起来作用很大。历史上封驳到底起多大作用呢？确实有个别皇帝比较开明，能够接受，既然大臣说我的命令不合适，那我就不施行了。唐朝的封驳最有成效，在李世民、武则天执政时，尤为成功。封驳不仅可以封还诏书，甚至可以涂改诏书，在诏书上批示。这是唐朝社会开放、宽容、包容的时代特点的产物。

唐宣宗有个大将军叫李燧，唐宣宗认为这个人很好，德才兼备，要任命他一个很重要的职位——岭南节度使。当时皇帝的诏书已经发下去了，给事中萧放（给事中是官名，一直至明清都有。职位是很低的，到明清变成六科给事中，也就是现在的处级干部，最低的还有没达到七品的，现在讲就是正科级的干部。给事中在中国历史上扮演的角色相当特别，后面说到明清时候还可以再说说这个事）说这个诏书不能下达。李燧有很多问题，任命他到岭南去担当重任，绝对是不合适的，并列举种种理由。皇帝这时正在听音乐，宫女乐队正在演奏，他正在欣赏。萧放的话，他听进去了，觉得这个任命确实不合适，但是叫别人都来不及，便赶紧当场叫一个伶人骑快马去把诏书追回来。宣宗初年，李藩担任给事中，对诏书的不妥处，即于诏书末端批上意见，退还。类似这样的例子，在中国历史上还能找到一些，这就是封驳。

到了封建社会的后期，封驳制度存在的象征意义恐怕是大于实际意义，表示皇帝如何的英明，实际上不是这么一回事。同样一个皇帝，在这个时期，他可以接受封驳，但另外一段时期，他权力膨胀了，或者昏昏然，他就不接受封驳。在明代我看没有一个皇帝是真正接受封驳，清朝也是如此。但是这个制度还是存在，所以任何一项制度，都在变化，要看实际内容。归根到底，制度是要人去施行的，可以施行也可以不施行。为什么不施行？不同时期都有它种种原因的。

到了明清以后，监察制度本身比原来要丰富得多了，因为封建社会向前发展，它的政治制度也在不断地完善。像“监官遵守条款”“监纪九款”，甚至“监司互相监督法”，规定都是相当具体的。

所以从这个意义上讲古代的法制建设，监督机制的设置，至少从条文上面或者说从表面形式上面，是越来越丰富了。近代的观念跟古代当然完全不同，对中国古代监察制度进行认真反思，要到民国以后。辛亥革命期间，孙中山作为民主革命的先行者，长期生活在西方，对西方的监察制度做了深入研究。1906年他在日本东京《民报》创刊周年庆祝大会上发表演讲，不主张在中国搞三权分立，主张“五权”，把监察、考试这两个权力单独独立出来。他说这个监察制度是中国历史上固有的，而西方没有，应该把它加大。考试即对官员的考核，在明清有非常具体的规定，叫京察、大计。孙中山甚至认为英国的考试制度是从我们这里学的，为什么要照搬它的呢？所以他不是很简单地主张全盘西化的人，而且他提出来“权能分立”，人民的权力跟政府权力平行来走，现在研究法制史的人仍可以从中得到一些启发。

孙中山

当然，孙中山先生毕竟是一个资产阶级革命的前辈，他的许多想法也是矛盾的，既有封建的烙印，也反映出资产阶级的不成熟性以及不彻底性。比如孙中山很厌恶人家叫他“万岁”，他从国外回来，大家到码头欢迎，叫他“中山先生万岁”，他当场就制止，说皇帝才叫万岁，怎么叫我万岁？但他到北京以后，跟袁世凯有一个对话，他叫“袁世凯万岁”。我想这反映出他思想里还有另外一种东西，袁世凯这个人值得叫“万岁”吗？孙中山很重视权力要加以分制，权力监督，他这时已经有了权力制衡的观念。但是他个人的权力也是不受约束的。当时的革命党，是从华兴会、兴中会等带有民间秘密结社性质的组织慢慢发展过来的，所以孙中山的思想也受这种帮会的影响，他曾经做了一个规定，所有党员都要绝对服从他。而且早期国民党的老党员，每一个人都要打手印的，必须要绝对服从孙中山，而孙不受任何人监察，这就反映了他思想的矛盾性。

革命元老吴玉章先生的回忆录里面有一段话是值得注意的，说的是孙中山在临死之前，对这个问题是有所反思的，他认为个人的思想不能凌驾于整个党的思想之上，全体党员的思想绝对是超过个人的。

中国的监察史很早就有人研究。我记得有一个元老叫高一涵先生，他20世纪30年代就专门写过这样的书。中国古代官制复杂多变，对其进行系统研究，很有必要。

（三）谏官制度的发展

下面再说一说谏官制度的发展。谏官也称为言官，职责是“讽议左右，以匡君失”。主要是对皇帝进行讽议，可以用各种方式。如给他讲个历史故事，以古讽今，把历史故事编在一起，请他看一看。明朝杰出的改革家张居正，编过《帝王图鉴》，这本书是将历史上的腐败皇帝，亡国皇帝辑为一册，以供皇帝借鉴。张居正这个时候已经做了内阁首辅，相当于宰相。他为什么编这本书？实际上他是起了一个谏官的作用，这本书现在还在。实际上张居正是利用特殊的身份，对皇帝起另外一种进谏的作用，以古讽今，教育皇帝。

官制的设置。秦朝开始有谏大夫，东汉称为谏议大夫。唐代的谏官制度最为完备，历史上出现好几位能够向皇帝进谏的而且起到一定作用的著名谏官。大家都知道有一本书叫《贞观政要》，就是唐太宗在贞观年间，跟魏徵和其他人的对话，实际上也是进谏的一种记录。唐太宗用非常残忍的手段通过“玄武门之变”上台，我看有些史书里面说法上可能有一些问题，觉得唐太宗执掌政权以后，国家经济发展了，就不去谴责他个人的道德行为，我看是不妥的。“玄武门之变”中李世民不但把他哥哥弟弟杀了，而且把这两家500多人统统都杀光。这个是应该加以谴责的，不能说“成者为王，败者为寇”，他这个皇帝胜利了，而且后来是个好皇帝起过杰出作用，那就不去谴责他夺权时候的残暴行为，我认为这是不对的。有些历史人物他的心里怎么想的，常常没有留下记载，他的内心活动别人怎么知道呢？但是有些皇帝他的心理活动通过他的所作所

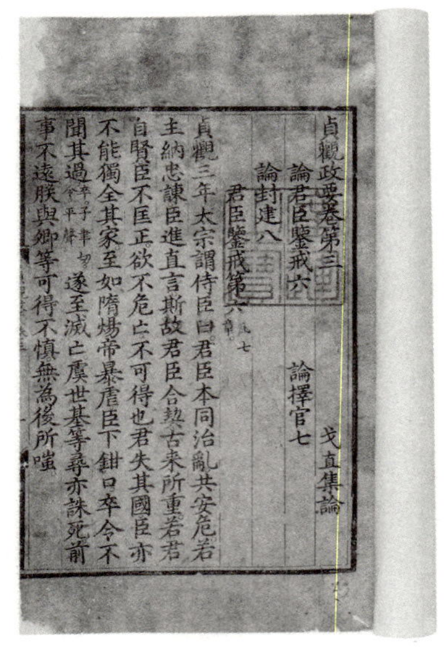

貞觀政要卷第三 戈直集論
論君臣鑒戒六 論擇官七
論封建八
君臣鑒戒第六 凡七章
貞觀三年太宗謂侍臣曰君臣本同治亂共安危若
主納忠諫臣進直言斯故君臣合契古來所重若君
自賢臣不匡正欲不危亡不可得也君失其國臣亦
不能獨全其家至如隋煬帝暴虐臣下鉗口卒令不
聞其過（卒子聿切令平聲）遂至滅亡虞世基等尋亦誅死前
事不遠朕與卿等可得不慎無為後所嗤

《贞观政要》书影

为是可以分析出来的。李世民后来为什么那样纳谏，表现特别谦虚，一个重要原因是他上台的时候不光彩，有一种自卑心理在起作用。李世民确实把好多意见都听进去了，而且表现得诚惶诚恐。他喜欢玩一种鸟，有一次正在斗鸟玩鸟，结果魏徵来了，他很害怕，怕魏徵滔滔不绝地给他进谏，就把鸟放在袖笼里，结果魏徵跟他说东说西，一两个小时过去了，那只鸟就闷死在袖笼里。所以魏徵走了以后，李世民就很不高兴，但他不发作，这样的事情很多。

现在我们看《贞观政要》以及《唐书》里面其他的记载，好多好的建议李世民确实是吸取了，比如说减轻农民的负担，减少征伐，不要随便就开战，都听进去了，所以唐朝经济才能发展。到后来，魏徵死了，没有人对他进谏，唐太宗又有些膨胀了，去打高丽，结果损失很大，造成国家财政严重的危机，所以他后来退兵回来以后，很感叹，说魏徵要是在世，我怎会做这样的事！可见魏徵这些人对他的进谏确实起了作用。

武则天

武则天，在许多人印象里是一个太狠毒的女人，自己儿子、女儿都可以杀的。但是你不能小看她，她有纳谏的器量，我看在中国历史上没有第二个人能超过武则天，别说政治上的一些进谏，有一些御史、大臣，对她进谏的内容甚至都涉及她的隐私，让她很丢面子的事，武则天并没有动怒。大家都知道，武则天有几个面首，薛怀义、张宗昌、张易之等。过去都把武则天看成是一个很淫乱的女人，实际上这是不正确的，还是一种男权思想，在封建社会男的皇帝可以三宫六院七十二妃，女人当了皇帝，她找了几个面首，就等于男的找了一个皇后几个妃子，这算什么？所以不能因为这个就把她看成一个淫乱的女人。但是在唐朝，大臣、御史们是绝对不能容忍这个事的，所以不断向她进谏。当时有一个宰相，进宫门的时候碰到薛怀义，上去就给他两耳光。你想打了武则天的情夫那还了得？薛怀义马上去报告给她，武则天不但没有说这个宰相，而且还说你以后别走南门，你走东门就碰不上这个宰相，不就没有这种事了吗？我想这要多大的雅量！

还有人给她上书，说你现在已经有好几个面首了，怎么现在又想找别人呢？当时有一个尚食监头头叫柳模，简单说，就是御厨房主管，居然给武则天上书，说我儿子皮肤很白，美须髯；长史侯云更说自己阳具壮伟，堪充内廷供奉，可以为你服务，诸如此类。大臣朱敬则就上书，说你已经有了几个情人，怎么还这样搞？武则天不但没有怪罪他，还说“非卿闻此言”，不是你的话别人谁也不会说这个话，还赐给他绸缎百匹奖励。人是非常复杂的，武则天有她很不好的方面，但是她掌权50年，绝非等闲之辈，她的政治雅量我看在中国历史上是独一无二的。

宋代著名清官包拯先后做过御史、枢密副使等官，常常起谏官的作用。宋仁宗有一项任命，他不满意，反反复复进谏，距离很近，喷了宋仁宗一脸的唾沫星，这个历史上都有记载，宋仁宗没有发脾气，接纳了他的意见，收回成命，这很不容易。

明太祖朱元璋

又比如说明太祖朱元璋，他以谁为师呢？他以汉高祖刘邦为师。朱元璋有一种流氓气，他掌权以后，我看犯了一个非常致命的错误，而且产生严重后果，就是对大臣剥夺权利而且加以诛戮，所以后来朱棣向建文帝夺权，建文帝打了四年就打败了，为什么？朱元璋执政时期，功臣骁将有威望号令天下的人都没了。

但尽管如此，朱元璋却很赏识一个人，叫解缙，他是明朝非常有名的才子，六七岁的时候对联就做得很好，朱元璋对他很赏识。朱元璋在连续制造大的政治冤狱以后，朝臣都噤若寒蝉，解缙居然给朱元璋上了一个万言书，历举他的这些倒行逆施，这些内容解缙集子里都有，《明史》里也提到，朱元璋居然没有问他罪，虽然他没有收回成命，但也丝毫没有责备解缙。就此而论，朱元璋还不失为一个很有雅量的政治家。而且朱元璋晚年有反思，他认为自己在执政初期杀了那么多人，用炮烙剥皮等酷刑，这是最残忍的，这些做法不妥，后辈子孙一律严厉禁止再用这些酷刑。这一点，我认为他还是不错的，他有所反思，有所总结，不像有些皇帝到临死都不肯承认自己有半点错误，看来朱元璋还不失为封建社会的一个好的政治家。

魏忠贤

魏忠贤是个很坏的宦官，但是历史现象是复杂的，不是说魏忠贤干的一切事都是坏的，他也做过几件好事。紫禁城内的建筑百分之九十五都是明朝人建立的。那里面的河道，供水排水系统，都是在魏忠贤主持下修好的。又如苏州织工起义，魏忠贤经过慎重考虑，反对皇帝派人镇压，确保江南继续稳定。现在有些人常常把历史简单化，这不对。

雒于仁的进谏，在明朝的历史上，甚至在古代监察史上也是很特别的。他给万历皇帝上了一道奏疏，奏疏内容现在保存下来，《明史》内有，别的文献也有，给万历皇帝扣了一个帽子，说你这个人是好酒、色、财、气。这时是封建社会后期了，皇帝君权至高无上，被神话了，所以明朝有的大臣上奏疏，看到皇帝就非常害怕。有一个大臣，皇帝说你要说什么就说吧，他一句话没有说出来。结果都尿了裤子了，浑身发抖。君臣隔膜到这个地步，为什么呢?就是皇帝成了神了。雒于仁居然敢说万历皇帝好酒、色、财、气，历数他的罪状。

明神宗朱翊钧

大家知道，万历皇帝20年不上朝，所以现在就留下一大悬案，就是万历皇帝20年不上朝，成天待在宫里干什么呢？总不能成天24小时跟妃子、宫女鬼混。现在成了一桩千古疑案了。有一个野史笔记记载，万历皇帝是吸鸦片烟的。非常可惜，“文化大革命”期间，造反派专门开了一个批斗会批斗万历皇帝，然后一把火把万历皇帝的遗骸通通都烧光了，接下来突然天降暴雨，把万历皇帝的骨灰冲得干干净净。要是遗骸现在还在，非常简单，就可以进行化验。所以万历皇帝本来在历史上留下个人的两个疑案，他是跛子，走路一瘸一拐的，这也使他不愿跟大臣多见面，《明史》绝不会记载这个事的，但是有笔记里这样记载，到底是不是这么回事？1963年、1964年的时候，我们社科院考古所曾经做了这项工作，把万历皇帝的遗骸拿出来，整理好，然后仔细测量，测量的结果证明他确实是瘸子，有一条腿是短的。本来要做第二个实验就是到底有没有抽鸦片呢？但还没有来得及做这个工作，“四清”来了，“文化大革命”来了，就没做成。“四人帮”被粉碎以后，文物工作者一点万历的遗骨都找不到。万历皇帝有没有抽过鸦片烟，也就成了千古之谜。

万历皇帝这个人在我看来是一个非常糟糕的皇帝，但是雒于仁居然给他上这么道奏疏。万历要杀他，好几个大臣到深宫里去，给皇帝上奏疏，万历皇帝说，我眼神不好。他要赖，就是不看。然后就发脾气，说我肝不好，最近调养刚好一点，他居然上这个奏疏，说我酒、色、财、气，为自己辩护，说自己没搞酒、色、财、气，这几个大臣说雒于仁这个人如何忠心耿耿，万历皇帝终于没有杀他，以后把他赶回老家了。

我举这几个例子，是用来说明古代的谏官制度，归根到底要取决于人的施行，多数的谏官没勇气也没胆量正面对皇帝的一些严重失误的政策去进谏。但是也有少数人，这些人是天不怕地不怕的，他们敢于进谏，在一定范围内，纠正了皇帝的一些错误的决策，对于维持当时政权的稳定、社会的发展，无疑起到了好的作用。

但总体来讲，中国古代的谏官对皇帝进行的监督，所起的作用是有限的。这个道理很简单，下面也还要说到，这就涉及皇权制度。再好的一项官制的设置，随着人的变化也能变成一个非常不好的东西。譬如说御史，本来是很好，官虽说不大，可以监督百官，但到明朝有的御史纯粹变成马屁精，变得阿谀奉承、藏污纳垢、同流合污。

二、历代权力牵制的历史作用及局限

任何事物都有两面性，都是一分为二的，这是一个简单的常识。古代的监察制度以及权力之间的互相牵制在历史上应该说无疑地起过积极作用。为什么？我国有5000年的文明史，这个文明指的什么？那无非就是指的物质文明，还有精神文明。物质文明在古代主要是农业生产，精神文明主要是文化。如果没有这两项，那我们这个文明就成了空中楼阁。

古代生产力发展以及文化的发展，都是在封建的国家政权正常运作下，社会安定，才能产生的，国家政权怎么稳定？国家机器

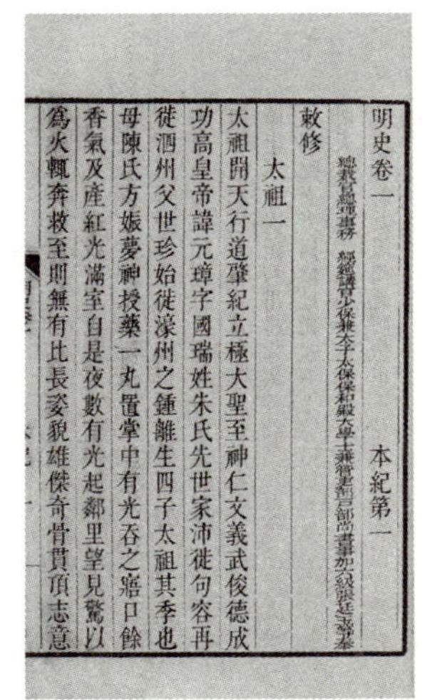
明史卷一　本紀第一
總裁官總理事務經筵講官少保兼太子太保保和殿大學士兼管吏部戶部尚書事加六級張廷玉等奉
敕修
太祖一
太祖開天行道肇紀立極大聖至神仁文義武俊德成
功高皇帝諱元璋字國瑞姓朱氏先世家沛徙句容再
徙泗州父世珍始徙濠州之鍾離生四子太祖其季也
母陳氏方娠夢神授藥一丸置掌中有光吞之寤口餘
香氣及產紅光滿室自是夜數有光起鄰里望見驚以
為火輒奔救至則無有比長姿貌雄傑奇骨貫頂志意

《明史》书影

怎么运作？监察制度、台谏制度起了很好的作用。如果没有这些权力的牵制，一个王朝可能很快就腐败了，都成了短命王朝，像走马灯似的，那就天下老是乱来乱去，那社会怎么能安定呢？这就不可能发展。所以从这个意义上讲，中国古代的监察制度对历史的发展起过正面的积极的作用，推动了历史的前进。而且中国古代监察制度在世界历史发展中，也是很特别的，为什么？因为我们的历史纪录非常悠久，譬如印度的历史比我们还早，但他们的历史文献记载是断断续续的，不像我们是连续的。所以我国古代监察史的遗产，在世界监察史上都占有重要位置，我们应该重视，很好地研究它。

这里要说到基本概念的问题，为什么只能叫它权力牵制，而不是叫权力分制，或者权力制衡？

因为古代皇权是不能分割的，没有政治分工，皇权无从制衡，谏官制度、御史制度有很大的局限性。而且政治分工、权力制衡的观念都是在英国早期的资产阶级对封建主提出变革，向他们分权时候提出来的。现在很多书里概念使用不太妥当。皇权确实是不能分割的，皇权也不能让渡，所以在当时不可能对皇帝进行制衡，也不可能说有一个明确的政治分工，整个封建社会监督以及权力牵制都是在一个前提上面来进行的，就是皇帝制度。皇帝制度有几个根本性的东西，第一皇帝是君权至上的，皇帝不受任何约束，他是至高无上的，尤其到秦汉以后，皇帝变成神了，天上下凡的神，怎么可以对神进行约束呢？

第二皇权是世袭的，家天下，一代代传下去，是嫡长子继承制，皇权绝对是不能分割的。皇权所享有的种种特权别人实际是不能过问的，无论是御史也好，谏官也好，不可能对这些根本的东西进行监察。中国历史上有很多皇帝，包括杰出的皇帝，他可能在一段时间里面接受监督，但后来经济发展了，社会发展了，他觉得自己权力大了，功劳大了，根本就不受任何人的监督，根本没法约束他。

比如说，我前面说，明成祖朱棣他是用非法手段从建文帝朱允炆手里进行夺权的。朱元璋实际上在晚年的时候有很多反思，他将功臣战将都杀光了，他感到死了以后，交班成了大问题，由于朱允炆是嫡长孙，必须由他来继承皇位，但朱棣对朱允炆是个威胁。朱元璋感到朱棣在北京拥有重兵，很可能将来会谋反，于是在死前一个月，他手书了一个诏书给晋王朱棡，说打仗的时候，你要立在燕王马的右边。什么意思？就是随时要监视他，必要时用弓箭把他射死或者把他杀了。后来朱棣果然起来造反夺权，建文皇帝不知所终。朱棣夺了权以后，在朱元璋治国的基础上，社会发展了，经济发展了，国家发展了，在这一点上，历史上肯定他是一个正面的皇帝。但是中国历史上凡是有作为的皇帝，都有一个坏毛病，可以说是通病，只要江山坐稳，百姓有饭吃，马上就会头脑发热，不是穷兵黩武，就是好大喜功，朱棣也一样，派了几万人到沙漠里面去讨伐蒙古，耗费了巨大的国力。

明成祖朱棣

明成祖永乐年间，郑和七下西洋，遍访30多个国家和地区。现在国家隆重纪念郑和下西洋600周年，这是完全有必要的。但是我发现一些报刊的舆论导向是不切合历史实际的，一些人包括搞明史的学者在电视台里信口开河，以今铸古。考茨基是早期的马克思主义经典作家，他有一本书叫作《基督教之基础》，说现实的政治家最容易犯的一个错误就是以今铸古，按照今人的政治需要塑造古人。

郑和这个人当然是值得宣传，值得肯定的。肯定什么?第一，他确实是一个杰出的航海家。郑和航海比西方达·伽马要早七八十年，是中外航海史上的壮举。第二，现在多数人都没有指出来，就是在弘治年间，世界上已经开始掀起人类历史上第一次全球化的浪潮。当时世界本来是彼此孤立的，但经葡萄牙人、西班牙人不断打通航道，把世界连成一片。虽然郑和没有意识到这一点，但他是人类历史上第一次全球化浪潮的先驱者，这一点是要充分肯定的。

但从万历到现在在宣传郑和时，都存在两个倾向，一是神化，把郑和说成神，再一个就是把他圣化，所以现在报刊上有一些提法，我认为根本是不切实际的，说郑和是和平崛起的一个代表者。郑和怎么是和平崛起的代表？永乐皇帝花了四年时间打败建文帝，杀了那么多人，这怎么叫和平崛起？而且《明史·郑和传》说得很清楚，“欲耀兵异域，示中国富强”。向外国炫耀武力，这不能叫和平崛起。另外，《明史》记载很清楚，下西洋的动机就是追踪建文帝，朱棣怀疑建文帝跑到南洋去了。这里要说明的是，当时中国人对世界的概念是相当模糊的，当时也没有世界地图，世界地图最早是万历时候传教士传来的，从此才知道有几个大洲怎么分布，但尽管如此，万历以后甚至清朝道光年间，很多人包括一些有学问的大学者对世界仍然很模糊。所以永乐皇帝叫郑和下西洋，世界怎么样？他更弄不清楚了，有很大的盲目性。

郑和像

郑和带的不是商队，《明史》上记载是两万多人，那是一个庞大的舰队，怎么能叫和平友好使者？在国外打了好几仗，把人家国王都抓过来了。有人说郑和是平等贸易的先驱者，这尤其不妥，因为他从事的是朝贡贸易，是赏赐，带了大量的金银绸缎，不计成本、价格，白送。那些小的国家国王当然也回赠一些东西，基本上都是高档奢侈品、消费品，有的是动物，但主要是香料。这些香料多得没法处理，后来永乐皇帝觉得财政上是个巨大的包袱，大臣发工资的时候，一大半发香料。从洪武到成化年间中国产的白银一共3000万两，郑和七下西洋政府的财政拨款加在一起是700万两，没有全用完，但是花掉了600万两。你想，100多年间生产的白银一共才3000万两，七下西洋居然花了600万两银子，国家的财政几乎都要崩溃，所以当时的左侍郎夏元吉，他是反对下西洋的，加上别的原因，比如也反对讨伐蒙古，认为国家财政难以承受，永乐皇帝就把他抓起来了，抄他的家。这个人是真正的清官，除了皇帝赏赐的一点东西以外，只有几身布衣服，还有瓦罐，非常清廉。永乐皇帝一看，也很吃惊，说他家里怎么都是布衣瓦罐呢？所以皇帝权力膨胀后，绝对不接受进谏，再好的进谏也不听。永乐皇帝死了以后，太子赶紧把夏元吉从牢里放出来，问国家搞成这个样子怎么办？夏元吉提出几条建议，最重要的就是不要下西洋了，用现在的话讲就是实行国家财政紧缩政策。

近代宣传郑和是从梁启超先生开始的，辛亥革命前，他在东京写文章，说郑和是中国历史上一个伟人，为什么？因为他比达·伽马他们航海还早。但他接着提了一个问题，说为什么郑君之后无第二个郑和，达·伽马之后有千百个达·伽马？他这个问题，我认为简单，郑和下西洋是朱棣一手制造的政治泡沫，完全不顾国家财政负担是多么沉重。我举永乐皇帝这个例子，就是说明，他还算是一个有作为的皇帝，但也听不进进谏。郑和下西洋是一个著名的例子，也是一个很典型的例子。

民国年间也有种种立法，但说到底蒋介石这个人，是有严重的封建烙印的，他就是拒绝监督，尤其抗战以后。蒋介石抗战有功，有人向他献九鼎，把他神化，他觉得自己好像是神乎其神了，从此更加不受别人监督。蒋介石有句名言，叫我看也是臭名昭著的名言，他说舆论算什么呀，我拿100万美金去办几张报纸，要什么舆论有什么舆论。当然历史证明这是完全错误的。胡耀邦在1985年有一个讲话，他强调舆论导向的重要，说国民党垮台的很重要的一个原因就是它舆论失控了，它控制不了舆论，当时民主的舆论多高涨啊。

蒋介石逃往台湾以后，不断进行反思，为什么在大陆失败了，有讲话，还专门写了文章。他有的话我认为是不值一哂的，说国民党失败，是因为杀人太少！他杀的人还少吗？如果靠杀人多政权就能维持，那我们现在还是秦王朝，为什么？秦始皇吞并六国杀了多少人，那么庞大的一个军事政权，最后怎么样？政治一腐败，垮了，轰然倒塌，二世而亡，所以蒋介石这样说是绝对错误的。值得注意的是他有篇文章，说我自己很清廉，从来不贪，我们之所以失败，有几条，比如说，就根本不应该跟苏联恢复外交关系，后来苏联跟中国共产党“勾结”在一起了。还有更荒唐的，说东北我们不应该派兵去，在抗战胜利以后，应该把它交给联合国来解决这个问题，这话尤其是不通之至，所以他始终没有反思到点子上来。

去年兰州大学出版社出版了《中华民国反贪史》，作者是青年学者邱涛，这本书的序是社科院近代史所的研究员陈铁健先生写的，很精辟。

他说：“回顾中华民国历史，导致一个政权兴衰的致命因素中，腐败是它的根本因素之一。最大的腐败，则是政治上的腐败：一个政党，一个主义，一个领袖的极端专制主义。民国时期的北京政府和南京政府，并非不反贪污。然而，在军阀祸国和一党专政的黑暗统治下，法律监督、新闻监督、舆论监督、民众监督、分权制衡机制、监督机制等，一律被排除，或者名存而实亡。那么吏治之腐败，官场之贪墨，便如溃堤之洪水、下山之猛兽，一发而不可收拾。俗话说：‘左手管不住右手’，自我监督云云只是一句好听的空话，在专制政权下，再好

《中华民国反贪史》封面

的良法，也会变异为恶法。治民而不治官，治下而不治上，官官相护，上行下效，便只能是‘无官不贪，有吏皆污’了。”他对中华民国历史进行了很好的回顾。我觉得，中华民国历史离我们很近，对我们可以起到有益的借鉴作用。

另外一个国民党的高官吴国桢去台湾后也在反思。他说蒋介石这个人非常清廉，绝对是不贪污的，他写一个字条就可以到银行提500万，他贪污干什么？但是蒋介石不反对别人贪污，尤其是不反对那些将官贪污，认为这些人贪污了，就很容易控制他们，操纵他们，这个观点我觉得蛮有意思。从历史上看，确实如此，有的皇帝甚至欣赏贪污，认为贪污的人，对物质利益看得很重，政治上就没有野心。前边我说到萧何，萧何贪污，后来就变成一种政治掩护。因为黥布谋反，刘邦去讨伐，但不放心萧何，就派几个人偷偷看萧丞相的动向怎么样。那个派去的人跟萧何关系不错，就说你这个丞相死期不远了，萧何听了大吃一惊，说为什么？他说现在皇上去讨伐黥布，对你相当不放心。萧何说我有什么办法?他说你要多买田地，甚至你可以贪污一些东西，这样让他看出你没有政治野心。结果萧何照办，用特权贱价买了土地，那些土地是可以抛售的。使者向刘邦汇报，刘邦闻之大悦，以为他好财了，对权力没有欲望，对他不构成威胁了。从这里就可以看出来，有些人居然存心贪污，以表明自己没有政治野心。中国历史上五花八门的事情很多，反贪可以变成政治控制的手段，但贪污居然也是自保的一种手段，这就充分显示了中国历史的复杂性。

中国监察的历史既然那么悠久，自然有好的经验可以吸取。我们是不是可以从六科给事中这个制度里面得到一些启发？比方说，中央书记处能不能派出若干个特派员，他的权力可以大到对省委书记哪怕是政治局委员进行监督，直接进行限制，不是向哪一个人负责，直接向中央书记处负责？

在我看来，监察部、中纪委的权力还要进一步加大。西方发达国家权力制衡，你要说它有什么好的经验，那就是异体制衡，不是同体制衡。列宁生前有一个很好的设想，并且开始做了，设立两个中央委员会，双方权力是相等的，互相制衡。斯大林上台以后把这个体制取消了。

现在一些市的纪委书记，在市委里面可能排到第四位第五位，他有胆量去监督第一把手吗？我以为不可能。我跟地方的一些纪委书记聊过天，我说现在最大的问题是什么？他们说最大的问题也是最困难的问题就是如何监督第一把手。

皇帝意识和草民意识是阻碍历史前进的堕力。现在有些一把手以皇帝自居，这种例子太多，大家比我更清楚。像胡建学印自己的语录，怎么没有人监督他呢？胡建学说做官做到我这个位子上，就没有人监督我了。他不是土皇帝又是什么？程维高的秘书李真，在被枪毙之前，在监狱里接受采访，报刊上登出来，有一句话我印象最深刻，说我走到哪，就有人跟到哪，我上厕所小便，也跟到厕所里，恨不得替我小便！这句话多肉麻多荒唐。跟的人看中什么？无非是看中第一把手程维高的权力，李真接近他就可以分割一部分权力，为所欲为。

从中国历史上的经验来看，当前要说权力制衡，我看如何有效地监督各级单位的第一把手，恐怕是一个很重要的问题。

刘海年

中国古代法律文化的若干问题

刘海年，1936年4月出生，河南唐河人。1961年中国人民大学法律系毕业，1964年中国法制史专业研究生毕业。中国社会科学院荣誉学部委员，中国社会科学院法学研究所研究员，中国社会科学院人权研究中心主任，中国社会科学院研究生院、清华大学法学院、中国人民大学法学院兼职教授，博士生导师；中国法学会信息法研究会会长，中国法学会董必武法学思想研究会副会长，中国法律史学会学术顾问，中国人权研究会顾问，中国国际文化交流中心荣誉理事，炎黄文化研究会理事。

学术专长为中国法律史、法治与人权理论。主要成果有：独著《刘海年文集》《战国秦代法制管窥》，参加整理、注释、翻译《睡虎地秦墓竹简》，主编《经济社会文化权利国际公约》，共同主编《中国珍稀法律典籍集成》《中国法律思想通史·春秋战国秦代分卷》《沈家本未刻书集纂》《中国历代贪贿案例选注》《依法治国与精神文明建设》《中国人权百科全书》《人权与司法》等。

中国古代法律文化是中国古代文化的重要组成部分。研究中国古代法律文化，对于加深我国传统文化认识，从中汲取有益的经验，推动社会主义文化和法治建设都是有益的。

以下谈五个问题：一、法律文化的概念；二、中国古代法律文化的主要内容；三、中国古代法律文化的主要特点；四、中国古代法律文化的影响；五、关于法律文化自觉。

一、法律文化的概念

法律是一种文化。它随法律的产生而形成，与人类跨入文明社会门槛同步。对法律文化的研究很早就开始了，但将它作为法学的分支学科明确提出则较晚。在国外，美、俄、日等国大约是20世纪60—70年代，我国则是20世纪80—90年代。其中关于法律文化的概念众说纷纭。对此，有学者作了归纳并分为四类："第一类是把法律文化看作是法律现象的综合体现和产物，包括内在和外在，主观和客观，制度和观念等各个方面；第二类是把法律文化视为法律现象的主观方面，主要是法律意识形态和观念形态；第三类是把法律文化看作法律意识中非意识形态那部分内容，即体现人类智慧、知识、经验等文化结晶。"此外还有一种"方法论法律文化观"。"这种观点认为，法律文化……是一种应用文化解释方法用于法律研究的立场和方法"[1]。这是从理论角度概括，给人感觉较为抽象，但却介绍了学界关于法律文化概念研究的一般情况，对我们的研究是有益的。

综合各家的观点，我认为所谓法律文化，简要地说就是关于法律的文化形态总和。它包括：法律观念和法律思想；不同法律形式及其运作形态；法律思想、法律制度及其运作形成的氛围与传统。这些传统既表现于法律意识之中，也表现于法律运作的技术与设施方面。法律文化是历史的积淀，也是当世的创造。它是社会经济基础的重要上层建筑，由经济基础所决定，又反作用于其赖以产生的经济基础。它受政治制度影响，又影响政治制度的稳定与发展。法律文化对于文化是属概念，与政治文化、经济文化、伦理文化、宗教文化等并列；对于宪法文化、民法文化、刑法文化、律师文化、监狱文化是种概念。由此可以看出，法律文化的含义尽管不如文化概念广泛，但仍然是一个宏观法学思维。

事物的“概念……是我们认识事物的工具”[2]。我们之所以先介绍法律文化的概念，就是为了较准确地把握有关法律文化的内容与范围。中国古代法律文化是中国法律文化的一个阶段，尽管是一个很长阶段，并有自己的特点，但仍属法律文化的一部分，法律文化概念当然可以用来对其进行说明。

二、中国古代法律文化的主要内容

中国古代法律文化的主要内容大略可分为三个部分：法律理念与法律思想；历代递相沿袭形成的法律体系及其运作形态；法律思想教育和法律运作而形成的法律文化氛围及传统。

（一）共同的法的理念，略不相同到逐步会通的法律思想

所谓理念，是人们对事物从感性认识到理性认识，对其应然状态做出的概括。法的理念就是人们对法应该是什么做出的概括。中国古代关于法的理念集中体现在“法”字的形成与理解。中国字是象形文字，以其形表其义。法字古文为“灋”。此字由三部分组成：水、廌、去。据东汉许慎《说文解字》：“灋，刑也，平之如水；廌所以触不直者而去之，从去。”从水取其平，意即法平如水；“廌”，据《说文》：“兽也，似山牛，一角，古者决讼，令触不直。”传说古代诉讼盛行神明裁判，两造之一被廌触者为败诉。古代法官帽或袍上饰廌形为标识，以示主持公平正义。这种关于法的观念在我国古代是共同的。与西方以女

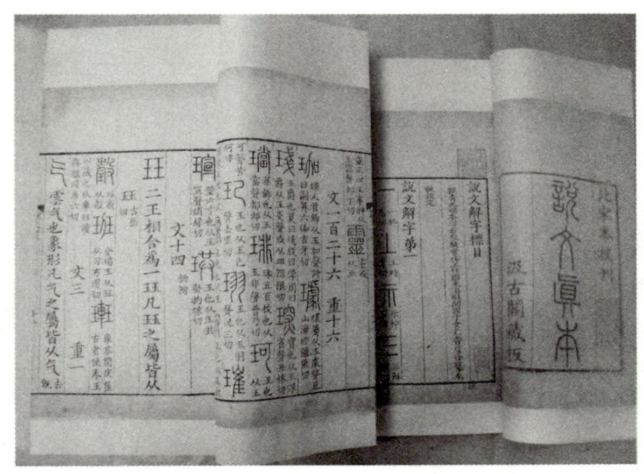

《说文解字》书影

神手持天平和宝剑表示法的公平正义是一个意思。法律思想是人们关于法的概念、内容、本质、作用、特点及其产生、发展的认识。一般地说，法的理念是对法的认识，属于法律思想的一部分，但法律思想对法的产生与发展的认识更加系统。法律思想可分为两个部分。其一，学者和政治家个人的法律思想。他们的法律思想多表现于著述、言论。其二，统治阶级的法律思想，或称占统治地位阶级的法律思想。这种法律思想表现于统治阶级代表人物的著述、言论，但更典型的是体现于统治阶级的政策和法律之中。当然有一些学者的著述表述的也是占统治地位阶级的法律思想。

关于中国古代法律思想，夏、商、周的资料不多，从零星记载看，夏、商主要是宣扬“受命于天”的神权法思想。周实行宗法制度，主要宣扬“尊尊”“亲亲”为核心的宗法思想。西周初年政治家周公旦总结商殷纣王残酷镇压人民导致灭亡的教训，提出“明德慎罚”，对后世影响深远。

春秋战国是中国历史上大分化、大变革时期。史称：礼坏乐崩，权力下移，诸侯、大夫异政。代表不同阶级、阶层利益的政治家、学者纷纷发表政见，形成了“百家争鸣”的局面。由于留下的史料较前代为多，不少著述表述的主张较为系统，成为法律思想史的重要源头，史称“百家”，其中主要是儒、墨、道、法四家。

儒家的法律思想。儒家创始人是孔丘，代表人物有孟轲和荀况。

孔丘的代表作是《论语》，贯穿其中的是以“仁”为核心，以复礼为目的的思想体系。他主张“礼制”“德治”和“人治”，建立“君君、臣臣、父父、子子”[3]的伦理等级秩序。他说：“道（导）之以政，民免而无耻；道（导）之以德，齐之以礼，有耻且格。”[4]他还说：“为政在人。”孟轲是仅次于孔子的儒家代表人物。其代表作主要有《孟子》。其中发展了孔子的“仁”为核心的“德治”理论，明确提出“仁政”。他说“仁者无敌”，“以德行仁者王”[5]。统治者只能“以德服人”，不能“以力服人”。他的重民思想很突出，在孔丘“爱人”思想的基础上，提出了“民为贵，社稷次之，君为轻”[6]。不过，他也主张“人治”，在先秦思想家中首先提出“贤人政治”。他说：“贤者在位，能者在职”[7]，“不贤者在高位，是播其恶于众也”[8]。荀况被列为儒家，留有《荀子》一书。但其内容与孔丘和孟轲的主张不完全相同。他主张“隆礼重法”，礼法结合。他说：“礼者，法之大分（本），类之纲纪也。”[9]意思是以礼作为立法和类推的根本原则。他以“性恶论”为出发点，论证应以刑罚惩治犯罪。他的两个学生，韩非和李斯是战国末著名的法家代表人物。荀况的学说开创了汉代礼刑（法）合一，儒法合流的先河。

孟子

墨家的法律思想。墨家创始人为墨翟，著有《墨子》。他是先秦最早对儒家学说提出不同见解的人。这个学派认为，当时之所以“饥者不得食，寒者不得衣，劳者不得息”，原因是“天下之人皆不相爱”。因此，提出人与人之间要“兼相爱，交相利”。他说：“欲天下之治，而恶其乱，当兼相爱，交相利。此圣王之法，天下之治道也，不可不务为也。”[10]他们的法律思想正是服务这一理想。墨子认为治理国家必须有法，法如“百工为方以距，为圆以规”，“法若（顺）而然也”。

墨子

至于以什么为法，他主张“以天为法”，因为，“天之行广而无私，其施厚而不德”（“德”，《群书治要》作“息”）[11]。墨家主张的“天”，部分学者理解为“自然”。为实现其主张，他提出“壹同天下之义”[12]，即要以“兼相爱，交相利”统一思想，选天下之贤者为天子、正长。人们要服从他们，凡“受利天下者”，“上得赏之”；“恶贼天下者”，“上得罚之”，并要公正执法，“不党父兄，不偏富贵”，“杀人者死，伤人者刑”。

道家的法律思想。道家的代表人物是老聃和庄周，现存有《老子》和《庄子》。老聃诞生于春秋战国之交，庄子生于战国后期。老子的法律思想是“道法自然”，他说：“人法地，地法天，天法道，道法自然。”[13]治理国家以自然为法，主张无为而治。他们既反对儒家的“利”，也反对法家的“法”，主张无为而治。《老子》一书中说：“为无为，则无不治”，所谓“我无为而民自化，我好静而民自正，我无事而民自富，我无欲而民自朴”[14]。他还说：“治大国若烹小鲜。”意思是说治理大国要像烹调小鱼那样小心，不要折腾百姓。越折腾百姓，国家越难安宁。他的这种思想对汉初统治者有相当影响。

法家的法律思想。法家可以概括为主张“以法治国”的学派。春秋的管仲是其先驱。战国初的李悝、吴起，中期的商鞅、慎到、申不害，战国末的韩非、李斯都是不同时期的代表人物。影响大的著述有《商君书》和《韩非子》。此外，还有《申子》《慎子》等残篇佚文。现存《管子》一书情况较复杂，其中多是战国中后期甚至西汉时学者托管仲之名写的文章，不过也有很高的研究价值。法家视法为国家制定的、人人必须遵守的行为准则。"法者，国之权衡也"[15]，"尺寸也、绳墨也、规矩也、斗斛也、角量也"[16]。法的作用是"定分止争"，"兴功惧暴"。法律适用应是平等的，所谓"法不阿贵，绳不挠曲"，"刑过不避大臣，赏善不遗匹夫"[17]，一断于法。统治者若"以法治国，则举措而已"[18]。意思是说以法治国，治理国家是很容易的。法家认为"法与时转则治，法与时宜则有功"，"时移而法不易则乱"[19]。这种历史观，为法的创新和发展提出了新理论。

作为中国古代法律思想之重要源头，春秋战国各家的法律思想有许多不同之处，诸如"德治""人治"与"法治"对立，"人治""法治"与"无为而治"对立，等等。但不可忽略的是各家法律思想有不少共同之处。其一，它们都是社会大变革时代为治理好国家寻觅出路，提出和阐明自己的治国方略；其二，各家所立足的社会文化背景均为农业自然经济，宗法制度影响巨大，都希望由贤人、能人进行统治，从不同角度维系宗法制度；其三，虽然反映不同阶级和阶层的利益，但实现社会安定是共同要求，安民或为民的思想在所提的治国方略中占主导或重要地位；其四，在持续"争鸣"过程中，各家思想都有所发展，并互相吸收，政治上影响大的儒法两家更是如此。荀况

韩非子

"隆礼重法"的主张和吕不韦《吕氏春秋》的内容就是明证；其五，如果说学者著述中的法律思想有对立又有会通，在统治者那里却能得到统一。统治者多是实用主义者，他们可能受某一派影响多一些，但从不会拒绝对实现统治有利的主张。

过去，尤其是在"以阶级斗争为纲"的年代，学界和政界一些人士往往将春秋战国"百家争鸣"中的不同学派的争论，以当世之需描绘成"水火不相容""冰炭不同器"，甚至完全否定了一些学派著述中的具有普遍价值的内容，这是不符合历史实际的。秦惠文君时诛杀商鞅、韩非入秦后被杀和秦始皇"焚书坑儒"，均牵涉政治斗争或私人忌妒（如李斯对韩非），并非单纯的学术争论。否定儒家等学派著述中的普世哲理，更是对待优秀传统文化的错误态度。

（二）重视立法，在递相沿袭的基础上形成了形式多样、内容完备的法律体系

1.历代统治者都重视立法。史称："夏有乱政而作禹刑，商有乱政而作汤刑，周有乱政而作九刑。"[20]关于夏、商、周三代的法律史料，《尚书》《竹书纪年》、甲骨文、金文中有所记载。周代崇尚礼制，但史籍有"罚蔽殷彝，用其义刑义杀"的记载[21]，这说明周也采用了殷代法律适于其统治的内容，实行礼刑结合。

商鞅像

春秋战国之世，各国相继变法改制。鲁国"初税亩"，郑国、晋国"铸刑鼎"，魏李悝"集诸国刑典，造《法经》六篇"[22]，商鞅以《法经》为蓝本到秦国变法，为秦统一全国奠定基础。1975年在湖北云梦发现的秦代竹简，记载商鞅变法到秦始皇时期法律的部分内容。仅此，已可看出秦的法律内容十分丰富。秦始皇统一全国后“昼断狱，夜理书”[23]，可见对法律之重视。只是他称帝后，忘乎所以，“行自奋之智，不信功臣，不亲士民，废王道，立私权，禁文书而酷刑法”[24]，肆意破坏法律，招致迅速灭亡。

汉高祖刘邦总结秦暴政速亡的教训，在领兵入关之初，便与关中父老约法三章：“杀人者死，伤人及盗抵罪。”[25]以此争取民心。在打败项羽，取得楚汉战争胜利后，便命萧何以《秦法经》六章为基础增《户》《兴》《厩》三章，称《九章律》。曹魏结束三国鼎立之局面，魏明帝即位三年（太和三年，229）颁行魏《新律》18篇。魏《新律》首定“八议”之制，影响深远。晋律制定始于晋代魏之前司马昭辅政之时，颁行于武帝泰始三年。晋律在汉、魏基础上“蠲其苛秽，存其清约，从事中典，归益于时”[26]，共20篇。南北朝时，南朝沿袭魏、晋律，北朝的北魏、北齐立法有所建树，对后世影响较大。北齐律总结以往，首定“重罪十条”，隋更名“十恶”，后代一直沿用。

隋初，开皇元年（581）制定新律，开皇三年更定，是为《开皇律》。隋炀帝即位，大业二年（606）修订律令，三年颁行，是为《大业律》。《大业律》比《开皇律》量刑轻。但炀帝暴虐，不依律行事，不久被抛弃不用。唐初，李渊起兵攻入长安，接受“炀帝昏乱，民不胜其毒”，遂至于亡的教训，与民约法12条。宣布杀人、劫掠、背军叛逆者处死刑，余皆蠲除隋苛法[27]。武德元年（618），开始定律，七年颁行天下。之后，太宗李世民修改《武德律》，颁行《贞观律》，高宗李治以《贞观律》为基础制定《永徽

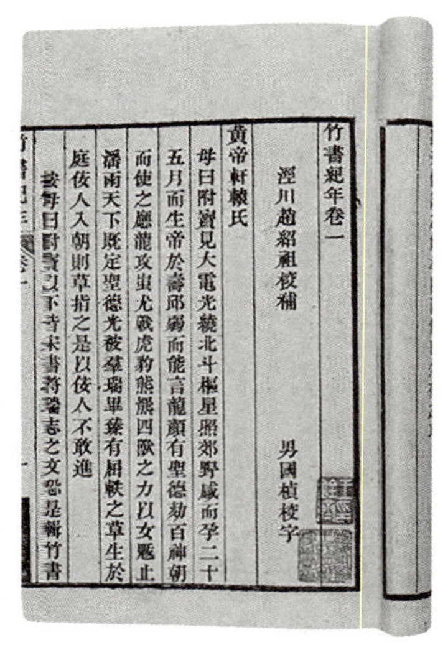
竹書紀年卷一
涇川趙紹祖校補　男國楨校字
黃帝軒轅氏
母曰附寶見大電光繞北斗樞星照郊野感而孕二十
五月而生帝於壽邱弱而能言龍顏有聖德劾百神朝
而使之應龍攻蚩尤戰虎豹熊羆四獸之力以女魃止
淫雨天下既定聖德光被羣瑞畢臻有屈軼之草生於
庭佞人入朝則草指之是以佞人不敢進
按母曰附寶以下皆宋書符瑞志之文恐是補竹書

《竹书纪年》书影

律》。这是现在保存下来最早最完整的一部封建法典。

宋初，战争仍在进行时，为实现统一，安定社会，便着手撰修法律。法律未制定前，先沿用五代后周的《显德刑统》。宋于太祖建隆四年（963）颁行《宋刑统》。其内容沿袭《唐律》。宋代增加了编敕活动。元代，蒙古入主中原后，先沿用金国《泰和律》。元朝正式建立，先后颁行了《至元新格》《凤宪宏纲》《大元通制》《至正条格》和《元典章》等。元无前朝那样篇目严谨的法典，各种法律间内容相混杂。

明初，朱元璋称吴王时，便着手制定法律。吴王元年撰律225条，同年12月颁行。翌年建都南京称帝。洪武七年（1374）颁行《大明律》。《大明律》内容一准于唐，只是在名例之下按六部分《吏》《户》《礼》《兵》《刑》《工》共七篇。《大明律》受《元典章》以六部划分法规体例影响分篇，开创了中国古代法典编纂的新体例。清朝满族入关前，为适应形势需要，便改变原有习惯法，制定具有法令汇编性质的《崇德法典》。入关后于顺治三年（1646）沿袭《大明律》颁行《大清律集解附例》。之后，康熙、雍正、乾隆各朝一再修订，但主要条文和篇目仍依明旧。

以上所列事实说明，其一，历代统治者，尤其是开国君主无例外地都十分重视立法，重视以法律实现统治。有的是称帝之前（如朱元璋），多数是称帝之初便颁行作为法律体系主干的法典；其二，法典篇目和内容，既沿袭前代，又结合当时需要有所创新；其三，在不断沿袭和创新的基础上，到唐代已形成了较完整的法律体系；其四，这

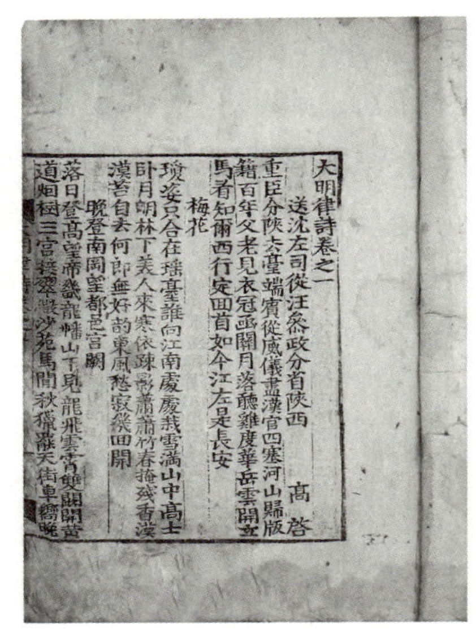
大明律詩卷之一
送沈左司從汪參政分省陝西　高啓
重臣分陝去臺端賓從威儀盡漢官四塞河山歸版籍百年父老見衣冠函關月落聽雞度華岳雲開立馬看知爾西行定回首如今江左是長安
梅花
瓊姿只合在瑤臺誰向江南處處栽雪滿山中高士卧月明林下美人來寒依疎影蕭蕭竹春掩殘香漠漠苔自去何郎無好詠東風愁寂幾回開
晚登南岡望都邑宮闕
落日登高望帝畿龍蟠山下見龍飛雲霄雙闕開黃道烟樹三宮擁翠微沙苑馬閒秋獵罷天街車鬧晚

《大明律》书影

个法律体系，后人称中华法系，无论在形式、体例和内容上都居于当时世界其他国家立法之前列。

2.法律形式多样。中国古代法律体系，除以上内容，包括皇帝宫殿警卫、官员职责、土地等私有财产保护、赋役征收、工程兴建、商业管理、民刑诉讼等综合性法典之外，还有多种形式的单行法规。仅秦简所见就多达30余种。其中有《田律》《厩苑律》《仓律》《金布律》《关市律》《工律》《均工律》《工人程》《资律》《徭律》《司空律》《置吏律》《军爵律》《传食律》《行书律》《内史杂律》《尉杂律》《属邦律》《效律》《除吏律》《游士律》《除弟子律》《中劳律》《藏律》《公车司马猎律》《牛羊课》《傅律》《屯表律》《捕盗律》《戍律》等。此外还有《封诊式》。这些是属朝廷颁布的法律。地方，至少郡一级，可颁行地方性法规。秦简中的《语书》就是南郡守腾颁行的地方性法规。为了使法律便于适用，秦还有法律解释，并在审判中使用判例。秦对刑律的解释被秦简整理者概括为《法律答问》，有人称“律说”，判例称“廷行事”。秦律的多种形式，大都被其后代王朝所承袭。“汉承秦制”，从历史文献和江陵汉简记载的汉代法律看，许多单行法律名称，甚至内容均与秦律类似。汉代法律又是后来各代法律的渊源。唐代在综合性法典之外，还有律、令、格、式。现存唐律的“疏议”，便是长孙无忌等奉旨对唐律的正式解释。“例”始于秦汉，盛行于两宋和元明清诸朝。内容多为司法中成功案例的规范化、条文化，较为灵活，为统治者所重视。明清两代将“例”附于律典之后，明称《大明律集解附例》，清称《大清律集解附例》《大清律集解》。

以上均可列为成文法。中国古代，除成文法外，在基层和广大少数民族地区长期通行习惯法。习惯法是经国家认可的习惯由地区、乡社领导人或族长执行的行为规范。在基层，表现为乡规民约、家族法规；少数民族地区也见之于当地的语言文字记载。基层习惯法一般处理所在乡区民事纠纷和轻微刑事案件，少数民族地区，其领袖只要服从国家行政管理，按规定履行义务，在部内民事、刑事案件管辖方面，就会享有较大权力，有的甚至握有生杀予夺之权。

中国古代法律出现如此多的形式，尽管前期名称和内容显得重复，但后期却逐渐规范、明晰。其作用是显然的：其一，加强了法律适用在时间和空间上的灵活性，有利于效率提高。其二，父权、族权是君主权力在家族中的延伸，也是君权的基础和支撑。赋予一些特殊地方的家族和基层的习惯以国家强制力，有利于对基层的控制，有利于统治基础的稳定。其三，认可少数民族地区与内地不同的制度和习惯，并赋予他们的领袖以法律处分权，有利于国家的统一和安定。关于这一点，翻阅一下二十四史就会发现，自秦统一之后，历史上不少王朝对少数民族地区的管理多实行与内地不同的制度。诸如秦汉的“属邦”“属国”制度；唐代的羁縻府州制度；明清两代对藏族地区宗教领袖的册封制度，对蒙古族地区的封王，以及对西南少数民族地区的土司制度等。这些制度的某些影响甚至延续到中华人民共和国成立之后。1997年7月香港回归时，我曾在香港的一次学术研讨会上讲“一国两制”时指出，它是“我国历史经验的积淀，是中华民族智慧的结晶”，也是承传中华优秀文化解决当代问题的典范[28]。这一论点正是依据上述历史事实而提出。

3.中国古代法律内容逐步完备。中国古代法律从战国、秦汉，经魏晋，到隋唐，内容日益完备；宋、元到明、清律，内容多因袭唐，并有所充实和发展。主要表现在以下方面：

法律竭力维护封建专制制度。等级特权是专制制度的本质特征，皇权是这个制度的核心。维护皇帝人身、宫殿安全，维护等级特权，是地主阶级根本利益所在。历代王朝所定律典都将此置于突出地位。典型的例子就是关于“八议”和“十恶”的规定。如前所述，所谓“八议”和“十恶”都是在总结前代法律基础上载入法典的。“八议”首见于魏《新律》，其内容是：议亲、议故、议贤、议能、议功、议贵、议勤、议宾。以上八种人都是皇帝亲族和与封建国家关系密切的人物。这八种人犯罪，按《唐律》：“诸八议者，犯死罪，皆条所坐及应议之状，先奏请议，议定，奏裁。流罪以下减一等。”除“八议”，还有以军功爵和官职抵罪。无官职、爵位者，有钱人可用钱财赎刑[29]。“十恶”首见于北齐律称“重罪十条”，隋更名“十恶”。其内容是：一曰反逆，二曰大逆，三曰叛，四曰恶逆，五曰不道，六曰大不敬，七曰不孝，八曰不睦，九曰不义，十曰内乱。犯“十恶”者，不管在与不在议论赎罪之限，均为常赦所不原[30]。维护封建专制制度的法律还见于有关朝廷礼仪，国家机构运作，官吏任命、考核、升降、处分等。战国开始以官僚制代替春秋之前以血缘关系为纽带的世卿世禄制。为了加强对官吏的监管，秦大大提高了御史的地位，御史大夫位列三公，并逐级设监御史。对官吏的任命建立责任追究制，史称：“秦之法，任人而所任不善者，各以其罪罪之。”[31]任，荐举。秦律规定，不得重新启用被撤职的官员，“任废官者为吏，赀二甲”[32]。并规定官员调任新职不得带原来的属员，“啬夫及送见它官者，不得除其故官佐、吏以之新官”[33]。唐律有惩治“荐举非其人”和禁止请托的规定，“诸有所请求，笞五十，主司许者，与同罪”，疏议解释说：“凡是公事，各依正理。辄有请求，规为曲法者，笞五十。即为人请求，虽非己事，与自请同，亦笞五十。”[34]如受人财，要加重治罪。在历代法律中，规范官员行为的规定不胜枚举，其目的都是为了将他们的行为限制于制度允许的范围之内，以利于国家的稳定。有关司法审判的内容在法典中从始至终都占有重要地位，法律强调司法公平，对徇私枉法、出入人罪者，要予以严厉惩处。

维护封建土地和私有财产制度。土地和财产私有是封建生产关系的核心，法律重视维护土地和财产私有权。李悝《法经》：“王者之政，莫急于盗、贼。”[35]这里说的“盗”是指偷盗；“贼”是指贼杀人和叛逆作乱的人。意思是说治理国家最紧要的是惩治偷盗财产和叛乱杀人的犯罪。所以《法经》将《盗》《贼》列为六篇之首。后来的法律也都将其放在很重要的地位。秦律规定：“盗采人桑叶，不盈一钱……赀徭三旬。”[36]不到一钱罚服三十天徭役，可见惩罚之严厉。对于封建土地所有制，更是保护尤加。史称，商鞅变法，废井田，民得买卖，土地所有制得以确立。秦有惩治盗移田界标识的法律，“盗徙封，赎耐”[37]。所谓“封”就是当时田间的界标。“赎耐”是刑罚的一种。唐代初年，经隋末战乱，人口减少，大批农民离开土地，为了恢复工业生产，也是为了增强政权的基础，颁行《均田令》，将国内无人耕种的土地或荒地授予农民和官吏。“其官人永业田准品，及老小寡妻授田各有等级”。法律规定，授田之外不得盗种、盗卖公、私田。盗种者，一亩以下笞三十，五亩加一等。盗卖者，一亩以下笞五十，五亩加一等。在官侵夺私田者，一亩以下杖六十，三亩加一等。[38]宋、明、清律均有这方面规定。

李悝

关注农业、手工业、商业经营。商鞅变法鼓励从事农业生产，规定努力耕作“耕织致粟帛多者，复其身”[39]。秦《田律》规定地方官要及时报告庄稼生长及遭受自然灾害情况，注意种子的选择和保存。汉文帝说：“夫农，天下之本也，其开籍田，朕亲率耕，以给宗庙粢盛。”[40]汉有“上计”制度，唐以后，将地方官对农业管理和监督职责写入法典。唐律规定：“诸部内田畴荒芜者，以十分论，一分笞三十，一分加一等，罪止徒一年。”[41]明清律均定有“荒芜田地罪”。《大明律》规定：“凡里长部内已入籍纳粮当役田地，无故荒芜及应课种桑麻之类而不种者，俱以十分为率，一分笞二十，每一分加一等，罪止杖八十。”[42]除里长外，还追究人户及县官的责任。《大清律例》的规定与明律基本相同。为了发展农业和畜牧业，法律重视保护水利设施，保护自然环境。《逸周书·大篆》：“春三月，山林不登斧，以成草木之长；夏三月，川泽不入网罟，以成鱼鳖之长。”秦律有类似的规定，但标明特例：“到七月而纵之。”并规定：“唯不幸死而伐棺椁者，是不用时。”[43]意思是说捉鱼鳖、鸟兽七月之后解除禁令，家中有人死亡到山林砍伐树木可以允许。有关手工业的法制，《礼记·月令》《周礼·考工记》均有记载。秦律规定更是具体，其内容涉及徒工培养、劳力考核、产品标准化等。如规定：“为器同物者，其小大、短长、广亦必等。”[44]就是说生产同一种产品，它的各个部件要相同。这当然是为便于生产过程中组装，日后损坏也便于修理，应该说是十分先进的法律。为了保证产品质量秦律还规定了生产责任制，出土的不少秦汉器物均刻有生产者和监管者的姓名。这正体现了《周礼·考工记》关于“物勒工名以考其诚”。唐律《擅兴》篇有工程管理内容，明清律均有《工律》专管工程和手工业。统治阶级重农抑商，但并非不懂商业之重要，不加管理。齐国《市法》：“中国利市者强，小国利市者安。”《史记·货殖列传》：“农不出则乏其食，工不出则乏其事，商不出则三宝绝，虞不出则财匮少，财匮少而山泽不辟矣。”这说明古人对农工商之间的关系认识是清楚的。为加强对市场商贸管理，秦律规定：“有买及卖也，各婴其价；小物不能各一钱者，勿婴。”[45]这是说市场上值一钱以上的货物都要明码标价。秦律还规定：“为作务及官府市，受钱必辄入其钱缿中，令市者见其入，不从令者资一甲。”[46]缿为一种陶制钱罐，钱能入，非碎不能出。后代商行之钱柜应是这种器物发展而成。

《大清律例》书影

以上法律内容说明，封建法律主要是维护皇帝为代表的专制制度，为了维护这种制度，不能不注意经济发展。过去说封建阶级实行超经济剥削，现在看来，他们既实行超经济剥削，也重视经济剥削。包括手工业和商业赋税在内的赋税，永远是封建国家行政机构和军队赖以生存的源泉。

（三）家庭、学校与社会相结合的法制教育，形成了较好的守法习惯

1.儒法两家和历代统治者重视法律教育。韩非对法下的一个定义是："法者，编著之图籍，设之于官府，而布之于百姓者也。"[47]这是从形式上对法的描述，其中"布之于百姓"即为当时法家的主张。在此之前郑国叔向"铸刑鼎"，晋国赵鞅"铸刑鼎"，都是将法"布之于百姓"。孔子虽然曾反对子产"铸刑鼎"，但并非不重视法制宣传教育。他曾说："不教而杀谓之虐。"[48]对他的话，《十三经注疏》解释："为政之法，当先施教于民，犹复宁申敕之教令，既治而民不从后乃诛也。若未尝教告而杀之，谓之残虐。"在历代的统治者中，朱元璋比较重视法制宣传教育。早在他称帝前还是吴王时，就曾命大理卿周祯"取所律令……凡民间所行事宜，聚类成篇，训释其义，颁行郡县，名曰《律令直解》[49]"。称帝后，洪武三十年（1380）《大明律诰》成，朱元璋诏示群臣说明制作的目的："法在有司，民不周知，故命刑官取大诰条目，撮其要略，附载于律……刊布中外，令天下知所遵守。"[50]他要求"户户有此一本"，"臣民熟读为戒"。朱元璋还将《大诰》三篇颁诸学官，作为国子监学生和科举考试的内容。乡里则由塾师教授《大诰》。罪犯如持有《大诰》，还可减等处刑。他要求官员"于内外府州县及乡之里社皆立申明亭，凡境内之人民有犯者，书其过，名榜于亭上，使人有所惩戒"[51]。清康熙亲颁十六条上谕，宣传法律和道德，其中写道："敦孝悌以重人伦……和乡党以息争讼……讲法律以警愚顽，明礼让以厚风俗，务本业以定民志，训子弟以禁非伪，息诬告以全民善，戒窝逃以免株连。"

2.法制宣传教育形式活泼，语言通俗。云梦秦简有《为吏之道》一篇。其中提出了官吏应遵循的行为规范，宣扬“忠信敬上”，“清廉毋谤”，“举事审当”，“喜为善行”，“恭敬多让”；不要“见民倨傲”，“不安其朝”，“居官善取”，“受令不偻”，“安家室忘官府”。读之朗朗上口，通俗易懂。清代编之《三字经》《弟子规》等，内容多为劝学、劝善、劝做人，并将历史上各类人物的相关事迹编入其内。即使目不识丁的文盲、家庭妇女也能背诵几段。诸如孟母三迁、司马光为救小朋友砸缸、孔融让梨，以及为学习头悬梁、锥刺股，等等。《弟子规》则系统宣扬孝、悌、信、义和泛爱众生等。这都属面向大众的读物。今天看来其内容有不少封建糟粕，但在当时它是与社会发展水平适应的。最重要的是这种由近及远的宣传形式能使我们得到某种启发。

3.法制宣传教育的内容做到法律与思想道德相结合。古代法律本来就是“寓礼于法”，法律与道德结合紧密。康熙十六条上谕颁布后，立即有官员编写《上谕和律集解》，逐条阐明含义，然后指出如违反，依大清律应受何种惩罚。对于康熙后来发布的圣谕六条，除逐条讲解，附有相应律文，还编撰诗歌在民间传颂。这种法制宣传既增加了法律的亲情味，又强化了道德的规范力，将家庭、学校教育与社会教育相结合，提高了法制宣传和思想教育的效果。

由于重视法制和道德宣传教育，宣传不空讲大道理，而是由近及远阐明遵守法律和道德对于自己、家庭和宗族的利害关系，对社会和国家的意义，并“从娃娃抓起”，使人能从孩童时就开始按法律和道德规范去了解自己的社会位置与义务。比如，为人子，为人父，为人弟，为人兄，为人夫，为人妻，为人徒，为人师，等等。就这样建立起君臣、父子、兄弟、夫妇等级伦理关系。这种关系对封建统治的稳定是有益的。如李世民引孔夫子所说：“为人也孝悌，而好犯上者鲜矣。不好犯上，领兵作乱者未之有也。”[52]总的看，中国古代遵守法律的情况，一般说治世情况较好。当然，官员中真正廉洁的和贪腐的都应该是少数，循吏是大多数。当时官员任职门槛较高，推举制下有资格推举的要求一定官位，并规定了连带责任："任人而所任不善者，以其罪罪之。"[53]这里"任"就是荐举。在后来科举制下，平常时期任职官员要经秀才、举人、进士逐级考试，任职后还受严格监督。他们不能不谨慎小心。至于广大百姓，也是遵守法律的。如非帝王无道，上层腐朽，肆意破坏法制，致民不聊生、官逼民反，大家都愿安居乐业。法制与社会安定有密切关系，许多事实都可说明。1973—1974年，文物工作者在甘肃居延地区发现了一个简册，是东汉建武三年（27）的一宗诉讼案卷。内容记录了当地边防军的一位相当于县令职务的军官，状告由河南移居当地的客民，说他借债不还。经乡啬夫调查，以充分证据说明客民不仅已还清了债务，而且还以实物和劳务多还了一部分。结果这位军官被县府判定"为政不直"[54]。"为政不直"在秦汉属于重罪。建武三年，内地刘秀与王莽的斗争刚刚结束，一些地方军阀自立为王混战的局面仍在继续，军人的地位应是很重要的。但为一个不很大的案子，判一位军官如此之重的罪，可见执法之严格。在国家局势混乱的情况下，西北地区当时能保持稳定，与包括居延地区在内的该地区的官员坚持既定的法度有一定关系。

三、中国古代法律文化的主要特点

中国古代法律文化的特点，可以从不同角度作多种概括。现择其要者谈以下几点。

（一）法律包容性大，体制稳定性强

中国是一个统一的多民族国家。法律文化为56个民族共同创造。在发展进程中，各民族既有主动借鉴，也有相互征服。无论何种方式都为法律文化交流提供了条件。《尚书·吕刑》："苗民弗用灵，制以刑，惟作五虐之刑曰法，杀戮无辜，爰始淫为劓、刵、椓、黥。"这说明古

代法律中的五刑是受苗族先祖影响制定的。赵武灵王“胡服骑射”，商鞅变法改变秦国父子“同室而居”，也是一种法律文化方面变革。南北朝时的北魏、北齐法律各有建树。北齐“十条重罪”入律，是对秦汉以来法律相关规定的系统化。其后西夏编著法典，蒙古贵族入主中原制定的法律，虽不如前代系统，但基本内容仍是沿用唐、宋法律。《大元圣政国朝典章》（元典章）六十卷十类设吏、户、礼、兵、刑、工等部，为明代更改法典体例提供了思路。《大明律》在《名例》之下按上述六部分篇，是古代法律体例的重大发展。清代满族贵族为统治中原，入关前就学习汉族法律文化。入关后提出“参汉酌金”的立法指导思想，在明律的基础上较快地制定了《大清律》，开始了267年的统治。

中国古代法律制度的发展历程，决定了其法律文化的包容性，也使之具有很强的稳定性。它广泛吸收不同民族法律文化，却能保持其基本特质。这种特质产生的凝聚力，促进了民族团结和国家稳定。当然，对它的稳定性特点不宜过分强调，当形势变化时还是应遵循“法与时转，制与世宜”的历史观，否则会像晚清以后那样，形成对吸纳外来优秀法律文化的阻力。

（二）礼刑相辅相成，儒法会通合流

礼起源于中国古代社会的宗教仪式，进入阶级社会后改造成体现等级秩序的行为规范，影响广泛。它的主要功能是“别贵贱，序尊卑”。西周初，实行礼制，礼成为国家运转的大法。“礼，经国家，定社稷，序人民，利后嗣者也”[55]，“道德仁义，非礼不成；教训正俗，非礼不备；纷争辩讼，非礼不决；君臣上下，父子兄弟，非礼不定；宦官事师，非礼不亲；班朝治军，莅官行法，非礼威严不行”[56]，“夫礼，天之经也，地之仪也，民之行也”[57]，“国之干也”[58]。礼所以被捧到如此之高的地位，是由于它的原则与内容适于维护以王权、父权为核心的等级秩序。礼，“政之兴也”。它可以“防民”，也可以“整民”。《盐铁论》称：“礼周教明，不从者，然后等之以刑。刑罚中，

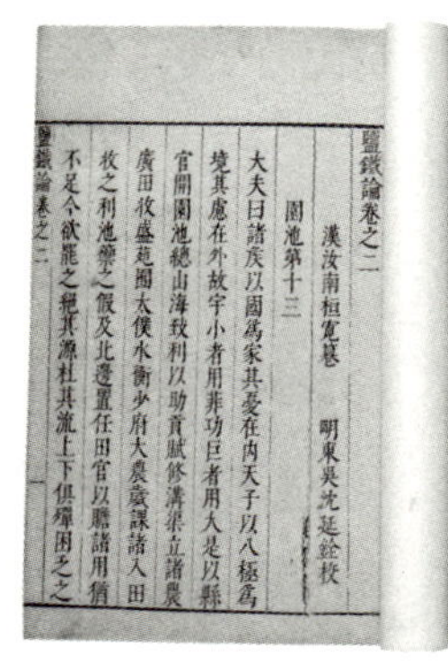

鹽鐵論卷之二

漢汝南桓寬撰　明東吳沈延銓校

園池第十三

大夫曰諸侯以國爲家其憂在內天子以八極爲境其慮在外故宇小者用菲功巨者用大是以縣官開園池總山海致利以助貢賦修溝渠立諸農廣田牧盛苑囿太僕水衡少府大農歲課諸入田牧之利池籞之假及北邊置任田官以贍諸用猶不足今欲罷之絕其源杜其流上下俱殫困之之

鹽鐵論卷之二

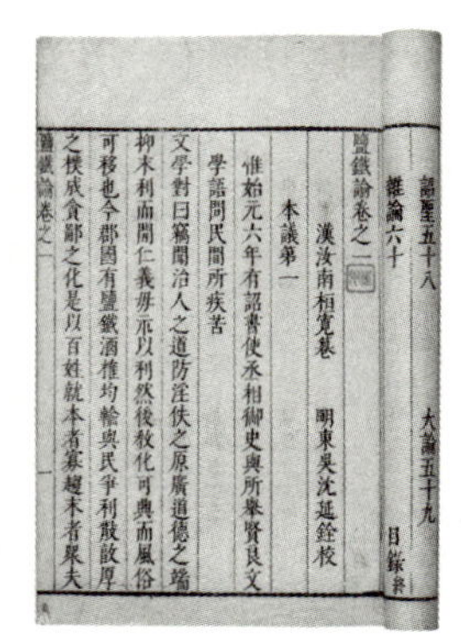

詔聖五十八　大論五十九

雜論六十　目錄

鹽鐵論卷之一

漢汝南桓寬撰　明東吳沈延銓校

本議第一

惟始元六年有詔書使丞相御史與所舉賢良文學語問民間所疾苦

文學對曰竊聞治人之道防淫佚之原廣道德之端抑末利而開仁義毋示以利然後教化可興而風俗可移也今郡國有鹽鐵酒榷均輸與民爭利散敦厚之樸成貪鄙之化是以百姓就本者寡趨末者衆夫

鹽鐵論卷之一

《盐铁论》书影

民不怒。”“安上治民，莫善于礼。”这就是说封建统治者认为，礼是刑罚的指导原则，礼的规范作用又靠刑维系。

春秋战国时，周代的礼制和世卿世禄制度虽被冲击，但由于礼的内容适于当时社会需要，汉之后随儒学地位上升，礼又被重视。董仲舒引经义断狱，儒家学者以经义注释法律，加速了儒法会通合流，礼与法的关系形成“本”与“用”的关系。所谓“德礼为政教之本，刑罚为政教之用，犹昏晓阳秋相须而成者也”[59]。礼有治国、理家、律己的功能，礼刑结合，儒法会通，是中国古代社会长治久安所需。这种法律文化不仅与西方迥异，与东方其他国家也有区别。

（三）强化伦理道德，维护宗法制度

宗法制度是中国古代以嫡长子为中心、以血缘关系为纽带的法则形成的一种制度。伦理关系是人与人之间的道德准则关系。以血缘关系形成的宗法制度以男性为主体，嫡长子为大宗，别子为小宗；别子的长子在其世系内又为大宗，其余别子为小宗，以此相传形成宗族。在西周，宗法制度与国家制度紧密结合。周天子是大宗，掌全国政权。其诸弟为小宗分封诸侯国。维系这种制度的是伦理道德。春秋之后，礼坏乐崩，周室衰落，宗法制度被冲击，但这种宗法制度在其后的王公贵族和士大夫阶层仍有很大影响。王室贵族的封号、爵位继承、宗族祭祀，仍以宗法关系为准。在民间宗法制度的影响也很深远，婚丧嫁娶、财产分割中保留很深的印痕。由于宗法制度是以血缘关系为纽带，就使尊尊亲亲的伦理道德与之形成天然结合体，而这种结合既有利于家庭秩序、社会安

宁，又有利于政权巩固，所以为中国古代法律所维护。父亲对子女有惩治权，侵犯尊长加重治罪，近亲属犯罪得相容隐，以及某些犯罪依“服制”在一定的亲属间株连，均是体现宗法制度和伦理道德的原则。中国古代皇帝称“天子”，为黎庶父母，地方官为父母官。某些说法至今仍然流传，实为宗法制度残余的影响。

（四）皇帝总揽大权，行政干预司法

中国皇帝从秦始皇到清宣统，作为古代封建统治制度的重要组成部分，其权力之大，延续时间之长，为世界仅见。王朝虽屡经变换，但皇帝集立法、行政、司法大权于一身的状况终无变化。即使在外戚、后宫干政的情势下也如此。他们在取代皇位之前，发号施令仍不得不假借皇帝之名。这是因为皇帝作为封建阶级的总代表，其集权是国家稳定、社会经济发展的利益所在。恩格斯曾说：“在这种混乱的状态中，王权是进步的因素……王权在混乱中代表着秩序。”[60]以上是一般评价。在司法方面如何评价要具体分析。据《史记》，秦始皇曾“昼断狱，夜理书”，说明他亲自审理案件。汉高祖刘邦规定朝廷“谳疑狱”，即讨论审核疑难案件，至少说明他干预疑难案件的审理。唐太宗李世民在错杀大臣张蕴古后，规定外地命案“三覆奏”，京师命案“五覆奏”，由他亲自裁定。明代建立的“朝审”制度，清代发展为“秋审”和“朝审”。这是对各省和京师地区判斩监候和绞监候的重罪犯人由朝廷集中复审的制度，经审理判处者一律报奏。这也是皇帝控制司法的一种方式。地方官员如县令长、郡守作为帝王在当地的代表，早期审理案件为其职责，后来随司法制度完备，已专设司法官，但他们仍干预重大疑案审理。这都使行政干预司法成为传统。

（五）刑罚手段严酷，定罪讲究规格

刑罚作为对犯罪的报复，世界各国皆然。西方有“同态复仇”，中国则是“杀人者死，伤人者刑”[61]，或“杀人者死，伤人及盗抵

罪”。其中主导思想也是报复。中国古代刑罚残酷主要表现在，以严刑惩办对抗统治阶级的犯罪和违反伦理道德、侵害尊亲属的犯罪，以及肉刑的适用。肉刑，前期是黥、劓、剕、宫、大辟；后期是笞、杖、徒、流、死中的笞刑和杖刑。死刑种类前期较多，后期除法外用刑，主要是绞、斩等，最残酷的是凌迟。

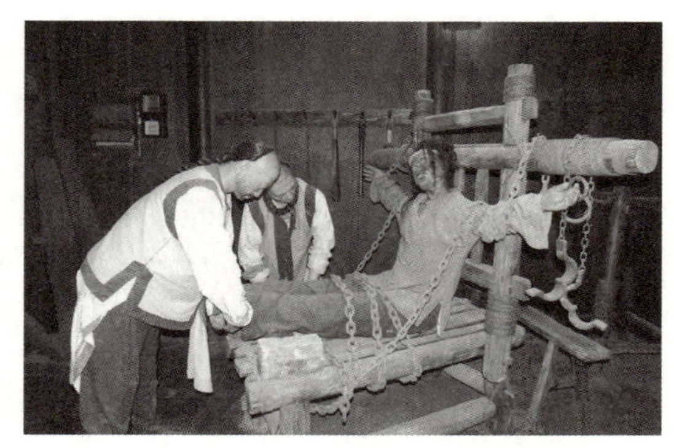

古代酷刑

刑罚固然残酷，死刑尽管种类繁多，但审理时比较讲究规格，适用还是慎重的。《尚书·吕刑》：“两造俱备，师听五辞”，两造指诉讼双方当事人，师听五辞是要求审判官员要认真听有关触犯五刑之辞。从金文记载看，周代宣判案件均有上级官员在场。古代审讯人犯不提倡刑讯，唐律规定刑讯不得过三度，总数不得超过犯人罪行应受的惩罚。为了正确处理案件，中国古代很早就有法医检验制度。《礼记·月令》：“孟秋之月……命理瞻伤、察创、视折、审断，决狱讼，必端平。”理为治狱之官员。蔡邕曰：“皮曰伤，肉曰创，骨曰折，骨肉皆绝曰断。”云梦秦简《封诊式》记载了十几例有关作案现场的检验式例，其中有《疠》（麻风病）、《贼死》、《经死》、《穴盗》、《出子》等，说明当时已总结出不少成熟的经验，使用了痕迹检验。南宋宋慈的《洗冤集录》，是我国也是世界上最早的一部法医学著作。它编撰于淳祐七年（1247），比意大利人编著之法医学专著（1602）早350余年。后经朝鲜传入日本，19世纪末20世纪初英国、荷兰、法国、德国有译本。这些资料都说明，中国古代审理案件是注意弄清事实，讲究规格的。至于死刑，更是慎重。前面谈到汉高祖“谳疑狱”、唐以后历代的“三覆奏”“五覆奏”，即为死刑复核程序。唐贞观四年处死刑仅29人，当时全国人口已达5000万[62]。史载明初，太祖亲自“录囚”，“有大狱，必面讯”。清康熙曾说：“人命事关重大……情有可原，即开生路。”[63]雍正三年（1725）上谕自称：“临御以来，钦恤刑狱，每遇司法奏谳，必再三复核，唯恐稍有未协。”[64]死刑慎用还表现在明清两朝的“会审”和“秋审”制度。清入关后，顺治元年（1644），刑部侍郎党崇雅奏：“旧制，凡刑狱重犯，自大逆、大盗决不待时外，余俱监后处决。在京有热审、朝审之例，每至霜降后方请旨处决。在外省亦有三司秋审之例，未尝一例死刑辄弃于世。乞照例区别，以昭钦恤。”[65]此后，清也建立了秋审、朝审之制。

清律规定严重犯罪立即处决者为“斩立决”或“绞立决”；还不十分严重的可暂判“斩监候”或“绞监候”，延至秋后由刑部会同三法司九卿会审复核。时间是每年秋天八月，地点在天安门外金水桥西。审后分别判定：情实（罪情属实，罪名恰当）、可矜（案情虽属实，但情节不严重，可免于处死），留养承祀（情节虽较严重，但父母、祖父母年老无人奉养，可免于处死）。判定后由刑部具题奏皇帝裁定。朝审是对京师在押死囚审录。刑部在押重犯，每年一次朝审。程序是刑部堂议后，奏请特别大臣复核，然后会同九卿于秋审前一天在天安门外金水桥西审录。具题后奏请皇帝裁决。

（六）争纷调处解决，以求息讼和睦

中国古代系农业自然经济。人民大众由血缘关系聚族而居，由地缘关系邻里相望，相互关系盘根错节、枝蔓相连，共同防御自然灾害和社会危险更拉近了彼此之间的关系。在此社会经济和文化传统下，和睦相处既是大众的共同需要，也是统治者所希望的。孔子说：“听讼，吾犹人也，必也使无讼乎！”[66]“吾犹人也”，说明当时许多人都如此希望。其实无论儒家、墨家、道家、法家，治国的理念都希望安定和睦，法家提出“定分止争”就很说明问题。史载，汉代吴祐任胶东相时，“民有争讼者，必先闭合自责，然后断讼，以道譬之，或亲到闾里重相

和解。自是争讼省息，吏人怀而不欺。”[67]《隋书·刘旷传》记载，开皇初，刘旷为平乡县令，“人有争讼者，辄叮咛晓以义理，不加绳劾，各自引咎而去。所得俸禄，赈施穷乏。百姓感其德化，更相笃励，曰：有君若此，何得为非。在职七年，风教大洽，狱中无息囚，争讼绝息，囹圄皆生草，庭可张罗。”俗语说“一场官司，三世仇”，争纷凡能自行调解，尽可能不诉诸官府。明太祖朱元璋洪武三十一年颁行之《教民榜文》称：“民间户婚、田土、斗殴相争，一切小事不准辄便告官，要经由本管里甲、老人理断。若不经由者，不问虚实，先将告人杖断六十，乃发回里甲、老人理断。”其理由是：“老人、里甲与乡里人民，居住相接，田土相邻，平日是非善恶，无不周知。凡因有陈诉者，即须令议从公部断。”清康熙更是提倡“笃宗族以昭雍睦，和乡党以息争讼”[68]。在官府大力支持下，普遍盛行宗族调解、相邻亲友调解、基层里保调解和县州府调解。这说明调处解决纷争，既有群众基础，也是官府需要，朝廷有圣谕，乡规民约和家族法中有申明，终成中国古代社会解决大量民事和轻微刑事案件之重要途径。

四、中国古代法律文化的影响

考察中国古代法律文化的影响应注意两点：其一，如马克思恩格斯指出的，除原始状态外，“到目前为止的一切社会的历史都是阶级斗争的历史”[69]。其二，要将特定朝代的法律文化以发展的眼光放在特定的历史条件下进行分析。任何阶级斗争都是为了夺得政权和维持政权。统治阶级为不使其王朝覆灭、统治崩溃，都会在不断总结前人成功与失败经验的基础上，建立一定的社会秩序。一般说这种秩序要适应经济发展，社会稳定，人民安居乐业的需要。中国古代法律文化是中国传统文化的重要组成部分。由于其特质，它对传统文化、对中国古代文明具有推动和保障作用。它立足于农业自然经济社会，受宗法制度影响形成的等级特权制度，很长时间适应中国古代社会发展；它将人们在生产中积累的有益经验加以条理化，赋予国家强制力，在社会相关领域加以推广，推动了农业、畜牧业和手工业发展；它将人们对自然的认识加以提高，力争处理好与林木、流水和鸟兽的关系，有利于人们生存繁衍；它贯穿人本精神和伦理道德，维护家庭关系，促进了邻里和睦和民族团结；它寓礼于法，将礼法密切结合，既增强德礼的规范作用，又赋予法律以亲和性，为法律贯彻排除了某些阻力。春秋战国时诸贤哲的法律思想完全可与西方古希腊哲学家的法律思想相媲美；在制度层面，早在2000年前的秦国就已实现了“皆有法式”。而作为现存的最完备的封建法典，《唐律疏议》早于欧洲的《撒利克法典》1000多年，其文明程度远远高于《撒利克法典》。不可否认，中国古代刑罚是残酷的，不过从世界文明进程看，却是难以避免的，各民族大体都经历了如此痛苦的过程。中国刑法较早废除了凿肌肤、断肢体的肉刑，司法讲究程序，注意适用证据，死刑要经朝廷复核，甚至要由皇帝最后审批，这都应历史地予以肯定。中国古代文明发展到如此高的程度，很长时间居于世界领先地位，与包括古代法律文化在内的传统文化的作用和影响有密切关系。

中国古代法律不仅对本国有巨大作用，而且对东亚诸国也产生了深远影响。

对朝鲜，高丽王朝474年的统治，法律制度多取自《唐律》。《高丽史·刑法志》曰：“高丽一代之制，大抵皆仿于唐。至于刑法，亦采唐律，参酌时而用之。”朝鲜太祖李桂成时代的《经国大典》《大典续录》《续大典》中的《刑典》和《刑法大全》则援用

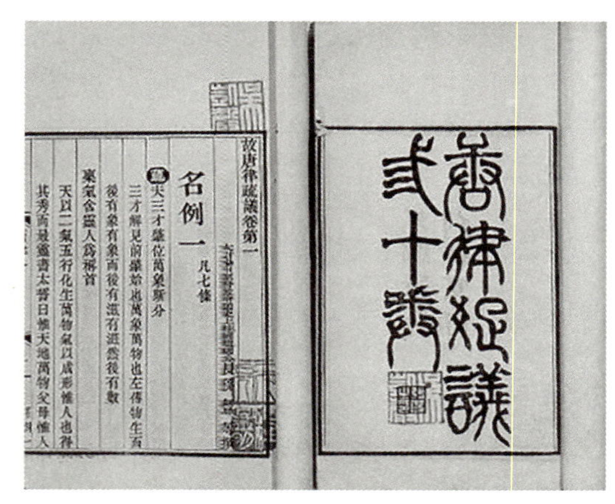
故唐律疏議卷第一
名例一 凡七條
疏 夫三才肇位萬象斯分
三才解見前 肇始也 萬象萬物也 左傳物生而後有象 有象而後有滋 有滋而後有數
稟氣含靈人爲稱首
天以二氣五行化生萬物 氣以成形 惟人也得
其秀而最靈 書太誓曰惟天地萬物父母惟人

《唐律疏议》书影

《大明律》的主要条文。

对日本，天智天皇时制定的《近江令》，天武天皇时制定的《天武律令》，以唐贞观前后的“令”为蓝本。至于对日本法治有划时代意义的《大宝律令》及其后的《养老律》，篇目和内容都仿《唐律疏议》。日本史学家桑园蒴藏曾指出：“自奈良至平安时期，吾国王朝时代的法律，无论形式与精神上皆依据《唐律》。”[70]穗积陈重指出：明治三年十二月颁布的《新律纲领》，“系以中国之唐明律为蓝本”[71]。

对越南，李太尊时颁布的《刑书》、陈太尊时颁布的《国朝刑律》，都脱胎自《唐律》而成。沈辉著《历朝宪章类志·刑律志》指出：“按李陈刑法……当初校定律格，想亦尊用唐宋之制，但其宽严之间，时加斟酌。”阮世祖高皇帝时的《嘉隆皇越律例》，宪祖阮旋时的《钦定大南会典事例》等，都受《大明律》直接影响。

中国古代法律文化先进于东亚诸国。这些国家依照或借鉴中国法律制定本国法律，对其政治、经济、文化发展是有益的。

五、关于法律文化自觉

所谓法律文化自觉，是指人们依据本国的实际情况，顺应历史发展的客观要求，自觉认识法律对治理国家，发展社会经济、政治、文化的重要作用。他们或通过著书立说，或通过提出治理方案，或做出科学决断，采取相应举措实现发展之目的。从上述所讲内容可以了解，中国古代不乏这样的人物。春秋战国时“百家”中的许多思想家、政治家，秦王朝统一全国后，历朝历代之明君、良臣，如秦始皇、李斯，汉高祖、萧何，唐代李渊、李世民父子，长孙无忌、魏徵，明代的朱元璋，清代的顺治、康熙、雍正、乾隆等。他们在过程中可能有这样那样的失误或问题，甚至如秦始皇成为暴君留下千古骂名，但他们在古代法制建设、法律文化发展中的历史贡献是不可磨灭的。对人不能求全责备。他们无论是帝王、是臣工或学者，共同的特点是能认识法律对治理国家之重要，正确总结历史的、现实的经验教训，比较实事求是地评价本国法制的实际情况，以开放的态度借鉴别人的经验，完善自己国家的法律和制度。其中，秦王朝的速亡，恰恰是由于秦始皇后来破坏了法制。

我们学习中国古代法律文化有关知识，一方面是为了正确认识包括法律文化在内的中国传统文化，同时也是为了从历史经验中得到某些启示，古为今用，推进我国社会主义法治建设。十七大报告中有一段话在这方面有重要指导意义："中华文化是中华民族生生不息、团结奋进的不竭动力。要全面认识祖国的传统文化，取其精华，去其糟粕，使之与当代社会相适应，与当代文明相协调，保持民族性，体现时代性。加强中华优秀文化传统教育，运用现代科技手段开发民族文化丰厚资源。加强对各民族文化的发展和保护，重视文物和非物质文化遗产保护，做好文化典籍整理工作。加强对外文化交流，吸收各国优秀文化成果，增强中华文化国际影响力。"

有一段时间我们在法律文化方面的自觉性是不够的。对古代法律文化否定过多，对现代法律文化重视也有差距。有些倒是国际社会在不断提示我们。

1991年我们在加拿大会见了当年《世界人权宣言》起草者之一汉弗莱先生，他向我们讲述了一个故事。1948年，当《世界人权宣言》起草在一些问题上发生争论、相持不下时，是中国代表张彭春提出学习中国儒家的中庸之道，学习"己所不欲，勿施于人"等儒家学说，打破了僵局，受到主持《宣言》起草的埃莲娜·罗斯福夫人的称赞，至今传为美谈。1975年我们赴瑞士考察，在日内瓦国际红十字会展览大厅，看见一块大石头上赫然以中文和英文刻着"己所不欲，勿施于人"八个大字，很引人注意和深思。

1998年，在巴黎召开的诺贝尔奖获得者大会发表的宣言，强调解决人类21世纪面临的问题，要到2500年前中国孔夫子那里寻找智慧。

美国哈佛大学科恩教授说："中国法律制度最引人注目的一个方面是调解在解决纠纷中的不寻常的重要地位……调解等于和解，是指通过第三者解决纠纷，不给出有约束力的判决方法。中国的调解者发挥了这样的作用，他把互不理解的当事人联系到一起，从另一个角度来看，他不仅建立了当事人的联系，而且找到了争议点，确定了事实上的问题，尤其是提出了合理的解决方案……动用了强力的政治、经济、社会和道德上的压力，并施加于一方或双方当事人身上，使他们最终保留小的争议，但达成自愿一致的意见。”作为一个外国人，科恩的评价不见得十分确切，但他对中国调解制度的肯定是显然的[72]。英国国际著名民事诉讼法专家、英国民事诉讼程序改革设计者沃尔夫教授说，英国民事诉讼加大调解力度是学习中国的经验。

此外，春秋战国时孙武所著《孙子兵法》，虽系私人著述，主要论证战争哲学和攻防谋略，但其论点科学，论证充分，分析精辟，是重要的军事法学和哲学文献。它不仅对中国古代法律文化有重要影响，对现代战争有重要参考价值，而且受到外国军界、政界、甚至商界广泛重视。其中的一些重要论述成为他们走向成功之路的箴言。被称为美国军事将领摇篮的西点军校将《孙子兵法》列为必修课。该校十分注意中国对《孙子》的研究。20世纪70年代，我国在山东临沂银雀山汉墓的简牍中发现了久已失传的《孙膑兵法》，当时，内容尚在研究之中，西点军校便邀请我国参加整理的专家去举办讲座。由此可见其对中国古代军事法律文化之重视。

《孙子兵法》

我国现在正在深化体制改革，中央号召我们要继续解放思想。法治建设方面，在已有的基础上提高法律文化自觉是重要的。根据历史和现实经验，提高法律文化自觉要求人们对自己的国家和民族的法律文化传统，即它的产生和发展的过程有所了解，同时也要求对其他国家和民族的法律文化有所了解，对国际交往行为规则及其发展趋势有所了解，在此基础上对我国法律文化的现状作正确判断，立足国情结合实际确定发展方向。对于我国国情，应以发展的眼光，既要看过去，也要看现在；既要看国内，也要看国际。对国内既要注意人口多、底子薄、公民整体文化素质有待提高，许多问题的解决不可能一蹴而就操之过急；也要注意改革开放30多年来经济、政治、文化和社会建设方面的巨大变化，尤其是新成长起来的一代年轻人已成为国家建设事业的主力，他们对进一步改革和发展的迫切愿望。应该说，国际地位也是国情的重要方面。由于我国经济、政治、军事实力增强，国际影响日益扩大，发达国家和发展中国家从不同角度对我国承担更多国际义务寄予了希望和提出了要求。为了维护世界和平与安全，为了对我国发展营造良好的国际环境，我国在迅速步入国际社会，熟悉国际行为规则的同时，要对国际行为规则的改革和发展，为国际新秩序的构建做出更大贡献。这要求我们：

其一，要重视法治建设。“依法治国，建设社会主义法治国家”是历史经验的总结，是我国人民经长期奋斗并付出了重大代价而获得的权利，是我国的宪法原则，我们要不断加深认识它的重要性，努力贯彻落实。为此，我们要大力发掘我国法律文化的优秀内容。我国古代重视法制建设是无可辩驳的事实，历代王朝也为法律实施采取了诸多措施，其中不乏有益经验。我们要在新形势下加以承传，使其成为中国特色社会主义的重要组成部分。

其二，为达此目的，我们在传承古代法律文化优秀内容的同时，要坚决摒弃其糟粕，尤其要汲取历史上一些王朝统治者破坏法制，贪污腐败，官逼民反，招致崩溃的教训。在实践中要有勇气直面我国法治的现状，既要看到成绩，也要看到存在的问题。千万避免以我们取得的巨大成绩而忽略或掩盖存在的严重问题。要抓住机遇，迎接挑战，推进改革，实现发展。

其三，要注意国际形势发展和当代世界的变化。要看到别国发展中存在的问题，也要肯定别人的长处，进一步解放思想，从外国法律文化发展进程中大胆汲取于我有益的经验，推进我国社会主义法治建设。

总之，对自己不可妄自菲薄，也不可妄自尊大；对别人不应盲目崇拜，也不应肆意贬低。在前进中不断总结经验，通过交流取长补短，高举旗帜，坚持科学发展观，使法治真正成为社会主义和谐社会的重要内容和可靠保障。

注释：

[1] 刘作翔：《法律文化理论》第65页，商务印书馆1999年5月版。

[2] 费孝通：《乡土中国》“重版序言”第3页，三联书店1985年版。

[3]《论语·颜渊》。

[4]《论语·为政》。

[5] [7]《孟子·公孙丑》上。

[6]《孟子·尽心》下。

[8]《孟子·离娄》上。

[9]《荀子·劝学》。

[10]《墨子·兼爱》。

[11]《墨子·法仪》。

[12]《墨子·尚同》。

[13]《老子》第二十五章。

[14]《老子》第五十七章。

[15]《商君书·修权》。

[16]《管子·七法》。

[17]《韩非子·有度》。

[18]《管子·明法》。

[19]《商君书·更法》。

[20]《左传·昭公六年》。

［21］《尚书·康诰》。
［22］［30］［59］《唐律疏议·名例》。
［23］《汉书·刑法志》。
［24］《史记·秦始皇本纪》。
［25］《史记·高祖本纪》。
［26］《晋书·刑法志》。
［27］［62］《新唐书·刑法志》。
［28］刘海年：《“一国两制”——从科学构想到光辉实践》，香港《文汇报》1997年7月18日，《大公报》1997年7月19日。
［29］以上见《唐律疏议·名例》。
［31］［53］《史记·范雎蔡泽列传》。
［32］《睡虎地秦墓竹简·秦律杂抄》，文物出版社1978年版。
［33］［43］［44］［45］［46］《睡虎地秦墓竹简·秦律十八种》。
［34］《唐律疏议·职制》。
［35］《晋书·刑法志》。
［36］［37］《睡虎地秦墓竹简·法律答问》。
［38］［41］《唐律疏议·户婚》。
［39］《史记·商君列传》。
［40］《汉书·文帝本纪》。
［42］《大明律集解附例》。
［47］《韩非子·难三》。
［48］《论语·尧曰》。
［49］［50］《明史·刑法志》。
［51］沈家本：《历代刑法考·律令考》。
［52］《贞观政要》。
［54］见刘海年、杨一凡总主编：《中国珍稀法律典籍集成》甲编第二册，科学出版社1994年版。
［55］《左传·隐公十一年》。

[56]《礼记·曲礼》。
[57]《左传·昭公二十五年》。
[58]《左传·僖公十一年》。
[60]《马克思恩格斯全集》第21卷，第453页，人民出版社1965年版。
[61]《吕氏春秋·去私篇》。
[63][65]《清史稿·刑法志》。
[64]《大清律例通考》。
[67]《后汉书·吴祐传》。
[68]《上谕十六条》。
[69]《马克思恩格斯选集》第1卷，第250页。
[70]（日）桑园毒藏：《中国法制史论丛》，第213页。
[71]（日）穗积陈重：《日本民族法》。
[72]转引自强世功编：《调解、法制现代性：中国调解制度研究》，中国法制出版社2001年版，第88页。

卜宪群

中国古代的廉政文化

卜宪群，安徽南陵人，1962年11月出生。1984—1987年在安徽师范大学历史系学习，获历史学硕士学位。1995年毕业于中国社会科学院研究生院历史系，获历史学博士学位。现任中国社会科学院历史研究所研究员、所长，所学术委员会主任、专业资格评审委员会主任；院历史学部专业资格评审委员会委员；研究生院教授、博士生导师。兼任国务院学位委员会历史学科评议组成员，国家社会科学基金学科评审组专家，国家出版基金评审专家，中国地方志指导小组成员，中国史学会副会长，中国秦汉史研究会会长，国际儒学联合会理事等职。

出版《秦汉官僚制度》、《中国魏晋南北朝教育史》（合著）、《简明中国历史读本》（主持）、《简明中国历史知识手册》（主持）、《中国历史上的腐败与反腐败》（主编）等著作；担任百集纪录片《中国通史》总撰稿；在《历史研究》《中国史研究》《文史哲》《史学月刊》《求是》《人民日报》《光明日报》等报刊发表论文百余篇。

感谢邀请我来参加部级领导干部历史文化讲座。首先要说明的是，我本人并不是研究廉政文化的，我是研究秦汉史的。但是，因为国家的需要，这些年来我做了一点关于这一方面的初步探讨，所以，今天我向各位的汇报也只是我一些粗浅的看法。各位领导在工作实践当中的知识积累，一定比我更加丰富，所以讲得不周到的地方，还要请各位领导谅解。今天我主要谈六个方面的问题。

一、十八届党中央高度重视优秀传统文化的继承

习近平总书记高度重视中华优秀传统文化在反腐倡廉、治国理政当中的作用，有过很多这方面的表述。2013年4月19日，他在中共中央政治局第五次集体学习的讲话中指出："研究我国反腐倡廉历史，了解我国古代廉政文化，考察我国历史上反腐倡廉的成败得失，可以给人以深刻启迪，有利于我们运用历史智慧推进反腐倡廉建设。"2014年10月13日，习近平总书记在中共中央政治局第十八次集体学习的讲话中指出："历史是最好的老师。在漫长的历史进程中，中华民族创造了独树一帜的灿烂文化，积累了丰富的治国理政经验，其中既包括升平之世社会发展进步的成功经验，也有衰乱之世社会动荡的深刻教训。我国古代主张民惟邦本、政得其民，礼法合治、德主刑辅，为政之要莫先于得人、治国先治吏，为政以德、正己修身，居安思危、改易更化，等等，这些都能给人们以重要启示。"他还讲道："怎样对待本国历史？怎样对待本国传统文化？这是任何国家在实现现代化过程中都必须解决好的问题。""我们不是历史虚无主义者，也不是文化虚无主义者，不能数典忘祖、妄自菲薄。""解决中国的问题只能在中国大地上探寻适合自己的道路和办法。数千年来，中华民族走着一条不同于其他国家和民族的文明发展道路。我们开辟了中国特色社会主义道路不是偶然的，是我国

历史传承和文化传统决定的。”

王岐山同志对传统文化也非常重视，他指出，要“坚持崇德重礼和遵纪守法相结合，发挥德治礼序、乡规民约教化作用，大力弘扬中华民族优秀传统文化，加强廉政文化建设，以优良党风凝聚党心民心、带动民风社风”（摘自《十八届中央纪委五次全会上的工作报告》）。“对传统文化我们要取其精华、去其糟粕，扬清抑浊。享乐主义和奢靡之风就是糟粕”（摘自2013年9月王岐山在天津考察时的讲话）。他还指出：“中华传统文化的核心就是八德：孝悌忠信礼义廉耻。这些就是中华文化的DNA，渗透到中华民族每一个子孙的骨髓里。迄今为止，还没有哪个人敢挑战这八个字。”（摘自王岐山《坚持党的领导依规管党治党为全面推进依法治国提供根本保证》）

以上说明，十八届中央领导集体高度重视优秀传统文化在当前廉政文化建设当中的作用。

二、中国古代廉政文化的内涵

中国古代的廉政文化指的是什么？要讲这个问题，首先要对传统文化有一个大致的了解。中华传统文化包括物质文化、制度文化、精神文化三个方面的内容。过去我们对物质文化、精神文化比较重视，但是对传统的制度文化关注得不够。廉政文化在这三种文化当中，应当是属于政治文化，也就是以制度文化为核心的古代政治文化的一个分支。

我为廉政文化做这样一个概括：廉政文化是中国历代政治家、思想家和人民大众在长期历史发展过程中形成的关于反腐倡廉的思想、制度、实践及其所积累的经验。当然，关于什么是廉政文化，目前也没有一个标准答案，有不同的看法。那么，我为什么把人民大众也放到廉政文化当中去？因为在历史上，推动廉政文化建设的绝不仅仅是政治家和思想家，人民大众也为廉政文化做出了贡献。当历代政治腐朽不堪时，广大人民群众揭竿而起，对澄清腐败做出了贡献，历史上的人民群众，是廉政文化传诵、传承的主要载体。从某种意义上说，一部中华文明史，也是一部反腐倡廉的廉政文化发展史。

学习中国古代廉政文化应注意三个问题：

一是应懂得中国古代廉政文化发展的阶段性。根据史书的记载，腐败现象在历史传说时期就有，夏商周时期就更多了，但是历史上的廉政建设到春秋战国和秦汉时期以后才完善起来。社会经济关系不同、阶级关系不同，廉政文化的内涵也不同。从这个视角看，中国的廉政文化萌芽于夏商西周时期，发展于春秋战国时期，形成并完善于自秦至清的封建社会。

二是应懂得中国历史上廉政文化的内涵非常丰富，既有思想文化，也有制度文化、精神文化，甚至包括家庭家族文化等等各个方面，非常具有中华特色。

三是应懂得中国历史上的廉政文化是中华民族在漫长的历史长河中，面对种种腐败现象，深刻总结出的治国安邦的历史经验，凝聚着包括广大人民群众在内的先贤们杰出的政治智慧。廉政文化的形成与不断发展，是中华文明传承五千年没有中断的一个非常重要的原因。

三、中国古代廉政文化产生的历史背景

有三种因素支配着中国古代廉政文化的形成及其发展和走向。第一是官僚制形成以后，国家管理官僚队伍的需要；第二是腐败现象严重存在；第三是王朝统治者总结历史经验教训的需要。

（一）官僚队伍管理的需要

廉政文化的产生具有阶段性、历史性。原始社会生产力低下，没有公共权力，没有国家，也就谈不上有什么廉政文化。尽管今天看《史记》，在三皇五帝时期就有很多腐败了，但是那个时候是没有廉政制度的，也没有什么廉政思想和廉政文化。

夏商周时期，荒淫无耻、贪婪奢靡的君主，上演了一幕一幕自取灭亡的悲剧，但尽管如此，这一个时期是没有廉政制度的。因为当时的国家结构是“授民授疆土”的分封制国家管理形式，各级官吏本身就是奴隶主和宗法势力的代表，他们的官位是世代相袭的，王权根本干预不到他们权力的行使。这一时期缺乏中央集权及其所代表的官僚制度，廉政制度也无从产生。当然在夏商周时期，有一些政治家关于“民本”的呼吁，思想家和人民大众对腐败现象的痛恨和谴责，也看到了他们对君主提出的提高道德素质要求，产生了廉政文化的萌芽，但是这和廉政制度还不是一回事。

春秋战国时期，出现了新的国家管理方式，即郡县制、官僚制和俸禄制。过去在奴隶制度下，各级官吏既是奴隶主，也是官吏，权力是世袭的，土地上所有的人口和收入都是他的。到春秋战国时期不一样了，各级官吏是代表君主去实施管理，权力不再世袭，他们领取俸禄，不是土地上所有的税收，国家管理方式转变了。所以，在春秋战国时期，列国都出现了一些关于如何选拔、任用、监督、考核、惩处腐败的制度和法律，当然那个时期还不是很完善，各国的情况也很不一样。需要注意的是，春秋战国时期，关于廉政思想文化的内涵十分丰富活跃，后来中国历史上关于反腐倡廉的思想文化渊源基本都可以追溯到这一历史时期。

从秦到清两千多年的封建社会基本属于专制主义中央集权的、统一多民族的国家，采取中央集权、郡县制、官僚制这样一种国家管理方式。在这种国家管理方式下，中央要想防止一支庞大的官僚队伍出现腐败问题、保持这支行政队伍高效运转、维护统治阶级的长治久安，就必须把反腐放到非常重要的位置上。历朝历代，除了非常昏庸的皇帝，都要重视这个问题，这是官僚队伍管理的需要。

（二）腐败现象的严重存在

什么是腐败？腐败就是以权谋私。权，指的是公共权力，私，指的是一己之私、个人的私利。

在中国古代的各个王朝，以及各个王朝的各个历史时期，腐败都不是什么稀奇的事情。从各个层面都可以看到腐败现象，上自皇帝、公卿等高级官吏，下到乡村小吏，腐败的形式可以说是五花八门、多种多样。腐败影响了整个社会风气，导致政治混乱、制度瓦解、人心涣散，最后换来的就是王朝的灭亡。中国历史上每一个王朝灭亡的具体原因很复杂，不能说每个王朝最后的灭亡都是腐败引起的，但是，一定和腐败有着千丝万缕的联系，是腐败所导致各种社会矛盾激化的结果。

概括地说，我国历史上的腐败主要有以下几种形式：

1.权钱交易。金钱崇拜导致价值观的扭曲，始终是统治阶级巨大的腐蚀剂，也是许多王朝灭亡的罪魁祸首。

《列子》中讲了一个“齐人攫金”的故事。有一个齐国人，他非常喜欢金子，早晨起来穿衣戴帽，洗漱完毕，直奔黄金市场，见了金子抢了就走。吏把他抓住了问，这么多人都在这，你怎么敢把金子拿走呢？此人回答：我拿金子时只看到了金子，根本没看到人。这是一个简单的寓言故事，但是可以看到，在那个时期，金钱崇拜所导致的价值观扭曲就已经产生了。

为什么喜欢钱？因为钱可以换来权力，权力又可以换来钱，权钱交易自古以来随处可见。历史上有一个大商人叫作范蠡，他的儿子在楚国犯了法，他就认为我有钱，像我这样身份的人，家产万贯，我的儿子就不应该被处以死刑，所以他就叫他的大儿子带着钱去楚国贿赂。春秋时期社会上有一句谚语，“千金之子，不死

齐人攫金

于市”，意思是家有千金的人，他的孩子是不会在刑场上被杀头的。所以说金钱还可以换来生命。

秦灭六国，主要靠的是武力，但是秦灭六国的过程中，也用金钱去贿赂各国的重臣。这些重臣手里拿着秦国贿赂的重金，迎来的是国家的灭亡。

钱可以买官晋爵。东汉后期是我国历史上腐朽黑暗的买官卖官盛行的一个时期，梁冀掌权时“吏人赍货求官请罪者，道路相望”。甚至皇帝也公开标价卖官，上自公卿，下至县丞、县尉，各有价格，“公千万，卿五百万”。据《后汉书》记载，东汉晚期的崔烈花500万就买了司徒一官，司徒在东汉属于三公，相当于丞相位置。因为司徒官位很高，汉灵帝要亲自给他授官，汉灵帝在给他授官的时候说，哎呀，我卖便宜了！至少应该卖千万！崔烈花了500万买了司徒后，问他的儿子崔钧，我花了500万买了这个官，你听到社会上对我有什么评价？他的儿子崔钧倒还是有些正义感，说过去社会上对你的评价不错，认为你很有才能，凭借自己的才能也能登上三公的位置，但是自从你花钱买了这个官以后，社会上对你的评价非常差，认为你的身上有铜臭。“铜臭”这个词也是从这里来的。上行下效，东汉后期，“其富者则先入钱，贫者到官而后倍输”，大家都在买官的道路上奔跑，这样的王朝何能不亡！

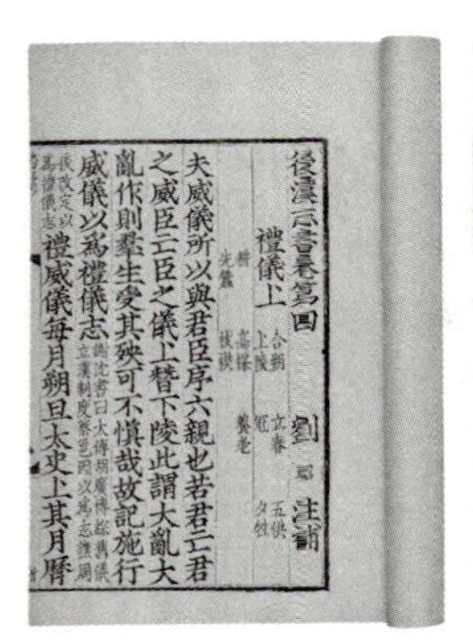
劉　昭　注補
禮儀上
夫威儀所以與君臣序六親也若君亡君
之威臣亡臣之儀上替下陵此謂大亂大
亂作則羣生受其殃可不慎哉故記施行
威儀以爲禮儀志
禮威儀每月朔旦太史上其月曆

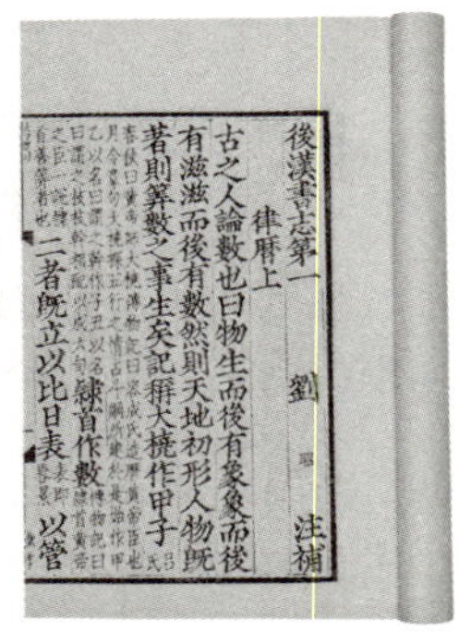
後漢書志第一　劉　昭　注補
律曆上
古之人論數也曰物生而後有象象而後
有滋滋而後有數然則天地初形人物既
著則算數之事生矣記稱大撓作甲子
隸首作數
二者既立以比日表　以管

《后汉书》书影

纳财进官，以财用人，历朝虽然名称不同，但很多时候都存在，或者是公开的，或者是私下的，当然，更多的是私下交易。用国家的公共权力来谋取私利，对政治生态和社会风气具有极大的杀伤力。

权钱交易的目的是利益，权权交易的背后也是私利。我举一个例子，李斯是中国历史上非常了不起的政治家，很有才能，曾为秦的统一立下了汗马功劳。但是就是这样一个有才能的人，在秦始皇死后的关键时候，为了个人的私利被赵高说服，和赵高私下勾结，权权交易。众所周知，秦始皇临终前打算把皇位传给他的长子扶苏，但是秦始皇死后，赵高秘不发丧。他把李斯找来对他说，我今天跟你谈五点，这五个方面，你能和蒙恬、扶苏比吗？李斯想了一会说我不能比。赵高进一步说，如果按照秦始皇遗诏执行的话，那么你丞相的位置必定不保。李斯听了以后默然，同意了赵高的意见，篡改诏书，秦王朝的道路由此发生了一个重大的变化。当然历史不能假设，但是如果由扶苏来继位、蒙恬来做丞相的话，秦王朝恐怕不会这么快就灭亡了。胡亥的继位，导致了秦王朝政治生态走向了极端黑暗。对此，李斯负有不可推卸的责任。

国家权力可以用金钱买到，会导致什么样的价值观？会形成什么样的社会风气？当然是金钱崇拜的价值观，不思进取的社会风气。钱和权怎么才能结合？当然是见不得阳光的私下交际。那些用金钱买来权力的人，根本不会用手中的权力来为社会服务。明朝崇祯皇帝虽然是个亡国之君，但他面对明代晚期买官卖官的现象也很无奈。他说：“张官设吏，原为治国安民。今出仕专为身谋，居官有同贸易。”明代的吏部尚书王恕也说过：“既以财进身，岂能以廉律己。欲他日不贪财害命，何由而得乎？”非常深刻！

明思宗朱由检

2.用人不公。用人不公是最大的腐败，是历史上各种腐败的集中表现。中国历史上用人不公的主要表现是，用人重亲友、重门生、重朋党、重同乡，核心是用人出于个人爱憎、私利，而不是出于公心。

具体表现为：

权门请托：汉代吏治腐败时，“选举不实”“权门请托”。上自高级官吏，下到郡县人员，一旦到选官用人的时候，就会收到各种请托书信。《后汉书·陈寔列传》载：“（寔）家贫，复为郡西门亭长，寻转功曹。时中常侍侯览托太守高伦用吏，伦教署为文学掾。寔知非其人，怀檄请见。言曰：此人不宜用，而侯常侍不可违。寔乞从外署，不足以尘明德。伦从之。于是乡论怪其非举，寔终无所言。”

任人唯利：汉代“郡国举孝廉，率取年少能报恩者，耆宿大贤，多见废弃”，也就是说专门选取一些年少懂得报恩者，培养起来后成为自己的门生；如果年纪大了，虽是贤才，但也弃而不用。汝南袁绍“树恩四世，门生故吏遍于天下”，到处都是他的学生和老部下。这样下去会形成什么样的政治生态呢？会形成朋党，号称“君臣”关系，对抗中央。东汉政论家崔寔写过一篇文章叫作《政论》，他在文章中说：今天这些州郡的地方大官，中央的诏书根本不听，诏书来了以后，一定会把它公公正正地挂在墙上以示尊重，但是根本不理睬、不执行；而地方长官的手谕，却非常重视。为什么呢？因为他们是门生、“君臣”关系，要是不重视的话，就得不到重用，就会被排斥在小圈子之外。崔寔说当时有句政治谚语，“州郡记，如霹雳，得诏书，但挂壁”，说的就是这种情况。可见任人唯利的政治危害很大。

历代任人唯亲、任人唯近、任人唯钱，一人得道、鸡犬升天的现象数不胜数。随便翻一翻“二十四史”看看，这种现象非常多，是导致王朝社会矛盾激化、腐败乃至灭亡的重要原因之一。

3.贪婪奢靡。这是又一种腐败的典型表现。贪婪是对于权力的占有欲，对钱、财、物的渴望；奢靡，追求物质享受，做官的目的就是为了满足耳目声色口腹之欲。不管是贪婪还是奢靡，本质都一样的，就是满足自己的私欲。

贪婪无度，奢靡腐化，必然导致无所作为，这是我国历史上许多王朝腐败的突出特征。

骄奢淫逸历代有之。《晋书·何曾传》记载，西晋的重臣何曾“性奢豪”，生活极度奢侈。他穿的衣服、坐的车都极其华丽，皇帝请他吃饭，他嫌菜不好吃，皇帝没办法，只能让他自己从家带菜到皇宫里来。他写看公文的纸小了不行，必须要用大的、极其华丽的纸，他才肯写看。“食日万钱，犹曰无下箸处”，一天要吃一万钱，还认为没什么菜，筷子没地方下。有其父必有其子，他的儿子何劭，就更奢侈了，史书说“（劭）骄奢简贵，亦有父风。衣裘服玩，新故巨积”。

炫富之风历代有之。大家熟悉的西晋名士王恺与石崇争富比富，连皇帝都参与了。《世说新语·汰侈》里面记载了这些故事，是西晋王朝耻辱的象征。隋炀帝也是一个很爱炫富的人，他在洛阳接待外来使节，因为冬天颜色不好看，他下令把洛阳的树上都缠满了绿色的丝绸，饭店吃饭也不要钱。外来使节很不理解，说我看你们大隋王朝街上也有很多要饭的人，很多人衣服都穿不暖，你们把丝绸缠到树上干什么？官吏们哑口无言。生活在北宋时期的大史学家司马光说：“近日士大夫家，酒非内法，果、肴非远方珍异，食非多品，器皿非满案，不敢会宾友，常量月营聚，然后敢发书。”如果士大夫请客，不准备几个月，都不敢发请帖，怕自己家的食物比不上别人。这样的炫富、奢靡之风在历史上有很多。

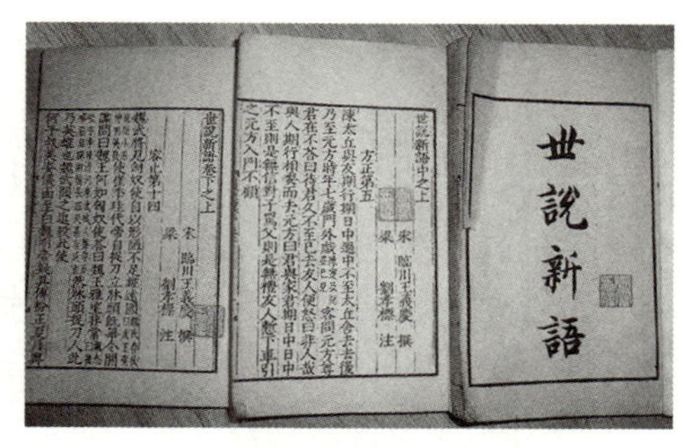

《世说新语》书影

清谈不作为者历代有之。南朝门阀士族身居高位，清谈玄学，纵情享乐；“熏衣剃面，傅粉施朱”，却连马和驴都不分，基本的公务也不会处理。面对侯景之乱危难，只能转死沟壑，坐以待毙。

劳民伤财者历代有之。宋徽宗很爱奇花异石，于是宰相蔡京便设应奉局和造作局，大兴花石纲之役。《宋史·食货志》载：“江南数十郡，深山幽谷，搜剔殆遍，或有奇石在江湖不侧之渊，百计取之，必得乃止。”花石纲之役，加剧了北宋的社会矛盾。元朝人郝经有一首诗：“万岁山来穷九州，汴堤犹有万人愁；中原自古多亡国，亡宋谁知是石头。”当然，北宋不一定是因为石头而灭亡，但是，这首诗是对北宋王朝花石纲所带来的劳民伤财的奢靡之风的一种讽刺。

蔡京

4.正气不张。权钱交易，用人不公，贪婪奢靡，最后的结果就是道德沦丧，整个社会正气不张。

西晋时期有一个叫鲁褒的人，写了一篇非常有名的文章《钱神论》，文章是这样描述的：我有个兄弟叫“孔方兄”，这个孔方兄非常了不起，它没有脚可以走，没有翼可以飞，再刚毅的面孔，在它面前都能笑逐颜开，再难说话的也能让他开口。钱多的人就在前面做高官，钱少的人则在后面当奴仆。钱可以让人转危为安，起死回生，由贱到贵，拥有生杀予夺的能力。今天洛阳的这些当途之士，对我这个兄弟最好，整天把它抱在怀里，拉着我兄弟的手，不管他长得好看不好看。有一句话叫“钱无耳，可使鬼”。鲁褒还说：“凡今之人，惟钱而已。故曰军无财，士不来；军无赏，士不往；士无中人，不如归田；虽有中人，而无家兄，不异无翼而欲飞，无足而欲行。”朝中无人，不如回家去种田；但是即使朝中有人，没有我这个“兄弟”的话也不行。既要朝中有人，还要有钱，这样才可以当官。鲁褒的这篇《钱神论》是对西晋政治生态的绝妙讽刺。

南朝梁代有个叫鱼弘的人，此人做过几任太守。他经常对人说，我做郡太守要做到“四尽”，即“水中鱼鳖尽，山中獐鹿尽，田中米谷尽，村里民庶尽”。支配他行为的有一个人生“哲理”：“丈夫生世，如轻尘栖弱草，白驹之过隙，人生欢乐富贵几何时！”

唐代李山甫《上元怀古》诗当中有这么四句话：“南朝天子爱风流，尽守江山不到头。总是战争收拾得，却因歌舞破除休。”大家想想看，有像隋炀帝这样的皇帝，有像鱼弘这样的大臣，他们的江山能守到头吗？不可能守到头。

在这样一种风气下面，很多历史时期的官吏们崇尚空谈，崇尚交际，不务实事。勤政的人被认为是“俗吏”，被看不起，高谈阔论、善于交际的人被认为是有本事的人。如东汉后期交际之风盛行，史书记载时人交际：“急于目前，见赴有益则先至，顾无用则后背。”意思是一切以实用为标准，谁对我有用，我就赶快去跟谁交际；这个人虽有才能和本事，但是跟我没有关系，对我目前的提拔、对我发财没有用，对不起，那就靠后站。

在这些风尚下，官吏们不仅不按律令、政令做事，也丧失了做人、做事的基本原则。忠信不守、弄虚作假、寡廉鲜耻、纵欲无限、昏聩自傲、迎来送往、唯利是图，失去基本的为政价值观、人生观。如果不改变这种现状，那就要改朝换代，所以统治阶级必须要加强廉政建设。

（三）总结历史经验的需要

自夏代以后，中国历史上有一个现象，就是王朝的周期性兴亡。当年黄炎培先生在延安的时候，也和毛泽东同志探讨过这个问题，即共产党如何能够跳出这个周期率。王朝的兴亡这个客观事实，迫使统治阶级要思考廉政问题，以避免这种人亡政息局面的出现。

关于历史规律的总结，早在春秋时期就已经出现了。黄炎培先生提出的共产党如何能够跳出“其兴也勃，其亡也忽”的历史周期律，其典故就是出自于《左传》。《左传·庄公十一年》记载，有一年宋国发生了大的水灾，鲁国派使者到宋国去慰问，宋国的国君对使者说，我很抱歉，因为我的不好，天降灾害，让鲁国的国君担心了，还要派人来慰问宋国。鲁国的使者回去后，鲁国的大夫臧文仲说，宋国兴旺很有希望了，“禹、汤罪己，其兴也悖（勃）焉；桀、纣罪人，其亡也忽焉”。意指敢于承认自己错误的君主，国家就会兴盛；而把罪过推给别人的君主，国家就会衰亡。

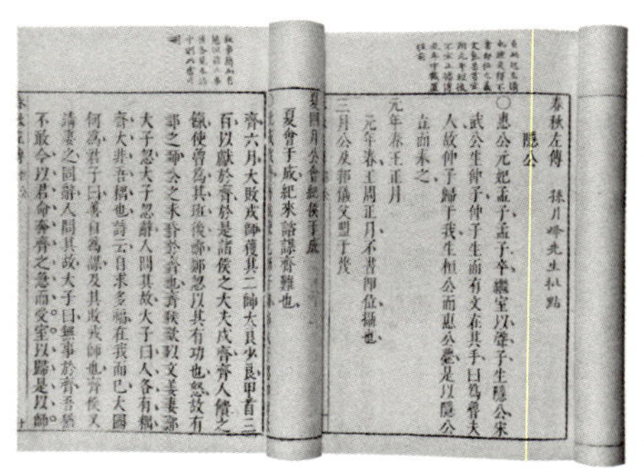
春秋左傳　孫月峰先生批點
隱公
○惠公元妃孟子孟子卒繼室以聲子生隱公宋武公生仲子仲子生而有文在其手曰爲魯夫人故仲子歸于我生桓公而惠公薨是以隱公立而奉之
元年春王正月
元年春王周正月不書即位攝也
三月公及邾儀父盟于蔑

《春秋左传》书影

我国历代有为的政治家、思想家继承了这种严谨的思考精神，从立国之初就高度重视廉政建设。比如汉初统治集团对秦朝灭亡的历史总结，唐初以李世民为首的统治集团对隋朝灭亡的历史经验的总结，明初朱元璋对元朝灭亡的历史经验的总结等等。

上述这三种历史背景，促使了中国历史上廉政文化的产生与发展。中国历史漫长、道路复杂，廉政文化建设各时期情况不平衡，但总体上看内涵非常丰富，丰富的廉政文化体现了祖先杰出的政治智慧。

四、中国古代的廉政思想文化

针对种种腐败现象，我国历史上的思想家、政治家，围绕如何治国理政、巩固政权有过许多思考，很多内容对今天来说，仍然具有深刻的借鉴意义。这些思想的产生虽然是为了维持剥削阶级统治的长治久安，是剥削阶级的意识形态，但也在一定程度上推动了历史进步。

（一）“廉”的含义

“廉”字的本意是堂隅，就是房屋的侧角，古代的屋是方方正正的，两个墙的夹角叫作“廉”。这个角，形式上看起来很尖锐、很锋利，后来才延伸为清白、公平、俭约、方正、高洁、明察等意。

《管子·牧民》说：“礼义廉耻，国之四维；四维不张，国乃灭亡。”因此，到春秋时期，“廉”的含义已经和今天所理解的意思一样了。不晚于春秋，“廉”在治国理政中被赋予了崇高的地位。春秋时期齐国的政治家晏子认为：“廉者政之本也，让者德之主也。”“廉政”一词出现在《晏子春秋·问下》中，书中记载，齐景公问晏子：“廉政而长久，其行何也？”晏子回答说，廉政要像水一样的行为，美好啊清清的流水，只有清澈了，才能够长久地奔流；如果浑浊了，就不会有美好的前途。

廉的内涵是什么？什么才是廉？我国历史上关于这个问题的完整认识，是在战国时期形成的“六廉观”。《周礼·天官·小宰》一书中，提出了考察“群吏之治”的六个标准，就是廉善、廉能、廉敬、廉正、廉法、廉辨。在善、能、敬、正、法、辨六个字前面，思想家都加了一个“廉”字。就是说，廉不仅仅指个人不贪污受贿，还指要有行政能力。“善”，指善于行事；“能”，指能行政令；“敬”，指敬于职位；“正”，指品行方正；“法”，指守法不失，执法不移；“辨”，指头脑清醒。即使一个人非常廉洁，但没有执政、为政能力，也不懂法，头脑糊涂，那他也不是一个廉吏。但是，有了善、能、敬、正、法、辨这六个方面的能力，如果没有廉也不行，这些能力都必须以“廉”为前提。“以廉为本”的“六廉”观是一个卓识，全面反映了我国历史上思想家对官僚队伍廉政素质的要求。

（二）中国历史上廉政思想文化的主要内容

1.民本思想

民本思想是老祖先一个非常了不起的思想，民本思想的形成，比廉政制度的形成要早，它是我国历代廉政制度建设的一个非常重要的思想基础。我国历史上的政治家、思想家，早在商周时期就看到了重民的重要性，有过许多表述。如《尚书》：“民惟邦本，本固邦宁。”《左传》：“国将兴，听于民；将亡，听于神。”“所谓道，忠于民而信于神也……夫民，神之主也。是以圣王先成民而后致力于神。”《管子》：“政之所兴，在顺民心；政之所废，在逆民心。”《荀子》：

“君者舟也，庶人者水也；水则载舟，水则覆舟；君以此思危，则危将焉而不至矣！”

我国思想家从商周时期开始就看到国家的治理不是靠天，也不是靠神，而是靠政。至春秋战国时期，我国思想家把神与民、天与民的关系剥离开来，转化为君与民、政与民的关系，这是一个重大的廉政思想贡献。

我国封建统治阶级继承了奴隶制时代产生的民本思想，关于民本的表述更是史不绝书。西汉初期的贾谊指出：“民无不为本也。”东汉时期的政论家王符说：“国以民为基。”唐太宗是一位非常了不起的君主，大家如果有时间的话，可以把《贞观政要》好好读一读，他谈的很多话有非常深刻的见解，其中包括丰富的民本思想。他说：“为君之道必须先存百姓，若损百姓以奉其身，尤割股以啖腹，腹饱而身毙。”“天子者，有道则人推而为主，无道则人弃而不用，诚可畏也。”唐代的陆贽说：“人事治而天降乱，未之有也；人事乱而天降康，亦未之有也。”“得众则得国，失众则失国。”“众”指的也是民。著名的廉吏包拯说：“民者，国之本也。”清代的思想家唐甄说：“国无民，岂有四政！封建，民固之；府库，民充之；朝廷，民尊之；官职，民养之。”这些都说明我国历代的思想家、政治家，都非常重视民本。

荀子

民本思想当然不仅仅是廉政思想，封建剥削阶级也不可能真正做到民本，也不要认为历史上一切都是以民为本，那是不可能的。但是，我们要看到，历史上政治相对清明的时期，吏治相对清廉的时期，包括一些皇帝和官吏的一些廉政行为，背后都有一个思想的影子，就是民本。

民本思想主要包含在儒家思想中，但是道家思想当中也有民本思想的内容，比如说“清静无为”“治大国如烹小鲜”等等。这些不扰民思想，也包含着民本的内容。

下面讲两个民本的小故事。

汉文帝当了23年皇帝，一直没有建新的楼堂馆所，他有一个愿望，想长生不老。古代认为，喝天上的露水可以长生不老，于是他就想建一个露台。但是他算了一笔账，露台要“直百金”，在汉代，百金要值10个中产人家的财产。汉文帝说，太贵了，不建了。

汉武帝一生好大喜功，但是到晚年的时候，他认识到自己的错误，认为他一生所做的事情有很多伤害了老百姓，所以下了《罢轮台诏》：“自今事有伤害百姓，糜费天下者，悉罢之。”又封丞相田千秋为“富民侯”，意为让老百姓富起来。对于汉武帝怎么评价，这里就不说了，但是，他晚年能够认识到自己的错误，认识到自己好大喜功给老百姓所带来的苦难，并自己加以纠正，是受到民本思想的影响。所以，司马光在《资治通鉴》中对汉武帝评价说：“晚而改过，顾托得人，此其所以有亡秦之失而免亡秦之祸乎！”汉武帝的晚年和秦王朝的晚年，所面临的形势已经很相像了，大家都怒不可遏，要揭竿而起了，但是秦王朝没有改正，汉武帝改正了，所以西汉又能够延续很长的历史时期，还迎来了汉昭帝、汉宣帝所谓“中兴”的历史局面。

2.尚贤思想

“官人，国之急也”“为政之要，惟在得人”“治国之道，务在举贤”。尚贤用能，是中国历史上廉政思想的一个重要内容。商周时期是世卿世禄，血统继承与权力继承合一，谈

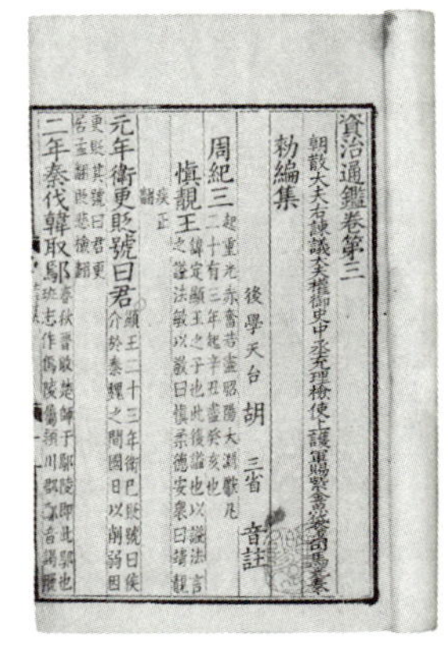
資治通鑑卷第三
朝散大夫右諫議大夫權御史中丞充理檢使上護軍賜紫金魚袋臣司馬光奉
勑編集
後學天台胡三省音註
周紀三
慎靚王
元年衛更貶號曰君
二年秦伐韓取鄢

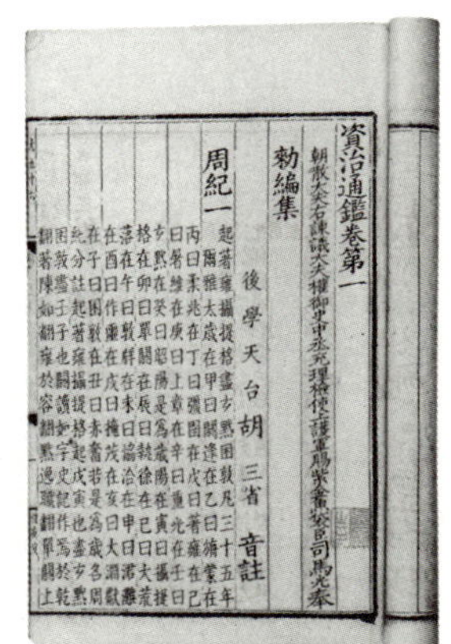
資治通鑑卷第一
朝散大夫右諫議大夫權御史中丞充理檢使上護軍賜紫金魚袋臣司馬光奉
勑編集
後學天台胡三省音註
周紀一

《资治通鉴》书影

不上尚贤。尚贤思想兴起于春秋战国时代，在儒家、法家、墨家思想中都有。尚贤的内涵有三个方面：

一是反对任人唯亲，提倡重视才能。墨子反对“骨肉之亲，无故富贵”；商鞅主张“虽贵无所芬华”“有能则举之”；孟子主张“贤者在位，能者在职”；秦国的公孙枝向秦穆公说：“信贤，境内将服，敌国且畏。”

二是宣扬求贤若渴。周公“一沐三握发，一饭三吐哺”，晋国祁黄羊“外举不避仇，内举不避亲”，燕昭王“千金买骨”，刘备“三顾茅庐”，曹操“唯才是举”，都是千古佳话。

三是辨别贤才的方法。历史上的思想家也提出让民众来评价、实际考察、先试后用等一些具体的尚贤办法。孔子说过，“众恶之，必察焉；众好之，必察焉”，“乡人皆好之”“未可也”，“乡人皆恶之”“未可也”，“不如乡人之善者好之，其不善者恶之”，这是一种辨别贤才的方法。孟子也说过类似的话：“左右皆曰贤，未可也；诸大夫皆曰贤，未可也；国人皆曰贤，然后察之，见贤焉，然后用之。”

3.德先才后

德与廉紧密相连，历代思想家非常重视德在选拔人才当中的作用。管子提出，君主考察人的第一点，就是要考察他的德，看他的德是否能够“当其位”；孔子讲，“为政以德，譬如北辰，居其所而众星共之”；陆贾说，“治以道德为上，行以仁义为本”；司马光说，“才者，德之资也；德者，才之帅也”；康熙皇帝说：“朕观人必先心术，次才学。心术不善，纵有才学何用？”

但怎么衡量德？自古以来这都是一个大问题。考核“能”好办，“德”怎么考核？没法用指标来衡量。但是，老祖宗有很多关于德的思考，赋予了德很多具体的内涵，如节俭、爱民、正身、谦让都是德的重要内容。

节俭是德。《左传》说：“俭，德之共也。”俭，是德的普遍表现形式，如果说德看不见，但是，俭是看得见的，俭朴不俭朴、奢靡不奢靡，是衡量德的一个标准。

老子说统治者要“去甚、去奢、去泰”，要去掉自己身上那些过分的东西；他还说自己一生有三个宝贝：“曰慈、曰俭、曰不敢为天下先。”可见，“俭”在老子的思想当中，放在非常重要位置的。《国语》里记载了季文子以俭为荣的故事。季文子在鲁国为相30多年，“妾不衣帛，马不食粟”。有人劝他说，你当这么大的官，整天穿着这么俭朴的衣服，不知道的人，不认为你这是俭朴，认为你是吝啬，再说你穿得这么俭朴，乘着这么破的车，也体现不出来鲁国的地位。季文子回答说，我也想穿好的衣服，我也想坐好的车子，吃好的东西，但是我看到，今天鲁国还有很多人吃不饱、穿不暖，我身为相，我不敢。而且我只听说君子“以德荣华国”，没听说过“以妾与马”华国。司马光在写给他儿子信当中说：“众人皆以奢靡为荣，吾心独以俭素为美。人皆嗤吾固陋，吾不以为病。”从历史上看，绝对没有哪一个廉吏清官，既过着奢靡豪华的日子，而又能勤政爱民的。能够勤政爱民，一定是在生活道德上追求俭朴的人。

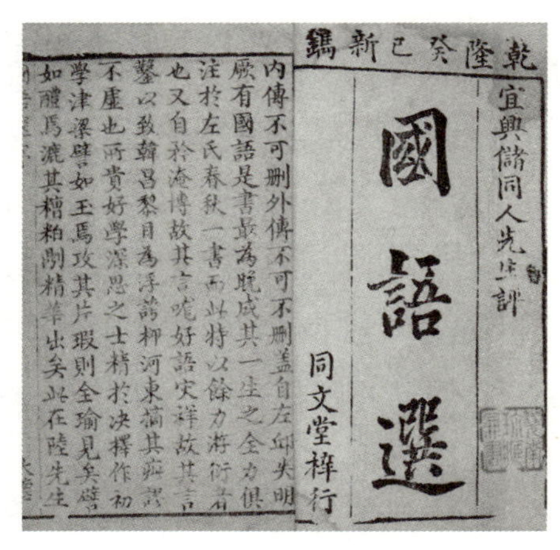

乾隆癸巳新鐫

宜興儲同人先生評

國語選

同文堂梓行

内傳不可删外傳不可不删盖自左邱失明

厥有國語是書最為既成其一生之全力俱

注於左氏春秋一書而此特以餘力游衍者

《国语》书影

谦让是德。孔子一生奉行“温良恭俭让”。晏子提出：“让者，德之主也。”古人还说：“谦者，德之柄也。”如果一个人连谦让都不懂得，就不是一个有德的人。

爱民是德。《左传》说“恤民为德”；孔子要求“节用而爱人，使民以时”“出门如见大宾，使民如承大祭”。爱民表现在不与民争利，陆贾说：“治国治众者，不可以图利。”董仲舒说：“受禄之家，食禄而已，不与民争业。”

孝悌忠信是德。孔子说："孝，德之始也，弟（悌），德之序也，信，德之厚也，忠，德之正也。"

节俭、温良恭俭让、爱民、孝悌忠信，可以看出一个人有没有德。德不再是抽象的。但更重要的是，历史上将具有丰富内涵的德与选官制度相结合。

中国历史上至少从汉代以后，在选官制度当中，都把德放在一个非常重要的位置。大家知道汉代有"举孝廉"，"孝"和"廉"就是一个人最基本的道德操守，做到了孝和廉，才可以去做官。我国历史上，从察举制，到九品中正制、科举制，历朝历代基本都是这样，即在选拔人的时候，把德放在第一位。如宋代吏部选官有四条具体标准，如果都满足四条标准，先考虑的是"德行"；明代朱元璋要求选拔官吏"以德行为本，而文艺次之"。德才并重，以德为先，是一条基本的用人经验。

4.公私分明

公私不分，化公为私，是腐败者常用的方法。公私分明，把国家利益和个人的私利相区别，将义与利相区别，是我国历史上廉政思想的一个非常重要的内容。中国传统思想中，并不是不讲利，而是认为应当取之有道。《左传》说"信载义而行之为利"，是说利要建立在信和义的基础上。孔子说："不义而富且贵，于我如浮云。"通过不义方式得来的富贵，对我来说就像天上飘过的云一样。宋代的程颐说："义与利，只是个公与私也。"关于公私观，中国古代思想家还提出了要"任公而不任私""不以私爱害公义"的思想。公与私、国家与个人利益要分清楚，包括君主都是这样。尽管传统社会是"家天下"，但是从汉代开始，皇帝的财政和国家的财政是分开的。思想家认为，皇帝不能因为喜欢一个人而"私赏"，也不能因为恨一个人而私罚，一切都应该从公的角度出发。作为官吏，应该"居官无私""国耳忘家，公耳忘私"。秦汉以后，思想家又赋予了"廉"新的内容，在"廉"字前面加了一个"公"字，称为"公廉"，这是对廉政思想的新发展。《史记·酷吏列传》记载了一个叫郅都的酷吏，"性公廉""不发私书，问遗无所受，请寄无所听”。这就是公廉，既公又廉。

公私分明是我国历史上许多廉洁为政、洁身行事官吏的思想基础，也是历史上廉吏的一个重要特点。诸葛亮鞠躬尽瘁，死而后已，公私分明，他生前给刘后主上过一份奏章：“成都有桑八百株，薄田十五顷，子弟衣食，自有余饶。至于臣在外任，无别调度，随身衣食悉仰于官，不别治生以长尺寸。若臣死之日，不使内有余帛，外有赢财，以负陛下。及卒，如其所言。”我认为这是历史上最早的一份官员财产申报书。

5.正身律己

“法之不行，自上犯之。”我国历史上的廉政思想中，特别强调统治者要加强自身的道德修养，树立典范。孔子讲：“政者，正也；子帅以正，孰敢不正？”什么是政治？政治就是正，你自己身正了，谁敢不正？自身不正，政令再多，也不会有人听。政风与官风、世风非常密切，特别是高级领导的行为，对社会影响很大。《资治通鉴》说：“吴王好剑客，百姓多创瘢；楚王好细腰，宫中多饿死。”就是这个道理。汉代思想家董仲舒说，“为人君者，正心以正朝廷，正朝廷以正百官，正百官以正万民，正万民以正四方”，“谓王者施政，以自身论，当正心为先，渐次以正万民，如此方可政通人和”，讲的也是这个道理。

6.家国同构

修身、齐家、治国、平天下。我国历史上思想家主张，通过家庭伦理教育来培养官吏的廉政行为。《孟子》说：“天下之本在国，国之本在家，家之本在身。”《礼记》说：“一家仁，一国兴仁；一家让，一国兴让。”《吕氏春秋》说：“人臣孝，则事君忠，处官廉。”《孝经》说：“孝，德之本也。”节俭和孝是家庭伦理、个人伦理，忠和廉是政治伦理，我国古代政治文化将二者有机结合起来，对于促进和保障官吏的廉政行为有很大的积极意义。考察历史上一些清官廉吏形成机制的时候，可以看到从小的家庭教育对他有很大的影响。

历代还有很多家训、书信，教育子女如何做人做事。比如诸葛亮的《诫子书》，告诫子女要修身、养德、淡泊、明志、勤学。这封信很短，只有86个字，但是对于今天的家庭教育仍然有不朽的价值。《颜氏家训》里面有告诉子女做人做事的道理，司马光给他儿子司马康的书信里告诫子女要懂得节俭，都是将家庭教育与政治伦理相结合的典型例子。

7.循名责实

廉政不仅仅限于思想道德层面，还需要廉政制度的保障。我国历史上的思想家主张通过"循名责实"的方式，严格考核，反对徒慕虚名。

循名责实的思想是战国时期提出来的。据《韩非子·外储说左下》记载，有一天齐桓公对管子说，我最近头很痛，因为最近找我要官的人很多，我哪有那么多官啊？管子说，您只要确立按照能力大小、功劳大小授予官禄的原则，就没人敢来找您要官了。这就是韩非"因任而授官，循名而责实"的思想。循名责实，实际上就是按照事物的本来面目来管理，类似于今天的岗位管理。给你这个职位，就按这个职位的要求来考核你。

我国历史上"明主治吏不治民"，是一条基本的历史经验，"循名责实"就是治吏的一个重要方法。我国历代严密的考课制度，就是来源于循名责实这样一种思想。

以上讲了廉政思想文化七个方面的内容，那么我国历史上采取什么样的形式将这些廉政文化思想灌输给官吏呢？形式多种多样。

第一，公文教育。历史上的很多文书，从诏书到州郡县公文，往往开头一段话就是教育官吏要如何廉洁从政，尔后再谈具体政务，或者在政务安排中，反复强调忠诚、廉洁、谨慎的重要性。也有很多文书直接就是谈廉洁、廉政的重要性。云梦秦简中的《为吏之道》《语书》都是例证。

第二，诫勉谈话。有些帝王还利用各种场合不厌其烦地教育官吏要廉洁从政。唐太宗就经常和高级官吏进行谈话。《贞观政要》里面有一段话讲得特别好，他说如果你家里有一颗明珠的话，你一定会非常珍惜地把它藏好，不会拿着明珠去砸鸟。而你的性命比明珠要贵重得多吧？你见了金钱而不惧刑罚，这是不爱惜自己的生命。明珠是身外之物，尚且不可以用它来砸鸟，何况你的性命这么宝贵，你用性命和钱财进行赌博，值得吗？唐太宗还告诫臣下说，贪婪的人其实是不懂得爱财的道理，如果你受贿，不过数万钱，有一天被发现了，你的官也没有了，俸禄也没有了，这岂是爱财的正当道理？他说："为主贪，必丧其国；为臣贪，必亡其身。""古人云：贤者多财损其志，愚者多财益其过。此言可为深戒。"意思是贤能的人钱多了，意志就消磨了，不求上进了；愚蠢的人钱越多，犯的过错就越多。他还说：徇私枉法，心中常怀恐惧就会生病，恐惧多了会致死，大丈夫岂能因苟贪财物而害及身命，使子孙耻辱呢？这种诫勉式的谈话历史上还有很多。

第三，历代有许多官箴，是教官员为官的常用书，其中有很多明哲保身的落后思想，但也有些积极的内容。如宋代吕本中的《官箴》说："当官之法，惟有三事：曰清、曰慎、曰勤。"元代张养浩在《牧民忠告》中说，修身洁己，努力做好本职工作，荣誉也就随之而来，人民也会称颂你。明代的官箴说"吏不畏吾严，而畏吾廉；民不服吾能，而服吾公；公则民不敢慢，廉则吏不敢欺。公生明，廉生威"等。

第四，家训教育。唐代颜真卿告诫子女："政可守，不可不守。"北宋包拯去世前留下遗训："后世子孙仕官，有犯赃滥者，不得放归本家；亡殁之后，不得葬于大茔之中。"南宋胡安国在家书中教导儿子胡铨说："汝在郡，当一日勤如一日。"

第五，学校教育与策试、考试。学校培养官吏的后备人才，儒家经典为必读书。正身修己、清白做人等基本价值观也通过学校教育灌输到他们心中。历代帝王也经常用策试、考试的方式灌输廉政观，促使欲为官或已为官者先要学习廉洁为政。如汉文帝策试晁错的题目是"吏之不平，政之不宣，民之不宁"，就是一道廉政考题。康熙多次以吏治为题考问贡士。

第六，大众传播渠道。历代的诗歌、小说、戏剧、绘画等大众传播渠道当中，弘扬廉洁、讽刺丑恶的内容非常丰富，这也是官吏廉政学习的一条重要途径。

我国历史上反腐倡廉的思想中，道德规范是基础，制度建设是保障。没有道德规范，没有理想信念，官吏的廉政行为无从产生；没有制度的保证，道德规范也就失去了依托。

颜真卿

五、中国古代的廉政制度文化建设

一切廉政思想文化有赖于廉政制度的建设。廉政制度建设作为制度文化的一种，也属于广义的廉政文化范畴。历史上汉、唐、宋、明、清，延续时间比较长的朝代，都与一套行之有效的廉政制度建设有很大的关系。

（一）官吏选用与管理中的廉政措施

我国历史上官吏选用和管理上的廉政措施很多，主要有这么几条：

1.重视基层经验。“明主之吏，宰相必起于州部，猛将必发于卒伍。”汉代察举制度完善后，被察举的孝廉需要年满40岁，并必须经过为吏的经历，就是希望他们有基层经验。强调做官一定要经过基层锻炼以后才逐步提拔的制度，在科举制度之前实行得比较好；科举制度之后，因为官与吏分开了，官吏的基层经验就淡化了。

2.功劳制度。功劳制度在我国历史上有两种含义，一是今天所理解的功劳，就是武有战功，文有事功，立功了给予提拔；第二种是广义的功劳，指没有贡献，也没有过错，依靠年资而获得提升。北魏的《停年格》和唐代的《循资格》制度就是如此。这两种方法在我国历史上都采用过。有突出才能、突出功劳的人，在官僚队伍当中毕竟是少数，绝大部分人都是既无大功，也没有什么错。历史上对这些人，也采取积累一定的年资以后进行提拔的方式。这是一种非常好的方式，可让大家安心工作。

3.文化考试。我国选官制度中的考试因素在科举之前就有很长的历史。秦代就有从学生中考试录用官吏的方式。汉代察举、特举等科目中，已有考试、对策等方法，并根据选拔对象的不同而采取不同的考试方法。考试以后还有复试，以防作弊。隋唐以后，不分门第高下，不问士族寒门，都可以按条件报名投考，考试整齐划一，“朝为田舍郎，暮登天子堂”不是梦想。历代选拔官吏的考试主要以儒家经典和法律制度为主，这些考试中有丰富的廉政文化内容。

4.重“试守”。从秦代以后，不管是官还是吏，担任新的职务都要有试用期，试用合格了才转正，不合格的就要退回原职。

5.选举不实承担法律责任。这也是官吏选拔任用当中非常重要的一个廉政措施。从秦代开始，国家就根据不同的需要提出选举的要求，在选举的过程中，如果推举者选举不实，要承担连带的责任。

6.回避制度。从汉武帝时代开始，就实行避籍、避亲、避近制度，避籍是籍贯回避；避亲就是互为亲属关系的，不能有相关的任职；到了清代甚至还有更严格的避近制度，师生关系都要实行任职回避。

7.考课制度。考课制度是考核官吏是否勤政、廉政的一项重要的制度。相传考课制度从周代就有，秦汉以后，考课制度非常严格，各级官吏都要参加考课，考课严密细致，考课的时间很长。唐代，吏部设置了考功司，把考课放到非常重要的地位。

我国历史上对官吏的考课分为品德考核和能力考核两个方面，品德考核要高于能力考核，放在第一位；能力考核有具体的标准，如唐代就有二十七最，就是用二十七个细化的考核标准，对于不同部门的官吏来进行考核。考核的结果与官吏的表彰、升迁、奖惩，都有密切的关系。我非常主张现在要加强考核制度，干与不干一个样、干多干少一个样是不行的。现在的干部队伍建设管理当中，考课制度还是一个弱项。

我国历史上的很多改革家，改革的重要措施之一就是加强考核制度。如张居正改革的重大措施之一，就是创立考成法，按月逐条考核官吏任务完成情况。他在《请稽查章奏随事考成以修实政疏》中说："盖天下之事，不难于立法，而难于法之必行；不难于言，而难于言之必效。若询事而不考其终，兴事而不加屡省，上无综核之明，人怀苟且之念。虽使尧舜为君，禹皋为佐，亦恐难以底绩而有成也。"

（二）监察与权力制衡制度

1.中国古代监察制度的形成

监察是特定时期的国家统治阶级通过在其政权内部设立的职官或机构，对国家公共权力掌握者权力行使的监督制衡，以防止其失职、渎职和权力滥用，从而提高行政效率，维护政治秩序，调整社会阶级关系。今天经常看到的监察部门对贪污受贿的查处，实际并不是监察的整个内容，监察的内容应该更加广泛。监察制度并不是因腐败的产生而产生的，而是与国家行政管理方式的变化有关。中国古代的监察制度萌芽于战国时期，形成于秦汉时期。

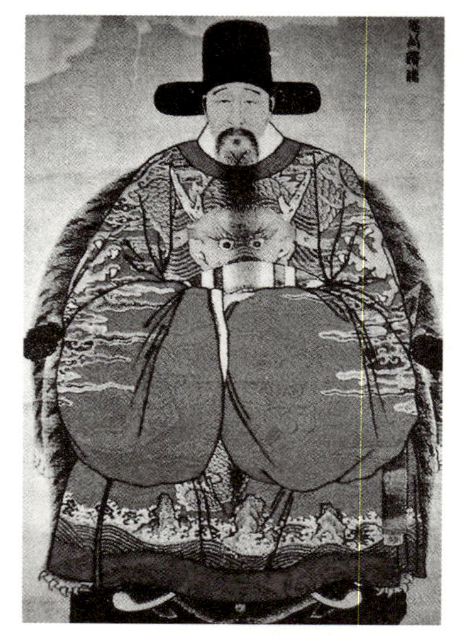

张居正

2.历代监察机构、监察条例及其特点

历代监察机构和监察条例非常丰富。秦汉是我国古代监察制度的形成与奠定时期，突出的表现是中央和地方自成系统的监察机构的设立，监察与行政相分离和专门的监察条例与法规的出现。

自秦代开始，中央机构中就设

立以御史大夫为首的监察官。从汉武帝开始，形成了以刺史为主的地方监察系统，监察从行政当中开始分离。我国的巡视监察制度，就是从汉武帝时期开始的。

汉代是我国监察体制发展的一个非常重要的时期。从汉代的实践来看，有这么几个特点：

第一，权力制衡。中央的御史大夫是监察官，有监察丞相的功能；刺史已经不像秦代的“郡监”那样与郡守共同组成政府，而是分开办公了，这些都有权力制约的含义。

第二，指向明确。汉代刺史以“六条问事”，六条之外不管，就是说刺史的巡视监察有明确的专项性。

第三，秩轻权重。刺史六百石，却能够监察两千石的守相。刺史直属于御史大夫甚至皇帝，行政级别虽然低，但是政治待遇很高，升迁很快，地位也很尊崇。

第四，选用慎重。从秦汉时期开始，对监察官的选用非常重视，认为“非庸材所能堪”，任重职大。

秦汉之后，历朝都很重视监察机构和相关监察法规的建设与完善。魏晋南北朝时期形成的御史台，是国家专门监察机构。曹魏时期有所谓《六条察吏》，西晋时有《五条律察郡》《察长吏八条》，北周时期有《诏制九条》，西魏时期有《六条诏书》等，这都是监察法规。

隋唐是我国监察制度发展的一个高峰时期，这一时期以御史台为最高监察机构，下设三院。在地方是由外台掌管的监察。唐代的监察官地位非常重要。史书记载：“自贞观初，以法理天下，尤重宪官，故御史复为雄要。”

隋唐的监察法规非常多，隋代有《司律六条》，武则天有《风俗廉察四十八条》，唐中宗到唐玄宗时期有《六察法》。特别值得一提的是《唐律》。《唐律》是我国封建社会前期廉政制度建设、法制建设的一个高峰，它对历代的廉政法规做了非常重要的总结，其《职制律》中，关于廉政的规定非常具体。

宋代中央设御史台，下设路和司掌管，既掌管行政又掌管监察。宋代一个重要的变化是“台谏合一”，就是监察官和谏议官合一。它的好处是加强了对行政的监察，它的问题是监察官和行政官合一以后，在行政的决策过程当中，有的时候也容易造成久拖不决、久议不决的情况。

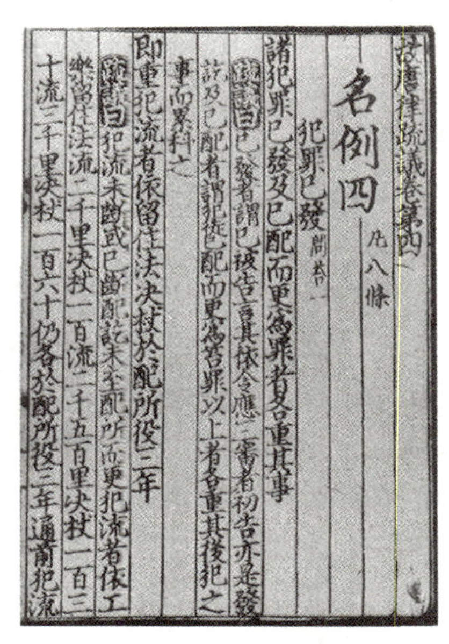

故唐律疏議卷第四

名例四 凡八條

犯罪已發

諸犯罪已發及已配而更爲罪者各重其事

疏議曰已發者謂已被告言其依令應三審者初告亦是發

訖及已配者謂犯徒已配而更爲笞罪以上者各重其後犯之

事而累科之

即重犯流者依留住法決杖於配所役三年

疏議曰犯流未斷或已斷配訖未至配所而更犯流者依工

樂雜戶留住法流二千里決杖一百流二千五百里決杖一百三

十流三千里決杖一百六十仍各於配所役三年通前犯流

《唐律疏议》书影

元代中央设有与中书、枢密并列的御史台。忽必烈说，中书是我的左手，枢密是我的右手，御史台是我的医生，专门给这两只手看病。

宋元时期的监察法规和反贪律令主要体现在《宋刑统》《元典章》《大元通制》等当中。

明清两代是以都察院和“六科”为中央监察机构，统称“科道”。所谓“六科”就是中央在各部设的监察机构。地方上是以省为单位派出监察御史。明清的监察法规及反贪律令主要见于《大明律》《大诰》《大明会典》《大清律》这些法律当中。

我国历史上对于监察制度建设，以及监察立法是非常重视的，特别是对于监察官的任用，被放到非常高的地位。在我国历史上有许多监察官，刚直高节，志在奉公。其出行“动摇山岳，震慑州县”，事迹广泛传诵在民间。

（三）乡论及舆论监督制度

“防民之口，甚于防川”“谤言”“足以补官之不善政”“天下有道则庶民不议，然则政教风俗，苟非尽善，即许庶民之议矣”，这些都是历史上关于舆论监督重要性的认识。我国历史上除了监察制度之外，也非常重视利用舆论来监督监察。从汉代开始，个人的行为及其所形成的社会声誉，是国家选拔官吏时的重要参考，当时叫“乡举里选”，或者叫“乡论”，即乡里的舆论。如果一个人有违反道德这样一些负面社会舆论的话，想做官是很难的。汉朝有一个大将叫陈汤，立了很多战功，但是他年轻的时候，声誉非常不好，在家乡没有办法做官，最后只能跑到外地去。三国时期有一个叫吴质的人，只喜欢跟有权的人打交道，不喜欢跟乡里的老百姓打交道，乡里的老百姓就不给他好的评价，结果他也不能做官。魏晋南北朝时期的中正官，主要任务就是考察他所在地的士人品行，并对这些人的品行写下评语，供吏部在选用时作为参考，这就迫使士人必须注重自己的形象。

在历史上，人民大众还经常以歌谣的形式来鞭挞丑恶，歌颂廉洁。国家也委派风俗使、监察官明察暗访，通过舆论来了解官吏为政的行为，被称为“举谣言”。汉代每年州郡要派人下去，听听老百姓是不是编了什么歌谣。东汉后期规定，州县官治理不好，被“举谣言”者，一律免官。清代的江西巡抚陈淮和南昌县令徐午贪赃枉法，老百姓给他们编了一首歌谣：“江西地方苦，遇见陈老虎，大县要三千，小县一千五。过付是何人，首县名徐午。”陈淮贪婪无度，徐午与他狼狈为奸，搜刮老百姓。御史就根据这个谣言把他们举报上去，结果他们被罢了官。把大贪官比作老虎，大概起源于清代。

（四）奖励与养廉制度

历代除了对贪官的惩处之外，对廉吏也有褒奖制度。比如说对考核优秀的，采取升官、升迁、增秩、赐爵、赏金、画像、诏书表扬、死后谥号评定，以及追赠荣誉等等表彰方式。

廉政建设不能单纯依靠个人道德，俸禄高低与贪腐与否有一定的关系，给予官吏较好的待遇是防腐的一种手段，是必要的，如清代实行过的“养廉银”就有一定作用。但是从历史的经验看，俸禄高低与廉洁与否也并不具有绝对的关系。清朝人就说，如果一个人“只知有私不知有公”“豪奢逾度”，再多的薪水也不能振作。

（五）惩戒制度

第一，历代对选举不实、欺上瞒下、失职渎职、结党营私都有细密的惩处规定。从《晋律》开始，特别是《唐律》，有公罪私罪的划分，对私罪的处理更重。这是有利于廉政的制度。宋朝范仲淹曾言“做官公罪不可无，私罪不可有”。

第二，历代对贪污受贿处罚严重。秦汉时期，把贪污受贿和盗列在同一个罪等。在唐代的《职制律》中，规范得就更加细密了，对受人请托、接受财物、索贿行贿、利用职务之便贪污国有财产，都有非常具体的、量化的处罚标准。

历代都有赦免制度，但是往往对贪官不加赦免，而且牵连其后人。

第三，历代对官吏的日常行政与日常行为管理细密。对官吏的日常行政甚至日常行为，特别是钱财物的管理有细致的规定，避免他们在行政或政治中腐败。如钱财物进出的审计，交际攀缘的禁止，擅自离开公署，并在出行车马仪仗、饮食待遇上都有细致条文。比如在今天发现的汉代档案里面，对官吏出行中的开支有详细记载，甚至吃几斤米、几只鸡、几斤肉都有清楚的记录。《唐律》更是这样，官吏出差的路线和相关的待遇，都有非常清楚的规定，不按规定线路绕道，甚至将驴换为马，皆属违法。这种法律的细密性，今天还是要借鉴的。良好的政风是靠法制管理出来的。荀子入秦看到秦吏“出于其门，入于公门；出于公门，归于其家，无有私事也；不比周，不朋党”，这是秦之所以强大并统一六国的重要原因。历代统治者也用“身死而家灭”的高压使官吏“不敢为非”“念为廉吏”，同时也通过法律来告诉他们不应该做什么。其法律的细密性值得重视。

六、深刻借鉴中国历史上反腐倡廉的经验

（一）要看到腐败的长期性与复杂性

腐败是一种历史现象，古老而长存，凝重而有时代感。从传说时期的三皇五帝开始，一直到中国封建社会的晚期，历朝历代，乃至一个朝代早、中、晚各个时期都有腐败现象，并不是只到王朝灭亡时才有腐败。所谓的“康乾盛世”时期，也出现了像和珅这样的贪官；汉朝初年低层的吏治也很坏。因此，腐败作为一种历史现象，古今中外，概莫能外。即使今天，也没有哪个国家敢说彻底清除了腐败。

美国学者威尔·杜兰特夫妇在《历史的教训》一书中认为：生活方式、生产工具在进步，但是人性的变化是极其缓慢的。几千年来，人性并没有根本性的变化。自私、贪婪这样一些人性当中的因素，今天仍然存在。目前还没有制定出足以阻止贪婪、自私、好斗的这样一些人的本性的道德规范。以上是他们的观点。虽然我们并不完全同意他们的看法，但腐败作为人类文明社会产生以来的一种历史现象，与文明发展进程相伴随，确有非常强的顽固性。所以，正如王岐山书记所说的那样，看待腐败问题，要用历史、文化、哲学的眼光，不能够指望在很短的时期内，就把腐败问题彻底铲除，这不符合唯物史观的原理。

《历史的教训》封面

（二）坚定反腐败的信心

坚定反腐败信心首先要科学地理解腐败现象。腐败是与人类文明共生的普遍现象，是几千年私有制下剥削阶级政治生态、经济体制、意识形态糟粕的遗存，是社会物质生产尚不够丰富、人们思想道德精神境界尚有待提升的产物，不可能短期内就彻底清除。今天我们建

立了社会主义公有制，建立了代表最广大人民根本利益的政治体制，从制度层面否定了腐败产生的政治基础和经济基础；树立了以马克思主义为指导的社会主义核心价值观，继承弘扬中华优秀传统文化，从主流意识形态上否定了腐败产生的思想基础，但是数千年传统社会中的某些糟粕，非一天可以清除。

中国30多年经济高速发展所带来的社会急剧变化，是历史上所没有的。经济发展所带来的腐败的汹涌，有它的客观性，这在历史上也可以找到依据。当经济发展到一定程度的时候，往往伴随着腐败现象严重，汉武帝时期和明朝中后期就是这个情况。所以，如何保持在经济高速发展的同时遏制腐败的蔓延，是一个历史问题，也是一个新课题，需要研究。

还有一种观点认为，中国的制度不如西方，西方的体制，如三权分立、新闻自由等能够遏制腐败，我认为这种看法不全面。当然西方在遏制腐败的具体形式和方法上，在操作层面上有一些好的经验。但是要看到，中国的制度和他们的制度是根本不同的，现代西方以多党制为基础的所谓民主体制，虽然有巨大的历史进步，但它是建立在以资产阶级利益为代表的基础之上的，这个本质今天仍然没有变。资产阶级在它的政体早期设计过程中，已经把它的利益占有、权益分配、政治统治的潜规则等规划好了，并通过政权的形式把这些权益保护起来。如果看不到这个本质，就盲目地认为西方的体制比中国先进，是没有道理的。

其次，从历史的角度来看，腐败与王朝的兴衰有非常复杂的关系。历史表明，不是有了腐败马上就要亡国，中国历史上许多王朝的前期、中期都出现过腐败和严重腐败，但是由于某些时期统治阶级的重视，加强制度建设，加强思想建设，在一定程度上就可以遏制腐败。中国历史上一些延续数百年的王朝，留下的经验就是这个。只有那些不思考反腐败，不敢反腐败，最后没有力量反腐败，甚至沦为与腐败同流合污的统治阶级，才不可避免地走向没落。当然历史上的封建统治阶级，其本质是代表剥削阶级利益的，它也不可能找到一套反腐败的根本方法，中国历史上王朝的周期性的兴衰，也说明了这个问题。但另一方面也要看到，虽然我国历史上一家一姓的王朝更迭比较普遍，但是作为一种政体设计，它又保持了两千多年的稳定性，我国封建社会从秦代开始的这一套政体，一直延续到清朝后期，这里面又有很多合理性的东西，值得借鉴。所以说中国历史给我们一个启示，就是要高度重视反腐败问题，坚持不懈地反腐败，从制度上找到反腐倡廉之道，而不能简单地说，有腐败就要亡国，这话是没有道理的，也没有历史依据。近代以来，中国人民经过不懈的努力，奉献了无数仁人志士的头颅和鲜血，才找到了马克思主义基本理论与中国实践相结合的道路，这条路我们从中华人民共和国成立开始才走了60多年，已经取得了巨大的成绩，没有理由因某些腐败现象，就从根本上动摇信心。

（三）要深刻吸取借鉴中国历史上反腐倡廉的经验

马克思主义唯物史观认为，人类社会是在生产力与生产关系、经济基础与上层建筑的矛盾运动中不断向前进的，而不是在腐败中轮回。反腐败是上层建筑自我完善的一种方式，是使上层建筑更好地适应、促进经济基础健康发展的一种手段。所以反腐败是手段，不是目的。我们不是为了反腐败而反腐败，反腐败终究是要激励广大干部廉洁从政，鼓舞士气，完成历史赋予我们这一代人的使命。治国之道当“验之当世，参之人事，察盛衰之理，审权势之宜，去就有序，变化因时，故旷日长久而社稷安矣”。这是汉初贾谊总结出来的经验。腐败令人痛恨，腐败导致家破人亡、政权灭亡。历史上常常采取严峻的疾风暴雨的方式打击腐败，这对于缓解民怨、震慑腐败、缓和矛盾能起到一定的作用。但是，治理腐败还要做长远的打算。从历史角度看，注重均衡性，保持德与法，奖与惩，集中打击与制度建设、政权建设平衡之间的关系，是今天应当重视的经验。

1.德主刑辅

治理腐败，必须依靠法制，但是“徒法不足以自行”，历史也一再说明这个问题。只有德主刑辅、文武并用、礼法并重，才能够既从思想道德层面，又从制度层面来遏制腐败。

2.奖惩并举

从历史上看，解决腐败问题，保持官吏的廉洁，奖惩并举、疏堵结合是比较成功的。要给予官吏较好的待遇，形成激励和保障机制，集中惩治少数的徇私枉法之徒，如果没有这样一个保障机制，光靠惩罚也是不行的。当代一些西方国家，包括像新加坡这样的国家，"善养严管"的经验，还是值得借鉴的。

3.集中打击与制度建设、政权建设结合起来

从历史经验看，治理腐败既要有决心又要有耐心，既要雷厉风行又要做长远打算。古为今用，历史上反腐倡廉的长期实践和丰富经验可以为我们提供借鉴和启示。

第一，加强干部队伍建设。当腐败普遍盛行之时，要多从体制机制上来找原因；在严惩腐败分子时，要思考在政权建设中，如何加强干部队伍建设。用人不公是最大的腐败，也是老百姓最关心的腐败现象之一。目前所揭示的许多严重腐败问题，不是用人失误造成的，而是用人腐败所直接导致的结果，是用人腐败延伸出其他种种腐败。所以，在党风廉政建设的过程中，一定要建立一个公平用人、管理用人、考核用人的体制。要建立一个功过分明、奖惩分明的干部选拔任用管理机制。

对于公平用人，我个人主张要加大考试在今天用人当中的比例，扩大用人的社会基础，倡导学习风气，使用人选拔具有更加客观的标准；在管理用人上，要有更加细密的岗位责权标准，在管理中做到分类用人、知人善任；要建立严密的考核制度，使德才兼备的人能够脱颖而出，庸庸碌碌者无处藏身，腐败贪婪者罪有应得；要建立起多层次的用人奖励与惩罚机制，让政务干部和事务干部区别开来，使干部的评价机制和奖惩体制常态化与多元化；要建立一个常态化的评价体制，不要等到干部被双归、进监狱了，才发现他有问题。

第二，推进政权建设、制度建设。历史上大规模的惩治腐败往往与

政权建设、制度建设结合起来。应当把握机遇，把当前的反腐败和下一阶段的战略目标紧密相连。成都诸葛武侯祠里有一副清代人写的对联："能攻心则反侧自消，从古知兵非好战；不审势即宽严皆误，后来治蜀要深思。"今天在廉政建设过程中，也要围绕未来的制度建设、政权建设多做一些思考。在"四个全面"方针指引下，推进国家治理体系和治理能力的现代化。

第三，大力弘扬、践行廉政文化。党的十八大以后，中央提出了"八项规定"，看似从一些小事入手，但这些都是老百姓普遍关心的问题，意味深长。这些规定与中国传统廉政文化都有着千丝万缕的联系。要学习借鉴历史上优秀的廉政思想文化，注重干部队伍思想文化建设，其中包括行为养成和格调培养，在干部中倡导勤俭朴素的生活方式、健康有益的休闲方式，干部的思想境界提升了、情调高雅了，行为层面就会更加好起来。权力影响社会，政风影响民风，官员影响群众，这是不变的真理。

今天我向各位领导汇报了我国古代廉政文化的基本内容，以及自己的一些思考。作为一名史学工作者，我认为在中华民族五千年的文明发展史上，中华民族还没有任何一个历史时期，像我们今天这样以豪迈之情屹立于世界民族之林，我们的人民从来也没有过上像今天这样的生活。所以我们坚信，在党的领导下，我们一定能够带领人民群众战胜腐败，实现中华民族伟大复兴中国梦这一历史重任。谢谢大家！

张国刚

《资治通鉴》与王朝兴衰

张国刚，清华大学历史系教授兼系主任，思想文化研究所所长、博士生导师，教育部长江学者特聘教授。曾为联邦德国洪堡学者（Alexander von Humboldt），汉堡大学、剑桥大学、柏林自由大学、特里尔大学、早稻田大学等校汉学系客座教授或访问学者。兼任教育部历史教学指导委员会委员、中国炎黄文化研究会学术委员会副主任等职。

主编的《中国家庭史》一书曾获教育部高等学校科研成果（人文社会科学）优秀著作一等奖（2009）、中华优秀图书奖（2008）；合著的《中国历史》一书获国家级优秀教学成果一等奖（2006）。为清华大学及国家级“精品课程”首席主讲导师。主要著作有：《中国学术史》《中西文化关系史》《中国历史》《中国家庭史》等。

中国在治国安邦方面是有传统的。我使用“传统”这个词，并不是说我国在实践上取得了多高的成就。治国安邦在中国的经史学问里是最主要的内容之一。中国人讲学而优则仕，仕而优则学。学问做好了就去当领导，领导做好了再去做学问，至少从字面上可以这么理解，但学术上有更复杂的解释。中国人做学问，目的是治国平天下。所以《大学》中说，修身齐家治国平天下。《孟子》讲“穷则独善其身，达则兼济天下”。穷，不是没有钱，而是指政治地位不太高。当有一个机会的时候，读书人就做一些有利于天下苍生百姓的事。《中庸》里曾说，“唯天下至诚，方能经纶天下之大经”。“四书”里的每一本书都是指向怎样治国的。在这个方面，我们可以与西方比较一下。西方在15世纪以后才有近代化的民族国家。15世纪前，西方是封建社会。西方当时的观点是：我的臣民的臣民不是我的臣民。比如说英国国王，他的收入主要来自于他的领地。他没有统一的军队。如果外敌入侵就像中国周朝一样，各个诸侯带自己的军队去保卫国王。但中国不一样，中国至少在春秋战国时就是中央集权国家。郡县都是直属中央的机构。到秦始皇时，海内皆郡县。国家是中央集权制，有统一的官吏考核任免制度，统一的军队征调布防，统一的赋税征敛和分配。持续几千年都是如此，不像西方亚历山大、凯撒大帝或者汉尼拔，人还没完帝国就崩溃了。在广土众民的漫长时间里，要保持中央集权国家的统治，维持国力不断向上发展、繁荣、昌盛，在当时通信和交通很落后的情况下是很不容易的。世界上没有其他国家可以做到这样。有些小的城邦，如希腊、斯巴达、罗马持续繁荣的时间很短暂。中国在治国方面是很有传统的，并注意不断总结历史经验。《资治通鉴》就是这样一部总结历史经验的著作。

一、《资治通鉴》是一部什么书

康熙和乾隆都读过《资治通鉴》，张居正曾亲自给万历皇帝讲解过。他们从《资治通鉴》中读到了什么呢？是治国安邦的经验。

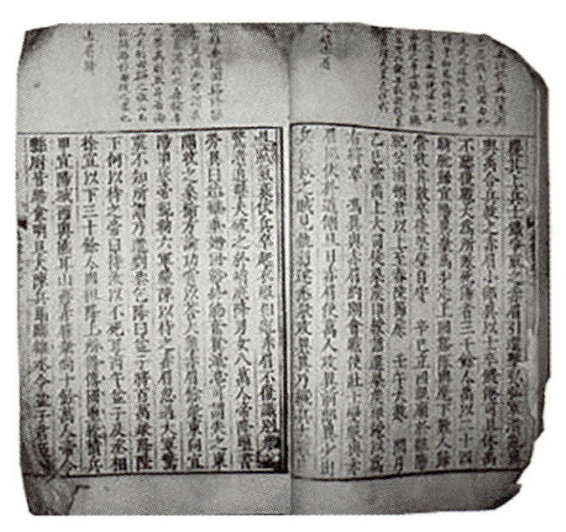

《资治通鉴》书影

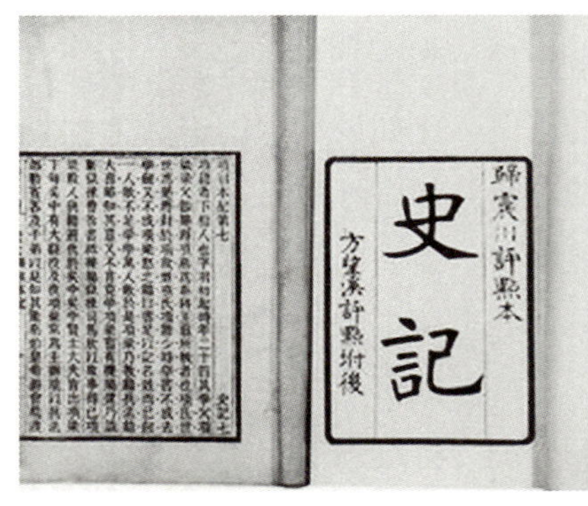

《史记》书影

我们根据司马光的指引，从一些史实谈起，总结领导者治国安邦的经验。

毛泽东曾说，中国有两部大书，一部是《史记》，一部是《资治通鉴》。曾国藩对《资治通鉴》非常器重，说这是一部经济天下就非要读的书。曾国藩曾说过，读书有两个门径，修身不外读经，经济不外读史。这个经济是经邦济国的意思，就是我们讲的治理、管理，不是economics。曾国藩的意思是，治理国家、经邦济世的书，没有哪一部超过《资治通鉴》。史部里有关于王朝兴衰、前贤往哲成败得失的记载。曾国藩还说了“窃以为先哲经世之书，莫善于司马文公《资治通鉴》”。曾国藩不是一般的人，毛泽东说他是对中国文化正宗“大本大源”把握的人。

1954年，毛泽东在与清华大学历史系毕业的高才生、时任北京市副市长的历史学家吴晗同志谈话时说：“《资治通鉴》这部书写得好。叙事有章法，历代兴衰治乱，本末毕具，读这部书，可以熟悉历史事件，从中吸取经验教训。”两年后，在周恩来总理亲自关怀下，顾颉刚、齐思和、聂崇岐、容肇祖等12名著名学者点校的《资治通鉴》标点本，由中华书局出版。

《史记》和《资治通鉴》，这两部书是不一样的。《史记》是中国正史的第一部纪传体史书，作者司马迁处于西汉汉武帝时期。此前史书都是私家修的，后得到王朝的认可。唐代设了史馆以后，国家都要为前朝修史。《史记》的宗旨是“究天人之际，通古今之变，成一家之言”。它是要探讨人类社会和自然之间的关系。为什么要读历史？司马迁讲了两句话：“居今之世，志古之道，所以自镜也，未必尽同。帝王者各殊礼而异务，要以成功为统纪，岂可绲乎？”（《高祖功臣侯者年表》序）“居今之世，志古之道”，当今之世应该了解此前古人的发展道路和历史经验作为自己的借鉴。“未必尽同”，古今未必一样，所以帝王各有各的理，各有各的事。“殊礼而异务，要以成功为统纪，岂可绲乎？”古今不能搞混了，所以既要借鉴历史，又要避免食古不化。司马迁这两段话，前面三句话讲他的志向，后面这两句话讲他对历史和现实的看法，是非常理智的。

（一）关于《资治通鉴》

《资治通鉴》究竟是一部什么样的史书？为什么毛泽东、周恩来这些杰出领导人如此重视呢？

《资治通鉴》是北宋司马光主持编纂的一部编年体通史，该书以时间为经，事件为纬，接续《左传》（《左传》的记载截至公元前403年），记载了从公元前403年“三家分晋”到公元959年五代终结长达1362年的兴亡史。全书计294卷300多万字。这一点与司马迁的纪传体史书《史记》从远古一直写到“今上”（汉武帝）有所不同。

司马光

编年体就是按照年代来编写的，如某年某月某日发生了什么事情，这种书编起来更不容易，因为容易写成流水账。但是《资治通鉴》读起来并没有这种感觉。它既有历史的发展脉络，对史实也交代得很清楚，这是司马光的高明之处。

司马光（1019—1086），今山西人。他在给宋神宗赵顼的信中，谈到编写宗旨时说："删削冗长，举撮机要，专取关国家盛衰，系生民休戚，善可为法，恶可为戒者，为编年一书，使先后有伦，精粗不杂。"自司马迁《史记》、班固《汉书》以来，史书之文字繁多，布衣之士都无法遍读。何况人主日理万机，更无暇周览。司马光编纂《资治通鉴》就是考虑到人君政务繁忙，渴望了解历史知识又无法通览现有史书的需求，因此删繁撮要，以编年的方式，编纂一部内容条贯、叙事清晰的简明通史；其内容与国家兴衰、民生休戚相关，其目的是为了借鉴历史上治理国家过程中兴衰成败的经验教训。宋神宗非常欣赏司马光编纂的这部史书，慨然为之作序。该书本名《通志》，神宗改赐佳名《资治通鉴》，取"鉴于往事，有资于治道"之意。这符合古代人治国和治学的宗旨。治学就是为了修身齐家治国平天下。司马光说，我现在"骸骨癯瘁，目视昏近，齿牙无几，神识衰耗，目前所为，旋踵遗忘"。他对自己描述得很清楚，说我现在老了，眼睛看不清了，牙齿也没几颗了，精神也不太好，刚刚做的事情转过脚就忘了。但是他强调，"臣之精力，尽于此书"，即我的精力都用在这本书上了。他希望皇帝能够有时间赐览，以"鉴前世之兴衰，考当今之得失，嘉善矜恶，取得舍非"。司马光是希望给领导提供借鉴，所以《资治通鉴》就问世了。

《资治通鉴》（以下简称《通鉴》）出来以后影响非常大，《通鉴》成了一家族。《通鉴》本身是模仿春秋《左传》的写作方式。《续资治通鉴》也是如此，此后还有《明通鉴》《清通鉴》，所以成了《通鉴》的一个系列。朱熹及其以后的学者觉得《通鉴》内容太多，又编成《通鉴纲目》《通鉴辑览》，都是按照《通鉴》的模式编的。《通鉴》

家族的一个偏支就是《通鉴纪事本末》。《通鉴》是按照年代编的，但是按照年代编也存在一些问题。比如说“安史之乱”八年，这八年记载了很多事是交叉在一起的。袁枢把《通鉴》重新编写，把《通鉴》的内容分成239个事目，只是按照事件的发生时间重新抄写了一遍，抄成了《通鉴纪事本末》。这本书非常好，因为读者按照事件来阅读，对于事件的历史发展脉络看得非常清楚。这又成了一个系列，有《宋史纪事本末》《元史纪事本末》《明史纪事本末》。1926年，《京报》请梁启超先生给大家推荐一些人文基本阅读书目，他当时推荐的就包括《资治通鉴》和《通鉴纪事本末》。总之，《通鉴》成书以后，成为皇家教育的必备教材之一。张居正曾专门给万历皇帝讲《通鉴》。现在也出版了《资治通鉴皇家读本》。

为什么毛泽东读《通鉴》17遍？因为他确实觉得《通鉴》有利于他借鉴历史经验。有时候他读着读着就忘了吃饭，忘了弹烟灰，真的是入迷了。这本书读进去以后，就能读出文字背后的智慧。

（二）《通鉴》提供的历史经验

《通鉴》它到底给我们提供了哪些历史经验呢？

司马光在这部书里面叙述了22个王朝的兴衰。第一个是东周，东周包括春秋和战国两部分。他是从战国开始写起。为什么从公元前403年开始写起？司马光有他的说法。秦汉统一的王朝，中间包括一个短暂的新莽和东汉。中国将近300年的分裂，除了西晋将近50年的统一以外，接着是魏晋南北朝。司马光非常讲究正统。他认为南朝是正统，西晋完了以后就是东晋南朝。北边是五胡十六国，接着是隋唐五代十国。五代包括梁、唐、晋、汉、周。在司马光记载的22个王朝里面，秦汉和隋唐是中国最重要的两个大一统的王朝，秦短暂，接下来是汉；隋短暂，接下来是唐。一汉一唐让中国的文化、历史、疆域都奠定了良好的基础。宋以后的历史《资治通鉴》里没讲。可以说是分久必合，合久必分。你看秦汉把春秋战国的乱象给统一了，秦是制度上统一，汉承秦制，各个方面都有发展。隋把魏晋南北朝将近300年的分裂统一了，但是隋很短暂，不过制度是隋朝建立的。唐进一步发展，将近300年的天下。五代十国都是分裂的，宋、辽、金、夏更是如此。元、明、清又是统一的，其中明、清各有260年左右的历史。中国历史确实是在这样一个循环方式下进行的，但是每一次分裂都有更高一级的统一国家出现。

司马光总结出什么经验呢？他说领导是关键，人君是核心。他特别强调一个领导者的历史责任感、使命感。人君的才能、素质和品德对国家兴衰产生了重要影响。我们说天下兴亡、匹夫有责。司马光说不，“人君”应该有更主要的责任。他把领导分成五个不同的类型。他在《资治通鉴》里面没有明确的分类。但是他在给哲宗皇帝编的《资治通鉴》的一个简本叫《历年图》中，记载了从战国到五代末1362年的历史，与《资治通鉴》是完全一样的年代记法。在这里面他说领导有五种：一为创业之君，智勇冠群；二为守成之君，中等才能，而能自我约束；三为陵夷之君，中等才能，但不能自修；四为中兴之君，才能过人且善自强；五是乱亡之君，下愚而不可改移者。他把这1362年的20多个君主分成这几种，他认为创业之君，如汉高祖、汉光武、隋文帝、唐太宗等；守成之君，如汉文帝和汉景帝；中兴之君，如汉宣帝；至于“习于宴安，乐于怠惰，人之忠邪，混而不分，事之得失，置而不察，苟取目前之佚，不思永远之患”，使“祖考之业”日趋颓下的陵夷之君，像西汉的元帝、成帝，东汉的桓帝、灵帝，都属于这一类；最糟糕的是乱亡之君，他们“心不入德义，性不受法则，舍道以趋恶，弃礼以纵欲，谗谄者用，正直者诛，荒淫无厌，刑杀无度，神怒不顾，民怨不知”，像陈后主、隋炀帝等就是最典型的例证。“性不受法则”这几个字大家别小看了，“依法治国”这四个字是法家提出来的，韩非子就提倡依法治国。中国古代是讲法的，但是法是在人治的基础上。圣君贤相都受法则的约束，昏君奸相全当无法，不受法制约束。但是在国家治理过程当中有明确法律。帝王因为不受法律约束，所以荒淫无厌、刑杀无度，民怨沸腾，国家自然就灭亡了。《资治通鉴》正面褒扬了唐太宗那样的仁明之君，批判了隋炀帝那样的荒淫之主，记述了刘邦等创业者的艰难，揭露了秦二世等乱亡者的无耻。一部《资治通鉴》描写了众多帝王五种不同的众生相，也留下了厚重的历史经验教训。

隋炀帝杨广

司马光的评论往往用“臣光曰”的形式。他在给宋神宗的上疏里说，“臣平生所学所得至精至要者”就在这儿。他所指是：第一修心。修心有三个要点，治国有三个要点。修心三个要点是仁、明、武，治国三个要点是用人、信赏、必罚。仁、明、武是古汉语的词汇，1954年搞白话文后就很少用了。什么叫仁？我们现在也使用仁义、为富不仁或者宅心仁厚等词汇，但是词义与古代相比已经发生了变化。我们现在更多时候是使用政治素质、思想素质。我们目前对古人的词汇内涵已经比较陌生了，但它的内容指向还是很值得我们借鉴的。他说这六件东西，我过去献给仁宗皇帝，又献给英宗皇帝，现在又献给陛下神宗皇帝，我平生所学至精至要都在这儿。《资治通鉴》提供什么历史经验呢？司马光认为：

> 臣闻修心之要有三：一曰仁，二曰明，三曰武。仁者，非妪煦姑息之谓也。修政治，兴教化，育万物，养百姓，此人君之仁也。

人君要具备三条关键品质：仁、明、武。治国的关键三条是：用人、信赏、必罚。所谓“妪煦姑息之谓也”，妪是老妪，煦是和煦，春风和煦，姑息就是不忍心原地处罚，叫姑息养奸。他不是指的婆婆妈妈那种，或者韩信说的妇人之仁，而是讲修政治、兴教化、育万物、养百姓，这才是人君之仁。所谓仁就是讲政治影响力。什么是政治影响力呢？就是跟着领导干这件事的理由。领导得让别人认同你或者服从你的领导力，争取民心。争取民心有哪几条呢？包括“修政治，兴教化，育万物，养百姓，此人君之仁也”。就是要加强教育，重视教育，重视民生，让老百姓肯跟着你走。这是讲政治，实际上就是政治影响力。古人的仁更多包括爱民、养民。什么叫人君之明呢？不是烦苛伺察的意思，而是知道义、识安危、别贤愚、辨是非，主要是指有判断力，辨别是非、察觉安危、识别人才贤愚忠奸的能力。人君如果是非不分、忠奸不分是不行的。什么是人君之武呢？“武者，非强亢暴戾之谓也。惟道所在，断之不疑，奸不能惑，佞不能移，此人君之武也。”奸不能惑，佞不能移，用现代汉语来讲就是决策能力和付诸实施的能力。人君在这三个方面都兼备了，国家就强大了，缺一个衰，缺两个危，缺三个国家就灭亡了。

治国也有三条。那么人君如何来治国呢？司马光说：

> 治国之要亦有三，一曰官人，二曰信赏，三曰必罚。

官人是指干部的任用，赏罚就是激励机制，就是如何鼓舞下属去认真做事。如果说仁、明、武是领导人的内在品质，那么官人、信赏、必罚则是外在治理手段。这些治理手段的一个交集就是“用人”。这其中包含了法家的思想。法家讲信赏必罚。这是韩非子的话，“必罚明危、信赏鉴能”。习近平在党的干部会议上的讲话有一次提到三刘：刘邦（西汉缔造者）、刘秀（东汉缔造者）、刘备（蜀汉缔造者），其实这三个人自身没什么特别高超的本事，他们的本事就是让那些有本事的人全心全意地为他们去做事。如何让下属全心全意去做事呢？领导要有激励机制，激励下属为你去做事，所以古人就讲信赏必罚。今天的激励机制应该是多方面的。所以司马光讲，“何谓人君之道一？曰：用人是也”，关键是用人的问题，所以用人是人君之道的核心。司马光把用人得失看作治国安邦的关键，认为善于用人是人君治国的不二法门。“臣光曰：昔周得微子而革商命，秦得由余而霸西戎，吴得伍员而克强楚，汉得陈平而诛项籍，魏得许攸而破袁绍。彼敌国之材臣，来为己用，进取之良资也”（《通鉴》卷一百二）。人才的向背决定国家兴衰。关键是用人，人君之道一，就是用人。用人是关键。

但是怎么样去用人呢？那就要识人、知人，司马光把选拔人才放在突出的位置。他说：“为治之要，莫先于用人，而知人之道，圣贤所难也。”譬如，如果根据名声来选拔人才，就会出现竞相博取声名而善恶混淆的状况；如果根据档案上的政绩来选拔下属，则巧诈横生而真伪相冒。说到底，最根本的解决办法在于领导者“至公至明而已矣”。领导者只要出以公心，明察是非优劣，不以亲疏贵贱或个人喜怒好恶改变自己的判断，就一定能选拔到合适的人才。

如何知人？行胜于言。譬如说，“欲知治经之士，则视其记览博洽，讲论精通，斯为善治经矣；欲知治狱之士，则视其曲尽情伪，无所冤抑，斯为善治狱矣；欲知治财之士，则视其仓库盈产，百姓富给，斯为善治财矣；欲知治兵之士，则视其战胜攻取，敌人畏服，斯为善治兵矣。至于百官，莫不皆然”（《通鉴》卷七十三）。“行胜于言”，司马光在实践中考察人才、按照政绩选拔人才的观点，对于我们今天领导者用人也很有启发。

袁绍

《通鉴》反复记载了历史上创业君臣用人上的成败得失。为什么强盛的秦朝和隋朝都二世而亡？《通鉴》突出了其用人上的严重错误。秦二世偏信赵高，“天下溃叛，不得闻也”；“隋炀帝偏信虞世基，而诸贼攻城剽邑，亦不得知也”。用人要赏罚分明：“夫有功不赏，有罪不诛，虽尧、舜不能为治，况他人乎！”用人要充分信任人，敢于授权：“疑则勿任，任则勿疑。”

《通鉴》记载了一些相关的故事。《通鉴》卷九、卷十、卷六十三记载，魏得许攸破袁绍，汉得陈平诛项羽。许攸本来是袁绍的部下，但是袁绍言不听计不从。许攸建议他看好乌林的粮草，但是袁绍不接纳。许攸建议曹魏在官渡，袁绍可以出一支骑兵去袭其老巢，到许昌把汉献帝拿下。袁绍还是不听从。领导如果对是非、安危搞不清楚是不行的。许攸投奔曹操，曹操来不及穿鞋子赤着脚就迎出来了。许攸问曹操，你现在有多少粮？曹操撒谎，说差不多有够吃一年的粮。许攸说你说实话，曹操说差不多半年吧。后来曹操不得不说实话，只有半个月的粮草了。许攸告诉他，你现在去攻袁绍的粮仓。曹操马上采纳，结果取得了成功。项羽也不采纳陈平的建议，结果陈平到刘邦那里得到重用。领导如果忠奸贤愚分辨不清楚肯定是不行的。所以司马光讲的这三点确实是核心问题，领导懂不懂政治，是否懂得争取民心，有没有判断力，决断以后能否马上采取措施。领导不能光看到问题而不能采取措施。

古人治国是很有传统的。我们现在讲管理总是习惯去向西方学，其实可以先把中国祖先的优秀经验学来。因为西方与中国不一样，古今也有很多情况差异。中国特色社会主义，就是因为其特色才不一样。我们有一套治国的理念和治国的办法，这些跟今天的治国领导学、管理学是相通的，既有共性也有个性。

司马光在《通鉴》里讲的第一个故事把刚才讲的这些道理都写进去了。这个故事讲的是智伯覆亡的故事，故事里出现了韩康子、魏桓子、赵襄子三家分晋的领导人。韩康子相段规，魏桓子相任章，智伯的谋士絺疵。相是诸侯国的宰相，下一级叫宰。司马光写《通鉴》第一个故事的第一句话就是“初命晋大夫魏、赵、韩为诸侯”。这是公元前403年。这一句话司马光做了一个长篇议论，这个议论太重要了。这是从分封制到封建社会的一个转折点，郭沫若谈到奴隶社会和封建社会的分期，也是从战国时开始的。“臣光曰：臣闻天子之职，莫大于礼，礼莫大于分，分莫大于名。何谓礼？纪纲是也。何谓分？君、臣是也。何谓名？公、侯、卿、大夫是也。夫以四海之广，兆民之众，受制于一人，虽有绝伦之力，高世之智，莫不奔走而服役者，岂非以礼为纲纪哉？……故三晋之列于诸侯，非三晋之坏礼，乃天子自坏之也。”毛泽东说，之所以从周威烈王二十三年写起，是因为这一年中国历史上发生了一件大事，或者说是司马光认为发生了一件大事。这年，周天子命韩、赵、魏三家为诸侯，使原先不合法的三家分晋变成合法的了。司马光认为这是周室走向衰落的转折点。“非三晋之坏礼，乃天子自坏之也”。选择这件事为《通鉴》的首篇，开宗明义，与《通鉴》的书名完全切题。臣下做得不合法，天子还承认，那是没有原则，没有是非。无是无非，当然非乱不可。因为封建制度被破坏了，整个社会发生了大变革。毛泽东专门谈了这件事，他说为什么司马光从这一年开始写，因为这一年发生了一件大事。司马光认为的这件大事就是春秋战国的分期，也是奴隶社会、封建社会的分期。“非三晋之坏礼，乃天子自坏之也。”制度有问题不是三晋的坏，而是天子的坏，因为三晋本是大夫，现在他们想当诸侯，天子就任命他们为诸侯，不是承认他们的胡来吗？后来大夫把晋国给分了，他们自己成了诸侯，相当于一个地区闹独立。司马光认为这是大事，这个变革影响了后来的历史发展。

下面接触一下原典。司马光讲的仁、明、武这三点在这个故事中都可以体现出来。智伯向韩康子要地，韩康子不想给。韩康子的相段规就劝韩康子，智伯好利而且刚愎，你不给他就会讨伐你，不如给他。他必定会向别人再要地。别人如果不给，他必然举兵相向，我们就能免于祸患静观事情的变化。这相当于把祸水引向别人了。康子说好。如果康子不给的话，智伯就会攻打康子。智伯势力强大是很危险的。段规把这个危险告诉了康子，康子采纳了。康子虽然不知道危险，但是他能够做出判断。智伯得寸进尺，又向魏桓子要地，魏桓子也不想给地。魏桓子的相任章劝说魏桓子把地给智伯。魏桓子说，智伯无故向我要地，我为什么要把地给他？任章说您说的不错，智伯无故来索地，诸大夫一定会害怕。我们给他地，智伯会更加骄傲，智伯骄傲了就会轻敌，诸大夫因为害怕，关系会更加密切，以诸侯团结相亲的军队去对付轻敌的人，智氏之命必不长矣。《周书》上说，“将欲败之，必姑辅之，将欲取之，必姑与之”。任章说，我们选择可以交往的人谋划去如何对付智氏，否则的话我们就是智氏刀上的肉。桓子说好，又给智伯一万户人家的城邑。魏桓子也懂得把祸水往外引，而且他很清楚，让智伯更加骄横，其他人也就害怕了，就可以联合起来对付他，这就是懂得明和武。“伯又求蔡、皋狼之地于赵襄子，襄子弗与。智伯怒，帅韩、魏之甲以攻赵氏。襄子将出，曰：吾何走乎？从者曰：长子近，且城厚完。襄子曰：民罢力以完之，又毙死以守之，其谁与我！从者曰：邯郸之仓库实。襄子曰：浚民之膏泽以实之，又因而杀之，其谁与我！其晋阳乎，先主之所属也，尹铎之所宽也，民必和矣。乃走晋阳。”赵襄子不愿意把地给他，智伯大怒，帅韩、魏之甲以攻赵氏。韩、魏对智伯心怀不满，怎么会与智伯一心呢？这其实就像前秦苻坚带着姚苌去打东晋一样。赵襄子就逃跑了。他说我能往哪跑呢？随从们说，山西的长子近，而且长子的城池很厚且完整。赵襄子说，“民罢力以完之”。罢就是疲。老百姓费力、尽力来修筑这个城池，你又让他们用命以死相守，谁会来守呢？随从又说，邯郸的仓库很丰实。襄子说，邯郸的仓库怎么会丰实？邯郸的钱库不就是老百姓的钱吗？现在我到那里去，让百姓们去守城，等于就是让他们去送死一样，谁会跟我们一起？襄子说，也许晋阳是最好的。因为我的先人在这里有恩德，而且那里的领导对老百姓非常宽厚，老百姓一定会与我一条心。所以他就逃到晋阳去了。三个不同的城池，长子城池强但是民心不可用，邯郸粮食多但民心同样不可用，晋阳因为领导宽厚所以民心才真正可用。

三家以国人围而灌之，城不浸者三版。沈灶产蛙，民无叛意。智伯行水，魏桓子御，韩康子骖乘。智伯曰：“吾乃今知水可以亡人国也。”桓子肘康子，康子履桓子之跗，以汾水可以灌安邑，绛水可以灌平阳也。絺疵谓智伯曰：“韩、魏必反矣。”智伯曰：“子何以知之？”絺疵曰：“以人事知之。夫从韩、魏之兵以攻赵，赵亡，难必及韩、魏矣。今约胜赵而三分其地，城不没者三版，人马相食，城降有日，而二子无喜志，有忧色，是非反而何？”

三家用水来灌晋阳，城池只有三版的位置没有进水。灶膛里青蛙跑来跑去，但是“民无叛意”。为什么民无叛意？因为这里的百姓感恩赵国的先人，而且这里的长官尹铎又宽厚。百姓对政府没有不满意之处。智伯行水，魏桓子御，韩康子骖乘，可见智伯很骄傲。司马光通过简单的一句话就把智伯的骄傲描述得淋漓尽致。智伯说，我今天才知道水也可以把一个国家灭亡了，可见智伯非常狂妄。桓子用胳膊肘碰了一下康子，康子用脚踩了一下桓子。这两个人心想，这次把赵国灭亡了，下次就轮到我们了。絺疵是智伯的一个谋士，他告诉智伯，韩、魏必定会反叛的。智伯说，你是怎么知道的?絺疵说，这是一个平常人的正常反应。韩、魏出兵与我们一起攻赵国，赵国灭亡了，下次就必然轮到他们了，这是明摆着的道理。我们相约把赵国打败以后，三分其地。如今已经到了如此地步，赵国人和马互食，城降有日，但是他们并没有特别高兴的样子。絺疵确实是一个智能之士，他能以情理度之，猜测这两位要背叛。那么智伯怎么做的呢？智伯把絺疵的话告诉了二子。这两人说这是谗臣得了赵氏的好处为赵氏游说，使你怀疑我们而放松对赵国的进攻，如果不是这样的话，我们两家怎么会无视即将得到的好处，而背叛你是又危险又困难且完全做不成的事。絺疵进来后问智伯，你怎么把我的话告诉这两位了呢？絺疵说，我看见他们出来的时候眼睛都不敢看我就快步走了，我就知道你告诉他们了。智伯不采纳絺疵的建议，还傻乎乎地告诉人家。絺疵知道智伯要灭亡了，他就找个机会出使到齐国去了。韩、赵、魏深知唇亡齿寒的道理，联合起来攻打智伯，智伯被灭亡了。同样是谋臣，那两家君主就能听进去劝谏而且采取了措施。智伯的属下并不是不聪明，也不是没能力指出危险所在，但是智伯既不明又不武，判断不出安危，所以智伯的下场悲惨。司马光给我们讲的这个故事，他没有做出任何评论，但故事已经写得很清楚了，谁赢谁败，为什么成为什么败。司马光的写法大多数都是这样，他将仁、明、武和官人、信赏、必罚讲得很清楚。《通鉴》中每个故事都不一样，但是归结到最后是司马光总结的经验。

二、“千古兴亡多少事”

我主要选取了秦汉和隋唐这两个重要朝代的一些事，把司马光给我们道出的历史情境做一个分析。我们将1300多年的历史分为先秦时期、秦朝和楚汉相争时期、西汉时期、东汉时期、魏晋南北朝时期和隋唐五代时期。在此不能一一讲述王朝的兴衰，我们把《通鉴》里提供的最重要的史鉴进行分析。

司马光分析了人才问题、决策问题和接班人问题。这些问题的处理经验对今天仍有意义。

秦始皇嬴政

（一）人才问题

第一个问题，为什么是秦朝统一天下？

先看秦的发展历史。秦是古代西边很落后的一个国家，是接近蛮夷的地方。它的发展有三个关键时期。第一个是公国时期，秦襄公是诸侯王。第二个是王国时期，秦孝公是王。第三个是帝国时期，秦始皇是皇帝。秦朝兴起的关键原因是拥有人才。秦穆公、秦孝公、秦王政这三个王都很重要。秦得由余而霸西戎。由余是西戎的一个人才，出使到秦国。秦穆公跟他谈了以后大吃一惊，心想西戎有这样的人才是我国之忧。那怎么把由余弄过来呢？秦国人最毒的计策就是反间计，反间计就是使戎王不信任由余，由余就逃到秦朝来辅佐秦穆公。百里奚本来是楚国人，楚国不用他，他就到了虞国。虞国是一个小国，他在那里被推荐为一个大夫。虞国国王做了一个愚蠢的决定，“唇亡齿寒”的典故也是从这儿来的。晋国要讨伐虢国，想从虞国借道去消灭虢国。虞和虢都是小国，同盟关系。虞国国王为了得到晋国的利益就同意让晋国打虢国。百里奚就说，怎么能这样呢？唇亡齿寒，虢国被消灭了下次就轮到我们了。虞国国君不明白这个道理，贪恋晋国送的财富和古玩。最后虢国和虞国都被灭亡了，百里奚也成了奴隶，逃到了楚国。楚王让他去养牛。秦穆公听说百里奚是能人就想把他引渡回来。别人告诉他，你把他引渡回来就相当于告诉楚国他是人才了，所以你不能把他引渡回来，用五张公羊皮把他换回来就行了。百里奚被换回来后得到了重用，又把中原的文化引到了秦国。秦国后来陆续又得到了范雎、商鞅、王翦等人才。六国中有五个国家是王翦灭的。商鞅的改革使秦国真正走上了发展的道路。《通鉴》记载了一些事情，一个叫郑国的人被秦国引进来修渠。结果修了几年用了好多民工，最后发现他是六国派来的一个奸细，用修水渠的办法让秦国劳民伤财，没有精力去攻打六国了。秦始皇发现后很生气，想把他处死。郑国说，渠马上就修好了，这个渠非常有利于农业生产。秦始皇不仅没杀他，还命令他继续修渠，这个渠就叫郑国渠。但这件事提醒了秦国人，使秦国认为六国来的人才都是别有用心的，所以秦王政就下了逐客令，把六国人才都赶走了。李斯上疏，说明人才不能这样用。秦王政能听进去劝告，马上采纳了李斯的建议，“王乃召李斯，复其官，除逐客之令。李斯至骊邑而还。王卒用李斯之谋，阴遣辩士赍金玉游说诸侯，诸侯名士可下以财者厚遗结之，不肯者利剑刺之，离其君臣之计，然后使良将随其后，数年之中，卒兼天下”（《通鉴》卷六）。秦国还派遣辩士带着金银财宝到六国游说诸侯，对于诸侯名士可下以财者收买。如果有才之人不肯接受收买，就把他刺死，或者用离间计离间君臣关系。秦国的人才战略就是如此。数年之中，秦国统一了天下。

秦国在灭六国的时候，遭到六国的联合抵抗。公元前260年，长平之战秦国坑掉了赵国40多万降卒，引起东方六国的害怕。它们团结起来联合对付秦国，最后还真有效果。信陵君“窃符救赵”就是一个例子。信陵君是反秦最激烈、最成功的一个人。魏信陵君“窃符救赵”后，被任命为上将军，也就是做军事最高统帅。秦朝派人拿着钱去离间魏王与信陵君的关系。信陵君为了救赵国，把晋鄙杀了。晋鄙的家人到处游说，公子在外十几年，现在在位将军诸侯都听他的，天下都知道信陵君而不知道有魏王。秦王又总是派人给信陵君写贺信，问信陵君你当魏王没有。“魏王日闻其毁，不能不信，乃使人代信陵君将兵。信陵君自知再以毁废，乃谢病不朝，日夜以酒色自娱，凡四岁而卒”（《通鉴》卷六）。赵国的廉颇也是被秦国用这样的办法除掉的。最后六国没办法了，燕太子丹派荆轲去刺秦王，司马光非常不满意，做一个评论，“且夫为国家者，任官以才，立政以礼，怀民以仁，交邻以信。是以官得其人，政得其节，百姓怀其德，四邻亲其义。夫如是，则国家安如磐石，炽如焱火。触之者碎，犯之者焦，虽有强暴之国，尚何足畏哉！丹释此不为，顾以万乘之国，决匹夫之怒，逞盗贼之谋，功隳身戮，社稷为墟，不亦悲哉！”（《通鉴》卷七）

荆轲刺秦王

对于秦朝的灭亡，各种历史书中都讲了很多。贾谊在《过秦论》

中说："秦以区区之地致万乘之权，招八州而朝同列，百有余年，然后以六合为家，殽、函为宫。一夫作难而七庙堕，身死人手，为天下笑者，何也？仁义不施而攻守之势异也。"（《资治通鉴》卷九）柳宗元说："失在于政，不在于制。"秦朝的制度在汉朝已然得到了延续。政出了什么问题？就是"仁义不施而攻守之势异也"，失去了民心。其中也有人才问题。什么人才问题？秦始皇统一了六国以后再不用六国的人才。他对六国的人才不放心，担心六国的人复辟。六国的臣民对秦始皇都很憎恨，张良曾经派人用椎击秦始皇。秦帝国皇帝接班人危机和秦帝国高层管理者内部的矛盾也是其灭亡的重要原因。

第二个问题，为什么刘邦赢了项羽？

1964年元旦过后不久，毛泽东在党的高级干部会议上谈到领导用人的问题，他就以刘邦和项羽为例。从公元前206—前202年，刘、项之间大战40多场，小战70多次，刘邦从来没赢过。刘邦输到什么程度？他的父亲都被项羽抓走了。项羽问刘邦你投降不投降，你不投降的话我就把你父亲给烹了。刘邦跟项羽耍赖说，咱们是结拜兄弟，我的父亲就是你的父亲，你把咱父亲烹了可别一个人吃了，给我留一杯。最后为什么刘邦当天子，项羽却自刎乌江？刘邦自己也曾经提出这个问题。他问"吾所以有天下者何？项氏之所以失天下者何？"当时群臣讲了各种理由。刘邦说你们只知其一不知其二。他讲了这一段话："夫运筹帷幄之中，决胜千里之外，吾不如子房；填（镇）国家，抚百姓，给饷馈，不绝粮道，吾不如萧何；连百万之众，战必胜，攻必取，吾不如韩信。三者皆人杰，吾能用之，此吾所以取天下者也。项羽有一范增而不能用，此所以为我禽也。"（《资治通鉴》卷十一）刘邦有自知之明，一连讲了三个不如。但是他很清楚谁是人才，如何使用这些人才，所以他取得了天下。而项羽连个范增都不能用，所以败给了刘邦。所以领袖的基本素质之一是会用人。

项羽在他被围困的时候冲出去杀了很多人，大呼"此天之亡我，非战之罪也"。刘邦与韩信交流时说："丞相数言将军，将军何以教寡人计策？”信辞谢，因问王曰：“今东乡争权天下，岂非项王耶？”韩信就问刘邦，“大王自料，勇悍仁强孰与项王？”汉王默然良久，曰：“不如也。”信再拜贺曰：“惟信亦以为大王不如也。然臣尝事之，请言项王之为人也。项王喑噁叱咤，千人皆废，然不能任属贤将，此特匹夫之勇耳。项王见人，恭敬慈爱，言语呕呕，人有疾病，涕泣分食饮；至使人有功，当封爵者，印刓敝，忍不能予，此所谓妇人之仁也。项王虽霸天下而臣诸侯，不居关中而都彭城；背义帝之约，而以亲爱王，诸侯不平。逐其故主而王其将相，又迁逐义帝置江南；所过无不残灭，百姓不亲附，特劫于威强耳。名虽为霸，实失天下心，故其强易弱。”韩信分析了勇悍、仁慈、强大，刘邦与项王谁更高一筹？刘邦默然良久，承认均不如项羽。但是韩信分析了“项王是匹夫之勇，妇人之仁”。什么叫匹夫之勇，妇人之仁？项王见人恭敬慈爱，言语呕呕，人有疾病把吃的喝的分给别人。但是如有臣下有功当封爵者，官印都已经做好了他舍不得给别人，所以是妇人之仁。

刘邦

项羽

放逐义帝，失天下之心。他放逐义帝，在政治和道义上失分，任人唯亲，不能团结诸侯，火烧阿房宫，残暴不仁。韩信分析了项羽这三个弱点。所以讲政治主要是讲人心。西汉学者扬子说：“天曷故焉！”项羽失败，天有什么责任？司马温公说“何预天事”，跟天有什么关系？所以项羽死时都不知道他怎么败的。刘邦很清楚赢在人才上。

汉武帝在为政用人方面也有非常清醒的认识。汉武帝当了50多年皇帝，真正让中国走上了制度建设。从制度建设，到疆域的拓展都是汉武帝的功劳。所以毛泽东说“秦皇汉武唐宗宋祖”是有道理的。汉武帝敢于使用各种人才。他在文化上独尊儒术。军事上的人才有卫青、霍去病。卫青是一个家奴出身。霍去病去世的时候才20多岁。外交人才有张骞。科技人才有赵过。托孤的霍光也是人才。汉武帝曾有这样一段话，也是《资治通鉴》留给我们的。他说：“盖有非常之功，必待非常之人。故马或奔踶而致千里，士或有负俗之累而立功名。夫泛驾之马，跅弛之士，亦在御之而已。其令州、郡察吏、民有茂才、异等可为将、相及使绝国者。”（《通鉴》卷二十一）这话的意思是，我要立非常之功绩就要用不一般的人才，所以他令地方推察有特殊才能的人。有些人如不好驾驭的马，有放荡不检点的毛病，关键是怎么使用他们。汉武帝这个用人政策司马光也非常赞赏。所以司马光特别加了一个评论：“天下信未尝无士也！武帝好四夷之功，而勇锐轻死之士充满朝廷，辟土广地，无不如意。及后息民重农，而赵过之俦教民耕耘，民亦被其利。此一君之身趣好殊别，而士辄应之，诚使武帝兼三

汉武帝刘彻

王之量以兴商、周之治，其无三代之臣乎！”（《通鉴》卷二十二）上有什么样的政策，下就会出现什么样的人才。武帝好仁治，自然会有伊尹、周公之辈应命而生出来辅佐；武帝好长生不老，方士因此而进，因而有巫蛊之祸。司马光最后归结到还是领导。唐太宗在用人方面也是很有见地。他主张：用人如器，各取所长。“上令封德彝举贤，久无所举。上诘之，对曰：非不尽心，但于今未有奇才耳。上曰：君子用人如器，各取所长，古之致治者，岂借才于异代乎？正患己不能知，安可诬一世之人！德彝惭而退”（《通鉴》卷一百九十二贞观元年）。唐太宗让封德彝推荐人才，好长时间都没有人被推荐，唐太宗问他为什么？封德彝回答说：不是我不尽心，而是看见的都是普通人，没什么奇才义士。唐太宗很生气，说君子用人就像工匠用锤子、剪刀，都是各取所长，古代得天下大治，我也不能到古代去借人才，是你自己不知道人才，怎么能诬当今之世没有人才？《贞观政要》也说：用人如器。唐太宗强调用人关键是用其所长，容人之短。东方朔跟汉武帝讲，“水至清则无鱼，人至察则无朋”。水太干净了就没有鱼了，把一个人的缺点看得太清楚就没有朋友了。

汉武帝说疑人要用，用人要疑，只要在用人的时候有制度约束就行。房玄龄是唐太宗的宰相，唐太宗当了23年的皇帝，房玄龄当了21年的宰相。尉迟敬德因为房玄龄窝囊看不起他。唐太宗曾赏赐两个女伎给房玄龄，房玄龄因为惧内而坚决不要，吃醋的典故也是从这得来的。但是唐太宗并不因为房玄龄性格窝囊而不让他做宰相。他给他儿子写了一篇文章叫《帝范》，讲做皇帝的规范。其中有一段专门讲用人，他说：

> 故明主之任人，如巧匠之制木。直者以为辕，曲者以为轮，长者以为栋梁，短者以为栱桷。无曲直长短，各有所施。明主之任人亦犹是也。智者取其谋，愚者取其力，勇者取其威，怯者取其慎。无智愚勇怯兼而用之。故良匠无弃材，明君无弃士。

这段话的意思是，明主用人就像巧匠处理木材一样，直的做车辕，弯曲的做车轮，长的做栋梁，短的做栱桷，取之长短，各有所施。明主用人也是这样，有智能的取其谋略，有勇力的取其威猛，胆小怕事的取其谨慎。比如《西游记》，唐僧矢志不渝，有使命感；孙悟空武艺高超，能打走妖怪；猪八戒信息灵通，知道哪里有水哪里有食物；沙和尚忠诚、可靠、稳当，所以他管理盘缠、官文。这些都是关于用人的问题。

（二）决策问题

决策就是此前提到的判断力、决断力。《资治通鉴》记载，有一次唐太宗跟大臣讨论隋文帝。唐太宗问房玄龄、萧瑀：“隋文帝何如主也？”对曰：“文帝勤于为治，每临朝，或至日昃，五品已上，引坐论事，卫士传餐而食；虽性非仁厚，亦励精之主也。”唐太宗问房玄龄隋文帝是个怎样的领导。房玄龄等回答说，文帝勤勉努力，每天工作到很晚，算是个励精图治之主。唐太宗对这个回答很不满意，说你们只知其一不知其二。唐太宗指出文帝的几点错误：第一，文帝性格多疑，“事皆自决，不任群臣。天下至广，一日万机，虽复劳神苦形，岂能一一中理”！第二，群臣既知其刚愎自用，都唯唯诺诺，虽有错误，莫敢谏争，“此所以二世而亡也”。

房玄龄

唐太宗说，我就不是这样的，“朕则不然。择天下贤才，置之百官，使思天下之事，关由宰相，审熟便安，然后奏闻。有功则赏，有罪则刑，谁敢不竭心力以修职业，何忧天下之不治乎！”唐太宗的意思很清楚，用好人才然后让大家各司其职，用激励和赏罚分明的制度来驾驭他们。他拥有杰出的领导才能。

唐太宗说："朕少好弓矢，得良弓十数，自谓无以加，近以示弓工，乃曰皆非良材。朕问其故，工曰：木心不直，则脉理皆邪，弓虽劲而发矢不直。朕始寤向者辨之未精也。朕以弓矢定四方，识之犹未能尽，况天下之务，其能遍知乎！"（《通鉴》卷一九二贞观元年）唐太宗说，我从小喜欢弓箭，骑马射箭打天下的。他的家庭也有很好的射箭传统。唐太宗说，我有很多自以为好的弓箭。当我问工匠我收藏的弓箭如何时，工匠说你的弓箭木心不直，纹理是斜的，纹理斜弓虽刚劲但发出的箭就不直了。我是靠弓箭打天下定四方的，但是我对弓箭还是看不准，所以我不能什么都管。唐太宗有很强的反省能力，能从日常生活的小事中有所领悟。唐太宗设置了皇帝接待日，五品以上的官员均能受到接待。

司马光讲到用人，强调的是领导能力。什么是领导能力？领导能力就是用人做事的能力。《吕氏春秋》中说："贤主劳于求贤，而逸于治事。"高明的领导者（所谓贤主）是教练员不是运动员，是用人之人不是做事之人，追求组织绩效不是个人绩效，提升领导能力不是业务能力，创造环境、提供服务不是直接创造效益。反面的教材如晚年的诸葛亮，"夙兴夜寐，罚二十以上，皆亲览焉"。处罚二十鞭子以上的案子，诸葛亮都要亲自审批。古人的刑罚分笞、杖、徒、流、死。抽鞭子是最轻的刑罚。主簿杨颙就劝诸葛亮："流汗终日，不亦劳乎！"诸葛亮说："吾非不知，但受先帝托孤之重，唯恐他人不似我尽心也。"他认为先帝刘备托孤给他，责任重

唐太宗李世民

大，所以他事必躬亲。最后什么结果？二世而亡。秦始皇也是二世而亡。秦始皇也是很勤勉的皇帝。《史记》记载，秦始皇每天处理120石的公文，其重量相当于今天480斤。结果秦始皇50岁就驾崩了。隋文帝每天也是非常忙碌，结果国家也是二世而亡。为何皇帝勤勉而国家二世而亡？因为领导有领导的职责。基层干部要会做事，勤勉业绩，能够执行上面的意图，在细节上花功夫。中层干部要做人，善协调，把上面的意图变成具体的方案，出效率。高层领导像秦始皇、诸葛亮，要有胆识，学会超脱，追求做事的价值。

西方“管理学之父”泰勒的《科学管理原则》奠定了西方管理学的基础。他提出了“例外原则”。什么叫例外原则？高层领导日常事务不要管，让别人去做。领导要管理例外的事情，如重大的人事布局和方向性的决策。所以唐太宗常讲“无为而治”，与泰勒的例外原则有异曲同工之妙。什么叫“无为而治”？唐太宗对房玄龄说：治国之要，在于量才授职，精简官员，“使得各当所任，则无为而治矣”（《贞观政要》择官第七）。领导者要“审时度势，运筹帷幄”，提升驾驭全局的能力，把权力授予信任的人，这样才能做到仁、明、武。秦始皇、隋文帝、诸葛亮在领导艺术上都出了问题，他们管了本该下属做的具体事情，结果越忙越糟。这是很值得我们借鉴的。如果一个高层领导，每天手机关不了忙忙乎乎的，那肯定是不行的。韩非子也有类似的表述。他说：“下

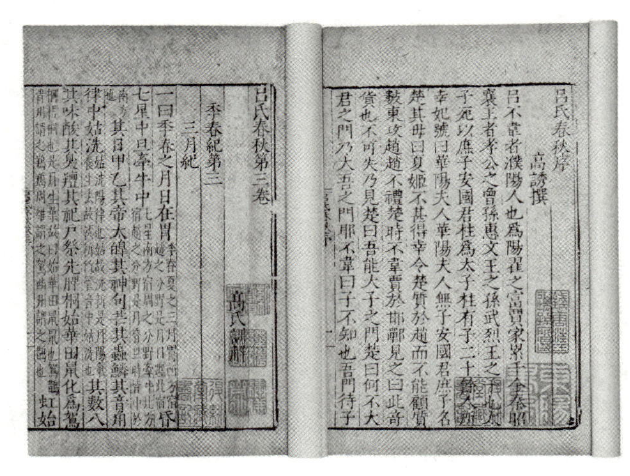
呂氏春秋序
高誘撰
呂不韋者濮陽人也爲陽翟之富賈家累千金秦昭
襄王者孝公之曾孫惠文王之孫武烈王之子也太
子死以庶子安國君柱爲太子柱有子二十餘人所
幸妃號曰華陽夫人華陽夫人無子安國君庶子名
楚其母曰夏姬不甚得幸令楚質於趙而不能顧質
數東攻趙趙不禮楚時不韋賈於邯鄲見之曰此奇
貨也不可失乃見楚曰吾能大子之門楚曰何不大
君之門乃大吾之門耶不韋曰子不知也吾門待子

呂氏春秋第三卷
高氏訓解
季春紀第三
三月紀
一曰季春之月日在胃
七星中旦牽牛中
南方其日甲乙其帝太皞其神句芒其蟲鱗其音角
律中姑洗其數八
其味酸其臭羶其祀戶祭先脾桐始華田鼠化爲鴽
虹始

《吕氏春秋》书影

君，尽己之能。中君，尽人之力。上君，尽人之智。”领导要学会使用别人的脑袋。高层领导是上君，做好决策的事情就行了。我们古代在治国安邦方面有非常丰富的经验。在世界上从来没有一个民族国家，在这么悠久的历史下，在如此广袤的土地上，在落后的通信交通情况下，能够保持国家的长期治理和繁荣发展。如果从春秋算起，到现在也有2800年的历史了，90%的时间内我们都是在进步的。西方的管理制度是从15世纪以后才传到中国，而且先出现在伊比利亚半岛葡萄牙、西班牙，然后再荷兰、英国、法国、德国，逐渐形成了这套管理制度。我们国家治国安邦的历史经验确实应该好好总结和借鉴。

《资治通鉴》卷一百九十八特别记载了唐太宗的领导经验。他说：“朕所以能及此者，止由五事耳。自古帝王多疾胜己者，朕见人之善，若己有之。人之行能，不能兼备，朕常弃其所短，取其所长。人主往往进贤则欲置诸怀，退不肖则欲推诸壑，朕见贤者则敬之，不肖者则怜之，贤不肖各得其所。人主多恶正直，阴诛显戮，无代无之，朕践祚以来，正直之士，比肩于朝，未尝黜责一人。自古皆贵中华，贱夷、狄，朕独爱之如一，故其种落皆依朕如父母。此五者，朕所以成今日之功也。”（《通鉴》卷一百九十八贞观二十一年五月）唐太宗说，我之所以能打天下就是因为这五件事。用现代语言归纳就是：第一用比自己强的人，不搞武大郎开店。第二用人所长，弃其所短，这需要能识得真才，看人看基本点。第三要使这些人贤不肖各得其所。这需要具备用人艺术。什么人可用什么人可信，领导者都要心里有数。比如说诸葛亮斩马谡就有问题。当时诸葛亮七擒孟获的计谋是马谡出的。北伐时，曹魏派司马懿来抵挡，诸葛亮碰到了一个劲敌，又是马谡出的主意。他使用离间计，在洛阳地区散布谣言，结果曹魏中计把司马懿撤了，诸葛亮连连得胜。马谡很有战略眼光，但是让马谡守街亭是个错误的决策。守街亭是一个战术工作，不是马谡的长处，所以最后街亭失守。诸葛亮斩马谡也没什么用，还杀了个人才。所以人才用错是不行的，人才就成蠢材了。第四容忍耿直者顶撞，领导身边得有讲真话的人。唐太宗就能容忍魏徵的谏诤。领导能够容忍下属讲真话需要有大修养。第五不管亲仇疏

诸葛亮挥泪斩马谡

远一旦用之，爱之如一，“一把手”不搞小集团。魏徵本来是过去要杀唐太宗的人，但是唐太宗一样的信任魏徵。管仲是要杀齐桓公的，齐桓公依然用他来辅佐自己。领导者要有这样的修养境界。

（三）接班人问题

接班人的问题，司马光在《资治通鉴》里不便直接讲。中国历史上很多的政变、动乱都与接班人问题有很大的关系。古代汉族皇室挑接班人一般是嫡长子，但是这个制度带来一系列的问题。秦二世政变夺权，西汉惠帝死后吕后就掌权了。唐太宗也是通过政变上台的。宋、明、清均有在接班人问题上出现政变、动乱的情况。司马光在接班人问题上给我们留下了很多的思考。他对这个问题的阐述主要是在道德层面上，因为他无法从制度层面上解决这个问题。

立嫡长子为接班人有两个问题：第一，嫡长子无论是傻瓜还是有贤能的人都要立，其目的是避免争斗。嫡长子如果没有贤能，就通过宰相制度来补救。宰相可以选任贤人。但实际操作中往往达不到这样的效果。明朝高度中央集权，朱元璋某种程度上把宰相制度废了。他在这方面做了一点纠偏。实际上明朝皇帝接班人问题是很不成功的。明朝皇帝

隋文帝杨坚

昏庸的很多，像万历皇帝二三十年不上朝。清朝部分解决了这个问题，康熙以后就不立太子了。第二，太子的地位很尴尬。太子就是等着皇帝死后接班，皇帝当然不舒服。皇帝和太子是一种利益关系，所以关系一般都很难处好。太子一般都会建立太子集团。隋文帝最后连上厕所都要人护卫，担心太子加害他。古代设立谏官制度来纠偏。谏官制度主要是从唐太宗、武则天时期专门设立的。这个制度过去也有，但是如此系统的设立是自唐太宗时期开始。谏官就是专门给“一把手”提意见的。魏徵为什么敢给唐太宗提意见？因为他的工作就是给“一把手”提意见。所以谏官制度我觉得可以借鉴。古今不一样，但是古人的优秀治理经验今天仍有借鉴意义。谏官制度有它非常明显的意义。但是宋代谏官制度变味了，宋代谏官专门是用来对付宰相的，这就与唐朝不一样。中国历史上朝代更替无非三种方式：下层革命，如秦、西汉、隋、唐、元、明、清；政变，如东汉、曹魏、东晋南朝；外族入侵，如西晋（五胡）、北宋（金）、南宋（元）、明（清）。古代的民生问题、领导集团问题、边疆安全问题与今天不太一样，但是很多地方也有隐隐约约类似之处。

三、小结：读史使人明智

王夫之《读通鉴论》卷末《叙论四》说，所谓“资治”，不能仅是知道什么是“治”、什么是“乱”就可以了，而要“所以为力行求治之资也”。“鉴”如人照镜，“可就正焉”。而读者于历代兴亡、人之贤否之中，“可以自淑，可以诲人，可以知道而乐，故曰通也”。读的人不仅要知道"治乱"是什么，而且要知道何以治、何以乱的道理。知道努力在治国实践中去取资和借鉴。通过对《通鉴》解读，可以简单归纳出几点：

魏徵

（一）用人机制：用长弃短

用人关键要用长弃短，找出才能忠义之士。一个人四平八稳没有毛病，也许只是个一般才能的人。举个例子，子思对卫侯说苟变这个人是个人才。他可以将五百辆战车，就是有将军的才能。卫侯说，我知道他可以当将军，但是这个人有个毛病，他当官吏的时候去收税，吃了人家两个鸡蛋，所以我不用他。子思讲圣人之用人，就像匠人处理木材一样，要取其长弃其短，所以杞梓连抱那样的大树有几尺腐烂之处，良工不会不用它的。现在选爪牙之士，却因为两个鸡蛋把能够堪当将军的人才放弃了是很可惜的。我想古人是很明白这个道理的。

（二）君臣关系：和而不同

君臣关系要互补，和而不同。领导要能听进去不同的意见。《通鉴》卷一记载："卫侯言计非是，而群臣和者如出一口。"卫侯说的话并不对，但是下面的人都说对对对，都像一个人说的一样，都不敢违背他。所以子思曰："以吾观卫，所谓君不君，臣不臣者也。"子思说，我看卫国君不像君，臣不像臣。公子懿子说你怎么这么说？子思曰："人主自臧，则众谋不进。事是而臧之，犹却众谋，况和非以长恶乎！夫不察事之是非而悦人赞己，暗莫甚焉；不度理之所在而阿谀求容，谄莫甚焉。君暗臣谄，以居百姓之上，民不与也。若引不已，国无类矣！”子思说，君主不对，但是臣子不敢指出来，大家真实思想君主都无法获知，这实际上助长了君主自以为是的作风。君主只喜欢别人的奉承谄媚，这是昏暗到了极点。这样发展下去，国家就要亡了。

（三）决策机制：自知之明

《通鉴》卷一，子思对卫侯讲：“君之国事将日非矣！”国事越来越糟糕了。卫侯问，你怎么知道呢？子思说：“君出言自以为是，而卿大夫莫敢矫其非；卿大夫出言亦自以为是，而士庶人莫敢矫其非。君臣既自贤矣，而群下同声贤之，贤之则顺而有福，矫之则逆而有祸，如此则善安众生！”君主自以为是，但是卿大夫不敢指出来。卿大夫说话自以为是，老百姓不敢指出来。君臣都觉得自己了不起，臣下还都顺从。善从哪产生呢？所以国家将要亡了。

《资治通鉴》里提供了很多为政治国的经验，非常值得我们借鉴。归纳一下司马光给我们讲的那句话，修心之要是“仁”“明”“武”。仁是讲政治，明是要有判断力，武是有决断力。用人是关键，用人关键是怎么安排人，怎样去激励人，如何赏和罚。《资治通鉴》真不愧是中国传统史学长廊中的一朵奇葩。期待各位领导通过工作实践，细细阅读，琢磨和体会这座伟大宝库中的历史智慧。

刘 庆

《孙子兵法》
——超越时空的军事理论经典

刘庆，1956年生，中国人民解放军军事科学院战争理论和战略研究部研究员、博士生导师，中国孙子兵法研究会理事、副秘书长。1977年恢复高考时考入吉林大学，后分配至军事科学院工作，长期从事中外战争史、军事思想史及现代国防理论的研究工作。主要学术成果有《名家讲解孙子兵法》、《中华文化通志·军事学志》（合著）、《孙子兵法——中国智慧之海》（主编）、第四届和第五届孙子兵法国际研讨会论文集（主编）等30余部。现为《孙子兵法论丛》主编。

多年来为军事科学院、国防大学等院校讲授《孙子兵法》课程。自2006年起在北京大学开设《孙子兵法导读》通选课。2008年应邀赴智利、阿根廷为两国军队和地方院校讲授《孙子兵法》。

一、孙子其人其书

《孙子兵法》是世界上现存最早、影响最大的军事理论名著。学术界一般认为它诞生于2500多年前。作者孙武，字长卿，生活于春秋末年，祖上为齐国名将，立下过赫赫战功，有深厚的家学渊源。

孙武长大以后，为躲避齐国内部无谓的世家大族斗争，辗转来到山清水秀的江南吴国，潜心著书。中国古代兵家有一个传统就是“学得文武艺，货卖帝王家”，学了兵学后最大的愿望就是登坛拜将、沙场点兵。所以他在一边著书的过程中，一边寻找登坛拜将的机会。当时吴王阖闾刚刚夺得王位，野心勃勃要称霸天下，却苦于缺少大将之才。在吴国大臣伍子胥的极力推荐下，孙武带着兵书走进吴宫，其军事才华因“教练女兵”而得到吴王的承认，被拜为大将，后来攻破强大的楚国，以及在“北威齐、晋，南服越人”的军事行动中都立下殊勋。

就其战功而言，孙武与春秋战国的名将相差甚远。为什么孙武能够名垂青史？因为他写出了不朽的军事理论名著——《孙子兵法》。

孙武

《孙子兵法》究竟是一部什么样的书？

第一，《孙子兵法》是一部文字不多，但内涵十分丰富的“大书”。我研究《孙子兵法》的同时，也研究外国军事著作，二者很大的一个不同是外国人写军事理论著作动辄几十万字，上百万字。而《孙子兵法》仅十三篇，5000余字（有的版本6000余字）。与外国动辄几十万字的那些兵书相比，它丝毫不逊色，可谓言简意深。

《孙子兵法》一共是十三篇。汉代时人们见到的《孙子兵法》是八十二篇，到了东汉末年大军事家曹操见八十二篇的《孙子兵法》内容太杂乱、重复，他把重复的内容删掉了，留下十三篇。这十三篇是《计》《作战》《谋攻》《形》《势》《虚实》《军争》《九变》《行军》《地形》《九地》《火攻》《用间》。这十三篇主题都不同，但都是紧紧围绕着战争的准备和战争的实施这两大问题来论述的。《计》篇主要是讲战前的战略谋划和决策。《作战》篇主要是讲战争准备及速胜与因粮于敌的原则。《谋攻》篇主要讲谋划攻战的策略及全胜、知彼知己等思想。这里要强调几句，现在很多电视连续剧和一些文章中，总是把“知彼知己”说成“知己知彼”。更有甚者，说“知己知彼，百战百胜”，这个说法实际是错误的。这不是孙子的原话，也不符合辩证法。孙子整部书里多次提到“知彼知己”，但他从未把己放在彼前面。这是为什么？因为中国古人著书有一个习惯，什么东西写在前面表示什么东西更重要。在孙子看来，了解敌人情况比了解自己的情况更困难，难度更大，所以他更重视对敌人的了解。另外，《孙子兵法》讲“知彼知己”，后面跟着的话是“百战不殆”。“殆”就是危机的意思。如果你

孫子兵法
計篇第一
孫子曰兵者國之大事死生
之地存亡之道不可不察也
故經之以五事校之以計而
索其情一曰道二曰天三曰
地四曰將五曰法道者令民
與上同意也故可以與之死
可以與之生而不畏危天者
陰陽寒暑時制也地者遠近
險易廣狹死生也將者智信
仁勇嚴也法者曲制官道主
用也凡此五者將莫不聞知
之者勝不知者不勝故校之
以計而索其情曰主孰有道
將孰有能天地孰得法令孰
行兵衆孰強士卒孰練賞罰
孰明吾以此知勝負矣將聽
吾計用之必勝留之將不聽
吾計用之必敗去之計利以
聽乃為之勢以佐其外勢者
因利而制權也兵者詭道也
故能而示之不能用而示之
不用近而示之遠遠而示之
近利而誘之亂而取之實而
備之強而避之怒而撓之卑
而驕之佚而勞之親而離之
攻其無備出其不意此兵家
之勝不可先傳也夫未戰而
廟筭勝者得筭多也未戰而
廟筭不勝者得筭少也多筭
勝少筭不勝而況於無筭乎
吾以此觀之勝負見矣

《孙子兵法》

了解敌人，也了解自己，这样打一百场仗你都不会遇到危机。因为你有充分的准备、预案和应对策略。说“知己知彼，百战百胜”这个话就不科学，不符合辩证法，因为战争胜负是由很多因素决定的。如果敌众我寡的时候，你了解了敌人也了解了自己，你打仗就一定能打胜吗？这是不确定的。只有最后到了“我众敌寡”的时候才会稳操胜券。所以我对社会上“知己知彼，百战百胜”这个说法做个纠正，免得误说、误传影响了大家。《形》篇是讲敌我力量对比决定战争胜负等问题。《势》篇主要讲如何能动地创造和运用有利态势的问题。以上这五篇我们认为是《孙子兵法》讲战前的准备工作，也可以把它叫作“先胜论”。接下来主要是讲战争开始之后怎样行军，怎样驻扯，怎样作战等问题。我们把它叫作“战胜论”。《虚实》篇阐述了如何争取战争主动权。《军争》篇讲述了如何争取先机之利而掌握战场主动权。《九变》篇是讲随机应变、灵活机动的作战指导思想。《行军》篇是讲根据不同地形条件如何处理行军、作战、宿营等问题。《地形》篇讲作战与军事地理的关系。《九地》篇是讲不同地理情况及对军队士气的影响。《火攻》篇是讲火攻实施的方法。《用间》篇主要是讲间谍的重要性及其使用的方式、原则和条件。《孙子兵法》十三篇总结了商周以来特别是春秋时期的战争经验，而且从战略的高度论述了军事领域若干重大问题，揭示了一系列带有普遍性的军事规律，构建了博大精深的军事理论。所以从这个意义上来讲，我们认为《孙子兵法》尽管只有五六千字，但是它在理论的完整性和辩证性方面，一点不比外国动辄几十万字的军事理论著作逊色。

第二，《孙子兵法》是一部在中外历史上受到人们普遍尊崇，并且在战争实践中起到重要指导作用的著作。早在战国时期，《孙子兵法》就是人们争相收藏阅读的重要兵学著作，南北朝时期更被尊为“兵经”。明代军事著作家茅元仪曾用“前孙子者，孙子不遗；后孙子者，不能遗孙子”（《武备志·兵诀评》）来说明它在中国军事思想史上无可替代的重要地位。这句话是说在《孙子兵法》诞生之前中国的军事理论家已经写出了一些军事理论著作，孙子在写作的时候吸收了这些军事理论成果，这个就是“孙子不遗”的含义。“后孙子者，不能遗孙子”，就是说《孙子兵法》诞生之后，它在战争理论体系、基本作战原则、战争规律的描述上都给后人打下了一个基础，可以说是中国兵学发展史上承前启后的一个里程碑。所以在《孙子兵法》诞生之后所有的军事理论家撰写军事著作，都无法撇开孙子另搞一套。要么是在理论上以《孙子兵法》作为自己的基础，要么是直接在篇章结构上模仿《孙子兵法》。《孙子兵法》写了十三篇，明代的兵学家写书时候也是十三篇。中国军事学上有一个非常有意思的现象，相当多的理论发展是以对《孙子兵法》做注释的方式进行的。它也说明了“后孙子者，不能遗孙子”的道理。

《孙子兵法》是一部超越时空的军事理论经典。《孙子兵法》不仅在中国影响很大，在外国影响也很大。有确切记载的是，《孙子兵法》在唐代就传到日本了。现在研究表明，它甚至在南北朝时期就通过朝鲜半岛传到了日本。唐朝的文化非常发达，亚洲这些国家都特别崇拜唐朝文化，包括朝鲜、日本这样一些国家都陆续派人来中国学习。这些留学生被称为“遣唐学生”。唐朝政府很大度，只要有留学生来中国，就由中国官方把他们送到长安，安排其在留学期间的吃住等各项花费，而且在留学生回国时还要赠送一大笔钱。很多遣唐学生在回国的时候都会用这些钱大量购买中国的丝绸、瓷器等，这样他回国就可以发一笔财。但是当时有个日本遣唐学生吉备真备很有心，他在临走的时候买了中国的各种典籍，其中就包括《孙子兵法》。他把《孙子兵法》带回日本后，开始在国内专门开设课程教授《孙子兵法》。这些都有非常明确的记载。《孙子兵法》传到日本后，日本很多名将像武田信玄等都非常崇拜《孙子兵法》。武田信玄的军旗上就写有“风林火山”四个字。这四个字实际上就是《孙子兵法》的语录，叫作‘其疾如风，其徐如林，侵掠如火，不动如山”。意思是形容一支服从命令听指挥的决胜之师要达到一个什么境界，它行动起来像风一样迅速，它放慢脚步像森林一样，它发起进攻像草原上燃起的大火，它静止下来像一座大山一样凛然不可侵犯。这面军旗现在依然保存在日本盐山寺。这些都显示了日本名将对孙子的崇敬心理。

《孙子兵法》传到日本以后，日本兵学的各个流派都争先恐后注释《孙子兵法》，所以到了日本近代已经出了上百部研究《孙子兵法》的著作。一个国家专门研究一部外国军事著作，而且还出现了那么多的成果，这在世界军事思想传播史和流传史上也是很有意思的现象。但是这里要说明一下，《孙子兵法》是以中文的形式传播到日本、朝鲜的，由当地掌握中文的人去阅读。那么它第一次变成了西方文字是在什么时间？是在18世纪，《孙子兵法》传入欧洲。1772年，法国传教士阿米奥在巴黎出版了他翻译的《孙子兵法》法文本。如今《孙子兵法》已被译成数十种语言，在世界上大多数国家出版销售，并成为包括著名的美国西点军校在内的世界上许多国家军事院校和地方大学MBA课程的教科书。据介绍，英国元帅蒙哥马利，美国总统尼克松、老布什等人皆对它爱不释手。甚至还有人说，在近代欧洲历史上叱咤风云的大军事家拿破仑也把它当成自己克敌制胜的秘密法宝。英国著名军事理论家利德尔·哈特一生著作等身，在西方军事理论界影响很大。他曾说过，他一生写了几十部军事著作，可书中的许多思想观点在几千年前孙武的著作中就提出来了。

武田信玄雕像

第三，《孙子兵法》从哲学的高度阐述人类社会的理性竞争原则，充满了对和平的渴望和追求。它主张控制以人类巨大的生命、财产为代价的战争暴力行为，运用智慧战胜对手。应该说《孙子兵法》这种崇尚和平、崇尚智慧的价值取向，在整部书里到处都是。这与西方军事理论著作往往就战争谈战争，很少涉及和平问题有很大的差别。齐桓公、管仲等“九合诸侯，不以兵车”的“威服”战法，不通过实战而是用威慑的方式迫使对方接受自己的条件，这种战争在《孙子兵法》诞生的时代已经没有了。这时所有的战争都必须通过流血的方式来取得结果。但是《孙子兵法》这部书里仍然充满了威慑的思想，利用“威慑”“不战而屈人之兵”这种思想来迫使对方屈服，这个思想在相当长的一段时间内都被认为是虚幻和不现实的。因为这个世界上已经没有不通过打仗迫使对方屈服的实例，但是《孙子兵法》仍不遗余力地提倡，这显示了它的思想价值取向。自《孙子兵法》诞生之后，人们一直在寻求控制战争的“至善”之道，并且在整个中国古代军事学发展的过程中，这成为中国军事学家一个共同的群体性追求，并最终演化成为中华民族热爱和平思想的重要组成部分。这是我们对《孙子兵法》和外国军事著作进行比较研究之后发现的一个很有趣的现象。

欧洲国家《孙子兵法》译本

二、《孙子兵法》在当代的军事理论价值

《孙子兵法》与《论语》《老子》等先秦著作都是中国思想文化的经典之作。但是像《论语》《老子》这样一些子学著作，今天人们学习它、弘扬它，更多是基于对其思想文化价值的一种借鉴。《孙子兵法》与这些子学著作有哪些不同呢？《孙子兵法》不仅具有思想文化价值，

更多的是有着现实的应用价值。大家都知道，军事科学是一门实用性很强的科学。原来军科院的老院长宋时轮将军多次说道，战争是要流血打仗的，如果平时研究军事理论差一点，战时就要以多少万人的生命为代价，战争是不能开玩笑的。任何过时的军事理论都会在这种残酷的实践面前被无情地抛弃。战争的检验太残酷了，它不允许你反复做实验。为什么今天世界各国都提倡学习《孙子兵法》呢？这是很有意思的现象。作为军事将领和军事理论研究者这么提倡《孙子兵法》，是由于它不仅具有思想文化价值，更有现实的应用价值，这也是它的特殊性。

今天学习《孙子兵法》，人们头脑中首先会遇到一个问题就是《孙子兵法》有什么用。这不是我们自己在制造疑问，而是现在确实有人认为《孙子兵法》已经没有用了。有一种观点就认为，人类社会已经进化到信息时代，克敌制胜的法宝已经被高科技的载体所取代，人的意识能动性已经成为高科技材料下的附属品。所以有人说，技能被物化，物质力转化为军事能量，人的谋略已经不能决定现代战争胜负，决胜于千里之外的是先进的武器。还有人认为，《孙子兵法》是冷兵器时代的产物，它解读不了现代化的武器游戏。随着现代人类活动范围不断扩大，战场已经从地球转到月球，甚至转移到了宇宙空间。所以他们认为过去的军事理论已经不能指导现在的实践，相反还会误导实践。这种观点其实在质疑《孙子兵法》在今天的军事价值。

《孙子兵法》到底有什么理论价值？我想从以下三个方面来做一下分析。

（一）作为一部丘牛大车时代诞生的兵学著作，《孙子兵法》中确有一部分论述已不适应现代战争的需要，随着战争形态的变化而不再成为人们所尊奉的战争圭臬。

这个主要是指哪些方面？比如说《孙子兵法》里有一段话，这是在《孙子·军争篇》里讲到的，叫作“围师必阙，穷寇勿迫”，就是把敌人彻底的包围起来，敌人就会对你包围的力量做反抗，就会大量杀死你的人，这时候你要给被包围的敌人留一条路，让他可以撤走，这样就由歼灭战变成击溃战。但是按照现代的军事理论来讲“围师”就不能阙，因为“围师”阙了以后敌人就撤走了，就变成了击溃战而不是歼灭战。现代战争理论要求打歼灭战，要把敌人彻底消灭掉。所以在革命战争年代，我军就修改了孙子的这个理论了。比如说解放战争时期的刘伯承元帅，他就对“围师必阙”的理论进行了改造，他叫作“围三阙一，预留口袋”。这句话是说包围敌人的时候要三面包围，一面留着让敌人跑，这样敌人打仗就不坚定了，空的那面设下埋伏，让敌人在逃跑的过程中进入埋伏圈里，让敌人在撤退的过程中就被消灭掉了。

《孙子兵法》是一部具有朴素辩证唯物思想的基础著作，但是它里面仍然有一些跟当时时代相联系的内容，我们称之为迷信或者是神秘主义。如，在军队宿营、屯兵时要“丘陵堤防，必处其阳，而右背之”。在丘陵附近驻兵时，一定要在它的南面，而且要求右后背背着它。从一定意义上来讲这个说法是有道理的，在布兵的时候后面有高地丘陵可依托，这是一个比较好的布兵方法。但是非要“右背之”而不能“左背之”吗？这里有一些比较神秘的内容，直到现在我们也不清楚为什么孙子要求“右背之”。今天的战争已经发生了太大的变化了，战术是战争中变化最大的内容。从这一点上来讲，《孙子兵法》确实有一些东西比如具体战法层面的东西是落后了。

（二）《孙子兵法》的一些基本指导原则仍然适用于现代战争。

2500多年前的《孙子兵法》不可能预见到信息化战争时代的巨大变化，更不可能为当前军事斗争提供具体的“锦囊妙计”，但是其书中许多思想观点反映了战争的基本规律。所以今天世界上很多军事院校都把《孙子兵法》作为必修课。我在国外讲学的时候，这种感觉特别强烈。美国最著名的西点军校、印第安纳波列斯海军学院、科罗拉多空军学院、国防指挥参谋学院、国防大学这些高级军事院校都开设了《孙子兵法》课程。我在智利、阿根廷讲学的时候，这两个国家上尉以上的军官必须要学习《孙子兵法》，而且课时量还不少。我还问过南美国家一些军事院校的学员们，他们对《孙子兵法》甚至对孙武的个人经历都非常清楚，可见《孙子兵法》在国外受重视的程度。在国内的军事院校开设《孙子兵法》的课程情况反不如外国的军事院校，这个不知道是什么原因。我们多年呼吁将《孙子兵法》设为军事院校的一门必修课，但是效果不太好。

为什么国外对《孙子兵法》如此重视？因为虽然今天战争形式发生变化了，新军事革命也好，信息化战争也罢，都未能改变当今战争的基本规律，只是制胜的相关因素、技术条件、方法手段和衡量标准发生了变化。比如，《孙子兵法》所提出的“先为不可胜”的战争准备原则、“知彼知己”的战争认识原则、“奇正相生”的战术变化原则等仍然被海湾战争、伊拉克战争中为交战双方所遵循。美国最新一版的《作战纲要》，引了二十多句《孙子兵法》的原话，用来解释他们作战的一些原则。美国有一位学者来中国参加《孙子兵法》国际研讨会的时候，就专门讲到美军在海湾战争时期有一个很重要的作战行动，就是“左勾拳行动”。原来美军在海湾战争时期，把主要的部队放在科威特城这个方向，后来它就想办法不从科威特城进攻伊拉克军队，因为科威特城正面有伊拉克军队最精锐的部队，所以它把主力横向移动，利用大拖车拉着坦克横向移动几百公里，一直到沙特和伊拉克交界的地方，从这个地方迂回进攻伊拉克军队。美国学者说，他们在设计这个行动的时候用的就是《孙子兵法》。为了实现这个行动，他们事先专门派了一个小分队，带着一辆M1A1坦克进入到伊拉克境内做实验，看看坦克会不会陷在伊拉克的沙漠、戈壁里，后来确认M1A1坦克不会陷到沙漠里之后才采取这个行动。伊拉克战争最有趣的一个情节就是，很多人认为美军攻到巴格达城下会和伊拉克最精锐的部队——共和国卫队有一场血战，双方会打得很热闹。结果美军大摇大摆地进了巴格达城，没有任何军队来抵抗。美军用汽车、坦克拽着绳子把街头萨达姆的雕像拽倒了。那么伊拉克共和国卫队哪去了？等到战争结束以后才知道，共和国卫队自己散伙了。为什么这么精锐的部队散伙了？因为美国花了几千万美元收买了共和国卫队的将军，不追究他们的战争责任，而且给每个人几十万甚至上百万美金，让他们出国定居。所以共和国卫队根本没投入作战，最后消失得无影无踪。这个其实就是《孙子兵法》所提倡的“伐谋伐交”的做法，就是把伐谋伐交和武装斗争结合在一起，达到不战而胜的目的。

《孙子兵法》为什么今天特别受到外国军人、军校学生的重视？这里面还有一个原因：我在前面讲过，外国军事著作动不动就几十万字，《孙子兵法》的字数很少，它用箴言警句的方式把军事原则、军事原理说得清清楚楚，而且易懂易记，更容易掌握。

（三）《孙子兵法》中的一些思想观点更符合当今世界和信息化时代战争的需要。

自从战争这个吞噬无数人类生命财产的怪物出现在地平线上以来，就如同一个被打开的“潘多拉魔盒”一样，战争暴烈性被发展到了令人惊骇的地步：战争发动者力求在最大程度上消灭对方军队，占领对方领土，掠夺对方财富；军事技术的发展使武器装备的杀伤力越来越大，从大刀、长矛到飞机、大炮，直至出现了可以把地球毁灭上百次，并可能最终毁灭人类文明的核武器；战争活动的空间日益延伸，从陆地、海洋、水底、天空到外层空间、电磁空间，都已经成为大规模暴力对抗的场所。面对愈演愈烈的战争暴烈化趋势，世界上爱好和平的人们皆大声疾呼要对战争加以控制。其实，早在几千年前《孙子兵法》就从国家战略安全的高度来认识战争，提出了“安国全军”的目标，首先要使国家的安全得到保障。不主张因某个领导人的不理智，或者是某一个事件的刺激就怒发冲冠去发动战争。它特别强调要安国全军的目标：从正确决策的角度来把握战争，提出了“慎战庙算”的原则；从“用兵之害”的结果来反思战争，提出了“非危不战”的求战标准，对战争这把双刃剑要给予充分的认识。它强调战前要有周密的计划，周密的分析，这就是它的庙算。庙算，是中国古代讲战略谋划、战争准备的一个专有的名词。“非危不战”就是不到最危急的时候，不要轻易发动战争。它从“立于不败之地”的宗旨来准备战争，提出“未战先胜”的方针，就是说在没有发动战争之前，一定要做好充分的战争准备，有充分战胜敌人的把握。它从追求最佳战争效益的目的出发，倡导“不战而屈人之兵”的用兵境界。《孙子兵法》更多的是强调自己的用兵境界。当时在战争中已经没有不通过打仗迫使对方屈服的战例。诸葛亮的“空城计”只存在于《三国演义》之中，并不是真实的历史。所以《孙子兵法》提出这种全胜思想之后，很长的时间我们找不到这方面的例子，但是今天在核战争的时代，“不战而屈人之兵”成为大家共同追求的一个目标。而《孙子兵法》2500多年前就提倡这个用兵策略。《孙子兵法》以理性来衡量战争决策，对战争决策提出“非利不动，制怒修功”，这些都显示了《孙子兵法》在当今战争中的价值取向，与今天大多数爱好和平的人们的追求是相一致的。所以它在今天受到人们的重视，是因为它反映了在当前国际形势下，维护相对和平与稳定的国际环境，促进南北经济共同发展，建立更加公正合理的国际政治经济新秩序的普遍要求，因此受到人们的普遍肯定。

今天，《孙子兵法》也成为我们对付一些战争狂人的理论武器。直至20世纪80年代之前，我们还都认为《孙子兵法》的“不战而屈人之兵”是一个比较迂腐的思想。但是到了今天，它重新受到大家的重视。人们对“不战而屈人之兵”的思想从一开始肯定到后来否定，再到现在重新肯定，有这样一个发展变化的过程。在今天，人们把“不战而屈人之兵”的思想和实战思想结合起来，成为为实战进行准备的理论基础。此前提到的美国收买萨达姆的共和国卫队将领，其实就是用“金钱赎买”的方式减少战场抵抗的力度。应该说美军在实战中这种“伐谋伐交”的方式，也是我们今天肯定其理论价值的一个很有说服力的例子。

在当今大家所公认的信息化战争时代，《孙子兵法》的思想价值越来越受到人们的重视。比如以高新技术为标志的新技术革命热潮中，西方军事理论界提出与传统军事理论不相同的一些观念。比如说克劳塞维茨的《战争论》，它奠定了西方传统军事理论基础，强调战争重在物力的较量。日本近代有一个思想家，他形容日本作战是血战，西方国家作战是机械战，中国作战是智战。什么是血战？日本军队打仗时打不赢就死拼，所以日本会出现“神风敢死队”，会出现一个士兵操纵鱼雷直接撞击美国军舰。西方人打仗叫机械战，是机械力量的较量，比如使用飞机、坦克、大炮、军舰这些东西来作战。而中国人用智慧来作战，这是《孙子兵法》诞生之后中国形成的一个军事理论特点。现在西方军事理论界也提出来战争不在于物力较量，更多的是智慧较量。比如说西方传统的军事理论认为，战争的目的是取得胜利，但是现在出现的新观点是说进行战争的目的不是取得胜利，而是避免作战，这与《孙子兵法》的观点有强烈的呼应。《孙子兵法》首先是强调自己立于不败之地，它说打仗不在于打败敌人，而在于不被敌人所打败。在不被敌人打败的基础上，再琢磨如何打败敌人。这就像体育运动中的拳击手一样，最开始拳击手学的不是如何打别人，而是如何挨打。在别人打你的时候不至于受到严重的伤害，你才有能力继续进行你的拳击比赛。《孙子兵法》的这个观点与西方新军事理论观念更契合。西方传统军事理论强调通过更好的作战来取胜，要把自己的军事能力、作战方法、武器装备的效能都发挥到极致，作战效果越好，胜利取得的越大。而现在新的观点是什么？最好的方式不是通过作战而取胜，而是不战而胜。类似这样的一些观点，在一定意义上可以说是对几千年前《孙子兵法》思想的回归。

日本神风敢死队

在今天信息化的战争中，很多人认为《孙子兵法》不再起什么作用。其实数字化军队建设水平最高的美军，他们自己就认为，信息化战争的思想从根本上说来是遵循了《孙子兵法》所提出来的“知彼知己，百战不殆”的理念。美国战争信息学院院长海因斯将军专门讲到了《孙子兵法》和信息战之间的关系。他认为《孙子兵法》所提倡的信息战思想是最传统、最古老、最朴素的，而我们今天的信息战思想已经有了非常大的进展。应该说从《孙子兵法》所提倡的价值取向来看，《孙子兵法》的很多理论特别适用于今天的信息化战争。比如说孙子的“知”在今天已经成为“信息”的同义词，因此“知”也就成为一种战斗力和作战方式。“知胜”成为人们在战争中追求的根本目标。

其一，信息化的感知网络能够“先知”。现代数字化装备的一个最主要特点是它能够尽可能地了解敌人和自己的信息，对敌情、我情“心中有数”。《孙子兵法》所强调的是假如你能先知道在什么时间、什么地方与什么样的敌人战斗，他们采取什么样的战法来作战，你的胜利就有很大的把握。而目前信息化装备的发展正朝这个方向迈进。所以今天美国24小时使用间谍卫星在太空中遨游，在地面上也设立了很多感应器，甚至在一些重要的海上通道、海峡设置深海感应器，每天不停地派电子侦察飞机去捕获对方的电磁信号。美国的目标只有一条，能够“先知”，这使得美国能够采取合理的战争对策，应该说它已经达到很高明的地步。《孙子兵法》所提倡的那种“先知”在目前是可能实现的。

其二，信息化感知网络能够“广知”“快知”。现代数字化装备的水平之高、信息化作战指挥能力之强，已经远远不是过去那个时代可以比拟的。从了解情报信息到情报信息到达指挥官手中的这个过程速度是极快的。现在人们提倡实时指挥和即时指挥。在伊拉克战争中，美国总统布什就是依托信息化装备来指挥的，他可以直接和美军任何一辆坦克里的乘员通话。任何一辆坦克所能观察到的战场情况，都可以实时传递到美国总统布什的电脑上，这说明现在这个实时指挥、即时指挥已经代替了过去的指挥方式，过去你再快，你通过电话、电报都不如现在这个数字设备这么快，所以《孙子兵法》所讲的“广知”“快知”，在今天已经成为一种可能。

其三，信息化感知网络能够“深知”“透知”。侦察飞机和卫星不但能侦察地球表面目标，还能侦察地表以下一定深度的目标，通过连续侦察和强大的分析及综合处理信息能力，可以达到“深知”的目的，为指挥员决策提供强有力的支持。比如过去人们说，包括电子卫星侦察和卫星特定侦察，可以看到汽车、坦克在地上跑，潜水艇在海底航行，但是看到一个物体的外观，它里面的内容无法了解。在科索沃战争中，北约的飞机每天24小时控制南斯拉夫领空。这样的话，南斯拉夫所有的飞机都不敢出动，它只要停留在露天机场上，就要受到攻击，所以它的飞机始终没有出来作战，军队无法调动。它的通信网络被美国切断了，它的无线电通讯都被人监听了。最后南斯拉夫想了个办法，派人穿着便衣坐出租车去传达命令。美军无法判断出租车里是不是军人。现代化信息网络的监控是全方位的监控，通过综合的方式，如电磁侦察、空中遥感、空中摄影摄像、监听等，对监控对象做更深入的了解。当然，矛盾双方的智勇较量是不会停止的。像前面我所说的南斯拉夫通讯员穿便服坐出租车传达命令，就是用智慧与高科技装备较量的一个典型例子。

其四，信息化感知网络通过数据链把各种武器系统交联成一个整体，形成信息流、物质流和能量流合一的作战体系。从美国主导的近几场局部战争看，每次都有大量卫星投入使用，多时达到上百颗，与空中预警指挥飞机、通信飞机以及地面的指挥控制系统构成高度融合的C4ISR系统，支撑整个作战行动。C4ISR系统在我们中文翻译上就叫指挥自动化系统，又叫指挥信息系统，它综合地运用以电子信息技术为核心的各种技术，实现对军事信息的获取、传递、处理自动化，保障对军队和武器实时指挥和控制的人—机一体化系统。

正是由于认识到信息化战争和军事技术的革命性进步不是降低了军事谋略的重要性，而是对敌对双方的智慧较量提出了更高的要求，在最近几场带有信息化色彩的战争中，拥有最先进信息化战争装备的美军反倒是更重视谋略对发挥高技术兵器威力的作用，更强调从孙子的教诲中汲取养分。比如美军在伊拉克作战中，其前线飞机的重要配件基地设在澳大利亚，该基地能够保证自己前线的飞机缺少哪一种配件，就通过网络系统直接把这些需求发出去，然后在澳大利亚的军械仓库接到了这个要求后，会以船舰运输方式及时地把所需要配件的型号送到前线。假如没有信息化的感知网络，这就是一个非常大的问题。

目前战争对信息系统依赖越来越强。在科索沃战争中，南斯拉夫打下了一架美国F117A飞机，这是在战争中打下来的唯一一架飞机。这架飞机是怎么被打下来呢？其实这与信息系统有很大的关系。F117A是一个可以防止雷达侦察的隐形飞机，有它优势的一面，也有它劣势的一面。它比一般美国作战飞机飞得要慢，所以光学观察和肉眼观察都可以看得清楚。它要想保证自己在作战中摧毁别人，就必须纳入到整个作战系统之中，而不能像猛张飞一样自己蹿出来单打独斗。这架飞机是在意大利机场起飞的，在美国空中电子干扰机的掩护下飞行，结果在飞行过程中，这架F117A突然自己脱离了电子干扰机单独行动，这实际上就给了对方一个可乘之机。南斯拉夫当时所有的信息设备都被美国控制着，于是采取了目测观察，发现一架F117A在天上飞，然后就打电话通知前方，结果用普通的防空导弹就把F117A打下来。这么好的飞机由于脱离了作战系统，最后也归于失败。这也反映了今天的战争对于信息系统的依赖。所以在最近几场带有信息化色彩的战争中，我们发现一个很有趣的现象，

F117A飞机

越像美军这样武器装备水平高信息化作战能力强的军队，反而越提倡学习《孙子兵法》，希望通过学习，进一步提高自身数字化作战的能力。由此可见《孙子兵法》在当代并未过时。当美军借助我们祖先的智慧为其数字化部队的运用提供效能倍增器之时，我们千万别把祖先那份宝贵理论遗产丢掉，把我们历来的长处变成短处。

三、《孙子兵法》在社会其他领域的理论借鉴价值

《孙子兵法》的理论借鉴价值不仅体现在军事领域，其博大精深的竞争智慧和独特严密的管理方法，也受到世界各国企业界人士及经营管理领域专家学者们的推崇。从某种意义上来说，对《孙子兵法》思想的借鉴利用，经济界远远热于军事界。下面，我对此做一点简单的介绍。

《孙子兵法》是一部超越时空的军事理论名著。这个“空”既是指它没有国界的阻隔，也是指它没有领域的限制。《孙子兵法》很早就走出国门，受到世界上很多国家的人们的喜爱。据我们的统计，到目前为止《孙子兵法》已经被翻译成30多种语言，在世界上绝大多数国家都受到大家的普遍喜爱。比如我在智利讲学的时候，在智利的海港城市瓦尔帕莱索的一家超市小书店里，就发现有卖《孙子兵法》的。很多大学生对《孙子兵法》也很有兴趣。应该说今天世界各国的企业界人士以及经营管理领域的专家、学者对《孙子兵法》都很偏爱。但是把《孙子兵法》的原理应用于经商，最

孙武像

早做的应该是中国古代的范蠡。范蠡曾经帮助越王勾践灭掉吴国。他没有继续在越国当官，而是从事经商。历史记载，他三次巨富，被称为“陶朱公”。他用兵法来经商，采取的策略是“候时转物，逐什一之利”，就是利用不同地域和时间的差异，给人们提供当地当时没有的商品，他从中赚取利润。继他之后，战国也发现了一个用兵法经商的人，就是战国的大商人白圭。白圭的经商原则就是“人弃我取，人取我与”。比如一个东西太多了大家要丢弃的时候，他就用很便宜的价钱买过来。当大家都需要这个东西的时候，他再拿出来卖，从中间赚取利润。范蠡和白圭的经商原则都是从兵法中演化出来的，在当时确实起到很有效的作用。

第二次世界大战后，中国大陆、香港、台湾地区及日本、韩国的许多退役军人在进入较为陌生的社会经济领域之后，纷纷自觉地发挥自己熟悉兵法理论的固有知识结构的优势，把兵法原则引入到商业经营活动中。

曾经担任过日军炮兵参谋的大桥武夫，战后创办了东洋精密工业公司。他没有系统学习过商业经营方面的理论，却凭借自己对《孙子兵法》等军事著作的熟悉，让兵法理论转而为商业经营提供指导，靠着“上下同欲者胜”的信条引导全体职工渡过了最艰苦的创业时期。他还将积累的心得体会与兵法理论结合起来，写下了《用兵法经营》等55部著作，创办了世界上第一所“兵法经营塾”，培养专门的兵法经营人才，成为日本“兵法经营学派”的创始人。

在日本，类似大桥武夫这样对兵法经营有浓厚兴趣的企业家还很多。日本著名的企业家松下幸之助曾经表示：“孙子是天下第一神灵，我公司职员必须顶礼膜拜，认真背诵，灵活运用，公司才能兴旺发达。”

20世纪80年代以来，各国企业界人士对兵法经营有了更为广泛的共识，撰写出版了大量各种语言文字的《孙子兵法》研究著作和普及读物。在西方管理理论长期“一统天下”的美国哈佛商学院等著名高等学府里，专家和教授们也纷纷把注意力转向兵法经营理论，把兵法理论移植到企业经营管理理论之中，喜爱《孙子兵法》的人越来越多。一位著名的美籍华人作家谈到这一现象时说：“随着中国经济的蓬勃发展，美国商界人士对中国的《孙子兵法》愈来愈好奇，如何利用《孙子兵法》成了西方人探讨商场必胜的另一秘诀。走进美国各大书店，商业书籍栏目下作者不同、内容各异的《孙子兵法》解释与感悟俯拾即是，就连给美国商学院学生讲演时，《孙子兵法》刚被我提起，一个微型《孙子兵法》的小语录已经被美国学生高高举起。”上述现象表明，在借鉴《孙子兵法》等兵学著作思想的基础上寻求兵法理论与经济管理理论的契合点，已不再是一两个人的心血来潮，而是社会经济领域的一场方兴未艾的时代潮流，这种现象确实值得我们深思。

近些年，我也看到一些不太好的现象。比如说在社会生活一切领域里都无原则、不加限制地运用《孙子兵法》，甚至还出版了“儿媳妇如何用《孙子兵法》来对付婆婆”之类的书。我觉得事情到这个地步有点荒谬了。所以我最近也是发表一些文字，不赞成无原则地把战争和社会生活完全等同起来，把战争的法则完全用在社会生活之中，毕竟生活和战争不一样，普通社会生活有其不可逾越的道德底线，与敌我两军对垒的战场有天壤之别，这是我们要认真加以注意的。

钱　逊

《论语》精要及其文化内涵

钱逊，1933年出生，籍贯江苏无锡。清华大学思想文化研究所教授。1953—1981年在清华大学任马克思主义理论课教师，1982年后转攻中国思想史。主要研究方向：先秦儒学、中国古代人生哲学。

曾任清华大学思想文化研究所副所长、所长。著有《论语浅解》《先秦儒学》《中国古代人生哲学》《中国传统道德》（全书副主编，“理论卷”主编）《推陈出新——传统文化在现代的发展》《儒学圣典——〈论语〉》《〈论语〉读本》《论语初级读本》。

学术兼职：中华孔子学会副会长，国际儒学联合会、中华炎黄文化研究会理事。

一、《论语》简介

《论语》是一本语录体的书，是由孔子的弟子们记载的，主要记录了孔子与弟子们的对话及孔子日常生活中的一些事情。确切的成书时间，现在已不可考。有说在孔子去世后几十年之内成书，有说在孔子去世之后200年才成书。现在从史书中可以看到的比较确切的记载是《汉书》所记。据《汉书》记载，西汉的时候有几个本子，《鲁论》《齐论》和《古论语》。秦始皇焚书坑儒之后，汉初在孔府的墙壁里发现了一批古书，其中有一部《论语》，就称作《古论语》。这些本子大同小异，都早已佚失了。现在我们所看到的流传下来的《论语》，它的基础是东汉时候郑玄的一个注本。郑玄根据他当时还能看到的《鲁论》《齐论》等本子，给《论语》做了一个注，这个注本成为后来流传本的基础。

《论语》是儒学和中华文化最重要的一部经典。汉代以后2000多年，儒学是中华文化的主干，而孔子是儒学的创始人，儒学的基本思想都在《论语》中。《论语》包含了中华文化的基因，是儒学和中华文化的源头活水，要了解儒学和中华文化，《论语》是首选的必读书。所以《论语》也被称为“中国人的圣经”。今天，中央提出来要“弘扬中华文

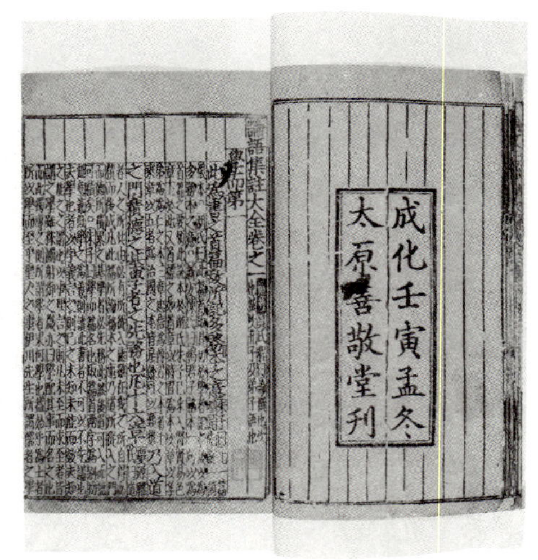
成化壬寅孟冬
太原善敬堂刊

《论语集注》书影

化，建设中华民族的共有精神家园”，我想《论语》可以是首选的书。

《论语》也逐步传播到中国以外的广大地区，产生了深远的影响。《论语》在国外的传播，最早是在朝鲜。朝鲜的三国时代，约在公元3世纪，随着汉字传入朝鲜，《论语》和其他一些儒家典籍也传入朝鲜。公元285年又经由朝鲜传入日本。以后，朝鲜、日本先后将《论语》等儒家经典定为大学必修的科目，并且列入国家遴选人才时的考试科目，把儒家思想定为统治理念。

公元16世纪以后，随着欧洲传教士来华与中国历史上西学东渐文化进程的展开，《论语》也逐渐传入欧洲。在意大利，1594年（明万历二十二年），利玛窦出版了《四书》的拉丁文译本。在法国，1687年法国传教士库普列（Couplet）翻译了《四书》。在德国，1789年才开始翻译《论语》。俄国于1715年开始向中国派遣“北京传教士团”，1807年来华的第九届教士团的比丘林，翻译了《四书》。

历代研究《论语》的人很多。程树德的《论语集释》里征引的关于《论语》的著作有680种之多。日本学者著录过一部《论语》年谱，说有3000种。

当代作者注释的本子也很多，尤其近几年出版了许多。给大家推荐几本：杨伯峻《论语译注》、钱穆《论语新解》、钱逊《〈论语〉读本》。如果要读古代的注本，可以读朱熹的《论语集注》（《四书集注》中的一种）。

二、《论语》的基本思想

孔子生在春秋末期。他所生活的年代，是一个礼崩乐坏、社会处于动乱变革之中的时代。西周以来以礼乐为标志的社会制度遭到破坏。作为天下共主，号令诸侯的周天子，力量衰落。各诸侯纷纷扩大地盘，增强兵力，攻城略地，争霸天下，大小战争不断。诸侯国内部，父子兄弟之间也是争斗不断，子杀父，弟杀兄，篡位夺权的事层出不穷。这就是所谓“礼崩乐坏”，原来的社会秩序被破坏了。当时各家各派都提出了一些如何恢复正常秩序的主张。

孔子对这种局面极其不满，他的全部思想和活动都是为了改变这种局面，恢复社会秩序的稳定，变天下无道为天下有道。

（一）孔子的治国思想

治国为政方面，孔子的核心思想是“政者正也”。这个“正”有两方面的含义：正人和正名。

> 季康子问政于孔子。孔子对曰：“政者正也。子帅以正，孰敢不正。”（《颜渊》）
>
> 子曰：“其身正，不令而行；其身不正，虽令不从。”（《子路》）
>
> 子曰：“苟正其身矣，于从政乎何有？不能正其身，如正人何？”（《子路》）
>
> 季康子患盗，问于孔子。孔子对曰：“苟子之不欲，虽赏之不窃。”（《颜渊》）

这是讲正人，要使人走上正道。正人中又有两方面：正人和正己。“正人先正己”。不只是对百姓进行道德教育，首先是要求当权者、领导者自身要正。对百姓的教育是重要的，但身教重于言教；“其身正，不令而行；其身不正，虽令不从”。当权者、领导者不能以身作则，对百姓的教育就不会有效。上梁不正下梁歪，领导者自身不正，下面的风气自然会歪。

“正”的另外一个含义是“正名”。

> 子路曰：“卫君待子为政，子将奚先？”子曰：“必也正名乎！”（《子路》）

齐景公问政于孔子。孔子对曰："君君，臣臣，父父，子子。"公曰："善哉！信如君不君，臣不臣，父不父，子不子，虽有粟，吾得而食诸？"（《颜渊》）

正名，君君、臣臣、父父、子子，是要使社会秩序正常。这是针对当时礼崩乐坏的情况提出的，要求人人都安于其位，按他的身份做他该做的事，享受他该享受的权利，恢复原来的礼制秩序。过去人们批判说，这是为了维护等级制度。这样说有一定的道理，在孔子所处的时代，"君君、臣臣、父父、子子"的思想有没有要维护等级制度的内涵？确实是有的。春秋时期如果想恢复原有的社会秩序那就必然是需要维护等级制度。孔子也是要维持周礼的秩序。但问题还有另一面。正名同时也是保证社会稳定发展的普遍要求，任何一个社会要发展，都要求各个阶层、各部分人都能各安其位，各司其职，各守其道，各取其酬。没有这一点，就会陷入混乱。现在许多乱象，都来自这里。

这里我想再说几句。因为这里涉及我们探讨如何对待传统文化的一个方法论问题。这就是要看到传统文化的二重性。传统文化的性质不是单一的，而是有二重性的。一方面，任何一种文化都是在一定的时代里面产生、发展的，都有它的时代性。另一方面，文化发展又有延续性，在各个时期的特殊表现里面总包含着一定的超越时代的普遍内容。正名在当时是维护宗法等级制度，但在这种特殊的时代性中，包

颜渊与子路

含着普遍的意义，即任何社会都要求“正名”。其实不仅是文化，任何事物都有这两方面的内容，有区别于其他事物的特殊的特质和有普遍性意义的特质。毛泽东曾经说过，“这个普遍和特殊的关系问题，是矛盾问题的精髓。不懂得它，就等于抛弃了辩证法”（见《矛盾论》）。

怎样做到“正”呢？孔子主张为政以德。

子曰：“道之以政，齐之以刑，民免而无耻；道之以德，齐之以礼，有耻且格。”（《为政》）

当时百家争鸣，诸子百家围绕治国之道提出多种主张，其中主要是儒、法两家。儒家主张为政以德，法家主张用法，“不务德而务法”。孔子用“免而无耻”与“有耻且格”八个字概括地说明了法制刑政与道德礼教的不同特点和功能：法制刑政依靠的是强制，它的作用是惩罚犯罪，使人不敢做坏事，却不能使人为善；道德礼教依靠的是教育和自觉，它的作用是使人知耻，不愿做坏事，预防犯罪。孔子这个主张着眼于使百姓自觉走上正道，体现了“政者正也”的理念，基本上是正确的。从这个基本认识出发，他主张“为政以德”，强调以道德教化为治国的基础，把社会秩序的稳定建立在人们道德自觉的基础之上。

“道之以德，齐之以礼”，是孔子“为政以德”思想的概括说明。怎样才能使百姓自觉走上正道呢？就是靠“道之以德，齐之以礼”这两个方面相结合。德和礼是统一不可分的两个方面，二者的结合、统一是孔子思想中的一个重要问题。

孔子还把政权巩固的基础放在百姓的富足和信任上。

子适卫，冉有仆。子曰：“庶矣哉。”冉有曰：“既庶矣，又何加焉？”曰：“富之。”曰：“既富矣，又何加焉？”曰：“教之。”（《子路》）

子贡问政。子曰：“足食，足兵，民信之矣。”子贡曰："必不得已而去，于斯三者何先？"曰："去兵。"子贡曰："必不得已而去，于斯二者何先?"曰："去食。自古皆有死，民无信不立。"（《颜渊》）

前面这一章说的是孔子治国思想中的三个比较具体的目标："庶""富""教"。一个是"庶"，就是人口较多，这在当时是治国的第一个重要的问题。因为当时总体来说地多人少。各个国家要争霸、扩张，要不断增强国力，首先就要增加人口。当时各家各派的政治家、学者都主张人口要多。人口多了以后就要"富之"。在富的基础上要"教之"。这是他提出的三个施政的目标。

后面这一章他提出了"足食""足兵"和"民信"三个方面的问题。"足食"就是粮要充足，这与"富之"有联系，都是讲经济、民生方面的问题。第二条是"足兵"，即要有武装。第三条是"民信"，要取得老百姓的信任。这里特别值得注意的是，当子贡问他不得不去掉一项时先去哪一项？孔子说，先去掉兵；如果要再去掉一项，去食；最重要的是保持百姓的信任。孔子认为维持一个政权的稳固最重要的是取得百姓的信任。

前一章是说在正常情况下，先要使百姓富足，然后要进行教化。后一章讲的是在特殊情况下，即使经济有困难，也一定要取信于民。百姓信任政府，就会与当政者共渡难关；失去百姓的信任，尽管还有经济基础，政权也会垮台。

孔子"政者正也""为政以德"的思想，反映出一种重要的治国理念：治国的实质不是管制，更不是镇压，而是"正"，使人和社会秩序走上正道；治国的手段主要不是靠暴力强制，更重要的是进行道德教化。这是一种以人为主体的治国思想。同时也可以说，这也是整个儒学的核心思想；全部儒学，它的出发点和落脚点都在于提高每一个人的素质。现在看来，孔子的这种主张基本上是正确的。

孔子的治国思想也有比较理想化或者比较片面的地方。

子曰："善人为邦百年，亦可以胜残去杀矣。诚哉是言也。"（《子路》）

子曰："听讼，吾犹人也。必也使无讼乎！"（《颜渊》）

他的理想是要消灭残暴、杀戮，取消诉讼，一定程度上忽略了法制、刑罚。而这种理想是不现实的；即使真能按他的理想"为邦百年"，要做到胜残去杀和无讼也是不可能的。他比较忽视法治这方面，对道德、教化有较为理想化的一面。

（二）孔子的教育思想

孔子一生出仕为官的时间很短，大概主要就是三四年的时间。虽然在一开始的时候孔子有很好的政绩，甚至一年之内连升三级。但是他当时的一些理念与当权者不合，所以很快就离开了。

孔子一生主要的时间和精力都用在教育上。他开办了中国第一所民间学校。当时中国的教育都是官办的，只有贵族子弟才能够受教育。孔子自己私人办学、招弟子，对于学生的身份他没有任何的限制，贵族可以来，穷人也可以来，甚至坐过牢的也可以来。这就是所谓"有教无类"。史书上记载孔子有弟子三千，能够精通六艺的有七十个人。

有人问孔子为什么不去当官、为政，孔子引用了《尚书》中的一句话："孝乎惟孝，友于兄弟。"就是讲孝悌，然后他说"施于有政，是亦为政，奚其为为政"。意思就是说，教育培养一批人，通过他们去从政治国，就可以影响政治，这也就是从政了。还有什么是为政呢?

在孔子思想里，为政和教育是紧密联系在一起的。从政治思想方面看，他主张为政以德，把道德教化当作治国的手段和国家的重要职能，首先要求在位的当政者要有德，要是贤才；对百姓则要"道之以德，齐之以礼"，提高人们的素质，使百姓"有耻且格"，这些才是为政的核心，而这些都要通过教育来做到。他把教育看作是治国的基础和重要手段。从教育方面讲，他认为教育不是单纯传授知识的文化活动，而是培养人、培养治国贤才的手段，是关系到社会安定、国家治乱的根本大事，教育本身就是国家的一个非常重要的职能。

在教育方面，孔子也有许多有价值的思想。孔子也是一位伟大的教育家。因为时间关系，这方面就不做介绍了。

在孔子看来，为政不只是掌权管人管事，教育也不只是传授知识；无论为政还是教育，中心都是提高人的素质。所以孔子全部思想的核心，是讲做人的道理。孔子提出了一个以“仁”为核心的道德思想体系，也就是我们常说的“仁学”。

总之，孔子《论语》的思想有着丰富的内容，包括政治、教育、伦理几个主要方面，而核心是关于做人的思想。

三、《论语》的为人之道

《论语》最核心的思想就是关于做人的道理。政治也好，教育也好，最后核心的问题都集中到讲做人的道理。在他看起来，把道德问题做好了，通过教育使得老百姓都能够有羞耻之心，社会自然就安定了。

《论语》中的为人之道，大体可以分为三个方面：人生理想（在中国古代是讲立志）、仁与礼（孔子对君子的要求）、修养。我抽出几点来介绍一下。

（一）志于道

在人生的理想方面，中国古代强调一个人首先要立志。

> 子曰：“志于道，据于德，依于人，游于艺。”（《述而》）

《论语》里的“志于道”是什么含义呢？曾子说：

士不可以不弘毅，任重而道远。仁以为己任，不亦重乎？死而后已，不亦远乎？（《泰伯》）

“任重而道远”这句话我们很熟悉，也是我们现在经常使用的一个成语。但是曾子讲的“任重而道远”和我们现在用的这个“任重而道远”不太一样。它的意思不是说我们面临着某一项任务需要花很长的时间，很多的精力，而是指我们对人生的理解。我们这一生就是“任重而道远”的一生。作为一个士，一生就要“仁以为己任”，以弘扬仁道作为一生的使命和责任。在中国传统来讲，人生在世是担负了一定的责任和使命的，不能只追求吃好玩好潇洒走一回。我们都有很重的责任，要用终生去完成人生的使命。这个使命是什么？就是弘扬仁道。弘扬仁道的内容又是什么？下面这一段可以帮我们理解。

子路问君子。子曰：“修己以敬。”曰：“如斯而已乎？”曰：“修己以安人。”曰：“如斯而已乎?”曰：“修己以安百姓。修己以安百姓，尧舜其犹病诸。”（《宪问》）

“弘扬仁道”就是要自己认真修养，并且帮助他人过得好，最高的要求是修养自己，帮助所有百姓都过得好。用现在的话来讲，就是要为了理想的社会努力奋斗终生。这是我们自己担负的使命。这是中国人对人生的一种理解，这里实际上给我们提出和回答了人生的两个基本问题：精神生命和物质生命的关系，群体和个体的关系。在我们思考自己的人生应该怎么过的时候，这两个问题是每个人都无法回避的。

精神生命和物质生命的关系。这个问题是儒学里一个基本的问题。儒学有一个很重要问题就是“人禽之别”。人和禽兽有什么区别？人为什么能够高于禽兽？人的生活有两个部分，物质生活和精神生活。物质生活指的就是衣食住行，包括两性关系等等。物质生活的基础是人的生物本能。这一点上，其实人和禽兽没有本质的区别。禽兽也有同样的生物的本能。那么人和禽兽的区别在哪里？区别在于人除了物质生活以外还有精神生活。人是生活在社会中间的。社会生活中会形成一定的关系。为了维护这些关系，就需要有道德规范，这是禽兽所没有的。这也是中国古人观察人生时的一个很重要的出发点。

战国时期儒家学派的代表人物孟子、荀子都谈过这个问题。孟子说“饱食、暖衣、逸居而无教，则近于禽兽”。这是从中国古代文明的发展来说的，文明的发展首先是解决了吃穿住的问题，但是那时还没有教化，孟子说，这就还近于禽兽。于是有了教化。这个教化就是指人伦关系。荀子对这个问题讲得更明确：“禽兽有父子而无父子之亲，有牝牡而无男女之别。”禽兽也有父子的关系，但是没有人这样的父亲子爱。有牝牡，就是分为公、母两性，但是不像人有男女之别。这是中国古人对人的基本看法。因为人之所以异于禽兽，人之所以为人，就在于人有精神生活，所以人要把精神生活放在第一位，而不能只追求物质生活的享受，在《论语》中就叫作“义以为上”。舍弃精神追求，只顾追求物质生活方面的满足，按照中国传统观念，这样的生活就近于禽兽。

孟子

群体和个体的关系。人是生活在群体中间的，我们每一个人既是一个不同于他人的个体，又是群体中的一分子。古人从不把人看成孤立的、单个的个人，总是把人放在一定的关系中间来看。一个人既是父亲的儿子，又是儿子的父亲，还是妻子的丈夫，或者丈夫的妻子。一个人总是处在一定的关系中间，这点和西方人很不一样。西方人比较强调个人就是独立的个体，所谓上帝是高高在上的，上帝下面所有的人都是平等的。所以西方强调发扬个性，追求个人价值等等。但中国人看问题总是把自己放在群体中间，强调自己要融合到群体中间去，把个人的性命融入群体的、历史的大生命中，在群体的发展中求个人的发展以实现个人的价值。孔子提出“修己以安人，修己以安百姓”，“己欲立而立人，己欲达而达人”。孟子说“老吾老，以及人之老；幼吾幼，以及人之幼”。又赞扬伊尹“自任天下”，“思天下之民匹夫匹妇有不被尧舜之泽者，若己推而内之沟中”。后儒“先天下之忧而忧，后天下之乐而乐”，“天下兴亡，匹夫有责”，都是体现了这一点。

中国人对这种价值的最高追求，就是“杀身成仁，舍生取义”。“杀身成仁”是孔子讲的。

子曰：“志士仁人，无求生以害人，有杀身以成仁。”

这句话强调人不能为了求活命而损害仁，只有在必要的时候可以杀身以成仁，可以牺牲自己的生命来成全对仁的追求。“舍生取义”是孟子说的。孟子用了一个非常简单的比喻：

孟子曰：“鱼，我所欲也，熊掌亦我所欲也；二者不可得兼，舍鱼而取熊掌者也。生亦我所欲也，义亦我所欲也；二者不可得兼，舍生而取义者也。生亦我所欲，所欲有甚于生者，故不为苟得也；死亦我所恶，所恶有甚于死者，故患有所不辟也。”

鱼和熊掌二者只能选一种，你取什么？答案很简单，“舍鱼而取熊掌也”。因为鱼和熊掌的价值差别是很明显的，孟子用这样一个比喻来说明“生”和“义”二者的关系，“生”是指个体的物质生命，“义”是指精神理想的追求，人的精神生命。当这两者不可得兼的时候，你把哪个放在前面？就是要舍生而取义。为什么要舍生取义呢？“生亦我所欲，所欲有甚于生者，故不为苟得也；死亦我所恶，所恶有甚于死者，故患有所不辟也”。就是生命确实是我所欲，但是所欲有胜于生者；生命不是最高的价值，有比生命价值更高的，这就是“义”，就是精神生命。如果陷我于不义，我毋宁死。

我们现在常常讲生命是最可宝贵的，没有什么比生命更可贵，这话有一定的道理。比如说在汶川抗震中，其他一切事情都要服从于救人，因为生命是最宝贵的。但是回过头来再想想，孟子讲得有没有道理呢？作为个人人生的思考，你是不是把个人的生命看作是最宝贵的？是不是可以求生以害仁？是不是两者不可得兼时，能够舍义而取生呢？中国古人讲“生亦我所欲，所欲有甚于生者。死亦我所恶，所恶有甚于死者”。在汶川地震抗震中间出现了很多鲜活的例子。为什么那么多解放军战士能够在死亡的威胁下，仍然不顾一切地去营救灾区人民？为什么那些教师能够为了救孩子，牺牲自己的生命？为什么有的人顾不上救自己的亲人，和大家一起去救其他灾民？在他们心中，并没有把个人的生命放在第一位，而是始终将百姓的安危放在第一位，把灾民放在第一位。他们的这种做法体现的就是“修己以安百姓”，“杀身成仁，舍生取义”的中国人的精神。

与汶川抗震主流精神形成鲜明对比的就是范美忠的表现。范美忠逃跑情有可原，并不应该过多地去责备。但问题是他的那些思想。他说在危难情况之下求生是每一个人的本能；既然是本能，那也是每个人平等的权利；所以他逃生没有错。你不逃生，你愿意救人牺牲是你的选择，也并不高尚。他这完全是西方的价值观念，就是将个人的生命放在第一位。范美忠也是珍惜生命的。但是他珍惜的不过是他个体的生命。中国人的传统精神是把个人与群体、百姓紧密联系在一起。在抗震救灾中，他们牺牲了自己个人的物质生命，实现了精神生命的永恒。他们的这种精神生命永远为人们所纪念，永垂不朽。我想中国人讲的“志于道”大体上就是这个意思。

也有人批评中国文化，特别是批评儒学，说中国人只讲集体不讲个人，否定了个人独立的人格，应该说这是一种误解。从西方人的思想体系来讲，他们对中国的文化是很难理解的，所以他们认为你强调“杀身成仁，舍生取义”就是不讲个人独立的人格。从中国文化的思想本身来说，实际情况并不是这样。孔子说：“三军可夺帅也，匹夫不可夺志也”。（《子罕》）

任何一支强大的军队，其统帅是可以被剥夺的。但是一个普通人所立下的志向是没有任何力量能够改变的。从个人来讲，一个人立下志向以后，在任何的环境下面都要坚定不动摇。孟子说：“富贵不能淫，贫贱不能移，威武不能屈，此之谓大丈夫。”（《孟子·滕文公下》）

什么叫大丈夫？大丈夫就是要能在任何情况下坚守你的志向。无非是三个考验：第一个是富贵的引诱，第二个是贫贱的煎熬，最后一个就是生死的威胁。一个大丈夫，要在任何环境下面都坚守你的志向不动摇。这两段话都是强调个人独立人格的重要性。所以，杀身成仁、舍生取义有两个方面：一是为理想信念、群体事业献身；二是个人人格的完成。在古人身上二者是统一的。中国古代的杰出人物和仁人志士，把“杀身成仁，舍生取义”作为自己做人的最高标准和最高要求。文天祥就是一个典型的例子。文天祥抗元失败被俘。元人先是劝降，文天祥坚决拒绝，后被关押在土牢里很多年，最后被杀害。在他就义以后，人们在他的腰带上发现了这样一段话，这也是他心声最后的表达。他说：

> 孔曰成仁，孟曰取义，唯其义尽，所以仁至。读圣贤书，所学何事？而今而后，庶几无愧。

孔曰成仁，孟曰取义，概括了儒家学说最核心的要求，是文天祥对他读的儒家学说的一个理解。他明白表示成仁、取义是他毕生追求的目标。而在生命的最后一刻，他以终于达到这个目标而感到无憾和欣慰。为理想信念、群体事业献身和个人人格的完成达到了完美的统一。

孔子所讲的学说思想都是从普通人的生活中间总结出来的。它不是像西方哲学家有那么多高深的理论体系，儒家学说的基础是在普通人的生活中间。所以我们学习、修养也要从日常生活做起，逐步达到一个很高的境界，所谓“极高明而道中庸”。普通百姓在日常生活中经常践行着孔子的思想，只是日用而不知。在《论语》中我们可以看到，在实际生活中这种价值观有三个层次的要求。

最低的层次是“见义勇为”。《论语》的原话是：

> 见义不为，无勇也。（《为政》）

义，宜也。义就是应该。见到应该做的事而不做就是无勇，没有勇气，是懦夫。从正面讲，见到应该做的事就要去做，就是见义勇为。这是第一步。从见义勇为开始。现在一般人的理解，见义勇为就是要勇于与歹徒搏斗或在危险或灾难中舍己救人。这些行为当然是属于见义勇为。但是那样去理解见义勇为，并不符合《论语》的本义。孔子的原意，是说在实际生活中遇到合于道义，应该做的事，就要勇于去做。

现实生活中，有两个问题。一个问题是我们遇到一件事自己都会有个选择，这件事我做还是不做。一般会有两种考虑，一是应该不应该，一是有利没有利。应该不应该和有利没有利，把哪一个放在前面？应该做就做，就是把精神生活的要求放在第一位；有利才做，无利不做，就是把物质生活的考虑放在第一位。见义勇为，就是把应该不应该放在前面，作为指导我们行为的一个原则，而不是以对自己有没有好处作为原则。实际上这也就是前面讲到的，把精神生活放在首位，即义以为上。再一个，从道德教育上来说，见义不为是我们道德教育中一个很大的问题。很多事情，他不是不知道应该怎样做，但他不做。这就是道德认识与道德实践脱节。见义勇为就是要解决这个问题，认识到了就去做。这是一个修养的起点。为什么知道应该做而不做？都是出于一些私心的考虑。这就叫作无勇。我们说的勇敢，不是简单的天不怕地不怕，不怕死。在中华文化中讲勇，最大的勇敢是勇于战胜自己，改正自己的错误是最大的勇敢。见义勇为的“勇”首先也是这个意思，不是一定要不怕牺牲生命，舍己救人。

把见义勇为提得过高，以为只有那些英雄行为才是见义勇为，反而不能为多数人接受。所以，要对见义勇为做准确的解释，一事当前，凡是应该的就去做，这就是“见义勇为”！

应该做的就去做。这是第一步的要求。坚持这样做，第二个层次，就是把这个原则用于对个人物质利益的取舍，在有利可图的时候，如何处理物质利益的追求和道德精神原则的关系？“君子喻于义，小人喻于利”。有人会问，是不是君子就只讲义不讲利？其实这句话只是说你要按照义的原则来决定你对利的取舍。

> 富与贵是人之所欲也，不以其道得之，不处也；贫与贱是人之所恶也，不以其道得之，不去也。（《里仁》）

《论语》并不否定要取得富贵，它只是说你不以其道得到的富贵不能要。要见利思义，不取不义之财。这是第二个层次。贯彻到底，最高的境界和要求就是舍己救人。最后在生死关头，也能“杀身成仁，舍生取义”！

（二）仁和礼

仁和礼是孔子对君子所提出的要求。《论语》里多处讲君子如何如何，小人如何如何。君子，是孔子所提出来的一个做人的理想标准。孔子教他的弟子要做君子，不要做小人。在古书里，君子的另外一个含义是指在位当权的人。《论语》里的君子主要是指做人的标准。说得简单一点就是有道德的人的标准。

> 子曰：“质胜文则野，文胜质则史。文质彬彬，然后君

子。”（《雍也》）

文就是花纹，文饰，外表的表现，指的是礼。质是内在的品质，指的是仁。彬彬就是两个东西配合得很好。文质彬彬的意思就是，一个人内心的道德品质和外表的礼仪，能够很好地统一起来，这样的人才是个君子。

仁

樊迟问仁。子曰：“爱人。”（《颜渊》）

爱人，是仁的根本精神。

厩焚，子退朝，曰：“伤人乎？”不问马。（《乡党》）

马厩着火了，孔子只问伤人了没有，不问其他，正是爱人精神的体现。

爱人是总的精神，它通过孝悌、忠恕等道德得到体现。

孝悌

有子曰：“其为人也孝弟，而好犯上者，鲜矣；不好犯上，而好作乱者，未之有也。君子务本，本立而道生。孝弟也者，其为仁之本与！”（《学而》）

孝悌是仁之本。怎么理解孝悌是仁的本呢？一个理解是从爱人的方面讲，爱人首先是从孝悌开始。儒家讲的爱人不是抽象的、普遍的爱，而是一种有差等的、由亲及疏的爱。而父母兄弟是一个人最亲近的人。一个人来到世上，生活在家庭里面，首先接触到的是父母、兄弟、姐妹，这是关系最亲密的人。所以对亲人的爱，可以说是爱人的起点。

《二十四孝图》之戏彩娱亲

我们现在也常常讲这句话，如果你连父母都不爱、不孝，怎么可能去爱别人呢？从这个意义上说，孝悌是仁的根本。后来孟子讲亲亲、仁民、爱物，首先是对亲人孝悌，然后“老吾老以及人之老，幼吾幼以及人之幼”，推广到其他的人，对其他人也要有爱心。再由人推广到物，人是生活在自然中间的，天地万物都是人类的朋友，所以要爱物。对人的爱和对物的爱有所区别，所以叫亲亲、仁民、爱物。

另外一个理解，在这段话里边，把孝悌和不犯上作乱连在一起。只要为人孝悌，犯上作乱的可能性几乎是没有。

把孝悌和不犯上作乱连在一起，这句话有一定的社会背景。这是因为当时是个宗法制的社会，天子、诸侯都是实行嫡长子继承制，其他庶子被分封到各地。在当时的社会结构里，天子和诸侯的关系，诸侯国君和大夫之间的关系既是一个政治上的关系，同时又是父子或者兄弟的关系。在这种情况下，做人能够孝悌，就不可能犯上作乱，这是它的时代内容。所以孝悌也具有两重性。通过提倡孝悌维系宗法制度，使人不犯上作乱，这是它时代性的一面。但是孝悌又有它普遍性的一个方面。那就是，孝是在血缘亲情的基础上产生的，爱人总是从父母兄弟开始，这种血缘亲情是超越时代的，只要有家庭血缘关系存在，就有孝的基础，有孝的需要，是不受时代限制的普遍性的。

关于孝，孔子强调了一个“敬”字。

> 子游问孝。子曰：“今之孝者，是谓能养。至于犬马，皆能有养；不敬，何以别乎？”（《为政》）

一般人认为孝就是赡养父母。孔子说，如果只是养，没有敬，那和养一只狗，一匹马有什么区别呢。强调孝的精神要敬，这是很有现实意义的。

> 子夏问孝，子曰：“色难。有事，弟子服其劳；有酒食，先生馔，曾是以为孝乎?”（《为政》）

色难，最难就是要能够保持一个非常好的脸色。不只是有事儿女做，有好吃的给父母，而是始终保持好的脸色。不管父母卧病在床，多么的麻烦，多么的辛苦，儿女在侍奉的时候都能够保持和颜悦色。这也是强调，心中对父母要有爱、有敬，因为脸色是人内心情感的一种直接反映。

忠恕

> 子曰：“参乎！吾道一以贯之。”曾子曰：“唯。”子出。门人问曰：“何谓也？”曾子曰：“夫子之道，忠恕而已矣。”（《里仁》）

曾子说，贯穿于孔子思想中的中心思想就是忠恕。对于这一点学术界有不同的看法。我们先不讨论这个问题，而是要来看看忠恕的内容和它的意义。

曾子突出忠恕是有道理的。因为从“爱人”精神的落实方面看，最重要的就是忠恕。

忠恕的内容就在下面这两段话：

> 子贡问曰：“有一言而可以终身行之者乎？”子曰：“其恕乎！己所不欲，勿施于人。”（《卫灵公》）
>
> 子贡曰：“如有博施于民而能济众，何如？可谓仁乎？”子曰：“何事于仁！必也圣乎！尧舜其犹病诸！夫仁者，己欲立而立人，己欲达而达人。能近取譬，可谓仁之方也已。”（《雍也》）

“己所不欲，勿施于人”，是恕，是说自己所不愿意的事情，不要强加到别人身上。这主要是对自己的一种自我约束，不希望别人这么对待自己，就不要这么对待别人。“己欲立而立人，己欲达而达人”，就是“忠”，是更积极的一个层面。不只是约束自己，任何事情自己不愿意的也不要强加到别人身上；而是说我自己所想要做到的事情，也要帮助别人做到。比如我想在社会上站住脚跟，想在社会上办事很顺利通达，别人也会希望这样，那我就帮助别人来实现这一点，这就是忠。忠有一种积极帮助别人的意思，不只是对自己约束，而是有一种责任。

子贡

这两个方面，一个是对自己的约束，一个是对别人的责任。而共同的一个精神，就是要以自己的心情去理解别人的心情，就叫作“推己及人”。这也就是上面引的那段话中孔子说的“能近取譬”，孔子说，这是“为仁之方”，践行仁爱的方法。这种思想，实际上在中国的老百姓中间也是深入人心的。中国人常说将心比心，遇到什么问题设身处地替别人想一想，再简单一点讲，就是心中要想着别人。这已经成为中国人一种传统的处世之道。

“己所不欲，勿施于人”，孔子在《论语》中提出的这一原则，已经为世界各大宗教所接受，被公认为是人类可以普遍接受的共同价值。但若仔细考察，就可发现在共同之中又有着差异。比如，《论语》说的是“己所不欲，勿施于人”。《圣经》说的则是：“你们要别人怎样对待你们，你们也要怎样对待他们。”（《路加福音》6·31）“你们要别人怎样对待你们，就得怎样对待别人；这就是摩西律法和先知教训的真义。”（《马太福音》7·12）二者是相通的，而又是不同的。孔子提出的问题是应该怎样对待他人，回答是自己不愿接受的就不要加之于他人，出发点和落脚点都是他人；《圣经》提出的问题是你想要别人怎样对待自己，回答是想要别人怎样对待自己就怎样对别人，这样做是为了换来别人也这样对自己，出发点和落脚点是在自己。在这一点上，正反映出中西文化核心价值观的分歧。这一点也是值得注意的。

仁，一方面是最重要的道德要求，同时又是孔子倡导的道德的总称，包含了孔子讲的所有的道德要求。比如恭、宽、信、敏、惠、温、良、俭、让等，都可以归结到仁的下面。因为时间关系，这里不作介绍了。

礼

《论语》好几处都讲“不学礼，无以立”，立就是立身，立身就要依据礼。不学礼，就没有立足社会的依据。那么礼是什么呢？钱穆先生有一次接受一位美国学者访问的时候，讲过这么一段话：

在西方语言中，没有礼的同义词，在西方没有礼这个词，它是整个中国人世界里一切习俗行为的准则，标志着中国的特殊性。

西方语言中没有和“礼”相当的词语，它是中国特有的，所以用现在人们习惯的语言说起来不太容易讲清楚。总体来说，礼是中国人的一切习俗行为的准则。古代从天子的祭天、祭祖，诸侯国之间的会盟、外交、打仗，到普通老百姓的婚丧嫁娶、坐卧行走、互相称谓等等，这一切都有礼的规范。简单讲，礼是一切习俗、行为的准则。在中国古代，人们的一切行为都要用礼来规范。孔子讲，“道之以德，齐之以礼”，怎样来规范人们的行为呢？就要靠礼。可以说古代中国人是生活在礼中间的。

颜渊问仁。子曰：“克己复礼为仁。一日克己复礼，天下归仁焉。为仁由己，而由人乎哉？”颜渊曰：“请问其目？”子曰：“非礼勿视，非礼勿听，非礼勿言，非礼勿动。”颜渊曰：“回虽不敏，请事斯语矣。”（《颜渊》）

子曰：“生，事之以礼；死，葬之以礼，祭之以礼。”（《为政》）

孔子说要把仁和礼配合起来，“道之以德，齐之以礼”。道德要落实到行为规范上来。颜渊问仁，孔子说“克己复礼为仁”。“批林批孔”的时候把“克己复礼”说成要复辟，这种理解是不对的。这句话的意思是克服自己不符合礼的思想行为，照着礼去做，这就是仁。说具体一点，就是“非礼勿

弃官寻母图

视，非礼勿听，非礼勿言，非礼勿动”。凡是不符合礼的，你不要看，不要听，不要说，不要做，视听言动都按照礼的要求，这就做到仁了。孔子又说，孝就是父母生前要依礼的要求侍奉父母，父母去世后要依礼的要求安葬和祭祀。总之，仁落实到礼的上面，就是按照礼的要求做。检验一个人是不是仁，用礼去检验就可以了。所以，仁与礼就是紧密不可分的。

仁和礼的关系，可以从三个方面看：

第一，仁是灵魂，礼是形式。仁要落实到礼上，反过来，礼可以检验仁。

第二，如果礼脱离了仁，那么礼的这些形式就毫无意义。有一位香港的教授曾经做了一个比喻。他说马戏团训练狗熊的时候，它完全可以按照你的要求来做，而且一板一眼一点不错。但狗熊所做出的动作背后没有道德思想的内涵。礼，不是只照着做就行，关键还要懂得为什么要这样做。孝也是如此。赡养父母是礼的要求，但如果子女内心没有敬，赡养是没有意义的。

> 宰我问：“三年之丧，期已久矣。君子三年不为礼，礼必坏；三年不为乐，乐必崩。旧谷既没，新谷既升，钻燧改火，期可已矣。”子曰：“食夫稻，依夫锦，于女安乎？”曰：“安。”“女安则为之。夫君子之居丧，食旨不甘，闻乐不乐，居处不安，故不为也。今女安，则为之！”宰我出，子曰：“予之不仁也！子生三年，然后免于父母之怀，夫三年之丧，天下之通丧也。予也有三年之爱于其父母乎？”（《阳货》）

宰我说要把丧期改为一年，孔子没有说你这样一定不行，而是说如果你心安你就去做。这是什么意思？如果宰我内心没有道德情感，只守孝一年也可以心安，那你非让他守三年就没有意义。说仁是灵魂，最核心的就是要有一种道德的自觉。所以孔子说：

> 礼云礼云，玉帛云乎哉？乐云乐云，钟鼓云乎哉？（《阳货》）
>
> 人而不仁，如礼何？人而不仁，如乐何？（《八佾》）
>
> 第三，礼也有培养仁德的作用。
>
> 慎终，追远，民德归厚矣。（《学而》）

礼是一种外在形式，但是如果你认真地去做，就可以使民风淳厚。

> 礼之用，和为贵。（《学而》）

礼的功用是和。人都生活在一定的关系中，有一定的地位、身份。君臣、父子、夫妇、兄弟、朋友这五伦，就是古代社会基本的人伦关系。礼就是在这种区别的基础上产生的。它反映、厘清和维持这种区别，以达到和的目标。爱和敬的感情是普遍的、共通的，但它的表现又是有别的。古人强调爱有差等，有亲疏之别就是这个意思。礼既体现着爱和敬，同时也体现着别；爱和敬通过别而表现。西方人讲平等。受西方思想影响，现在我们许多人也爱讲平等。认为礼的规范是封建等级制的反映，一概要不得；父子、夫妇、兄弟、朋友、同学、上下级……都用一个“平等”来概括。现代社会在人格上人人平等，等级制下的贵贱尊卑关系应该废除是对的。但父子、师生、上下级等等的差别是客观存在的事实，协调这种差别就要有礼，不能抹杀差别，不能否定礼。只讲平等，没有礼的规范，不讲恭敬、礼让，不可能有社会的和谐。

礼是随社会的发展变迁而发展的。古代的礼，许多已经不再适应现代社会的要求而被淘汰；继续存在的也会改变形式、有所发展；还要适应现代社会的需求，进行现代礼的建设。古代社会建立在个体农业基础之上。古代的礼，主要也只是局限于古代五伦的私人生活的领域，而缺乏公共生活领域的规范。在公共生活领域建立礼的规范，是弘扬中华文化，建设精神家园的一项重要工作。

（三）修养

无论立志也好，要做一个君子也好，都要通过学习和修养。这一点是中国文化和儒学中非常重要的组成部分。就我的了解，大概只有中国文化对修养问题有如此丰富、完整的学说。任何一种文化都没有像中国文化如此重视修养问题。

子曰："性相近也，习相远也。"（《阳货》）

人有先天和后天两个方面。先天的性是相近的，差别不大；习，是后天环境的影响和习染，人的差别主要是来自后天。这就说明人需要和可以通过后天的学习修养改变自己、提高自己。中国传统文化为什么这样重视学习和修养，道理就在这里。

《论语》中关于修养的内容很丰富，有关于修养的基本态度，也有修养的方法。因为时间关系，今天只介绍关于修养的基本态度的部分。

修养的基本态度：为己，由己，求诸己。都有一个己字，落实到"己"，可以叫作"三个己"。

为己

子曰："古之学者为己，今之学者为人。"（《宪问》）

所谓为己，是说学习修养都是为了充实、提高、完善自己；为人，就是做给别人看，沽名钓誉，牟取名利。为己是学习修养的最根本的态度。这个思想在《论语》的很多地方都有反映。

由己

颜渊问仁。子曰："克己复礼为仁。一日克己复礼，天下归仁焉。为仁由己，而由人乎哉？"颜渊曰："请问其目。"子曰："非礼勿视，非礼勿听，非礼勿言，非礼勿动。"颜渊曰："回虽不敏，请事斯语矣。"（《颜渊》）

子曰："有能一日用其力于仁矣哉？我未见力不足者。"（《里仁》）

子曰："仁远乎哉？我欲仁，斯仁至矣。"（《述而》）

道德修养全靠自己，做好做坏完全掌握在自己手中。不能推诿与他人或条件，不能怨天尤人。

曹交问曰："人皆可以为尧舜，有诸？"

孟子曰："然。"（《孟子·告子下》）

只要努力人人都就可以达到圣人的境界。圣人的境界，不是说可以真的成为像尧舜一样的人，而是说在道德思想境界上可以做到像尧舜那样。有人没有做到，"是不为也，非不能也"。只是他没有努力去做，不是做不到。

求诸己

子曰："君子求诸己，小人求诸人。"（《卫灵公》）

君子凡事首先从自己方面要求，而不怨天尤人。《论语》中多次用不同的语言说到这一点。

不患无位，患所以立。不患莫己知，求为可知也。（《里仁》）

不患人之不己知，患其不能也。（《宪问》）

君子病无能焉，不病人之不己知也。（《卫灵公》）

说的是一个意思，不怕没有职位，不怕人家不了解自己，只怕自己无能，没有能力担当重任。这就是求诸己的精神。

人不知而不愠，不亦君子乎？（《学而》）

人在怀才不遇的时候，在被人家误解的时候，或是人家不了解自己，看不到自己优点和成绩的时候，会觉得烦恼、郁闷，会有怨恨；求诸己，从自己的方面要求，就可以免除这些烦恼、怨恨，“人不知不愠”了。

还有一种情况，人与人之间的交往，经常会有一些冲突和矛盾。面临这些情况的时候，我想一个基本的态度也是求诸己。“双方各自多做自我批评”，矛盾就容易化解。

另外，人们在相互关系中所处的地位不同，要求也不相同。也要从自身做起，首先做好自己应该做的事。

“三个己”体现了一个精神：立足于个人的自觉。启发个人的自觉，依靠个人的努力，靠每个人从自己做起，提高全民的素质；一句话，“自天子以至于庶人，壹是皆以修身为本”（《大学》）。

可以说，这是整个儒学的核心思想；全部儒学，它的出发点和落脚点，都在于提高每一个人的素质；而要做到这一点，靠的也是每一个人的自觉。这也是以人为本的核心内涵。

四、《论语》思想对后代的影响

（一）《论语》中所提出的人生价值观，是中华民族民族精神的思想基础

中华民族的民族精神，集中表现为贯穿中华5000年历史的浩然正气。这种浩然正气，源自儒学和中华文化提倡的核心价值。“成

仁”“取义”是孔孟提出的君子人格的最高要求，也是历代仁人志士的最高追求、安身立命的精神家园、民族精神的基础。

> 先天下之忧而忧，后天下之乐而乐。
>
> 天下兴亡，匹夫有责。
>
> 人生自古谁无死，留取丹心照汗青。
>
> 苟利国家生死以，岂因祸福避趋之？

这些名言都体现了《论语》所提出的核心价值观和中华民族的浩然正气，贯穿于我们民族5000年的历史中。

民族精神是发展的，随时代前进而不断取得新的时代内容。每一个时代人们为之而奋斗的具体使命都是不同的，都有鲜明的时代性；每一个时代所表现的精神也都有着鲜明的时代特点，有着与其他时代不同的内容；但儒学的核心价值则是始终一贯地贯穿于从古到今的各个时代，是民族精神的核心内容和灵魂。

近代以来，民族精神不断发展，表现为革命战争年代的长征精神、延安精神，中华人民共和国成立以后的“两弹一星”精神、焦裕禄精神、雷锋精神、抗洪精神、航天精神……成为支持、激励中国人前赴后继，为民族独立，为人民解放，为建设独立、民主、富强的新中国而奋斗的精神支柱。不同时期所表现出的每一种精神，都有其鲜明的时代特点和内容；但它们的思想基础又是一贯的，都离不开中国传统文化的核心价值；也都是彰显了中华民族的浩然正气。它们的基础是在中国共产党领导下的伟大的革命和建设实践，而它们的文化背景、思想来源则在中华文化和儒学的传统中。当代的革命精神，是几千年来民族精神的发展。古代的文化传统、民族精神和当代的革命精神，是同一个传统的两个发展阶段，而不是两个传统。割裂古代文化传统与当代革命精神的联系，就不可能真正理解当代革命精神；而如果否定和抛弃了儒学核心价值和民族精神的传统，那就根本不会有长征精神、延安精神及其以后的这一切。

汶川抗震救灾培育和弘扬了伟大的抗震救灾精神。抗震救灾精神的出现，无疑是植根于有中国特色的社会主义建设的实践，如胡锦涛所说“充分反映了社会主义精神文明建设，特别是社会主义核心价值体系建设取得的重大成就”。同时它也强烈地体现出儒家所倡导的核心价值。我们看到，多少教师用自己的血肉之躯保护学生，视死如归；多少战士甘冒死亡的危险，义无反顾；多少人顾不上抢救自己的亲人，坚守岗位，救出其他人而失去了自己的亲人；赶回灾区探亲的普通百姓，中途返身护送伤员；身处灾区的母亲，为了减轻救灾负担不许儿子回家；无数志愿者自发奔赴灾区；全民捐献，捐钱捐物献血……这一切，远非简单的“珍惜生命”四个字可以说明。这里表现的是超越对个人小我、物质生命的珍惜，把群体大我、灾民的生死放在第一位，为救灾不惜“舍生取义”的崇高精神追求。这是对生命意义的最好诠释，是中华民族民族精神、浩然正气的集中体现。尤其值得注意的是，这种精神不是表现在少数人身上，而是表现于千万人身上，显示出了惊天地、泣鬼神，无坚不摧的力量。

（二）在孔子为政和教育思想的影响下，形成了重教育的传统

孔子思想关注的中心是人，是提高人的素质，他全部思想的核心就是讲做人的道理；他把道德教化当作治国的基础和国家的重要职能，一生的主要活动就是教育。孔子的这一思想有重要的影响，形成了中国重视教育的传统。

在这一思想的影响下，历代都把教育当作治国的大事，后来又形成了以考试取才的科举制度。这在当时是很先进的。不仅官府，儒生文人也有这样的传统，每到一地，都把兴学作为一项要务来做。这对推动文化发展、培养人才都有很大的作用。

今天，我们应该将道德摆到什么地位？孔子将道德教育视为治国最基础、最重要的一个职能。当今时代我们应该怎么看待这个问题？在依法治国的现状下，道德应该处于一个什么地位？在教育中间，道德应该被放在一个什么地位？我们有一个很重视教育的传统，我们应该怎么把

握？这些问题可以对我们有很多启发。

（三）孔子的为政思想，发展了中华民族的礼乐文化，使中国成为“礼仪之邦”

礼乐文化始于西周，孔子“道之以德，齐之以礼”的思想，把礼与德相联系，成为统一的体系，构成汉以后2000年治国的基本模式。虽然汉以后也吸取了法家的合理部分，成为“德主刑辅”的模式，但核心的还是“道之以德，齐之以礼”。正是在这种治国模式下，使中国成为世人称颂的“礼仪之邦”。这个传统由于种种原因，在相当大的程度上丢失了。总结历史经验，继承发展这一传统是一个重要的问题。

（四）孔子的治国思想，给我们提出了一些值得思考的问题

第一，对为政治国的理解和认识。作为国家干部、公务员，我们怎么认识自己的职责？从政治国是做什么的？镇压？管理？教化？几者的结合和如何结合？我们与百姓之间是什么样的关系？孔子说政者正也，应怎样评价，有什么现实意义？与依法治国、以人为本等如何结合？

第二，社会的安定、国家的强大、政权的稳固，最重要的基础是什么？军事？经济？人民素质？何者为先？几个方面的关系？

第三，如何认识道德教育、道德建设与法治的关系？道德教育、道德建设在现代国家的治理中应处于什么样的地位？与依法治国的关系如何？

第四，怎样看待教育的作用和地位？政府应该把教育放在什么地位？教育工作者要怎样认识自己的责任和使命？教育在弘扬中华文化的事业中应起什么作用？

第五，怎样认识和落实正人先正己的原则？怎样认识我们的官员和公务员首先学好中华文化的重要意义？如何把中华文化基本知识的内容落实到官员和公务员的培训中去？

郭齐勇

《中庸》及其现代意义

郭齐勇，1947年生，湖北省武汉市人，哲学博士。1978年考入武汉大学哲学系，后留系任教。1993年开始享受国务院特殊津贴，2006年被评为国家级教学名师。现为武汉大学哲学学院及国学院教授、博士生导师、国学院院长、武汉大学珞珈杰出学者，兼任国际中国哲学会（ISCP）执行副会长、中国哲学史学会副会长、中华孔子学会副会长等职务。

长期从事中国哲学与文化的教学研究工作，重点领域为中国哲学史与儒学史，是国家重点学科“武汉大学中国哲学学科”学术带头人。主要著作有：《中国哲学史》《中国儒学之精神》《中国哲学智慧的探索》《中华人文精神的重建》《儒学与现代化的新探讨》《守先待后》《熊十力哲学研究》等。

“中庸”的思想，起源于上古时代。《论语·尧曰》记载，尧禅位于舜，舜禅位于禹，唯一告诫的话是，一定要做到“允执其中”，“允”是信的意思。传位者说：如不真诚地实践“中”道，四海的百姓穷困，你的禄位就会永绝。使用、奉行中道，是圣王相授受的经国大道。《尚书》之《周书》中，有《洪范》与《吕刑》两篇，都提倡中道。《洪范》高扬“三德”，以正直为主，有刚有柔，求得刚柔相济的中正平和。《洪范》的“皇极”，即是“无偏无陂（颇），遵王之义……无偏无党，王道荡荡；无党无偏，王道平平；无反无侧，王道正直；会其有极，归其有极”的政治哲学智慧。所谓“极”，原指房屋的大梁，乃房屋中高度最高、位置最中的重要部件，引申为公平正直、大中至正的标准。

一、中与庸，孔子的中庸思想

（一）中与庸

什么是“中”？什么是“庸”？什么是“中庸”？

“中”字的本义，有几种说法：像射箭中靶的形状；立木表测日影的正昃；像旗子，氏族首领立旗于中，以聚四方之人等。《说文》：“中，内也。从口、丨，上下通。”这个“中”字，相对于“外”来说是“内”，里面；在方位上，相对于四周来说是等距离的“中心”；在程度上，是相对于上等与下等的中等；在

孔子

过程中，是相对于全程来说的“一半”；而相对于“偏”来说，那就是“正”，不偏不倚。段玉裁指出，“中”是相对于“外”，相对于“偏”来说的，同时又是指“合宜”的意思。我们今天讲的“中庸”之“中”，即是指适中，正当，恰如其分、不偏不倚、无过无不及的标准。

“庸”字的本义，也是众说纷纭。有人说是大钟，通“镛”；有人说是城，通“墉”；有人说是劳义，通“佣”；有人说是功义，以钟记功等。“中庸”之“庸”有三个意思：第一，何晏讲是“常”，程子讲“不易之谓庸”，即恒常而不易之理，变中不改变的道理；第二，朱子讲是“平常”，即平凡、平常之德，徐复观讲是每个人所应实践、所能实现的行为；第三，《说文》：“庸，用也。”就是运用。郑玄讲，《中庸》这篇文章，是记中和之用的。

（二）孔子论中庸

在孔子那里，中庸既是道德修养的境界，又是一般的思维方法论。

首先，我们看修养的境界。孔子说：“中庸之为德也，其至矣乎！民鲜久矣。”（《论语·雍也》）“中庸”是道德修养的最高境界，一般人很难达到。

“子贡问：师与商也孰贤？子曰：师也过，商也不及。曰：然则师愈与？子曰：过犹不及。”（《先进》）师是颛孙师，即子张。商是卜商，即子夏。从性格上来说，子张处事有点过头，子夏处事有些赶不上，孔子回答子贡说，过分和赶不上同样不好。孔子称赞“中行”之士。“子曰：不得中行而与之，必也狂狷乎！狂者进取，狷者有所不为也。”（《子路》）狂者一意向前，是豪迈慷慨之士，心地坦然。狷者毫不苟取，不要不义之财，个性独立又有修养。孔子说，实在是找不到言行合乎中道的人交朋友，那一定要交狂狷之士做朋友呀！进取的狂者与有操守的狷者都很不错，但还不是第一等人，第一等人是综合了两者之优长的中行之士。孔子的弟子说孔子“温而厉，威而不猛，恭而安”

（《述而》），这是性情上的中道，也是修养的境界。

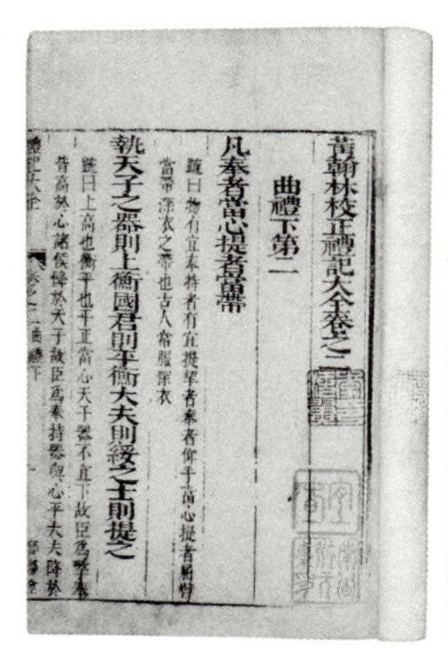
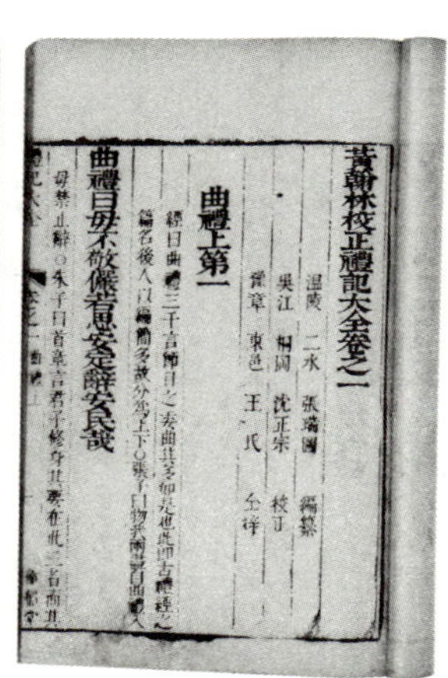
《礼记》书影

中庸之道不是不要原则，不是迎合所有的人，那是滑头主义的“乡愿”。孔子批评这种无原则的滑头主义，说：“乡愿，德之贼也。”（《阳货》）有人说儒家、孔子及其道德论是“乡愿”，说中庸之道是折中主义、苟且偷生，当然是毫无根据的说法。

其次，我们再看一般方法论。孔子的“中庸”又是普遍的方法学。

《礼记·中庸》引孔子的话说：“君子中庸，小人反中庸。君子之中庸也，君子而时中。”这里提出了“时中”的问题。孔子是“圣之时者”，最有时间意识，不舍昼夜，自强不息。“时中”的意思是随时制宜，随时符合标准。例如，一个士人为诸侯所用，绝不违背做人的原则，可以当官就当，不可以当官就不当，可以做久就做久，不可以就赶快离开。当行则行，当止则止，关键是要保持独立人格与节操。如果一定时空条件下的“礼”是标准与原则的话，“时中”的要求是指人的行为与时代的要求相符合。“立于礼”，符合礼，不是机械地拘执僵死的教条、规范。

孔子有“叩其两端而竭焉”的方法（《子罕》），即不断地从两个不同的方面、端点（如阴阳、强弱、大小）去叩问，去启发，去思考并解决问题。他又提倡“执其两端，用其中于民”（《中庸》），即“执两用中”，在两个极端之间找到动态统一平衡的契机，具体分析，灵活处理，辩证综合。

在文、质关系上，就形式华美与内容质朴而实在的关系来说，孔子主张“质胜文则野，文胜质则史。文质彬彬，然后君子”（《雍也》）。这是形式与内容之间关系的中道。在诗歌的表达上，孔子评论《关雎》是“乐而不淫，哀而不伤”（《八佾》）。快乐而不过于流荡，悲哀而不过于痛苦，这是情感表达的中道。孔子赞美《韶》乐，提出了“尽善尽美”的美学原则，这是“中和”“中庸”之道在美学和艺术上的反映。

二、子思与《中庸》

我们先讲子思其人，再讲《中庸》其书。

（一）子思其人

子思，姓孔名伋，孔子嫡孙，战国初年人，生卒年不详，一说生于周敬王三十七年（公元前483年），卒于威烈王二十四年，相传他受业于曾子。

《史记·孔子世家》曰：“子思作《中庸》。”《汉书·艺文志》著录“《子思》二十三篇”。班固注：“名伋，孔子孙，为鲁缪公师。”缪即穆。东汉郑玄肯定《中庸》为子思所作。南朝梁国沈约指出，《小戴礼记》中的“《中庸》《表记》《坊记》《缁衣》，皆取《子思子》”。张岱年先生晚年认为：《中庸》大部分是子思所著，个别章节是后人附益的；《中庸》“诚”的思想应先于孟子。

子思

1993年10月荆门郭店一号楚墓出土的竹简中有《鲁穆公问子思》《五行》《缁衣》等篇。以上诸篇是与子思有密切关系的资料。据郭店楚简《鲁穆公问子思》载，穆公问子思：“何如而可谓忠臣？”子思曰：“恒称其君之恶者，可谓忠臣矣。”由此可见子思刚直不阿的人格！而这样一些品德、言行，我们又不难从孟子身上见到。孟子从学于子思的门人。

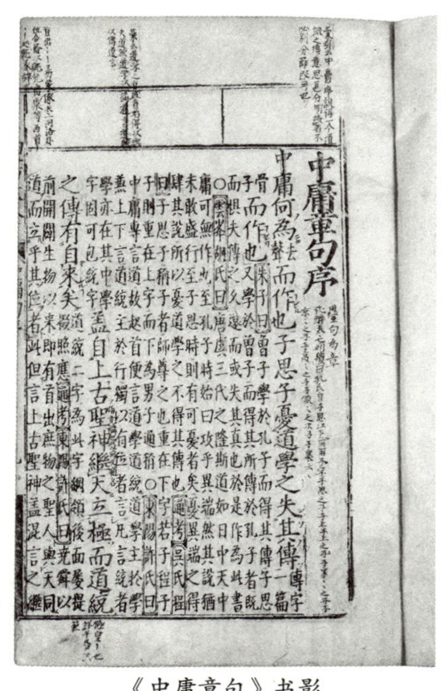
中庸章句序
中庸何為而作也子思子憂道學之失其傳而作也
蓋自上古聖神繼天立極而道統之傳有自來矣

《中庸章句》书影

（二）《中庸》其书

《中庸》原是《小戴礼记》中的第31篇。今本《中庸》在传衍过程中被后世儒者附益，掺杂了一些当时人的言论（例如说“今天下车同轨，书同文，行同伦”，又称泰山为“华岳”等，当是秦汉时人的话），但其中主要思想观点却源于子思。汉代至南朝，不断有人研究《中庸》。唐李翱以后至北宋，诸位大家都重视《中庸》。二程夫子推尊《中庸》，认为是“孔门传授心法”，朱子亦大力表彰，作《中庸章句》，使之成为《四书》之一，风行天下，远播东亚。

《中庸》只有3500余字。程颐认为，“其书始言一理，中散为万事，末复为一理……其味无穷，皆实学也。善读者玩索有得焉，则终身用之，有不能尽者矣”。朱子将内容分为三十三章，大体上可分为三部分。第一部分是第一至十一章，其中第一“天命之谓性”章是全书总纲，子思述所传孔子之意而立言，以下十章是子思引孔子的话来印证总纲。第二部分是第十二“君子之道费而隐”章至第二十章，其中第十二章是子思的话，阐发“道不可离”，以下八章又是引孔子的话加以发挥。第三部分是第二十一章至末尾。其中第二十一“自诚明，谓之性”章，是子思承

第二十章孔子讲的天道、人道之意而立说，以下十二章乃作者反复推论天道、人道的思想。

三、《中庸》的思想要点

我们通过细读原文来把握《中庸》的几个要点。古书要诵读，不能只是看。读书出声，抑扬顿挫，朗朗上口，读出其韵味与真意。读书百遍，其意自现。

（一）性、道、教的关系与“致中和”

《中庸》开宗明义指出：“天命之谓性，率性之谓道，修道之谓教。”这是全书的纲。意思是说，上天所赋予人的叫作“本性”，遵循着本性而行即是“正道”，使人能依其本性而行，让一切事合于正道，便叫作“教化”。《中庸》以天道为性，即万物以天道为其性。人与万物的性是天赋的，这天性之中有自然之理，即天理。本书实际上是说，天赋予人的是善良的德性。“率性之谓道”，“率”音“帅”，是循的意思，率性是循其性，而不是任性。一切人物都是自然地循当行之法则而活动，循其性而行，便是道。一切物的存在与活动，都是道的显现。如就人来说，人循天命之性而行，所表现出来的便是道。如面对父母，便表现孝。人因为气质的障蔽，不能循道而行，所以须要先明道，才能行道，而使人能明道的，便是教化的作用。一般人要通过修道明善的工夫，才能使本有之性表现出来。

“喜怒哀乐之未发，谓之中；发而皆中节，谓之和。中也者，天下之大本也；和也者，天下之达道也。致中和，天地位焉，万物育焉。”“中节”的“中”念“众”，符合的意思，“节”即法度。情感未发之前，心寂然不动，没有过与不及的弊病，这种状态叫“中”。“中”是道之体，是性之德。如果情感抒发出来能合乎节度，恰到好处，无所乖戾，自然而然，这就叫作“和”。“和”是道之用，是情之德。“中”是天下事物的大本，“和”则是天下可以通行的大道，谓之“达道”。君子的省察工夫达到尽善尽美的“中和”之境界，那么，天地安于其所，运行不息，万物各遂其性，生生不已。

（二）修身的五达道与三达德

《中庸》指出：“故君子不可以不修身；思修身，不可以不事亲；思事亲，不可以不知人；思知人，不可以不知天。”这是说，治国君子不可不讲修身；想修身，不可不侍奉双亲；要侍奉双亲，不可不懂尊贤爱人；要懂尊贤爱人，不可不懂天理。本书托孔子之言，指出五伦为五达道，即人人共由之路，普遍之道；智慧、仁爱、勇敢为三达德，即实践五条大路的三种方法。“天下之达道五，所以行之者三。曰：君臣也，父子也，夫妇也，昆弟也，朋友之交也，五者天下之达道也。知（智）、仁、勇三者，天下之达德也，所以行之者一也。”通过五伦关系的实践过程来修身，也即是通过日常生活来修养自己。

（三）贯通“天道”与“人道”的“诚”，及“诚”与“明”

关于天与人、天道与人道的关系，《中庸》是以“诚”为枢纽来讨论的。“诚”是《中庸》的最高范畴。“诚”的本意是真实无妄，这是上天的本然的属性，是天之所以为天的根本道理。“诚者，天之道也；诚之者，人之道也。诚者不勉而中，不思而得，从容中道，圣人也。诚之者，择善而固执之者也。”天道公而无私，所以是诚。“诚之者”，是使之诚的意思。圣人不待思勉而自然地合于中道，是从天性来的。普通人则有气质上的蔽障，不能直接顺遂地尽天命之性，所以要通过后天修养的工夫，使本具的善性呈现出来。这是经由求诚而最后达到诚的境界的过程。

求诚的工夫是：“博学之，审问之，慎思之，明辨之，笃行之。”这是五种方法。广博地学习，详细地求教，谨慎地思考，缜密地辨析，切实地践行，这“五之”里面就包含有科学精神。《中庸》还强调“人一能之己百之，人十能之己千之”的学习精神。

《中庸》认为，由至诚而后明善，是圣人的自然天性；而贤人则通过学习、修养的功夫，由明德而后至诚。由诚而明，由明而诚，目的是一样的，可以互补。“自诚明谓之性，自明诚谓之教。诚则明矣，明则诚矣。唯天下至诚，为能尽其性。能尽其性，则能尽人之性。能尽人之性，则能尽物之性。能尽物之性，则可以赞天地之化育。可以赞天地之化育，则可以与天地参矣。”只有天下至诚的圣人，能够极尽天赋的本性，于是能够兴养立教，尊重他人，极尽众人的本性，进而尊重他物，极尽万物的本性，使万物各安其位，各遂其性。既如此，就可以赞助天地生养万物。这使得人可以与天、地鼎足而三了。人的地位由此彰显。这也是首章“致中和，天地位焉，万物育焉”的意思。人体现了天道，即在道德实践中，见到天道性体的真实具体的意义。从上我们也不难看出《中庸》的天人合德的思想：天赋予人以善良本性，即天下贯而为人之性；人通过修养的工夫，可以上达天德之境界。由天而人，由人而天。

（四）成己与成物，极高明而道中庸

《中庸》曰：“诚者自成也；而道自道也。诚者物之终始，不诚无物。是故君子诚之为贵。诚者非自成己而已也，所以成物也。成己，仁也。成物，知（智）也。性之德也，合外内之道也，故时措之宜也。”这里是讲人道。意思是说：诚是自己所以能实现、完成、成就自己，而道是人所当自行之路。诚是使物成其始终的生生之道，没有诚也就没有万物了。所以君子把诚当作最宝贵的东西。诚一旦在自己心中呈现，就会要求成就自己以外的一切人、一切物。当人的本性呈现，即仁心呈现时，就从形躯、利欲、计较中超脱出来，要求向外通，推己及物，成就他人、他物。仁与智，是人性本有的，扩充出来，成己成物，即是兼物我，合外内。人之本性圆满实现，无所不通，举措无有不宜。

凡俗生活中有高明的境界。《中庸》提出了“尊德性”与“道问

学”的统一、平凡与伟大的统一：“故君子尊德性而道问学，致广大而尽精微，极高明而道中庸，温故而知新，敦厚以崇礼。”既保护、珍视、养育、扩充固有的善性仁德，而又重视后天的学习、修养；既有远大的目标，而又脚踏实地，不脱离凡俗的生活世界，在平凡的日常生活中，在尽伦尽职的过程中追求真善美的合一之境，实现崇高。冯友兰先生自题堂联：“阐旧邦以辅新命，极高明而道中庸。”高明的境界离不开凡俗的生活，就在凡俗的生活中实现。

四、《中庸》论官德及其现代意义

管理总是人的管理。在一定意义上，管理主体自身的人格修养、智慧、方法与管理工作的实效密切相关。

（一）为政在人，取人以身

“哀公问政。子曰：文、武之政，布在方策。其人存，则其政举；其人亡，则其政息。人道敏政，地道敏树。夫政也者，蒲卢也。故为政在人，取人以身，修身以道，修道以仁。仁者人也，亲亲为大。义者宜也，尊贤为大。亲亲之杀，尊贤之等，礼所生也。”这就是说，周文王与武王推行的政治，都在简牍中记载下来了。良好的政教、政令，全在乎有没有得力的施政的人。在现代社会，我们讲“人存政举，人亡政息”不好。今天是法治社会，要讲法律、规范的普遍性，先把规矩定好，不管什么人，只有按制度办事，才有好的管理。这当然是对的。

但另一方面也重要，《中庸》讲“为政在人”，即政教兴废与人有关，政治、管理在于是否得人（贤臣）。有得力的、全心全意负责的人，某种理念与政治就推行得好，好像把树种到适合这种树木生长的土壤中一样。制度是靠人，靠团队来执行并落实的。以相宜的人施政，能见成效，就如同河滩上的蒲苇能快速生长一样。国君要想处理好政务，关键在人才。选取什么样的人才呢？“取人以身”，取人之道，在于其人之修身与否。“身”指已修之身。“修身”是要走人人都走的大道，“修道”是依据于天赋予人的本性仁德。“仁”就是爱人，博爱众生。其中亲爱自己的父母是仁中的大事，仁是把爱亲之心推广到爱民、爱百姓。“义”是能分别事理，各得其宜，其中尊重贤人，把贤人提拔起来为社会服务是最合宜、正当的事。“亲亲之杀”的“杀”读“晒”，是降等的意思。爱亲有主次、程度之分，尊贤有厚薄、等级之分，这些就是从礼中产生的。官员要修身明礼，成为仁义之人。

（二）德位相称，素位而行

儒家关于德与位的关系，有很多讨论。历史与现实上，有德者不一定有其位，有位者不一定有其德。儒家主张德、位、禄、名、寿、用的相称，这当然是理想。《中庸》托孔子说：“故大德必得其位，必得其禄，必得其名，必得其寿。故天之生物，必因其材而笃焉。故栽者培之，倾者覆之。”有大德的人，理论上应当有尊位、厚禄、美名，甚至高寿。上天化育万物，顺其材质而予以厚施，可以栽种的就培植，要倾倒的也只好让它倒下。管理者要使各种人才、各级员工的德、位、禄、用相匹配，使之各遂其性，各显其能，这是儒家治平天下的一条重要原则。“在下位不获乎上，民不可得而治矣。”贤人得不到君上的信任，在下位的人得不到上级的支持，民众就得不到贤人的管理。这是指上面不识才，会给管理工作带来严重的损失。我们要创造条件举拔德才兼备的人才，并使之制度化。

另一方面，作为官员、管理者本人呢？“君子素其位而行，不愿乎其外。素富贵，行乎富贵；素贫贱，行乎贫贱；素夷狄，行乎夷狄；素患难，行乎患难：君子无入而不自得焉。在上位不陵下，在下位不援上，正己而不求于人，则无怨。上不怨天，下不尤人。故君子居易以俟命，小人行险以侥幸。”“素位”，“素”指现在，“位”指所居的地位。“素位而行”是安于现在的官位。君子安于现在所处的职位去做他本分的事，不要有非分之想，不希望做本分以外的事。

处在富贵、贫贱、夷狄、患难的地位，就做在这个位置上应当做的事。守道安分，无论顺境逆境，无论在何处，君子都是悠然自得的。君子在上位时不作威作福，欺凌在下位的人，身处下位时也不钻营攀附在上位的人。《中庸》又讲："居上不骄，为下不倍。""倍"即背，"不倍"即不违礼背道。只求端正自己而不乞求于人，心中泰然，自然没有什么怨恨，不怨天尤人。所以君子"居易以俟命"，"易"指平地，"居易"指处于平易而无危险的境地，"俟命"即等待天命的到来。而小人却要冒险，想侥幸得到非分的利益与不应得的好处。可见君子、小人有不同的心态。做官要有基本的官德、操守，君子光风霁月，超然物外。孔子说，射箭好像君子的修道一样，箭没有射中靶心，不怨别人，只有反求诸己，反省自己的步法与手法的功夫不够。这就是君子求诸己而不责乎人。

关于"怨天尤人"，我们想到项羽。在乌江自刎前，项羽曾仰天长叹："此天亡我，非战之罪。"他的失败当然有主客观的多种原因，也有他性格中刚愎自用、优柔寡断的缺失等。关于"素位而行"及居上居下的心态，我们想到"诸葛一生唯谨慎，吕端大事不糊涂"。宋太宗想以吕端为相，人们说吕端糊涂，太宗却认为"端小事糊涂，大事不糊涂"。什么是"小事糊涂"？在不涉及原则、大是大非的问题，只涉及个人利害得失的事情上，不斤斤计较。寇准是老资格，后来吕端位列寇准之上，吕处处尊重寇，凡事谦让再三。在小事上糊涂，讲宽容、退让、不争；在刚柔、宽严、进退、得失上保持中道，才能有利于大局，以大胸襟、大气度，成就大事业！

（三）和而不流，去谗远色

孔子回答子路问"强"。孔子说：您所问的是什么强呢？是南方的强？还是北方的强？还是您自己以为的强呢？用宽容柔顺的道理教化人，不报复别人的蛮横无理的欺侮，这是南方人的强，君子安于此道。用武器甲胄当卧席，直至战死也毫无惧色，这是北方人的强，强者安于此道。“故君子和而不流，强哉矫！中立而不倚，强哉矫！国有道，不变塞焉，强哉矫！国无道，至死不变，强哉矫！”矫，音狡，强貌。君子之强是道义、义理的强。强者之强是血气之强。君子“和而不流”，与人和平相处，但有节操与原则，不曲顺流俗。守住中道而不偏倚，岂不是真正的强吗？国家政治清明时，不改变贫困时的操守，这是真强啊！国家政治黑暗的时候，至死不变平生之志，岂不是矫强吗？针对一般人“和而无节，则必至于流”，我们强调“和而不流”，不要跟风赶浪，随波逐流。既要善于与各色人等打交道，又要心中有一杆秤，不能上当，抵住诱惑，绝不与丑类同流合污。

“君子之道，譬如行远必自迩，譬如登高必自卑。”中庸之道很平实，“造端乎夫妇”，从夫妇之道开始。无论是修养还是做事业，我们都必须由浅入深，由近而远，从低到高，从自身与家庭做起，从小事做起，循序渐进，不要操之过急。孔子讲：“欲速则不达。”老子讲：“千里之行，始于足下。”荀子讲：“不积跬步，无以至千里；不积小流，无以成江海。”

“凡为天下国家有九经”，即孔子为哀公讲治理国政的九条大纲：修身，尊贤，亲亲，敬重大臣，体恤群臣，慈爱庶民，招徕百工，怀柔远人，安抚诸侯。其中特别讲“修身则道立，尊贤则不惑”；“齐明盛服，非礼不动，所以修身也；去谗远色，贱货而贵德，所以劝贤也。”能修好己身，便能确立大道；能尊重贤人，对事理就不致疑惑。“齐”通“斋”。这是讲斋戒明洁，整齐衣冠，庄敬自尊，不合礼节的事不敢妄动，这样用来修身。不听诬陷好人的坏话，远离女色，轻贱财货，重视道德，这样用来劝勉贤人。我认为对今天的官员来说，“去谗远色，贱货而贵德”仍然十分重要。亲贤臣远小人，色字头上一把刀，这是大家熟知的民谚。《中庸》指出：治国虽有九条大纲，但实行的方法只有一个“诚”字，诚心诚意！有关古训还有：“敖（傲）不可长，欲不可从（纵），志不可满，乐不可极。”“临财毋苟得，临难毋苟免。”（《礼记·曲礼上》）“儒有不宝金玉，而忠信以为宝；不祈土地，立

义以为土地；不祈多积，多文以为富。”（《礼记·儒行》）

“凡事预则立，不预则废。言前定则不跲，事前定则不困，行前定则不疚，道前定则不穷。”“跲”音“颊”，绊倒，这里指说话不流畅。我们做任何事，一定要预做准备，有备无患。不做准备，就会失败。发言没有准备，舌头会打结。做事前有准备，就不会困顿。行为前先有筹措，就不会出问题。做人的道理，先有定则，就不会行不通。做什么事都要未雨绸缪，防患于未然。

五、“中庸”思维方法论及其当代价值

（一）“和”与“中”

这两个概念既有联系也有区别。“和”主要指“和谐”及“多样统一”。孔子讲“和而不同”。“和”不是“同”，也不是“不同”。史墨讲“和实生物，同则不继，以他平他谓之和”，《中庸》讲“和也者，天下之达道也”。“和”是强调保留差异，容纳相异的人才、意见，保持一种生态关系。中国哲学关于天、地、人、物、我之间的“和谐”思想、“宽容”思想，不仅为人类自然环境的生态平衡和人文环境的生态平衡提供了睿智，而且是现代社会管理和企业管理的重要思想资源。现代管理强调人与自然、人与社会、人与人、人与物、人与内在自我的协调关系，强调一种宇宙一体、普遍和谐的整体观念。孟子说“亲亲而仁民，仁民而爱物”；张载说“民吾同胞，物吾与也”；王阳明说“仁者以天地万物为一体”。儒家观念中的宇宙家族思想及推己及人、仁民爱物的意识，在未来世界具有越来越重大的作用，对于事业与企业单位之间及内部人际关系的处理，乃至效益的显发有着重大的意义。

“中”是天下最重大的根本，“和”是天下通行的道路。将“中和”的原理发挥到极处，天地就清宁了，万物的生长就茂盛了。这里的“和”或“中和”，是人生实践中所能达到的最高境界，它具有通过实践追求以使现实与理想统一的意味。

“中”的意思是不偏不倚，“无过无不及”，即适度。在哲学上，这又是对立与统一、质变与量变、肯定与否定之间的“关节点”或“度”，越过这一界限，事物就会发生大的变化。

“和”的意思，如前所述，一方面是多样统一、和谐的意思，另一个意思则与“中”一样，指恰当、适度。如《论语》中有子说的“礼之用，和为贵”，《中庸》中的“发而皆中节谓之和”。这里的“和”是调节、事之中节、恰到好处。

中国哲学家强调整体的和谐和物我的相通。他们不仅把自然看作是一个和谐的体系，不仅争取社会的和谐稳定，民族、文化与宗教间的共存互尊，人际关系的和谐化与秩序化，而且追求天、地、人、物、我之关系的和谐化。儒、道诸家都表达了对自然与人文和合、人与天地万物和合的追求。《中庸》说：“万物并育而不相害，道并行而不相悖。小德川流，大德敦化。”《周易·系辞传》说：“天下同归而殊途，一致而百虑。”其宽容、平和、兼收并蓄、博大恢宏的品格，正是和谐或中庸辩证法的品格。

（二）“执两用中”，其中有权

中国哲学讲偏反，讲对立，但只是把偏反、对立当作自然、社会与思维运动长链中的过渡环节。相比较而言，更喜欢“中和”“中庸”及“两端归于一致”。“中和”和“中庸”不是否定矛盾、偏反、对立，而是在承认矛盾、偏反、对立的基础上不走极端，求得一种动态的平衡，保持弹性，追求一种整体的和谐，把原则性与灵活性统一起来。在今天的管理工作中，对于统一与多样、集中与分散、创新与守成、放与收、宽与猛、变与常等，都有“两端归于一致”的方法论问题。

孔子有“叩其两端”之说，意即如果有不明事理的人来问我问题，我就从首尾两端去盘问，从中发现矛盾，然后把问题综合起来予以回答。所谓“执两用中”的方法论，“执”就是把握，“两”就是统一体中矛盾着的两个方面、两种力量或方向。这种方法论主张把握事物中两方面的多重联系，运用无过无不及的中道原则行事。孟子强调“执中”，即坚持中和、中庸的原则。孟子认为，“执中”还必须与“权变”相结合：“执中无权，犹执一也。所恶知一者，为其贼道也，举一而废百也。”（《孟子·尽心上》）这里，“中”指原则性，“权”指灵活性。孟子认为，主张中道如果没有灵活性，不懂得变通的办法，便是偏执一端。为什么大家厌恶偏执一端呢?因为它损害了天地间整体和谐和人事间仁义礼乐综合的大道，只看到一个片面，而废弃了其余多个方面。孟子既反对杨朱极端的利己主义，又反对墨翟的极端的利他主义，保持中道。

（三）“两端一致”，保持弹性

“中庸”只是平常的道理，于平常中见“道”。“尚中”“执中”的管理方略，对“过”与“不及”之两端持守动态统一，使各种力量与利益参和调剂、相互补充，在大小、刚柔、强弱、周疏、疾徐、高下、迟速、动静、进退、隐显之际保持弹性，具有一种节奏感，实在是一门高超的管理美学。这可以与现代管理学互动。

作为标准的“中”并不总是固定的，它不是僵死的原则。“中”不是处于与对立两端等距离的中点上，也不总是在某一点上，而是随具体情况、具体条件的变动而变动的。中国思维方法不承认对立、矛盾双方之间有一条僵硬不变、截然不可逾越的界限。“时中”指随时节制，合于中道。儒家讲“趣时”，即根据时势变化，在一定程度上打破常规，采取适宜的措施。这里的“时中”，其实也包含了“趣时更新”的一部分内容。中庸也是道德最高的标准，在道德领域中含有中正、公正、平正、中和的含义。因为中是正道，所以不偏。

“庸”又是“常”的意思。古人说，“用中为常行之道，中和为常行之德”。“中庸”具有普遍的方法论的意义。这种方法论亦取之于自然。大自然的阴阳是相辅相成、动态平衡的，不偏向一个极端。中庸的方法吸纳了天地自然对立调和、互动互补的原则，并以之调和人类自身与天地、与万物的关系，达到中和的境地，使天地万物与人正常地发展。中庸之道又是人间之道，可以调节伦常关系、社群关系。

中庸思维方法论强调矛盾对立的中和，使两端都可以同时存在，都可以保持各自的特性，促进两端彼此互动、兼济、反应、转化。世界上的矛盾不一定都发展到一方消灭另一方的地步。在多数情况下，矛盾的统一取中和的状况，既有矛盾、偏反、对立、斗争，同时彼此渗透，共存共荣。这种方法论重视对立面的同一性，强调依存和联结，以及两极或多极对立间的中介关系及其作用。

经济学家向松祚在《经济学里的“中庸”——全球金融反思系列（一）》中指出：“经济学数百年的发展，一言以蔽之，只不过是《中庸》伟大哲理的小小脚注。经济增速太高不行，太低亦不行；收入分配太平均不行，太不平均亦不行；通货膨胀不行，通货收缩亦不行；完全市场化不行，完全政府化亦不行；税率太低不行，税率太高亦不行；利率太高不行，利率太低亦不行；完全封闭经济自然不行，完全开放经济亦不行；金融不发达不行，金融过度发达亦不行……举凡经济学所有命题，皆必须符合《中庸》首创的致中和原理。”（腾讯网2013年6月28日星期五大家栏目）

中庸之道就在我们的生活中。例如，官员对身边的工作人员也要学会保持中道，即孔子所谓“近之则不逊，远之则怨”，太亲近或太疏远都不好。就我们的身体与心理的健康来说，我们也要在有为与无为、动与静、虚与实之间保持弹性。

在思想方法上，孔子尊重客观事实，反对主观偏执。“子绝四：毋意、毋必、毋固、毋我。”（《论语·子罕》）这是为了防止私意揣测、绝对肯定、拘泥错谬、自以为是。在管理工作与公司文化中，在处理人与人、事与事的关系中，在人与自然、人与社会、人与人、人自身内在的身心关系中，在家庭内部与外部，在处理国家之间、民族之间、宗教之间、文化之间等复杂事务中，我们如学会了中庸的方法论与境界论，就有了大智慧，就可以坦然对待。

希腊哲学、印度佛教中也有中庸或中道的观念。亚里士多德说："德性是两种恶即过度与不及的中间。"据余纪元先生研究，亚里士多德与孔子一样，肯定中庸是德性，是美德，是品质中的"内在中庸"，也包含感情与行动中的"外在中庸"，同时强调人要实践德性中庸，正确处理情感与行为（余纪元：《德性之镜》，第79—90页）。在佛祖释迦的原始佛教中，就有"不着一边"之论，主张在两端中抉择，得到中道。大乘佛教龙树菩萨著《中论》，提出"中观"，形成"中观学派"。龙树从真、俗二谛出发，让人们不执着于实有、虚无两边，讲缘起性空，这与儒家的中庸有很大的区别。

陈鼓应

庄子的思想及其生活智慧

陈鼓应，福建长汀人，生于1935年，1960年获台湾大学哲学学士学位，1963年获台湾大学哲学硕士学位。1963—1966年任中国文化学院哲学系讲师。1966—1972年任台湾大学哲学系讲师。1973年任台湾大学哲学系副教授。1973—1978年任政治大学国际关系研究中心研究员。1979—1983年任美国加州大学伯克利校区研究员。1984—1997年任北京大学哲学系教授。1999—2000年任捷克查尔斯大学东亚系客座教授。1997—2005年任台湾大学哲学系教授。2008年任台湾大学人文社会高等研究院特聘学者。2005—2010年任中国文化大学哲学系教授。《道家文化研究》主编。

致力于中国哲学道家思想研究，对于现代西方哲学也有探索，主要著作有：《悲剧哲学家尼采》《尼采新论》《庄子哲学》《老子注译及评介》《庄子今注今译》《黄帝四经今注今译——马王堆汉墓出土帛书》《管子四篇诠释——稷下道家代表作解析》《周易今注今译》（合著）《老庄新论》《易传与道家思想》《道家易学建构》等。

一、庄子对老子思想的继承与发展

我先简要介绍一下老庄和孔孟。春秋末期，我国思想界出现两位空前绝后的历史巨人——孔子和老子。孔子和老子生活在同一个时代，假定孔子出生于公元前551年，老子则出生于公元前571年，老子大约比孔子年长20岁。孔子和老子是儒、道学派的创始人，但他们继承着一个共同的人文传统，即殷周以来逐渐形成的人文精神、人道观念、民本思想对他们都有着根源性的影响，慢慢地成为他们成长的文化土壤。

很多研究先秦诸子的学者都有一个错误的观念，认为孔子继承了殷周的宗法伦理，老子是反伦理的，这是我首先要澄清的。1998年公布郭店楚墓出土的竹简《老子》非常重要，为恢复老学的伦理空间提供了契机。《老子》通行本第八章主要“与善仁”，但第十九章却出现“绝仁弃义”，在郭店出土的竹简《老子》中为“绝伪弃诈”，崇尚朴质的主张，与老子、孔子所处时代的风尚较为相应，而“绝仁弃义”的观点当为受到庄子后学影响而改动所致。老子崇尚仁慈，认为人与人之间还是要讲仁。老子提出了“三宝”：慈、俭、不敢为天下先。“三宝”中的“慈”，蕴含了仁的内涵。仁、义、礼跟老子的“道”“德”是环环相扣的，通行本《老子》第三十八章说“上德无为而无以为”，接着讲到上仁、上礼，再讲到“失道而后德，失德而后仁，失仁而后义，失义而后礼”。其原义并非只肯定

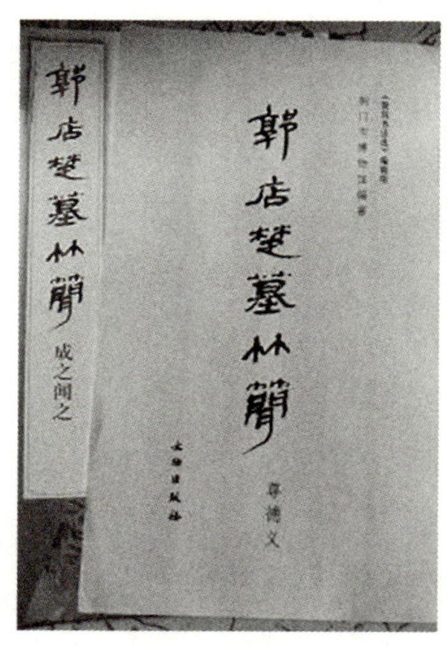

《郭店楚墓竹简》封面

道德而否定仁、义、礼，而是说仁、义、礼都蕴含在“道”中。老子同孔子一样，注重忠信，因此老子接下来说：“礼者，忠信之薄，而乱之首。”认为忠信是礼的重要内涵，如果忠和信都不足的话，社会祸乱就会开始了。由此可见，老子不反对礼。所以，我们对于老庄的很多的观念，都应该从文本来思考调整。

战国中期，我国又出现了两位非常重要的思想家——孟子和庄子。孟子是主张性善，鼓励人发展善的可能性；庄子讲真和美。他们在不同当中又具有充分的人文思想、人文精神。

老庄、孔孟不同点在于，孔孟阐发仁、义、礼，老庄阐发虚、静、明。老庄的道德论与孔孟的人道观和人伦关系的规范有些不同，老庄的思想视野由人间社会关怀到整个的天地、宇宙，由此再探讨天地万物，人类从哪里来，怎么发生，其本源是什么，存在的根基是什么等等问题。庄子提出的有无、动静、阴阳、虚明，这些观点都与孟子不同。

中国的重要典籍，如《周易》《老子》《论语》《庄子》《孟子》，如今都已成为世界文化的重要遗产。西方人翻译外国典籍最多的是《圣经》，其次是《老子》。比如从海德格尔到现代的沃尔法特，欧洲哲学家都想将希腊哲学与中国的老庄结合，为西方的哲学思想探寻到一条新的路子。所以，老庄在20世纪对欧洲的哲学家影响非常大，可以说超过孔孟。

中国哲学与西方哲学有许多不同之处。西方哲学从柏拉图开始就是本体界与现象界分开的，宗教上也有所谓彼岸、此岸，超自然与自然等等。西方的传统哲学被注入过多的神学的血液，用怀海德的话说就是自然

庄子像

两橛化（The bifurcation of Nature）。相反，中国的哲学家看整个世界，本源、有无都是一体的，“有”是以“无”为本，并不像西方的思维方式常把对立关系绝对化，导致绝对化的对立。道家思考问题，都在一个整体，是一个生生不息的整全的世界，是一个有机的联系体。所以，我们看问题，要有一个开阔的思维，多维视角，避免单边主义。

老子像

老庄强调的有无、动静、虚明，这些概念成为道家学说的重要内容。道家最核心的概念是“道”，“道”不仅是中国文化的符号，也是中国哲学的最高范畴。“道”的本意是人行走的道路，后来引申出技艺、方法、事理、规准、法则及和谐、秩序等含义，这些含义为先秦诸子广泛使用并流传至今。老子最早将上述文化意义的“道”提升为哲学的最高范畴，即将“道”提升为宇宙的本原和万物的本根，统摄天道与人道，从人间的规范探讨天地的法则与万物的根源。

在讲庄子之前，我必须先介绍老子。我们就从《老子》第一章“道可道，非常道”讲起，简要了解老子的思想。“道可道，非常道”这里用了三个“道”，这三个“道”属于不同的语境，分别代表不同的语境意义。第一个“道”包含了天道和人道的双重含义。简单来说，日月星辰的运转和四时的交替，都有着其中的规律，这就是天道；人间有需要共同遵守的法条、规范，这就是人道。第二个“道”是言说，就是语言文字表述的那个道理，是我们的现象界、感觉世界、经验世界的法则，不是永存的那个道。第三个“道”是“常道”，永存之道。在老子之前从来没有人提到过，老子说“无名，天地之始；有名，万物之母”，他用“有”和“无”来表述第三个道，即用第三个道来统摄这个经验世界、现象界的法则的方式和规范。如果用现代的语言来表述，第一个“道”好比地球村。第二个“道”意即对话，就是说我们可以透过语言文字、思想感情来沟通地球村不同的族群、不同的生活方式。第三个“道”是探讨我们人类可以永续发展的原则，总之这作为本源、本根的“常道”跟现象界的“道”，是一个整体，而不是分割的。比如，我们可以看到一棵树的树干、枝叶和盛开的花朵，可是我们看不见大树的根，老子所要探讨的就是本根的问题，探讨深层的源流。

“有”和“无”都是“道”的一体两面。所谓物固有形，形固有名，在我们的世界上，有很多东西我们可以看得见，有些是理性思维可以推测到的。但是，有些是我们直觉感觉不到，但它是存在的，比如我们接电话时，电波是看不见摸不着的，用老子的话称为“无”，但是它又是存在的，称为“有”。《老子》第四十二章上略述了宇宙的生成过程：“道生一，一生二、二生三，三生万物。”道生一，一生二是顺生，那么老子用逆向思考，在《老子》第四十章中说：“天下万物生于有，有生于无。”“无”“有”即是指道产生天地万物时由无形质落向有形质的活动过程。“无”是含藏着无限的未显现的生机，蕴含着无限之“有”。

庄子继承了老子“道”的思想，以道为“生生者”，在宇宙论中畅言大化流行、生生不息，中国古典哲学中凡阐述大道及天地万物所孕育之蓬勃生机——此“生生”之义，皆出自庄子哲学。同时，庄子提出“气化论”和理的概念来补充老子的不足，用“气化论”来解释万物的形成与整个的运化、演化。庄子说“通天下一气耳”（《知北游》），认为“气”是自然界的基本物质粒子，人的生死就是“气”的聚散。庄子的气化宇宙论对后来影响非常深远。

庄子虽继承了老子“道”的思想，但在内涵上有着很大的不同。《吕氏春秋》说“孔子贵仁，老子贵柔”，那么，比较起来，庄子就是贵游。如果用两个字分别概括老子与庄子的思想，则老子为“无为”，庄子为“游心”。庄子的“游心”不只是精神自由的表现，还是一种审美式的人生态度的表达，更是艺术人格的体现。老子和庄子比较大的不同之处在于，《老子》五千言，主要是向当时的君主提的建议书，所以《老子》是救世之书，主要讲的是“治道”，治道包含治身与治国。《庄子》更侧重治身。庄子说“道之真以治身”（《让王》），重视生命的内涵，要保持内在精神状态的自得自适，这与他所处的时代环境是有很大的关系的。

庄子是老子之后先秦道家学派的集大成者。庄子将老子“玄之又玄”的道，化而普于万物，更加突出了“道”的“整体性”的特点，并将老子高远的“道”落实到人心，转化而为心灵的境界，从而使庄子的哲学主要成为一种境界哲学。庄子讲“心斋”，将“道”与人心以及我们的精神联系起来。“心斋”境界的提出，也属于精神生命修养的最高境界。此外，在自然说方面，庄子更为深入地发挥了人的自由性与自在性。

世人虽然往往以老、庄并称，然而进入到他们的世界里，立刻就感受到老子的机警和庄子的豁达，形成鲜明的对比。庄子的寓言最能体现庄子对老子的继承和发展以及他们之间的不同点，我们就从庄子的寓言来看庄子的人生哲理，以及他所追求、向往的人生崇高境界。

二、庄子的人生哲理

《庄子》中共有180多个寓言，这些寓言表达了丰富的人生哲理和想象力，不同人读后会做出不同的解读，即使同一个人在不同的时期、不同的心境下阅读，也会产生不同的体验和理解。以鲲鹏展翅、鲁侯养鸟、浑沌之死、濠梁鱼乐这四个寓言简单谈谈我个人解读的方向。

（一）鲲鹏展翅

庄子开篇所展示的鲲鹏展翅寓言，无疑是一则想象哲学中具有典范性的题材。

北冥有鱼，其名为鲲。鲲之大，不知其几千里也。化而为鸟，其名为鹏。鹏之背，不知其几千里也；怒而飞，其翼若垂天之云。是鸟也，海运则将徙于南冥。南冥者，天池也。（《逍遥游》）

庄子运用拟人化的艺术手法创造鲲鹏展翅的寓言，借变形的鲲鹏，拉开了一个无限性的思维空间。鲲有几千里那么大，鹏的背也是几千里那么大，为什么庄子要描写巨鲲大鹏？诚如林云铭《庄子因》所说："大字是一篇之纲。"而形的巨大乃是用来衬托心灵的宽广。

在这则寓言中，"化为鸟"的"化"字是唯一重要的哲学概念。《老子》中只谈到自化，侧重于政治教化。庄子把"化"转到人要观察外在的变化，同时要安于变化。庄子还讲到观化、顺化、参化、安化，认为人生的变化为观化，顺应变化为顺化，而且要参与变化，同时要安于所化。

鲲鹏为什么由北向南飞，这是一个值得思考的问题。《易经》乾卦第一句话为"元亨，利贞"，在《易传》作"元、亨、利、贞"，这一解释不合乎《易经》原本文本的意义。"元亨"即大亨通之意，"利贞"即占问之有利之意。《易经》坤卦说"东北丧朋，西南得朋"，"朋"在殷周时为朋贝，意思是如果往东北方去做生意就会失利，南是向阳之方，而向南做生意则有利，这是一个意涵。第二个意涵为，东北的鬼方是殷周的敌国，去敌人的一方做生意会失利。因此，古人认为，由北到南是向阳之方，而且友邦比较多，所以要往南走。

鲲鹏展翅寓言意味着几个重要的意义：

一是人生是一个动态的历程。我常把鲲鹏展翅寓言和尼采《查拉图斯特拉如是说》第一卷首章"精神三变"联系起来。"精神三变"意谓人生经历三种形变和质变：首先要有骆驼的精神，忍辱负重，奔向沙漠。之后，精神要有第二个变化，转变为狮子精神，就是对于传统或者世俗不合理的价值观念进行挑战，但抗击旧价值的狮子精神不足以创新，所以精神还得转换为婴儿。婴儿精神代表着创造新价值的开端。而鲲鹏寓言，则意味着人生的历程由鲲之深蓄厚养，待时而动，转化为鹏；鹏待势而起，以施展其凌云之志，不自觉地散发出庄子“放”的精神。

二是功夫通向境界的进程。此则寓言由鲲之潜藏而至鹏之高飞，强调其积厚之功，此中亦蕴含着庄学的修养功夫通向境界的进程。鲲在海底，象征着人要深蓄厚养。远大的事业，需要用毅力和耐心一点一滴地累积出来。所以庄子又说：“风之积也不厚，则其负大翼也无力。水之积也不厚，则其负大舟也无力。”用老子的话说，即“九层之台，起于累土；千里之行，始于足下”（《老子》第六十四章）。“积厚”的功夫是完成生命气质变化充分而必要的主观条件，那么，鲲在海底深蓄厚养，不仅要待时而动，乘势而起，更要奋翼高举——“怒而飞”，“怒”字在这里的意思就是努力的努，然后趁时趁势而起。这正是不懈地激发主体潜力、主观能量的最佳写照。

三是展现了多维视角跟多重观点。《逍遥游》一开始就突出两种视角——“天地视角”和“人的视角”。正如王博在《庄子哲学》中所说：“飞，以及飞所代表的上升，正是《逍遥游》的主题，这种飞可以让我们暂时离开并且俯瞰这个世界，从而获得与这个世界之中不同的另外一个角度。”的确，人在地平面观看是一个视角和一种观点，庄子借地平面以下的海底之鲲则是另一个视角和另一种观点，而地平面以上的高空之鹏，又是另一个视角和另一种观点。开放的心灵才能开拓心的视野，接纳多重观点而不至由片面思考而囿于单边主义的独断作风。庄子看问题与儒家不同，孟子说“天无二日”（《孟子·万章》）。而庄子在《齐物论》中说“十日并出”，十个太阳可以一起照亮这个世界，即是开放的心灵的写照。庄子讲的“以明”，就是以开阔的心胸，如实地反映多彩世界的千姿百态的美景。这正如苏东坡的诗句：“横看成岭侧成峰，远近高低各不同。”庄子鲲鹏寓言所揭示出的不同视角，反映了庄学多重观点的开阔视域。

庄子在《齐物论》中提示我们“成心”和“以明”之心，用我们现在话就是封闭的心灵和开放的心灵，就是要有一个开阔的心胸，所以《逍遥游》其实不是形在逍遥，而是心灵的高举和精神的提升。

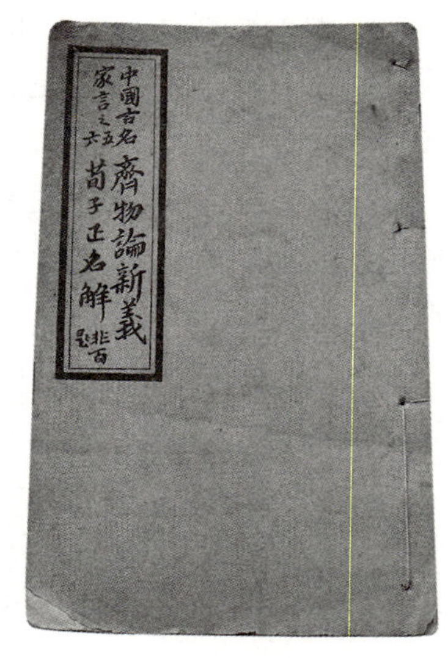

《齐物论》书影

（二）鲁侯养鸟

在孔子和子贡的对话中，庄子讲了一则鲁侯养鸟的寓言：

昔者海鸟止于鲁郊，鲁侯御而觞之于庙，奏《九韶》以为乐，具太牢以为膳。鸟乃眩视忧悲，不敢食一脔，不敢饮一杯，三日而死。此以己养养鸟也，非以鸟养养鸟也。夫以鸟养养鸟者，宜栖之深林，游之坛陆，浮之江湖，食之鳝鲦，随行列而止，委虵而处。（《至乐》）

鲁国海边有一只鸟很奇特，鲁侯把它迎进太庙，送酒给它喝，奏音乐给它听，宰牛羊给它吃，结果它不敢吃一块肉，不敢喝一口酒，目眩心悲，三天就死了。庄子就说“此以己养养鸟，非以鸟养养鸟”。意思是说，这不是用养鸟的方法来养鸟，是用养人的方法来养鸟。鲁侯执己所好，而施之于鸟，结果造成了鸟的死亡。这则寓言极富深意，治者出于己意的统治，往往造成人民的灾害。庄子主张为政之道，要使人民“不一其能，不同其事”。即让人们顺应他自身的情状去充分发展并自由地表现其各自的特性与功能。

（三）浑沌之死

因应自然、顺应民心，是为帝王之道。《应帝王》以浑沌的故事作结，给人留下无尽的回味：

南海之帝为倏，北海之帝为忽，中央之帝为浑沌。倏与忽时相与遇于浑沌之地，浑沌待之甚善，倏与忽谋报浑沌之德，曰："人皆有七窍以视听食息，此独无有，尝试凿之。"日凿一窍，七日而浑沌死。（《应帝王》）

南海之帝为倏，北海之帝为忽，中央之帝为浑沌。浑沌待他们非常好，南海之帝和北海之帝为了报答浑沌的善待，为其凿七窍，一天凿一窍，结果到了第七天，浑沌就死了。在这则寓言中，南海之帝和北海之帝的本意是好的，却因"日凿一窍"，导致浑沌的死亡，庄子以此说明帝王"有为"的危害。即便是出于善意，如果不能推己及人，有时也会产生完全相反的结果，因此我们要充分尊重个体之间的差异，不以己意度人并强加于人。

《齐物论》有一则啮缺问王倪的故事。"啮缺问乎王倪曰：子知物之所同是乎？曰：吾恶乎知之！子知子之所不知邪？曰：吾恶乎知之！然则物无知邪？曰：吾恶乎知之！虽然，尝试言之：庸讵知吾所谓知之非不知邪？庸讵知吾所谓不知之非知邪？"意思是，啮缺问王倪说："你知道万物有共同的标准吗？"王倪说："我怎么知道呢！"啮缺又问："你知道你所不明白的东西吗？"王倪说："我怎么知道呢！"啮缺再问："那万物就无法知道了吗？"王倪说："我怎么知道呢！虽然这样，姑且让我说说看。怎么知道我所说的知不是不知呢？怎么知道我所说的不知并不是知呢？"其用意在于衬托出真知的困难。"不知"的回答，激人自觉反省，使人省察习以为知，是否为真知？庄子接着借王倪之口说，西施很美，大家都围过去看，但是麋鹿看见她跑开了，鱼看见她潜到了水里，鸟见到她也飞走了。这说明标准不定于一处，不自我中心，了解问题应从不同的角度作面面的透视，这才是开放心灵的态度。然而，常人所采取的观点，大则以人类为本位，小则以自我为中心。什么是居住最好的标准，什么是我们味觉最好的标准，什么是最美的标准，都是以人类的标准作为标准。我们人类自我中心，一直在毁损这个地球的生命。所以我讲这三个寓言，说明我们人类要尽量地不要再自我中心一味去毁损地球。

（四）濠梁鱼乐

在讲濠梁鱼乐之前，我讲两个大家都知道的寓言，即魍魉问影和庄周梦蝶，这两个寓言出现在《齐物论》中，既富有哲理性又令人费解。第一个是魍魉问影，魍魉指影外微阴，影外微阴问影子，你为什么跟着你的身体，一会儿站一会儿坐，没有自己独特的行为、意志、操守。影子说："恶知所以然，恶知所以不然。"影子的回答全以疑问的口气，意谓似有所待，实无所待。学界不解寓言的意旨，往往以郭象、成玄英的"天机自尔""天机自张"的观点作为解释，实则庄子乃是以宇宙整体观的思维，说明宇宙间一切存在都有其内在的联系，在相互关联中，共同构成一个有机的整体。在庄子看来，整个世界是一个相互联系的有机体，庄子所说的道，有一层意义很重要，即宇宙是一个相互联系的整体，在这个宇宙之间，我们的个体生命都是相因相应的。

第二个是庄周梦蝶，庄周晚上睡觉梦到自己化为蝴蝶飘然飞舞，"自喻适志"，但是，庄子与蝴蝶一定是有所分，庄子说"此之谓物化"，以比喻物我界限的消解融合，在宇宙生命里面能够相互的转化。这样，我们才能以审美的眼光，欣赏庄周达观的人生态度。

在庄子诸多的寓言当中，我个人最欣赏、最喜欢濠梁鱼乐这则寓言：

庄子与惠子游于濠梁之上，庄子曰："鯈鱼出游从容，是鱼之乐也。"惠子曰："子非鱼，安知鱼之乐？"庄子曰："子非我，安知我不知鱼之乐？"（《秋水》）

我们先入乎其内再出乎其外。庄子和惠子，一个是道家，一个是名家，不同的观点、不同的世界观导致他们不同的人生观。首先我们注意第一个"游"字，庄子用"游"，就是表示一个诗意的、带有一种美感情怀的心境，如此的心境游于如此美景，就产生一种情境。"游于濠梁之上"，即指以审美的心境观赏山水之美。庄子即景生情，他看到小白鱼在水里悠悠哉哉，出游从容，产生移情作用，把外物人情化，把宇宙人性化，说鱼是很自在的、很快乐的，这是庄子伸张感性同通的一个心态。惠子说，你不是鱼，你怎么知道鱼是快乐的？惠子提出一个非常重要的哲学问题，即主体如何认识客体，这是一个中国哲学、西方哲学都共同的重要的哲学问题。寓言的最后，庄子说："请循其本。"这个"本"就是心、性、情。心可以相通，情可以化景物为情思，所以，庄子讲到人与人内心深处是相通的，以这样的心境来看待事物，才会四海之内皆兄弟。

孟子像

庄子跟惠子濠上观鱼寓言表达了两个很重要的意涵。一是对话。不同学派、不同的思想观念，甚至不同意识形态要进行对话，在差异中求会通。《论语》《孟子》以及柏拉图《对话录》，较属于同质性的对话，但是，庄子与惠子的对话是异质性的对话，如果把这个对话与我们的现实世界相结合，即东方和西方不同的异质文化要进行对话。二是主体如何认识客体。庄子和惠子代表了不同立场不同观点者的思想感情，惠子着重在理性思维，庄子着重在感性的同通。一般来说，哲学比较侧重理性的分析，读《庄子》不仅感到他思辨能力很强，而且也很注重人与人、人与物之间感性的同通，所以，理性的分析，感性同通，这两者有很大的不同。虽然庄子和惠子的辩论像火车轨道一样平行，没有交叉，但是，我们作为一个人，不仅要用理性的头脑分析问题，还要有感性的心情、以情性来接触理解外物，这就是情和理如何兼顾的问题。

三、庄子思想的时代精神

庄子哲学精神最具独到之处有四点：

（一）宽容胸怀

开阔的思路与宽广的胸怀是相互联系的。老子的逆向思维和双向思考，在《庄子》中得到更进一步的发挥。例如《齐物论》中说：“物无非彼，物无非是。自彼则不见，自是则知之。故曰彼出于是，是亦因彼。彼是方生之说也。”庄子认为任何事物都具有相互依涵的双向关系，在反对独断论和绝对主义的基础上，更突出了老子的相对性思想。

（二）个性尊重

庄子强调道的“自本自根”（《大宗师》），又倡言“物固自生”（《在宥》）、“物固自化”（《秋水》）。庄子对于万物的自性、个体的殊异的发挥格外突出，如谓“天之自高，地之自厚，日月之自明”（《田子方》）。《秋水》篇中河伯与海若第四次的对话中强调各物的殊性、殊技。道家由个性的尊重到主体性的建立，而至于倡导互为主体，这些主张在庄子的思想中格外的被显扬。

（三）齐物精神

《逍遥游》注重主体性自由的阐发，《齐物论》则是由个体的尊重、主体性的建立到互为主体的论述。所谓“齐物”乃不齐之齐，乃殊异中求其同。虽然说“道家注重个体”，但也重视整体的协同关系。庄子的内七篇，理论性最强的是《逍遥游》和《齐物论》，《逍遥游》则是中国或者人类思想史上最早的一篇表达精神自由的文章，带着古代一种要求自由的心声。《齐物论》则以哲学论文的形式，写人间思想言论的活动，以及彼此之间如何相尊相蕴、相互会通，是表达人类平等要求的一篇文章。我们根据庄子的一段话来阐释齐物的含义："物固有所然，物固有所可。无物不然，无物不可。"这几句话言简意赅地突出了齐物的精神。"物固有所然，物固有所可"即肯定各物都有其存在的理由及其独特的价值。意思是说每一个东西或者每一个人，都有（它）他存在的理由。"然"就是指存在的理由。接下来庄子说："恢恑憰怪，道通为一。"就是告诉我们，从殊相来讲，我们世界每一个人都是千差万别，但是，可以相互会通，互为主体。

《齐物论》中在长梧子与瞿鹊子的对话中谈道："以隶相尊……万物尽然，而以是相蕴。"这是说，将卑贱的和尊贵的等同看待，万物都归于一体，而相互含蕴在大全的世界中。我把这段原文用"相尊相蕴"这一命题来表述。"相尊相蕴"正是齐物精神的体现，它意味每一个个体的存在样态虽然不同，但都可以互相包容。在道的宇宙大全的王国中，每一个人都可以发挥各自的功能，彼此在社群里面也能相互尊重。齐物的精神境界，要有开阔的心胸才能达到。

（四）异质对话

在中国异质文化交流的历史上，庄子的思想曾起过良好的作用。佛学思想进入中土，道家有接引之功，庄、禅的融合更在隋唐产生了辉煌的文化成果；北宋儒学明确排斥佛老，却暗中援引庄子，无论在理论的建构和精神境界的提升上，都产生了巨大的作用。今天，我们遇到了比佛、儒更具有强烈异质色彩的西方文化，中西对话的工作，需要儒释道共同来承担。而在承担之中，庄子思想最具关键性，因为他那开阔的心胸和审美的心境是当今世界最为欠缺的，他所具有的宇宙视野最能和全球化视域相对应，而他所倡导的自由精神和齐物思想则最具现代性的意义。

庄子思想对后世产生了深远的影响。在文学上，庄子的独特风格常常成为启发后代浪漫主义创作的思想源泉；在哲学上，庄子直接激发了魏晋玄学及禅宗的思辨；在社会思想和人生态度上，庄子思想对后人也影响深远。庄子对时代的灾难有痛切的体会，对知识分子的命运有敏锐的感受，正因如此，他的声音直到今天还能得到普世的肯定和日久恒新的共鸣。

郭齐勇

王阳明的人生与思想智慧

十八大以来，习总书记在很多场合都提到了王阳明，重视其知行合一的论述，同时表示王阳明思想最伟大的地方就在于能够唤醒世人内心的良知。具体来说，即为每个人心中都有天赋的、他人无法夺去的“良知良能”，良心的“自足”完全可以让每个人都成为圣人；而一个人若要真正成为圣人，必须要经历“事上磨炼”，养成澄静的气质，才能真正做到以知促行、以行促知、知行合一。所以我们不但要修行自己的良知，同时还要“致”别人的良知，也就是启发别人的良知。按照习总书记的说法，如果能够唤醒民众的良知，那么就可以体现出一种政治智慧，以及官员作为政治家的智慧。因此我们在这个时候研讨王阳明的人生及思想智慧，就有着更为鲜明和重要的意义。

一、王阳明其人

（一）早年经历

关于王阳明的人生，我们从其少年和青年时代的经历，以及他立德、立功、立言的“三不朽”来讲起。

王阳明

王阳明先生是浙江余姚人，长期讲学于会稽山上的阳明洞，自号阳明子，学者称其为阳明先生。在余姚的阳明故居“寿山堂”的正门上，今天人们悬挂着一块“真三不朽”的匾额。《左传》里记有鲁国大夫叔孙豹转述自己听到的古语，“太上有立德，其次有立功，其次有立言。虽久不废，此之谓三不朽”，这也是古今仁人志士追求的最高境界和人生目标。所谓“真三不朽”，自然是指阳明先生达成了这三个方面的成就。

王阳明出生的时候，祖母岑氏梦到一对吹吹打打、脚踏瑞云的神仙在家门前送下了一个小婴儿；为了呼应这个梦，祖父给他起名叫王云，结果这个男孩直到五岁都还不会说话。就在此时，家人偶然碰到一位道士（一说是和尚），被告知王云这个名字泄露了天机，将这个孩子的出身来历讲破了。于是祖父给他改名为王守仁，典故则来自于论语中的一句话：“知及之，仁不能守之，虽得之，必失之。”就是勉励其孙要守住仁德，因为这是最重要、最核心的品质。

王阳明十岁的时候，其父王华中了状元，阳明就跟着父亲来到京师，入读私塾，从师问学。他问私塾老师，什么是天下第一等事情，或者说最重要的事情是什么。老师说是学习，而且要登科、考功名。十岁的阳明就说那不对，我们要立志学为圣贤。所以说这个小孩从十岁开始就有圣贤之志，反对把应科举、中进士、做大官作为学习的目的，而是要培养君子人格，表现出不一般的志气。当时士人主要是读宋代理学家即程颢、程颐、朱熹等人的书，以及学习孔孟之道。二程、朱子讲求格物致知、诚意正心、修齐治平。所谓“格物”，就是接触事物，从具体的每一件事物所蕴含的“理”来考量起，从而慢慢地了解里面的一些道理，甚至了解天理。

王阳明像

就朱熹的理论而言，万事万物里面都有一个“太极”，都有一个“理”，同时它们和“天理”都是相对应的；这里可以用佛教“月映万川”的说法来解释，即“天理”就是一个大月亮，投映到江河湖海中，里面分别有一个小月亮，而这些小月亮就都是大月亮的一个反映，所谓“月映万川，理一分殊”。因此当时的讲法是要求读书人须参透一事一物的理。

王阳明自己也深受朱子格物学说的影响，然而就在他21岁那年，发生了“亭前格竹”的故事，让他发觉自己并不太习惯这样的一套知识理路。阳明和朋友在亭子前研究竹子，朋友研究了三天三夜不睡觉，研究不下去了；他自己研究了七天七夜，也研究不下去了。因此王阳明感觉这样的“格物”，即通过接触事物去研究事物非常困难。“亭前格竹”的失败经历，让阳明开始觉得“穷至事物之理”的修养功夫和其“成圣贤”的理想目标之间，存在着一个巨大的差距，因此决意转改其他途径去实现做圣贤的人生理想。“亭前格竹”是其思想成型过程中的重要转折点，自此之后，相较“格物”而言，王阳明更强调顿悟和体会。按照程朱，特别是朱子的说法，学者要在事事物物上“穷格其理”，这样就可以达到“众物之表里精粗无不到，而吾心之全体大用无不明”的境界。就阳明的认识而言，他觉得程朱提倡的人生境界、修养目标，包括张载所讲的“为天地立心，为生民立命，为往圣继绝学，为万世开太平”的人生理想固然都很好，但是程朱理学倡导的这种修养功夫没有办法和他契合。因此在其成圣成贤的为学目的，和如何成圣成贤的修养功夫之间，存在着巨大的矛盾。

根据王阳明的朋友、明代大儒湛若水为其撰写的墓志铭的记述，我们可知王阳明曾经经过了“五溺”，即沉溺在任侠之习、骑射之习、辞章之习、神仙之习、佛氏之习中。也就是说，他开始先是沉迷于扶危济困、打抱不平以及射箭骑马，后来慢慢地转向学习辞章，之后沉溺于道教，而后又沉溺于佛教。他15岁的时候，曾经出居庸关学骑射，看到北方的游牧民族迫近北京，于是就立志要做将才、帅才那样的人物。少年阳明梦到过东汉的开国大将领马伏波将军，还在梦中游历了马伏波庙；

他认为男人应该像马伏波将军一样，“以马革裹尸还”。阳明在研究兵法方面也花费了很多气力，他像诸葛亮一样，用食剩的果核排列阵势，在民夫管理上亦采用八阵图的做法。这些都可以说明他在“任侠之习、骑射之习”阶段就有着很大的志向。就其“神仙之习、佛氏之习”阶段来讲，王阳明在17岁那年的新婚之夜，却选择去江西的铁柱宫听道士讲养生，与其畅谈人生的道理，相与对坐而忘归。他后来还到佛寺里面跟佛教徒一起交流，比如去九华山跟佛教徒唱和、参禅、论佛等等。

总体上来说，王阳明在历经这五个阶段时，也是在酝酿着之后发生、发展的重大哲学突破。他对人生的根本价值、如何安顿身心性命等问题的思考向来是十分积极和迫切的，而其思想学问最终在贵州龙场得到了鲜明的升华。

（二）贵州龙场悟道

正德元年（1506），15岁即位的正德皇帝明武宗倚重、亲信以刘瑾为首的“八虎”宦官集团，日常行事腐朽而荒诞。老臣刘健、谢迁请诛刘瑾等宦官，结果反而被诬，打成奸党。戴铣、薄彦徽上疏请留刘健等人，又被打入天牢。王阳明时任兵部武选清吏司主事，他上疏批评武宗杜塞言路，要求赦免戴、薄二人，流放弄权的官员，然而却被捕入狱，廷杖四十，有的说法是廷杖五十，被打得皮开肉绽，之后又被贬到贵州的龙场驿当驿丞。

明武宗朱厚照

当时从内地到龙场差不多需要一年的时间，路程非常曲折。

王阳明和仆人等艰难地到了贵州。那个时候的贵州龙场是不毛之地，形势非常险恶；随员水土不服、病倒了，阳明还要照顾他们。面对恶劣的环境、人生的大起大落，王阳明开始进一步考虑生生死死的问题。他在龙场写了一篇《瘗旅文》，这篇文章后来被收到《古文观止》里面。阳明在文中表示，人被逼到极处，站在生死的关头上，谁不想生呢？但是应该怎么样去看破生死呢？诚然，身体发肤受之父母，不敢毁伤，我们不可以轻易地丧失我们的生命；但是我们的生命也要载道，如果出现与我们的志向不合的境况，那么宁可选择去死。所以在艰难困苦之中，人要见得破、透得过，这才是良知之心的彰显与“流行无碍”，而这也就是阳明的尽性至命之学。阳明在龙场谪守期间，一直在思考涉及生命本质的大问题。他不断地反问自己，圣人如果在这种情况之下，会如何面对艰难困苦呢？又如何去安顿自己的身心性命呢？于是，他收摄精神，日夜作息，群居独处，澄清杂念，不肯妄言妄行，以期通过这种方式来追求内心的宁静和专一。这正如孟子所言，“故天将降大任于是人也，必先苦其心志，劳其筋骨，饿其体肤，空乏其身，行拂乱其所为，所以动心忍性，曾益其所不能。”

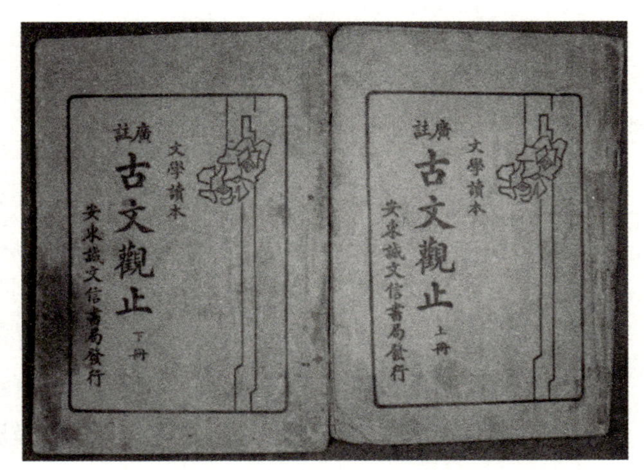

《古文观止》书影

经过一段时间的思索，身处龙场的阳明意识到自己还是没有超脱生死，在深感愕然的同时，他日夜端坐在山后的石墩之上，更为投入地去参悟生死的要义，让自己通过直面死亡来反观生命的意义和价值，从而追求内心的安宁，突破生死之惑。这样深刻的参学悟道，加之阳明早年就抱定的“学为圣贤”之志，为其带去了巨大而持久的心灵动力，是阳明哲学突破的动源。阳明在龙场也体会到了“格物致知”之旨，通过切身的感悟与思考，他意识到要更改“格物致知”的传统工夫和理路。总之，在历经种种艰辛之后，王阳明在龙场终于收获了他在思想学问上的大彻大悟。

在龙场，阳明体会到圣人之道就是良知之道，“吾性自足”，我们每个人心中的良知是全然完备的，这是由天赋给我们每一个人的；只是很多时候俗世的纷纷扰扰过于喧嚣，人们又总容易在声色犬马中沉沦，于是良知之心就此被遮蔽，而我们要做的便是把浑然天成的良知之心彰显出来。

王阳明对于“知行合一”的讨论，也是建立在这层意义上的。他认为求理于一事一物是不对的，其实人们不必向外去求理，应该向内心来求理。良知之心人人都有，我们把它开发出来，那么心就是理；而这个心就是本心，就是良知之心。王阳明表示，知和行本来是一个事情，但是之前的学者有的重视知，有的看重行，这样就割裂了知行，造成了后来学者的“离行求知”，所得并不是真知，所行并不是真行。在龙场的阳明于是就开始重新考量“知行合一”，强调知行本是一回事，同时认定“吾性自足，不假外求”。总而言之，龙场的经历在王阳明心学的创立过程中，起到了非常重要的作用。

（三）政德与事功

阳明肯定孔子“为政以德”的思想，在治理地方时下力气在基层兴教化、美风俗、行宽政，强调官员要从老百姓的利益出发，虽劳不怨。阳明勤政守职，视民如伤，打击腐败，整顿吏治，因为他深知地方治政者所肩负的责任，也做了一系列这样的工作。与此同时，阳明又讲求“权为天下利害所系，小人窃之以成其恶，君子用之以济其善”，以至诚之心立德，扶植爱护良善，引导下属走正路。

王阳明的事功有所谓“三征”，第一是征赣南。当时福建、江西、两广等地的匪乱很多，一直没有得到肃清，于是朝廷就派阳明先生去治理。王阳明在平乱、招安的同时，还注重恢复当地的农业生产，并且设立了“十家牌法”，把保甲制度和乡约制度结合起来。他宣讲父慈子孝、兄友弟恭的道理，和谐乡里乡亲，使当地的治安情况与人伦教化得以显著改善，收到了良好效果。

第二征是征宁王。正德十四年（1519）六月，正德皇帝的叔父、身处江西的宁王朱宸濠发动叛乱，叛军的声势很大，扬言要先取南京再分兵北上。原本阳明只带了一支一百人的队伍，准备赶赴福州平叛；在听到宁王叛乱的消息之后，他当机立断，不再执行到福州平叛的命令，而是乘船进入了吉安府，充当保卫南京的屏障。他一方面聚集各县州的士兵，另一方面假兵部之名发表檄文，让宁王以为朝廷已做好了充分准备。利用争取到的这最宝贵的十天时间，王阳明厉兵秣马，迅速建起了一支力量集中的大规模部队，端了宁王在南昌的老巢，后又以逸待劳，在鄱阳湖围剿了三万多人的宁王部队，取得了很大的胜利。

第三征就是征思田，平定广西思恩、田州等地少数民族土司之间的矛盾。嘉靖七年（1528），阳明先生临危受命，抱病踏上征程。他在当地加强治安、施以教化，平息了这个地方土司之间的战乱。十月，终日劳累、身体虚弱的王阳明，在归途中路过梧州，拜谒了此地的马伏波将军庙。回想起自己在15岁的时候曾经梦游过马伏波庙，他感慨万千，写诗说“四十年前梦里诗，此行天定岂人为”，好像冥冥之中都有命运的安排。十一月，王阳明乘坐的一叶扁舟到达江西南安，此时的他已经卧床不起。临终之前，在南安做官的弟子周积赶来，问恩师还有什么话要说。阳明留下了“此心光明，亦复何言”的遗言，微笑着离开了人世，终年57岁。

阳明先生一往直前、生气勃勃的气概和活力，在他的人格、事功以及学术思想上都有着卓然的体现，同时也蕴藏在他深度的生命体验与独特的生命智慧之中。正如清代文人王士祯所说：“王文成公为明第一流人物，立德、立功、立言，皆踞绝顶。”此外，阳明先生还体现出了儒家宏大勇武的精神和刚健坚毅的正气，而这也是阳明先生“三百年事功第一”所带给我们的启示。

二、王阳明思想要旨

阳明先生的思想要旨，大体上还是“心即理”“知行合一”“致良知”，这三个方面连在一起就是王阳明的思想体系。我们都知道“陆王心学”这个概念，其中陆九渊先生是南宋的思想家。他的思想学问，是通过孟子之道进而体会到的“陆氏心学”，大体上还是一个顿悟的路数；而阳明先生的学术思想，也是这样的一种展开理路。

（一）“心即理”

王阳明对于“心即理”的阐释是从朱子出发的，通过朱子学的“格物”，走向了阳明心学的路数。王阳明表示，人们见父母自然知孝，见兄长自然知悌，见君王自然尽忠，见朋友自然有信——这些道理并不在这些与我们有所关系的对象身上，而是内在于我们的心中，所以我们才能敬老孝亲、忠于职守、言而有信、仁民爱物。因此，阳明先生的心学之心是一个本心，是带有普遍性与超越性的道德之心。他表示“心之体，性也。性即理也”，天下哪里有心外的本性呢？哪里又有本性之外的道理呢？过去的程朱理学是通过形而下的具体事物，去寻求形而上的性和理；阳明先生的“心即理”学说，则是将作为道德主体和道德本体的人，与形而上的天理本身结合在一起，重视在本心上做工夫，以期彰显本心所蕴藏的天理，这样我们就把人、天理、事物打通了。所以他的讲法叫作“身之主宰便是心”，道德心灵主宰我们的身体和行为；道德心灵的展开过程中会有一种意念，这个意念的本来状态应当是良知，而意念的所在之处就形成了事物。从这一点出发，阳明就有了“无心外之理，无心外之物”的表述。

王阳明强调“意”和“理”均在“吾心”之中，并采取了心外无物、心外无事、心外无理、心外无意、心外无善这种极为强势的表达方式，那么自然很容易引起人们的质疑，《传习录》就记载了这样一个故事。当时阳明和一些朋友去南镇赏花，一个朋友就指着花树向阳明发问，您不是说天下没有心外之物吗？那么这个花树在深山中自开自落，与我的心又有何关系呢？阳明先生回答道，你没有看这个花的时候，花和你的心同归于寂灭的状态；你来看这个花的时候，花的颜色便一时明白起来，你就知道花不在你的心外。我们历来的教科书都说王阳明这样的表达是主观唯心主义，其实他这里并没有近代西方哲学史上那种唯物主义、唯心主义的概念，王阳明只是表明花与心同归于寂静的状态，因此没有显现出来，而这并不代表花本身不存在。他的讨论并不直接涉及花朵存在与否的问题，其着重探讨的要点在于花的价值和意义是由赏花人赋予的，如果没有人来观赏花，花在山中无人理睬，那么花的价值和意义自然无法彰显。所以天地万物的意义，也都是由人的主体意识决定的；值得注意的是，这个主体意识是道德和价值层面的，并非一般的自我意识。

我们可以继续用赏花来举例。花朵的价值和意义的赋予离不开具体的人来看；人不来看的话，这朵花就与你的心无关。所以人的心如果不活动，那么就没有办法赋予任何东西以意义和价值，于是具体事物和人的心灵就都归于寂灭的状态。马克思在《1844年经济学哲学手稿》里面写有一句话，“对于没有音乐感的耳朵来说，再好的音乐也无

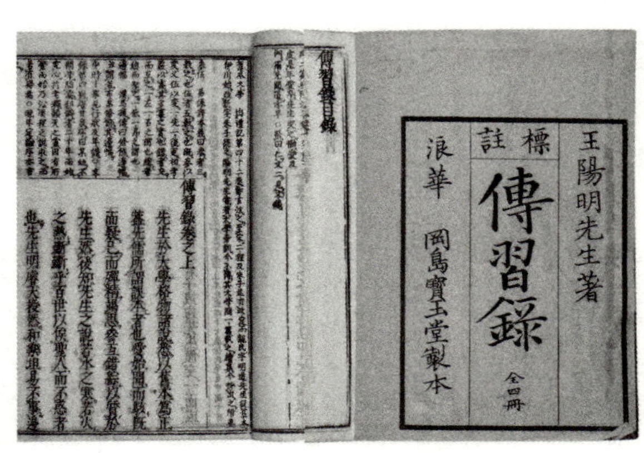
王陽明先生著
標註
傳習錄
全四冊
浪華 岡島寶玉堂藏本

王阳明《传习录》书影

济于事”，其实也是一样的道理。因此阳明先生所讲的心外无物，并不是对于外界事物客观独立存在的一种否定；他强调的是其存在的意义和价值是由人来赋予的。与此同时，“心之体”是具有无限创造性的，世界的存在正是依靠这种创造性而获得真实的、鲜活的意义；如果离开了我们的心，世界也就没有意义。当然，没有意义的世界也并非不存在，而只是会变成一个僵死的、不知为何物的世界。所以我们需要认识到，王阳明的“心即理”学说不予讨论外界事物的客观存在性这个问题，而是重视其存在的意义与价值是由人来赋予这一问题。

（二）“知行合一”

说到“知行合一”，我们现今多是在学习了马克思主义、毛泽东思想以后，所领悟到的对于认识和实践的合一。然而，如若了解阳明先生当年讲的“知行合一”，就还需要回到阳明先生的文本中，去体会其“知行合一”学说的本意。

王阳明在龙场悟道的时候，先是悟通了“心即理”，随后又悟通了“知行合一”，这两者是关联在一起的。就《传习录》的文本而言，阳明在论及知行关系时，有一个反复声言的观念，叫作“知行本体，原来如此”；他有时候会把知行本体称为知行之体，有时候又称作知行体段。究竟什么是“知行本体”呢？这四个字包含两层意思。阳明先生讲，知行如何分得开呢？知行本来就是一体的，此便是知行的本体。这里的本体就是本来面貌的意思，而不是现代哲学概念“本

《1844年经济学哲学手稿》封面

体论”的本体。所谓知行本体，也就是表明知和行相互联系与包含，本来一体；知行分离，也就背离了知行的本来意义，违背了知行本体，这是第一层意思。

阳明又说：“知行二字亦是就用功上说；若是知行本体，即是良知良能。”因此这里的“知行本体”，就是指“良知良能”。“良知良能”是孟子的说法，指的是人们先天就具有的道德认知、道德情感和道德实践能力，它们无须经过后天的学习而获得——实际上这也就是本心，即“心即理”之心，或者叫“心之本体”，这是第二层意思。二者相较，后一种“知行本体”的含义无疑更为根本。

阳明关于“知行合一”的论说，是借由《大学》展开的，他说《大学》是“指个真知行与人看”。比方说“如好好色，如恶恶臭”这句话，人们普遍认为看到好色属于知，爱好好色则属于行，然而王阳明对此并不同意。他表示，在人们看见好色的时候，其实自己就已经在那里爱好它了，而不是在观看好色之后，我们又生发出另外一个心去爱好它，“如恶恶臭”也是同样的道理。可见知行之所以能够合一，在于我们自身就有知行本体，而这个知行本体既是“心即理”之心，也是良知良能。一方面，“心即理”表明此“知行本体”自身即为立法的原则，赋予事物以道德秩序与准则，所以我们如果要认识和实践这个道理，就无须向外去求理，只需“求理于吾心”。从这个意义上讲，知行统合于人的本心。另一方面，“良知良能”表明此“知行本体”本身就是道德认知与践履的原则，“见父自然知孝，见兄自然知悌，见孺子入井自然知恻隐，此便是良知，不假外求”。见到小孩子要掉进井里了，人当下即起恻隐之心，马上就要去援手相救。全然没有任何外在的功利目的，当下就要去把这个孩子抱起来，这就是恻隐之心和良知之心在当下的体认、呈现与实现，也就是“本心”的自然显露和发用。正如同见到漂亮的事物时自然产生倾慕，闻到恶臭时自然感觉厌恶一样，人们不需要掺杂刻意的思索，也不需要在思索之后再有意识地采取某种行动。从这个意义上讲，知和行之间没有丝毫的间隔。

正因为人有这样一个“心即理”之心抑或是“良知良能”作为人的知、行活动的根本依据，也就是所谓的“知行本体”，于是王阳明在此基础上又有“知是行之始，行是知之成”的说法，他认为人们如果真正懂得知行合一的道理，那么只说一个知就有行在了，只说一个行就有知在了；当然，这里的“知”指的就是良知。

既然只有“心即理”之心才是“知行本体”，那么被物欲、私欲所蒙蔽和隔断的心，自然就不是“知行本体”了。所以阳明格外强调要“复那本体”，不可使此本体“被私欲割断”；也就是要摆脱物欲、私欲的缠绕，收拾身心，发明“知行本体”，才能真正做到“知行合一”。凡是“知行本体”所发出来的知，则必能行，这就叫“一念发动处，便即是行了”。“不善的念”不仅不是“知行本体”所发，反而会遮蔽和隔断“知行本体”，因此只有将这种不善的恶念彻底根除，才能“复那本体”，使道德认知和道德行为互相吻合，从而做到真正的“知行合一”。这就是王阳明构建的“知行合一”学说的本体论含义，也是其根本含义。他深知“破山中贼易，破心中贼难”，要防患于未然，不使一念的不善潜伏在胸中，不让邪念进入现实经验中为非作歹。诚然，在一定的时空条件下，每个人都有可能滋长心魔，但是我们必须启导自身蕴藏的“良知良能”将其克制，这样才能够挺立大丈夫的精神。

王阳明完全是从道德出发来讨论知行工夫的。在他看来，知必须表现为行，能知必然能行，知和行相即不离，两者是同一工夫过程的不同方面。阳明曾说道：“行之明觉精察处，便是知，知之真切笃实处，便是行。”一般来说，“明觉精察”是形容知的，“真切笃实”是形容行的；但是阳明要求，人在知的过程中要抱有“真切笃实”的态度，在行的过程中也要保持“明觉精察”的意识，知不离行，行不离知，且知且行，即知即行，这样的知才是真知，这样的行才是真行，而这就是“知行合一”的工夫论含义。不过，我们现在所讲的普遍意义上的“知行合一”，则又已经不是阳明先生在道德范畴上阐述的那种“知行合一”，而是经由孙中山、毛泽东等人发展的建立在社会实践意义上的知行观，这两者的不同是需要我们特别注意的。

（三）“致良知”

“良知”两个字出自《孟子》，即“人之所不学而能者，其良能也。所不虑而知者，其良知也”。所谓良知，就是指人不依赖于环境、教育而先天具有的道德意识和道德情感。“致良知”的“致”则出自《大学》，是对“格物致知”的一种推广。王阳明创造性地把这两个概念结合起来，实现心与理、知与行、道德修养与社会实践的融合为一。

首先我们看，王阳明学问范畴里的“良知”是个贯通天人的概念。他讲“心之体，性也。性即理也”。这里的性是天性，理是天理，心之本体是本心，也就是良知；三者之间是对等的关系，所以宇宙间最根本的秩序也就是“天理”，天对人的本质性规定也就是“天性”，人的道德本质和主宰也就是“本心”，这三者得到了完全的贯通。良知或者本心于是直接成为天理的具体表现和生发之源。

其次我们看，阳明先生讲的良知，又是一种“随时知是知非”的道德认知与道德判断的能力，是一个贯通体用的概念。关于这一点，《传习录》里面很多地方都有体现。比如“良知只是个是非之心，是非只是个好恶，只好恶就尽了是非，只是非就尽了万事万变”，强调良知当下的一个判断。又比如“是非之心，不虑而知，不学而能，所谓良知也”；“盖良知只是一个天理，自然明觉发见处，只是一个真诚恻怛，便是他本体”。在这些话里面，有着非常浓重的“知”的色彩。良知会自动地呈现于心、并为主体所觉知，这就是人的至善本性在是非知觉中的当下显现。在这种是非知觉里面，必然蕴含着应当如何的道德原则，以及道德选择的方向。这个原则就是天理，依据天理进行道德判断，甚至产生意向性的活动，也就是道德实践。

从这点出发，我们便能体会到，道德选择是自己做出的选择，道德自由也是层次最高的积极自由。道德的行为是自己跟自己下命令，并非由他人主宰；也就是说，人们从事的行为道德与否，是自我决断的结果，也是自身良知的发用与体现，同时也要自己去承担这个选择的结果。值得注意的是，阳明先生在其50岁前后提出的“致良知”之学，实际上是在早年“心即理”和“知行合一”的基础上发展出来的，也蕴含了“心即理”和“知行合一”的主要理论内容及意义。正是在兼具“心即理”与“知行合一”的基础上，阳明将良知看作是天地之心、宇宙之心。良知赋予了天地鬼神万物以存在的价值和意义，是价值意义的创造本源和主宰力量，具有绝对性和根源性。人正因为有此良知，于是才可以和天地宇宙会通、充当宇宙天地之心，从而肩负起燮理宇宙天地万物的责任。鉴于良知如此重要，阳明就有了“致良知是学问大头脑，是圣人教人第一义”的说法。

良知既是“性与天理”，又是道德认知与判断。因此所谓“致良知”，也就包含了两层意思：一是不断地向至善的道德本体复归，以达到极致；二是以道德认知和道德判断为依据，加以实行。在第一层意思上，“致良知”就是“致吾心之良知”。这个“致”字既作名词，有极点、终极的意思，又作动词，有向极点运动的意思。“致良知”就是使良知致其极，也就是扩充良知本体，令其全体呈现出来，充塞流行到天地之间，没有亏欠、没有障蔽。这昭示着人类自主自律的道德感，也昭示着个体生命的跃动；它打破了外在的强制和束缚，体现出一种人的自由和尊严。

“致良知”的第二层基本意思是“依良知而行”。“致”在这里相当于“行”的意思，“致良知”即“行良知”，也就是依照良知而实行。阳明更为强调这一面，表示良知“知是知非”，不但是人的道德认知与判断，而且还是人类行为的准则。“致良知”便是要“实实落落依着他做去”，即只有按照良知指导而实行，才能称为“致良知”。

王阳明曾写有几首歌咏良知的诗，着意唤醒人们的良知。其实对于当今世界的个体而言也有同样的要求，即我们必须挺立起内在的意志与良知，同时要将“良知良能”贯彻落实到日常的道德践履中。正因为“良知”为知，加之“致”又有力行的意思，所以阳明认为“致良知……即吾所谓知行合一”，这就体现出阳明学说的前后一贯性。总之，“致良知”说既简易直截又内涵丰富，将阳明的整体哲学思想完满地表述了出来，标志着阳明哲学建构的最终完成。

（四）王阳明的生态智慧

阳明先生对于自然万物，包括草木、鸟兽、山水、瓦石等，都有一种深厚的生命关怀，强调“仁者以天地万物为一体”。他发挥了孔子的“仁爱”与孟子“仁民爱物”的思想；在他看来，不论是动物植物，还是自然之物（如石头），甚至是人造之物（如瓦片），因其均源于自然，又是维系人类生存所不可或缺的物品，于是它们就都享有存在的权利，都要受到人们的顾惜。

阳明认为天地万物都在良知、灵明等精神性的一体之中，也就是万物都具有良知和灵明。在这个意义上，人类并不高于山川动植，山川、鸟兽、草木、瓦石等等也都自有其精神与价值。这也是王阳明在生态智慧层面上的显著贡献，即将整个天地万物都看作是与自己的生命紧密相连的，肯定天地万物皆有其内在价值，讲求一种普遍的道德关怀。在确立这种价值来源的共识之上，从而将生态系统真正视为人与万物共生、共存的生命家园。

与此同时，阳明也表示“万物一体”是总原则，但这里的仁爱关怀是具有差等意识的爱，而这种差等是客观存在、不可逾越的自然条理。我们也都有这样的体悟，即从亲人到他人再到万物，我们表现出来的仁爱是越来越疏远的；但是这种疏远并不是说越来越不重视，而是区分方式和层次的不同。儒家会根据不同的伦常性质对仁爱给予不同的界定。在此基础上，儒家强调使万物各安其位、各遂其性，这就包含着对人性的反思，特别是反思人的贪欲和占有欲、反思人对自然万物的自身权利与价值的不尊重，以及由此产生的过度取用和过度开发，从而主张合理地利用自然资源。

三、阳明学的影响与现代意义

（一）阳明学的影响

阳明学产生以后，迅速产生了巨大的影响。王门弟子分化为浙中学派、江右学派、泰州学派，遍布中国十几个省，朝廷大臣、学者士大夫、贩夫走卒当中，都有阳明学的信徒，尤其是在中下层民众层面的影响很大。阳明学“致良知”“知行合一”等主张，摆脱了文字训练、经典阅读的复杂性，是一种简易直截、当下即是的功夫，于是就引起了中下层老百姓的兴趣，直接推动了儒学平民化的运动，构成了对官学、也就是朱子学的冲击，起到了思想解放的作用。

当然，与古今中外一切思想体系一样，阳明学体系也有自我否定的因素，蕴含着内在的危机，即它虽然适应了特殊处境下的知识分子安身立命的精神需要，但是只强调内心的道德自觉，忽视了纲常伦理的客观准绳与圣人言教的权威性，有着忽视客观规范标准，以及漠视温凊定省、礼法仪节的倾向，容易沦为言行不检点的人掩饰自己丑行的口实。

然而，无论如何，阳明学对后世影响之深，再没有其他学派可以与之比肩。我们都知道明亡以后，阳明学在清代受到了打压；但是被誉为“同治中兴名臣”的曾国藩，一生都崇拜阳明、效法阳明。进入近现代历史时期以来，我们也可以发现孙中山先生“知难行易”的提法，就是对王阳明“知行合一”学说的一种发展。蒋中正也很喜欢阳明，到台湾后他还特意把台北市的草山改名为阳明山。

青年时期的毛泽东同志，受到岳父杨昌济先生的影响，也十分重视阳明“知行合一”的学说，并且认真阅读过《王文成公全书》，做了很多笔记。年轻的毛泽东写过一篇名为《心之力》的文章，大致上就是用阳明学的路子来阐述的，得到了杨昌济先生的大力赞赏。在接受了马克思主义以后，毛泽东又特别强调人的主观能动性，这也不能说没有阳明学的影响。

儒学的现当代发展也受惠于阳明学，现代新儒家大师熊十力先生及其开创的新儒家学派就是例证。熊十力自己说过，在他的哲学体系中，仁、诚、本心、本体等范畴，就是王阳明所讲的良知。他的学生、现代新儒家第二代的旗帜性人物牟宗三所创立的“道德形上学”，更是特别强调良知本体，可以说是直接继承了阳明心学的主要内容。

阳明学在我国台湾地区也得到了相应的发展，这一方面是依靠国民党的官方宣传，另一方面是在学界与民间的高扬，强调阳明学与西方哲学的对勘和接植。以牟宗三、唐君毅等人为代表的港台新儒学都强调良知良能，继承了王阳明“心外无物”的思想。除此以外，现在在台湾地区流行的生命教育、哲学咨商等议题，都和阳明学的发展有关系。

阳明学不只是中国文化的无尽宝藏，而且流传到日本、朝鲜，推进了当地的近代历史发展进程。阳明先生在世的时候，便与日本的禅僧了庵桂悟会过面；明代万历年间，王阳明的著作就到了日本。中江藤树在16世纪中期努力传播阳明学，成为日本阳明学的远祖。在中江之后，又出现了三轮执斋、佐藤一斋、大盐平八郎这三位阳明学的大师。三轮最先注解了《传习录》，这个注本甚至早于中国本土的注本。佐藤提出了朱陆王会同的理论，从而使得日本阳明学成为幕府之学，具有官方的地位。大盐把张载的太虚学说与阳明学结合起来，进而发展了阳明学。他本人则在阳明学的鼓动之下，领导了大阪的农民起义和城市贫民的起义。虽然最终因为失败而自杀，但是他却由此发出了倒幕运动的信号。后来的维新志士如梁川星岩、西乡隆盛、吉田松阴，都是阳明

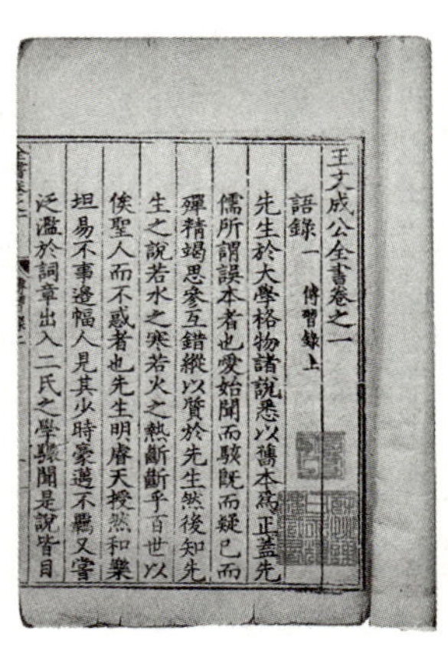

王文成公全書卷之一
語錄一 傳習錄上
先生於大學格物諸說悉以舊本爲正蓋先
儒所謂誤本者也愛始聞而駭既而疑已而
殫精竭思參互錯縱以質於先生然後知先
生之說若水之寒若火之熱斷斷乎百世以
俟聖人而不惑者也先生明睿天授然和樂
坦易不事邊幅人見其少時豪邁不羈又嘗
泛濫於詞章出入二氏之學驟聞是說皆目

《王文成公全书》书影

学的信徒。他们以阳明学为纽带来团结下层武士与平民，同时也将其当作开展倒幕和维新运动的精神动力。阳明心学深刻地影响了明治维新，这已经成为国际学界的共识。

朝鲜半岛大约在阳明逝世前后就已经了解了阳明学说，不过当时朝鲜学界盛行的主要还是朱子学。有“朝鲜朱子”之誉的李退溪写了一部《传习录论辨》，专门驳斥阳明学。李退溪的巨大影响力，很大程度上阻碍了朝鲜阳明学的发展；但是他本人却有很明显的心学倾向，甚至提出了与阳明学颇为相通的“心即理”命题。17世纪，郑霞谷潜心研究阳明学，开创了江华学派，一直流传至今。同时，阳明学的实用因子也影响到作为朝鲜民族启蒙思想前兆的实学派学者，如李瀷、朴齐家、丁若镛等人，无不受到了阳明学的影响。朝鲜近代实学思潮代表学者朴殷植，更是力图通过阳明学实现其“儒教求新”的目的，将当时流行的社会进化论与阳明学结合起来，开展了名为“大同教”的宗教运动。因此我们可以说，阳明学是朝鲜实学思潮的重要哲学基础。

（二）阳明学的现代意义

阳明学的现代意义其实就是依靠其自由活泼、积极主动、极具创造性的自身特质所决定的。首先，它强调人的道德自主性，即道德自由。阳明学告诉我们，良知是心之本体、知行的本体。人是有良知的道德动物，因此我们应该不断地唤醒良知、实践良知，提振精神品格与精神生命。就这层意义而言，“致良知”是学问修养和灵魂的第一原则，我们只要良知有成，就可以在有限的人生中创造出无限的意义。阳明学告诉了我们一条道德人格的上升通道，彰显了人性本来的光辉，而且强调不仅要通过人性的光辉照亮我们自己，还要照亮他人。我们不应该向下沉沦，不能够为物欲所遮蔽，不要陷入异化之中从而否定自我的人性。这层意义无疑可以唤醒现代人的冷漠、功利、庸俗化的心灵，反抗当下社会的拜金主义、享乐主义、虚无主义，在拯救当下的生态危机、信仰危机、道德伦理危机方面，也能够起到积极的作用。

其次我们要讲“知行合一”。“知”在这里指良知，阳明强调真知真行。我们经常会遇到这个问题，即有人说，你讲得都好，但我就是做不到。阳明学所讲的“知行合一”，就是针对这个问题来的。做不到正是因为还没有领会得透，领会透了自然能够做到，当然这同时也需要克服现实客观环境造就的困难和问题。阳明学告诉我们，要在日用伦常、礼乐刑政之间，把“天地万物一体之仁”发挥出来，用来敬老爱亲、修身齐家、尽伦尽职、为政理事。做一分，就体认一分良知；体认一分良知，就要做一分——这样自然可以赋予今人实践道德、完善自我的勇气。

王阳明的切身经历也提醒着我们，为政之道在于明德、亲民。阳明认为，为政者要修身以德，以仁德为核心价值，引领和实现政治的正义。官德不仅仅是一种职业道德，更是人的良知在政府事业上的直接运用。为官不讲官德，那就是违背良知。进一步讲，亲民就是要以民为本，视百姓为骨肉亲人，尊重民意，体察民间疾苦。在具体的政治实践中，阳明以高超的政治智慧，将社会教化、社会治理与具体的行政手段结合起来，治理了很多难治之地，实现了民不骇政、四方咸宁。所以阳明的为官之道，对于今天我们加强党员干部修养、化解社会矛盾、转变政府职能等需求，也都有其相应的借鉴意义。

王阳明是一位真正了不起的大师，他的代表作《传习录》有着丰富的内涵，阳明学是一个博大精深的思想体系。阳明先生和他的阳明心学，四百多年以来影响深远，有着强烈的现实意义。阳明学讲求“学贵自得”“事上磨炼”，因此我们还是要去自己读书、自己体会、自己琢磨、自己实践，以期更好地了解王阳明的人生与思想智慧。

明海法师

禅宗与中国文化

释明海，1968年生，祖籍湖北潜江。1991年毕业于北京大学哲学系。1990年于北京广济寺结识禅宗巨匠净慧上人，从此皈依佛门。1992年9月，于河北省赵县柏林禅寺净慧上人座下剃度出家。1993年于洛阳白马寺受具足戒。多年来，积极参与柏林禅寺的兴复及“生活禅”夏令营、“生活禅”研修班的组织、弘法工作。2000年于净慧上人座下得预临济宗第四十五代传承，2005年于净慧上人座下再得曹洞宗第四十九代法脉传承。现为全国人大代表，任职柏林禅寺方丈、中国佛教协会副会长、河北省政协常委、河北省佛教协会会长、河北省佛教学院院长。

主要著作有《禅心三无》等。

“禅宗与中国文化”这个题目非常宏大，内涵极其丰富。我本人并非学者，只能依据出家20多年的所见、所闻、所学，和大家作简要的分享。

一、佛教、佛法与禅

我们的主题是禅宗，讲禅宗一定会涉及佛教。佛教发源于古印度，迄今有2600多年的历史。佛教创始人释迦牟尼最初是古印度北部迦毗罗卫国的王子，叫乔达摩·悉达多，后为探究人生的奥秘离开王宫到森林中修道。经过六年的努力，乔达摩·悉达多在菩提树下开悟成道。他觉悟后被称为释迦牟尼佛，有时又被称为佛陀（Buddha），意即觉悟的人。

释迦牟尼佛

释迦牟尼佛觉悟后，最初在鹿野苑对五个人传法，分享他觉悟的境界，令这五人断除了心灵的垢染而出家追随他，佛教徒称之为“初转法轮”。“轮”即“轮宝”，“轮宝”本是古代印度统治者的武器之一，意为转动、摧毁。释迦牟尼佛用“轮”来比喻佛法，即佛法的智慧可以摧毁人的烦恼。后来，释迦牟尼佛又向很多人讲法，有更多的人追随他出家修行。这样，构成佛教信仰的三大要素出现了。第一大要素是佛（Buddha），即觉悟的人；第二大要素是法（Dharma），即佛讲的真理；第三大要素是僧（Sanga），是一个和合的团队。佛、法、僧三大要素的出现，标志着佛教的出现。释迦牟尼佛住世80年，在他住世的时候，佛教已经开始向周边传播。释迦牟尼去世100多年后，印度出现了一个伟大的国王——阿育王，他统一了印度半岛。阿育王是虔诚的佛教徒，在他的时代，佛教在印度半岛得到比较普遍的传播，并逐渐向南亚的斯里兰卡、东南亚的一些国家弘传。大约在公元前2年左右，佛教开始流传到中国汉地，后又逐渐传播到朝鲜半岛、日本、越南等汉文化辐射地域。公元7世纪，中国西藏地区开始有佛教。如是，佛教在传播和演进中形成汉语系、藏语系、巴利语系三大语系。这三大语系主要是根据记载佛经的语言来划分的。汉语系佛教是用汉文记载佛经；藏语系佛教是用藏文记载佛经；巴利语系佛教又称“南传上座部佛教”，用巴利文记载佛经，流传于我国广西、云南等省以及东南亚的泰国、缅甸、柬埔寨等国家。今天，这三大语系的佛教已经传布到欧美国家乃至全球。据美国皮尤研究中心（Pew Research Centre）2011年统计，全球佛教徒占总人口的7%。即全球69亿人中，佛教徒接近5亿人。

目前，世界范围内的几大宗教中，人数最多的是基督教，第二是伊斯兰教，第三是印度教，第四是佛教。佛教徒人数不多，却具有世界影响力。现在公认的具有世界影响力的宗教是基督教、伊斯兰教、佛教。而在当今三大具有世界影响力的宗教中，佛教似乎比基督教和伊斯兰教更难把握和界定。

从一般的社会学层面来定义佛教会觉得有些困难。实际上，宗教是西方人提出来的一个社会学概念。基督教、伊斯兰教都有造物主，都有主宰神，是所有宇宙、所有存在的渊源。但是，佛教没有主宰者，佛教哲学的核心就是否认世界有一个主宰者，佛教要把有关宇宙人生最终主宰的第一因这个问题，带到每一位众生的内心。我们自己决定自己，这是佛教的一个哲学见解。所以，与承认有造物主的宗教相比，佛教确实有它的个性。因此，中华人民共和国成立前学术界就探讨，佛教是宗教还是哲学。西方也有学者认为，佛教“没有神的信仰”（奥登伯格著《佛陀》），西方学者说佛教不像宗教，是参照承认有造物主的西方宗教而言的。

佛教是宗教吗？从宗教一词的社会学意义上看，佛教具有其他宗教共同的形态特征：教主、经典、教职团队、信仰仪轨等，也有关于宇宙人生、关于生命圆满境界的愿景。所以，从社会实存现象上看，佛教就是宗教。在我国目前的宗教事务管理体制中，佛教被列为五大宗教之一。

佛教就像一座山，“横看成岭侧成峰，远近高低各不同”，从不同的角度看佛教会有不同的观感。我们用汉传佛教华严宗的四个范畴来把握和理解佛教，这四个范畴是“信、解、行、证”。

信。佛教是信仰。在佛教徒的信仰实践中，崇信是不可或缺的要素。佛教所要求的信与其他宗教不同，它要求的信是信任、信赖。崇信之心要表达、要培养、要传递，必须借助外在的符号、设施和工具。所以，有佛像、佛塔、仪轨等宗教的外在形式，这些外在的形式是可碰触的、实存的，体现出民族的、地域的、时代的文化特征。所以，我们看到不同年代、不同地域佛教造像的风格以及佛教仪轨在不同佛教传承中的差异。如佛教汉语系、藏语系、巴利语系三大语系从着装、饮食习惯、教义理解等方面各有不同。此外，佛的造像也不一样，汉地的观世音菩萨都是女性的形象，这是因为汉地认知的观世音菩萨是慈悲心的化身，慈悲心是人类最美的情感。这种情感用母性的形象来表达最适合，所以，汉地更愿意让观世音菩萨呈现出相貌美好的母性形象。而藏地的观世音菩萨像有时候是非常凶恶的，叫“愤怒相”。藏地地域辽阔，自然环境恶劣，人口也很稀少，在那里生存，需要经过很多的斗争。所以，观世音菩萨现愤怒相的居多，这就是民族文化地域的特征。我在美国寺院里看到的佛像，只有耳朵和头部的轮廓，是要表达佛像超越民族、超越文化，只是一个信仰符号之意。所以，宗教的这些外在形式，具有地域性、时代性以及民族的文化符号的特征，与一个时代、一个民族的认同相关联。

观音菩萨

解。佛教像是哲学。佛教有很多经典广泛而深刻地探讨人生苦乐祸福的规律、众生精神世界的种种现象，涉及哲学所讨论的认识论、本体论、伦理学。但是，佛教又不同于一般哲学。首先，佛经中的哲学见解来源于释迦牟尼觉悟的境界，称为“无上正等正觉”。由此无上正等正觉的洞见发出的言说被称为“决定说”，有时被喻为“狮子吼”“雷音”。佛教经典内容广大，有关于宇宙人生普遍规律的论述；有关于世间社会人生乃至家庭生活的论述，如怎样做人、做事、管理财富、交朋友、吃饭以及大小便之后如何净化自己的身体等；有生命在妈妈腹中孕育之后，身体和心智发育过程的论述；还有很多医学、天文地理以及整个地球文明生住坏灭的规律现象论述，等等。可以说，立足于佛学以及由佛学延伸出去的关于心理学、医学、社会学的内容非常丰富，这就是解。其次，释迦牟尼讲法的出发点不是为了建立一个理论架构，而是他深切的人文关怀，就是引导众生到达和他一样的心性觉悟的境界，从必然王国（苦）走向自由王国（解脱、自在）。我们将这种出发点称为“大悲心”，这种出发点决定了理论并不是佛教的归宿，理论言教的终极指向应该是心性实践、心性自觉。因此，佛经中处处充满了对理论、对概念的高度警觉，以提醒听法者不要陷入对理论的执着中。《金刚经》将佛陀所说的法比喻为过河的船，有的佛经又将佛法理论比喻为治病的药，佛则是“应病与药”的“大医王”。因为众生的病种种不同，佛开出的药方也因病而施，法无定法。我们只有立足于这一点，才能理解佛教大乘、小乘，显教、密教的差异，以及不同的佛经中有时字面上甚至互相矛盾的说法。因为，佛陀说法是“应机”的，“机”就是对象。对象的差异以及对象问题的差异决定了佛陀讲法的差异，差异中又有统一。这个统一佛在《妙法莲华经》中揭示出来，那就是引导众生到达最终觉悟。

行。行就是实践。理论的认知最终要落实到实践，这就是行的佛教。行的佛教可以分成两类，一类是特殊的宗教的行，如静坐和佛教徒的礼拜；一类是在生活、工作以及做人做事中，更加广泛和开放的在生命境界上的实践，内在的实践，也属于佛教的行。释迦牟尼佛告诉我们，行的佛教有三学，即戒学、定学、慧学。其中，戒学训练我们的行

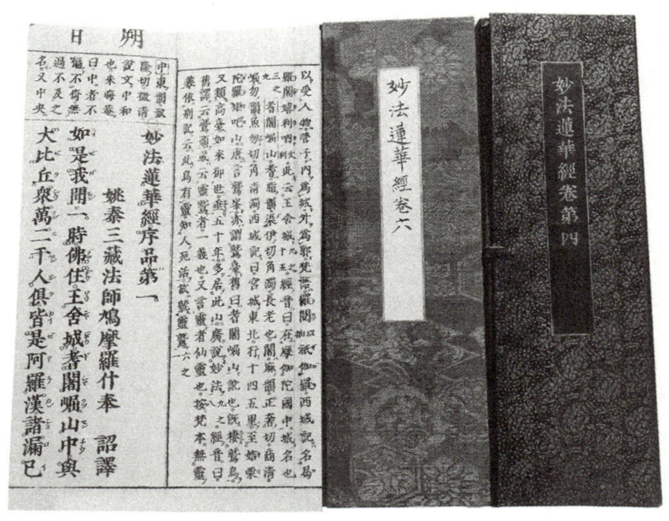

《妙法莲华经》

为和语言，定学训练我们心灵的专注，慧学开发我们内心的智慧，这是佛教实践的核心。古代的高僧大德将佛教修行的核心内容表述为“诸恶莫作，众善奉行，自净其意”。“诸恶莫作，众善奉行”是劝人向善，不要做坏事，这是很多宗教共同的努力方向。但是，佛教不止于此，它还有第三句叫“自净其意”。其实，绝大多数人都不喜欢恶，都认为自己在向善。但是，有时问题出在我们的认识能力，可能会不知不觉地把恶理解为善。所以，止恶行善，就涉及人的判断能力，判断能力是由心发出来的。当我们的心被很多境界，如利益、私心杂念和情绪波动等影响时，看问题也会受影响。所以要“自净其意”，即心灵的自我净化，这是佛教特别重视的。“诸恶莫作，众善奉行”属于“戒学”，“自净其意”是训练心灵的定学与慧学。在“行”的层面观察佛教，我们感觉佛教像是一种生命科学，它的许多修行方法具有确实的转化效果和普遍推广的价值，因此被人们应用于心理治疗、体育竞技、重病康复、终极关怀甚至戒毒矫治等领域。

证。验证和体证。验证是通过外在现象的观察而求证，体证是通过内在生命的经验而求证。前者可称为“外证”，后者则属于“内证”，佛教的证主要是“内证”。佛教的愿景是释迦牟尼佛告诉我们的生命的觉悟的境界、智慧的境界、圆满的境界。通过实践以后，我们在自己生命里面得到体证，得到证明。经常有人问我佛教与科学有什么不同。第一，它们研究的对象不同，科学研究外在的事物；佛教研究我们自己的生命，研究我们的心。第二，研究的方法不同，科学研究是通过实验、通过感官的观察以及感官的延伸去研究；佛教是通过禅来研究我们自己。科学的证是“外证”，外在的证明；佛教的证是“内证”，是修行者的自我发现、自我觉醒、自我升华。

学习佛法的人，体证到了释迦牟尼佛说的觉悟的愿景之后，他的境界究竟是怎样的呢？古代禅师常常用《十牛图》来描述修行的历程。

返本还源其中第九幅图是《返本还源》。大家可能听过禅宗一个很经典的说法，即30年前来参禅时，看山是山，看水是水，这是刚开始禅修的感觉。后来，看山不是山，看水不是水，这可能是世界观、价值观、做人的方式被打乱了的过程。最后，看山还是山，看水还是水。世界的秩序依然如旧，入廛垂手各居其位，这就是“返本还源”。

第十幅图是《入廛垂手》。“廛”是街市上的铺面，“垂手”是把手伸出来拉人的意思。也就是说，开悟的人，最后要到街上去、到店铺里、到酒吧甚至到妓院里，帮助众生，这就是证以后的境界。所以，内证的经验是“如人饮水，冷暖自知”，很难用语言传递分享。在证这里，智慧被实现了，信也被升华了。

佛教是宗教，里面有表达、传播信仰的种种方式，但它并不一味强调信仰感情，而是以信仰为起点，走向智慧的开发。当智慧以语言概念探讨时，它又像是哲学，但它并不停留在理论层面，而是引领我们进入心性和生活的训练，这种训练最终带给我们觉悟的体证，也是智慧真正的实现。

佛教特别重视智慧，以智慧去看世界，去了解世界。佛教认识世界、认识宇宙、认识生命的核心方法就是“禅”。“禅”对应的梵文是dyana，翻译成汉语叫“静虑”。“禅”内含了两个心理元素：一个是“静”，一个是“虑”。“静”是专注，“虑”是思维、是观察。在前一个意义上有时叫“止”，后一个意义上有时叫“观”，合在一起叫“止观”。

静的最高的境界是定，观的结果就是智慧，这就是佛教认识宇宙生命的核心的方法。这个方法实际上是向内的，简单地说是“心灵深处闹革命”。马克思说过，很多哲学家都想解释世界，但问题的关键是要改造世界，我们也可以把这句话套用在佛学上。佛教作为宗教的一个载体，它的内核是佛法，佛法最重要的也是改造世界，但首先改造的是主观世界。这是因为，主观世界没有得到改造，在改造客观世界的时候，可能会把我们内心的一些错误和缺陷投射到外面。只有我们内心世界发生过颠覆、提升和净化，表现在外在的社会行为上，才有可能真正给世界带来和平，这是佛教的世界观。因此，佛教修行的重点放在改造主观世界，即使从事改造客观世界的活动，如参与社会慈善活动，要害也不在帮助别人这件事本身，而是我们在做这些事的过程中，内心得到净化，对自己的认知、认识更加深刻，对生命的规律有更进一步的了解，侧重在这里。今天，西方心理学在发展中不断发现，佛教有一些很深刻的结论和智慧，早已经在他们之前就存在了。这是源于佛法是从一个被颠覆、被进化、被改造的智慧境界里发出来的，具有超前性，这是佛教的特点。在很早以前，佛陀讲“佛观一滴水，八万四千虫”。两千多年前，这话听起来多么不可理解，后来有了显微镜，证实了水里有微生物。再如，释迦牟尼佛所描述的生命在母亲腹中孕育的过程，通过现代超声波也得到了证实。所以，科学家在实验室认识世界，佛教徒在蒲团上认识世界、认识自己。

佛教重视智慧，把智慧分成三种，叫“闻思修”，理论、观念、概念的智慧是经书上的，但只有知识层面的智慧是不够的，还要有实相智慧，或者叫般若智慧，是通过禅修得到的智慧。佛教最终要引导我们到达这样一个智慧，到达这样一个核心。

综上所述，我们看到，佛教有宗教的形式、手段、符号，社会实体的存在，如寺院、经书、出家人、组织等，其内核是释迦牟尼佛讲的宇宙人生的规律真理，即佛法。佛法里有戒、定、慧三学，戒、定、慧三学中最核心的点就是智慧。那么，到智慧的时候，佛法是什么呢？好像什么都不是，它没有一个有形有相、可以把握的东西，这样我们再来看佛教，就会发现佛教有它的个性，体现在佛教的全体中，存在着一种内部的平衡。

智慧与信仰的平衡理论与实践的平衡教与法的平衡第一对平衡是智慧与信仰的平衡。在信的层面，佛教有很多符号，如文字、佛像、器物以及各种施设。智慧是佛教的内核，它直接指导我们的生活。智慧和信仰这两个要平衡，如果单纯停留在智慧上，没有外在的手段、符号、施设，它就没有办法传播，在时间、空间中传递。

第二对平衡是理论与实践的平衡，我称之为解和行的平衡。理论的这一边，有观念，像是哲学，但理论发展到极致，会变成经院哲学。实践是体验的、可操作的，是可以落实到身心的训练层面的。如果没有理论的指导，实践就没有方向；如果完全不要实践，单纯停留在哲学层面，会变成经院哲学，会脱离实际。在佛教的历史发展中，有时候会呈现这样一种趋向，这种平衡的两端会动态地表现出来。在理论和实践上，大学的佛学系，更多的是理论；在寺院，更多地看到实践，理论不够。

第三对平衡是教与法的平衡。教就是理论，佛教作为一种宗教是社会现象，它一定要可以碰触，具有自己的独特性和封闭性。另一方面，如果佛教仅仅是它自己，不向社会人群开放，就不能适应广大的地域、不同的文化、不同的民族。因此，佛教要与其他文化乃至于其他宗教互相融合、融洽、包容。与其他宗教相比，佛教更多地表现出开放性、适应性和包容性。

二、禅宗简介

（一）禅宗的历史

禅宗并不是中国祖师创造和发明的。在佛法的传承上，有印度佛教的渊源。佛教徒认为，禅宗来源于释迦牟尼佛在灵山会上拈花一笑。一天，释迦牟尼佛在灵山举行法会，人很多，他上座以后，拿着一朵莲花什么都不讲，大家不知道是什么意思，只有迦叶尊者在下面微笑。迦叶一笑，释迦牟尼佛就说，我有一个奇特的法门，是我教法里最核心的智慧，它在我们每个众生的心里，我现在传给迦叶尊者，这就是禅宗最早的渊源。这个故事因为没有经典的根据，在很长时间内曾受到学者的怀疑。后来，人们在《大梵天王问佛决疑经》中发现释迦牟尼佛灵山拈花的记载。这部经书一直秘藏在内廷，没有向社会公布，说明这个故事在佛经里是有根据的。

一般认为，禅宗始传中国是南朝梁武帝时菩提达摩航海西来。菩提达摩被尊为中国禅宗初祖，但在印度，他已经是第二十八祖了。梁普通七年即公元526年，菩提达摩从印度航海到中国，途中经过东南亚半岛的一些地区，停留、漂泊的过程中也传播了佛法，我们在印度尼西亚、马来西亚能看到很多佛教遗迹、佛教造像以及古代寺庙的遗址。

菩提达摩从广州登陆，又从广州到了南京，见到了当时的皇帝梁武帝。梁武帝是信佛教的皇帝，他曾经三次出家，大臣三次用巨额资金把他赎回来。梁武帝对中国佛教的影响非常大，他亲自组织翻译佛经，多次讲经，还专门颁布诏书，号召吃素。梁武帝和菩提达摩见面后，问了一个问题。他说，我修了很多寺院，印了很多经，也经常讲经，也曾经出家，我这样修行有没有功德呢？达摩祖师说，没有功德。这一回答非常不称“上意”。梁武帝做了很多善事，明明很有功德、很有意义，为什么菩提达摩说没有功德呢？这是因为，一个人虽然做了很多善事，然其内心还抓着那些事，即内心还有执着，这就是智慧的障碍。我们所做的善业，如果成为心性智慧的障碍，当然就没有功德了，这就表现出禅宗的特点。因为话不投机，菩提达摩后来便离开了南京，来到河南嵩山少林寺，在那里面壁静坐。九年之后，菩提达摩终于等到法的传人——慧可。慧可开始见菩提达摩的时候，菩提达摩只顾自己打坐，根本不理睬他。为了表达自己求法的至诚心，即使下雪，慧可也一直站在菩提达摩打坐的洞外，雪积到他的腰间也不肯走。于是，菩提达摩就问他，你站在那里想干什么？慧可说，我想求法。菩提达摩说，妙法不是以轻心漫心可以求的，过去的佛菩萨、历代祖师都是舍生命求法。慧可听他这样讲，就拔出刀把左臂砍断，以示求法之诚。菩提达摩被他感动了，就说，你有什么事情啊？慧可说，我求师父给我安心。菩提达摩说，你找一找你的心，找出来我给你安。慧可沉默了良久，说：“觅心了不可得。”菩提达摩说，我已给你安心竟。在出其不意的回答之下，慧可开悟了，成为中国禅宗的二祖。慧可大师晚年在河北邯郸二祖寺。后来禅宗从慧可传到三祖、四祖，一直传到六祖慧能。

慧能俗姓卢，祖籍河北涿州，出生于广东。他父亲因做官犯错误被贬到了广东岭南，慧能就出生在那里。在他很小的时候，父亲去世，只好以砍柴为生，供养他的母亲，没有接受很好的教育。一天，他将一捆柴送到街上的一家店铺里，恰巧听到有人诵《金刚经》，当听到“应无所住而生其心”这句话时，恍然大悟，就问诵经的人，你诵的什么经，从哪里来？诵经的人说，在湖北黄梅有位弘忍大师住在东山，给我们讲法，教我们诵《金刚经》，说是可以明心见性。慧能听了很高兴，回家把他母亲安置好以后，就离开广东，辗转到现在的黄梅，见到了五祖弘忍大师。五祖弘忍见到慧能，问他从哪里来，慧能说我从岭南来。岭南位于广东，唐朝时还没有开化，属于边地，是蛮荒之地。五祖弘忍就问他，你来做什么？慧能说，为了成佛。这个回答是非常敢于承担的，非常有气魄。五祖弘忍又说，一个“獦獠”（“獦獠”相当于“野蛮人”），连开化都没有，还想成佛！六祖说，人有南北，佛性没有南北。五祖弘忍觉得这个回答很不错，但表面上却不吭声，叫慧能到寺院后面给僧众舂米。

过了一段时间，五祖弘忍觉得自己年龄大了，要找一个合适的人传

《金刚经》局部

法，就叫大家把修行的体会用一首诗写出来看看。当时寺院的首座叫神秀，文化修养很高，修行很好，平时是寺院僧众的老师，大家都认为神秀一定是接班人。神秀也知道大家有这种期许，于是就写了一首偈子：“身是菩提树，心如明镜台。时时勤拂拭，莫使惹尘埃。”这是神秀对修行的理解。偈子写出来以后，五祖也赞叹，但没有给予特别高的评价。慧能听到这个偈子以后，让人写了他自己的偈子：“菩提本无树，明镜亦非台。本来无一物，何处惹尘埃？”这是针对神秀的偈子写的，把禅的精神表达出来了。从这两个偈子大家可以看出，神秀对修行的理解，有生和死的对立、身和心的对立、染和净的对立，有很强烈的造作，表明在修行的过程中，并没有到达开悟的境界。而慧能的偈子表达了修行到达的智慧，超越了身和心、染和净、拂拭和不拂拭的对立。五祖看到慧能的偈子以后，就把衣钵传给慧能。慧能得到衣钵以后，辗转到了现在的广东，在南华寺讲法。当时人把他讲的法记录整理成文，即《六祖坛经》。

慧能大师有两位高足，一个是青原行思（697—780），青原是地名，在江西青原山；一个是南岳怀让（677—744），南岳也是地名，在湖南的南岳山。此后，在江西和湖南两省，禅宗非常繁荣，很多修行禅法的人，就在湖南和江西之间跑动，请教两省的大禅师，称之为“跑江湖”。

六祖慧能之后，禅宗蔚然大兴，人才辈出，逐渐形成中国禅的五家宗派，分别是：沩仰宗、临济宗、曹洞宗、云门宗、法眼宗，被喻为“一花开五叶”。

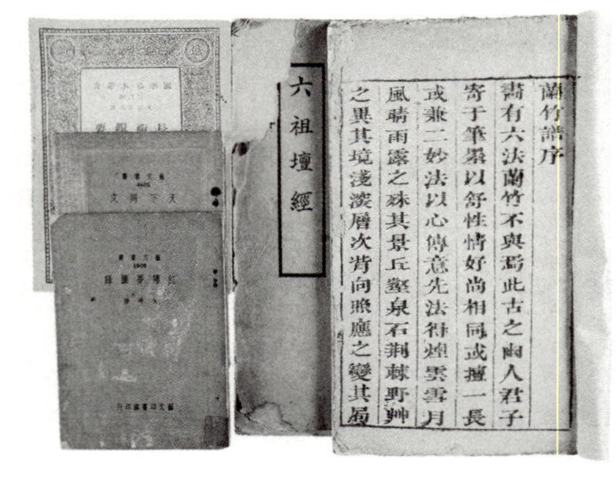

《六祖坛经》书影

沩仰宗的开山祖师是灵祐（771—853），

灵祐和他的弟子慧寂（814—890）先后在沩山（今湖南省宁乡县西）、袁州的仰山（今江西省宜春市南）举扬一家的宗风，后世就称之为沩仰宗。

慧能法师

临济宗始于义玄（787—866），义玄受戒于黄檗希运（765—850）禅师，黄檗是地名，在江西黄檗山。临济在现在河北正定县，正定县有一条河经过，叫滹沱河，义玄禅师的庙靠近滹沱河边，因之得临济之名。

曹洞宗的良价禅师（807—869）在今江西省宜春市宜丰县的洞山创宗，其弟子本寂（840—901）在吉水（今江西省吉安市吉水县）的曹山传禅，故后世称为曹洞宗。

云门宗因开山祖师云门文偃（864—949）而得名。云门是一个寺院的名字，在现在广东乳源县云门寺。

法眼宗为五代文益（885—958）所创。法眼是一个寺院的名字。

禅宗分宗派的根本原因是大家所领悟的智慧相同，但教学的风格和教学的技巧不同。如沩仰宗的影响力很大，其教学风格，用我们今天的教学术语来讲就是案例分析。他们经常讨论、分析天下禅师的各种说法，通过案例分析，使人明白。临济宗和曹洞宗的教学风格有什么区别？临济宗刚猛，曹洞宗柔和。在修行上，我用一个比喻来描述它们的差异，禅的修行最终是心性的般若智慧。但是，我们的心里经常有很多妄想杂念、烦恼和负面情绪。临济宗的风格是把人内心的烦恼和妄想比喻为小偷，派个警察大喝一声把小偷抓起来，其教学方法经常用喝，切断你的意识，这是它的教学风格。曹洞宗的教学方法不是大喝，它可能派一个便衣警察一直跟着，让小偷总是没机会作案，时间久了，他都忘记自己是小偷了，这是曹洞宗的风格，我们可以用这样一个比喻来描述。

禅宗兴于唐朝，发展于五代，繁荣于宋代。自宋以后真正有生命力和影响力的是临济宗和曹洞宗，所以有“临天下，洞半边”“临济子孙遍天下”的说法。明清以后，禅宗整体呈衰落趋势。近代以来，因为国家民族所经受的苦难，佛教面临着很多挑战，禅宗也面临很多挑战。虚云老和尚（1840—1959）振兴了禅宗的五个宗派，修复它们的祖庭，延续法脉，培养僧才，使禅宗的慧命传承。在虚云老和尚的培养下，中国的禅宗出现很多的高僧大德：一诚长老、传印长老、净慧长老等等。他们复兴佛教，使中国禅宗的薪火得以相传，很多禅宗的重要寺院得以修复。现在，我们在江西、湖南、河北等很多省看到很多真正的有道风、住了很多僧众、保留了中国禅宗传统作风的寺院，都是虚云老和尚传承下来的。虚云老和尚对中国禅宗的贡献之大，超乎我们想象。

禅宗在唐代即已传至朝鲜半岛，在宋代传到日本。宋朝时，有一个日本的和尚荣西在中国学禅，回国后大弘此道，写了《兴禅护国论》一书，禅宗开始在日本传播并广泛深入地影响日本文化。日本的茶道、香道、花道、剑道，都是渊源于禅宗。日本有一位学者叫铃木大拙（1870—1966），年轻时在日本禅宗的寺院认真地修过禅，并且有体会。铃木大拙在大学里学英文，后来学西方的心理学和哲学，对欧美的文化很了解。20世纪20年代，他运用西方哲学心理学的语汇，开始在欧美世界传播禅宗，在欧美文

虚云和尚

化界掀起了禅学热。

铃木大拙

在世界范围内，佛教最核心的禅修止观开始发生影响。欧美世界对禅从文化哲学层面的了解扩展至修行实践层面的体验。目前美国、欧洲都有一批本土的禅师，也有许多禅修的团队。禅宗的智慧和修行技巧也开始广泛地应用到心理治疗、商业创意、体育竞技乃至国民教育中。

目前，很多欧美人开始向中国学禅。同时，随着中国经济的发展，我们也有更多的条件在世界范围内传播中国禅宗的智慧。

（二）禅宗的特点

禅宗是以般若为宗的宗派。说到“般若”，我们才碰触到佛教最核心、最独特的东西。般若（pra jā）是音译，大概古代翻译佛经的高僧觉得汉文化中的“智慧”一词还不完全与“般若”相当。

般若是什么？在哲学层面，它是摧毁一切观念执着的最彻底的辩证法；在精神层面，它是所有众生心地本具的映照万法的能力。佛经中说，过去、现在、未来获得圆满觉悟的佛陀从般若出生，般若是三世诸佛的母亲。也就是说，佛之为佛，是因为他领悟了般若。也可以说，般若就是佛看世界的方式（“佛之知见”）。佛经中还将般若比喻为眼目，各种形式的修行实践（比如布施）离开了般若都不能称为佛法。

禅宗要引导我们的是直接进入到佛看世界的方式。世界究竟是什么样？我觉得世界上只有三个问题：是什么？怎么办？为什么？在这三个问题里，通常我们会很在乎怎么办，心里烦的时候首先问怎么办，其实怎么办并不重要，最重要的是怎么看。怎么看决定了我们看到的是什么，这是因人而异的，与我们看世界的方式有关。大家都知道，每个人都有他的出发点和他的角度。比如在这个教室，每一个人看正在进行的讲课都有一个角度，也就意味着都有自己的死角；每个人所说的话都有一个语境、有一个因缘，一定是在某一种情况下，从某一个角度甚至某一种情绪、某一种观点出发看世界的。这种看是有局限的看，看到的世界是支离破碎的，看不到它的全貌。

佛教的般若智慧是全面、整体地看世界的一种方式。怎样才能全貌看呢？比如我现在看不到我的后背，那般若智慧的看就能看到我的后背吗？般若智慧的看一定是心和所看的东西达到完全的契合，这是般若智慧看世界方式的根本点，即整个世界的全貌和我们的心在某一个层面上没有分开，没有分离。由于我们没有回到那个和整个世界浑然一体的境界上，就是支离破碎地看，不能全貌地看。禅的修行就要把我们带回到能全貌地看，带回到我们的心性里本来就有看全貌的那样一种能力，这种能力叫般若智慧。

前面说禅宗是以般若为宗的宗派。禅宗的般若不是依理论架构次第修学而趋近的，它的般若可以说是“活般若”。活般若在哪里？它就在我人自心里。

禅宗的独特性通常以四句话来描述：教外别传，不立文字，直指人心，见性成佛。

教外别传，不立文字。佛教中的“宗教”一词与现代的“宗教”含义不同。在佛教里，“宗”和“教”是两个概念。“教”是言教，“宗”是心法。“教”是依文字语言建立理论体系，作为修行次第展开，一步一步到达，是未来时。“宗”是超越理论和次第，直指人心，直指当下，是现在进行时；“宗”是不立文字的，是在语言之外，是通过心与心之间的直接契合来完成的；“宗”是佛的心髓，但往往最核心的东西，是没有办法用语言来传递的，那就是佛自己的智慧。

由于禅宗的“心法”比较难理解，所以在禅宗语录里，古代祖师用了很多善巧方便来描述禅的特色。宋朝时，有一位五祖法演禅师讲了一个故事，记录在一本叫《宗门武库》的书里。五祖法演禅师打了一个比喻，说有一家人以做贼为生，贼父亲经常带着贼儿子到外边偷东西，儿子很快从父亲那里学到了很多做盗贼应该掌握的技巧。一天，父亲对儿子说，我老了，干不动了，以后你得接班。儿子说，我跟你这么多年，基本的东西我已经学到手了，你得把你最核心、最尖端的那一招教给我。父亲说，行，今天晚上教给你。于是，那天晚上，父亲带着儿子来到一户人家的院墙外，先把墙掏了一个洞，进到院子里，接着又潜入一个房间，撬了锁，这些都是常规的动作。然后，他们来到主人的内室，把柜子撬开，父亲就示意儿子跳进去。儿子进去以后，父亲突然"咔嚓"一下把柜子门锁上了，然后就往外跑，还弄出很大的动静。宅子里的人都被惊动了，然后父亲一个人跑掉了。这家人起来到处找，也没有发现丢了什么东西，闹嚷了一顿，都接着睡觉去了。儿子在柜子里很着急，以前没有遇到过这种情况，也没有学到解决的办法。在他无计可施的时候，突然想到一个办法，用手不断地抠衣柜，听起来就像是有一只老鼠在里面啃东西一样。主人听到柜子里有声音，就让仆人点上蜡烛把柜门打开看看。柜门一打开，他突然"噗"地一口把蜡烛吹灭，跳出来，把仆人推开就跑了。后面的人就追过来，怎么脱身呢？他经过一口井，就从井边拿起一块石头扔到井里，井里发出"扑通"一声，后面人以为他掉到井里面去了。然后，他又跑到之前掏开的那个洞口，可洞口已经被他父亲用荆棘罩住了。他急中生智，把旁边的一个尿

佛教讲经法会

桶套在头上，从满是荆棘的洞里爬了出来。回到家里，儿子埋怨父亲。他父亲说，心髓已经教给你了。这就是心法。也就是当我们的心在没有任何依靠、没有任何理论可凭借的情况下，陷入一种类似于绝境的状态，而后天所学的种种知识、观念、习惯性思维等，全然无效，不得不放下，这时，我们心里本有的智慧就会出现。宋朝的法演禅师通过这种方式帮助我们认识什么是禅，禅是要让我们直接回到我们的内心，在我们自己内心里面去找那个和释迦牟尼佛完全一样的智慧。而最核心心性的智慧，往往不是理论和语言所能表达的，它比言教、比理论更高一层。停留在理论上是“教”，超越理论进入到心髓是“宗”。

直指人心，见性成佛。禅宗修行和教学的特点就在“直指人心”上。佛教方法论的核心是以“止观”反观自心，透彻自心。这可以是一个次第深入、层层递进的过程，这个过程的最终结果是自心本具的般若智慧的发现和透出。“见性成佛”的“性”就是佛性，就是我们本有的、无住的、平等的、清净的、无碍的觉性。

禅宗的特点有四个，第一，重视师承，重视以心传心。第二，重视体验。如喝茶，你们问我茶是什么味道，我说茶有点涩，也许大家会想到柿子，但茶的涩显然不是柿子的涩；我说还有点甜，也许大家会想到蜂蜜，但显然茶的甜不是蜂蜜的甜。茶究竟是什么味道？我用一本书来描述茶的味道，也不如大家直接喝它，这种直接的经验、体验，往往是理论没办法全方位描述的。而且，当我们直接喝茶，得到茶味这种体验的过程，不需要时间、不需要思考，直接就得到了。第三，重视心性，智慧在心性中，在我们的生命内在具足。第四，重视见地，见地就是智慧。智慧就是我们内心看世界的方式。

对待佛有信佛、学佛、做佛三种态度。多数人往往停留在信佛的层面，皈依三宝，仰止佛陀。进一层的是学佛，了解佛经，了解佛经中的智慧，了解做人做事的道理，因果规律，叫通达言教。中国古代禅宗的大德，很多都经历过这一过程，但他们不满足佛教的理论经典，要深究佛之为佛。第三层是做佛，即直指人心，见性成佛。禅宗行人则属“做佛”一类。因此禅门有“超佛越祖”“毗卢顶上行”的说法，乃至有一些明心见性的大禅师以“呵佛骂祖”表达他们心灵觉悟解放的境界。

《六祖坛经》有这样的描述：“善知识！菩提般若之智，世人本自有之，只缘心迷，不能自悟。须假大善知识，示导见性。当知愚人智人，佛性本无差别。只缘迷悟不同，所以有愚有智。”意思是，世人都有菩提般若之智，因为心迷不能自悟，一定要靠大善知识来告诉。有智慧和没有智慧的人，佛性没有太大的差别，只是迷和悟不一样。“世人终日口念般若，不识自性般若，犹如说食不饱。”世人念的都是理论，是概念，并没有真正认识到自性本具的般若。就像我们很饿，不去吃，只是说饭的名字。“不悟即佛是众生，一念悟时，众生是佛。故知万法尽在自心。何不从自心中，顿见真如本性？”我们不悟的话，佛就是众生，相当于说，我们悟的时候，众生就是佛。所以，万法尽在我们自心，般若智慧就是我们全面整体直观认识事物的方式。这种认识事物的方式，是能认识的心和所认识的万法本来是一体的。到达这种认识与所认识的一体，不二，统一到达这一个层面，就是般若智慧。这种认识不是向外去求，而是从自心中，顿见真如本性。可见，禅宗的修行是以相信自心即佛为起点的，此即敢于承担的精神。

临济宗的祖师临济禅师在《临济录》中有一段话：“如今学者不得，病在甚处？病在不自信处。你若自信不及，即便忙忙地循一切境转，被他万境回换，不得自由。你若能歇得念念驰求心，便与祖佛不别。你欲得识祖佛么？只你面前听法底。是学人信不及，便向外驰求。设求得者，皆是文字胜相，终不得他活祖意。”意思是说，现在学者不得，病在什么地方呢？病在不自信，如果你不相信自己，就会跟着外面的境界转，你的心成为外面境界的奴隶，不得自由。如果我们能够把向外求的心停下来，就与佛平等。你想认识佛吗？现在听我讲话的就是啊。我们每个人自心本具的般若智慧、佛性从来没有离开我们，在我们烦恼的时候，在我们看听说，视听言动中就在起作用。因为我们不能自己承担，所以向外去找，但找的往往是文字，并没有得到活的般若智慧。

禅宗是要把我们最终带到我们内心本具的活的智慧上。它把修行、把觉悟成佛这样高远的信仰目标拉回到当下现前的一念心上，这就避免了佛教作为一种宗教可能发生的蜕变与异化，可以说是对释迦牟尼出世说法本怀的回归与捍卫。

临济禅师义玄

（三）禅宗的悟入和教学

1.悟入。在禅宗历史上，修行者悟入禅境的故事非常多，情形也异常复杂多样。有在和师父的言谈对话中悟入的，有被师父棒喝悟入的，有自己无意中看到桃花或听到俗曲悟入的，有在杀猪的时候开悟的，等等。所以，开悟的情况非常灵活，非常复杂。大概来讲，修行者悟入有一些共同的特点。

第一，“大死一番”。“大死一番”的意思是，要透过意识之流截断它，即把以前的一切都抛开，全部放下。

很多人经常问我这样的问题，心越来越乱，难得静下来。我们的心智每天都很活跃，每时每刻都在活动。根据最新的心脑科学研究，人类大脑的左右脑功能不同，一般来讲，左脑是概念逻辑思维、线性思维；右脑是感性的、直观的整体思维。当左脑的概念思维逻辑推理活动越发达的时候，右脑的直观能力越弱；当左脑的概念思维逻辑推理活动越弱的时候，右脑的直观能力越敏锐，此消彼长，此长彼消。禅修很重要的一步，是让左脑的活动趋于削弱，即在某一个阶段让这一部分歇下来。我们的概念逻辑推理的一些思维活动，是从自我出发、以自我为前提所发生的，这种认知包括先天、后天。先天是与生俱来的，叫俱生我执，从我出发看问题。打一个比喻，我们的左脑很活跃，就像天上的乌云，当它活跃的时候，我们看不到蓝色的天空。所以，要让蓝色的天空呈现的话，应该把乌云拨开。其实，这并不神秘，很多人特别是艺术家都有这样的体验，他最好的作品发生在他忘记了所有的技巧，甚至忘记了在作画的时候，浑然一体，对立达到统一，才达到最佳状态。有些生意很成功的人，他在商业领域最成功的决断，往往并不来自于千思万虑、苦思冥想，而是来自于一念灵感。这一念灵感发生的时候，也许他在花园里散步，也许他做着与做买卖完全无关的事，这就意味着他把平时思考的东西放下了，灵感就出现了。很多人都是这样的，他人生最巅峰、最有创造力的一个时期，往往是忘。这很像庄子讲的“坐忘”，把技巧忘了，把一些理论忘了，把一些概念忘了，把一些框架忘了，把束缚我们思维智慧的东西都放下，然后，直观出来了。

我们看一个对话：“怀让见六祖：祖问：什么处来？曰：嵩山来。祖曰：什么物恁么来？师无语。遂经八载，忽然有省。”这是六祖慧能第一次见到他的弟子怀让的情形。六祖慧能问怀让从哪里来，怀让答从嵩山来，这是一个普通的对话。六祖慧能突然又问，从嵩山走到这里来的是什么？也就是问，把你的身体从嵩山带到这来的那个东西是什么？如果换了我们，会说是我啊，六祖慧能会接着问，你在哪儿？还是会问到我们的死角上。怀让无语，八年以后，他才明白这个问题。六祖慧能的问题无法用理论、逻辑、概念推理出一个答案，也无法在经书上找答案。就是要把找答案、思维分析、得到答案这样一个活动歇下来，会突然自我发现。

妄想、杂念分为两类，第一类是情见，即有情绪背景的见。比如，我是河北人，如果有人说河北不好，我就不高兴了，就说我认为河北好，这个认为就是情见；第二类是识见，即我们的意念活动。只要用概念认识事物就有对立，如有无、来去、一多、你我、美丑、是非等。情见和识见障碍我们的智慧，所以，要让我们的分别心、情绪活动走到悬崖边上、走到绝路，然后，直观的智慧就会出现。

第二，“全力承担”。“全力承担”即念念相信一切都是佛的化身，一切都是佛性的妙用，在此信心之下，回归于无心而照、照而无心，回归于统一性，包容一切，不取不舍。全体的承担，就是不外求，不靠外界的力量来拯救我们，当下证真，当下体悟万物的统一性，当下让生命本具的佛性放光。

有这样一个故事，宋朝大词人黄庭坚参黄龙祖心禅师。禅师问：“只如仲尼道，二三子以我为隐乎？吾无隐乎尔者。太史如何理论？”山谷正要开口，禅师打住：“不是。不是。”后一日，山谷陪禅师于山间经行。时木樨花开，清香四溢。禅师问：“闻木樨花香么？”答：“闻。”禅师曰：“吾无隐乎尔。”山谷欣然领解。

这个故事很值得我们读。黄庭坚是士大夫，所以祖心禅师用《论语》里的话和他讨论，黄庭坚正要开口，被祖心禅师打住。黄庭坚并没有说话，为什么要打住他呢？其实，不管黄庭坚说什么，祖心禅师都会说不对。问题不在于他说得对还是不对，在于他的意识状态处在分别状态，他说的都是理论上的，所以一定会截断他。于是，黄庭坚每天都参这个问题，可是费思索、动脑筋，还是找不到答案。这种状态很像孔子讲的“困而知之”。禅的开悟就属于“困而知之”，先把我们的意识、分别、情绪困住，困得越久，能量越大。后来有一天，黄庭坚陪祖心禅师在山里走路，桂花开了很香，祖心禅师就问，你闻到了桂花香吗？黄庭坚说闻到了，祖心禅师突然说“吾无隐乎尔”。黄庭坚欣然开悟了。大家想一想，祖心禅师是在他完全没有任何思想准备的时候，突然问他闻到了吗，然后把原来问黄庭坚的问题，突然拿出来了，可能那个问题在黄庭坚的心里已经困到了一个临界点了，此时，祖心禅师临门一脚，心智就有了一个突破。禅的术语叫“啐啄同时”，这个故事讲的就是全体承担。

第三，“转身向上”。“转身向上”是一个形象的说法。意思是说，放下，往前走。用现在的话说，就是要不断地超越、不断地放下。禅师们在修行开悟的过程中，心路历程是非常丰富的。每个人所积累的经验不一样，在修行的过程中，所遇到的景象也不一样，但不管怎样，这一切都得放下。有一些景象看起来像是开悟，但不是开悟。有一些景象是粗浅的悟入，不是彻底的悟。即使是彻底的悟入，一旦我们的心执着于它，就又有了对立面——悟和不悟的对立。所以，不管出现什么境界，都得无住。

黄庭坚

我们看这段对话，尸利禅师初参石头和尚，问："如何是学人本分事？"石头和尚道："汝何从吾觅？"尸利禅师道："不从师觅，如何即得？"石头和尚道："汝还曾失么？"尸利禅师一听，言下大悟。石头和尚住在湖南南岳，尸利禅师去拜访他。问他，如何是学人本分事？"本分事"就是我们每个人都有佛性，每个人都能成佛，但为什么这个问题我们不能透彻呢？石头和尚就说，你为什么从我这里找啊？尸利说，我不从你这里找，怎么能得到呢？石头和尚反过来问，难道你失去过它吗？这一问，尸利禅师大悟，这就是意识上的一个转折。

宋朝有一个和尚出家以前是屠夫，在杀猪的时候突然大悟，大悟以后写个偈子："昨日夜叉心，今朝菩萨面，菩萨与夜叉，不隔一条线。"在杀猪这一刻发生以前，屠夫的心一定也是在一种状态，如果不在那个状态，再杀一百头猪也不会开悟，这就是禅门教学中的技巧。

2.禅门教学中的直指与杀活纵夺。禅宗祖师的教学有"杀人刀"，"杀人刀"不是要杀人的身体，而是要杀我们的意识分别；有"活人剑"，"活人剑"就是要让学人领悟自心本具的活的智慧；有纵有夺，纵就是放手，夺就是否定。

我们看这一段记载："大梅法常禅师初参大寂，问：如何是佛？

寂曰：即心是佛。师即大悟。”大梅禅师参马祖，问他如何是佛，马祖说即心是佛，这叫直指。后来，大梅禅师做了住持以后，马祖让他的弟子去转告他，说马祖的教法变了，天天讲“非心非佛”。大梅禅师是在“即心是佛”下开悟的，马祖要检查他是不是真悟，所以用这一招试探他，大梅禅师回答说，我且“即心即佛”。意思是说他所悟的并不在语言文字上，悟的是自心本具的智慧，用语言文字动摇不了他，说明大梅禅师已经修行到家了。

我们再看马祖接引汾州无业禅师的对话，这个对话就有杀活纵夺。汾州无业禅师见马祖，祖睹其状貌奇伟，语音如钟，乃曰：“巍巍佛堂，其中无佛。”师跪礼而问曰：“三乘文学，粗穷其旨。常闻禅门即心是佛，实未能了。”祖曰：“只未了底心即是，更无别物。”师又问：“如何是祖师西来密传心印？”祖曰：“大德正闹在，且去，别时来。”师才出，祖召曰：“大德！”师回首。祖曰：“是什么？”师便领悟，乃礼拜。禅宗祖师教人时，第一步必须要得到战略上的主动，也就是在对话中抓住对方的注意力，“巍巍佛堂，其中无佛”。这句话就是抓住注意力的，是说你个子这么高，就像佛堂一样，里面没佛。汾州禅师跪下就说，佛教的理论，我已经都研究透了，我经常听禅门里讲“即心是佛”，我还没有明白。马祖用了一个直指，相当于说，你还知道你没有明白吗？你知道你没有明白的这个心就是，这就叫直指。汾州禅师没有马上领悟马祖这个直指。接着问，达摩祖师从印度来，他传的那个心印究竟是什么？马祖知道他没明白就说，你的心现在太闹了，去吧，换个时间再来。这就叫纵，放开他。但放开也有夺，汾州禅师从屋子里刚刚走出去，马祖突然喊：大德。汾州禅师回头，马祖说：是什么？这时，汾州禅师开悟了。马祖在汾州禅师无心状态下，转身要走的时候，突然叫他一句，然后切断，是什么？这就是禅师的教学。

宋代以后，“话头禅”逐渐流行，成为禅门主流的教学方法。话头是对生命的问题追根究底，帮助修行者打破惯常的逻辑，直悟生命的本来面目。“话头禅”往往用一个话头的方式达到明心见性。这里讲到了“无门关”的无，“无门关”渊源于赵县柏林禅寺。唐朝末年，有一位大禅师在柏林禅寺住，人们称他为赵州禅师。有一位修行人问赵州禅师：狗子有没有佛性？佛经里讲一切众生都有佛性。赵州禅师的回答是“无”。这个回答与佛教的常识是完全相反的。所以，赵州禅师说的“无”，并不是有无的无。后来的禅者就在赵州禅师的“无”字上用功。他们想：一切众生都有佛性，赵州禅师为什么说“无”呢？为什么？当我们把所有的妄念、所有佛经里关于佛性的理论知识全部抛开，将所有的力量专注在这个“无”字上的时候，人的心就会死掉。“大死一番”，然后才能大活。还有个话头是“拖死尸的是谁？”我们每个人都有身体，如果这个身体没有精神的话，它就是死尸。主宰我们身体、指挥我们身体的精神是什么呢？我们可以从生物学角度去讲，但这里是让我们必须直接见到它，体验到它的存在，这就叫参话头。虚云老和尚就是参“拖死尸的是谁”，在高旻寺开悟的。1895年，虚云老和尚在江苏高旻寺参加禅七。在第八个七的第三晚，六炷香后的休息期间，护七的僧人照例送上开水。其中有个僧人不小心，把开水溅到虚云老和尚的手上，茶杯堕地，一声破碎。虚云老和尚当下顿断疑根，如大梦初醒。说偈曰：“杯子扑落地，响声明历历。虚空粉碎也，狂心当下息。”本有的智慧显现。

三、禅宗与中国的文化

禅宗是印度佛教中国化的典型成果，是最具中国文化特色的佛教宗派。禅的智慧传承虽然渊源于印度，但它的繁荣却是在中国文化的土壤里完成的。《五灯会元》中记载：菩提达摩渡海来华前，他的师父告诉他“震旦有大乘气象”，可见中国文化先天具有与禅契合的元素和气质。另一方面，禅宗在唐朝以后的繁荣与发展又极大地提升了中国文化的品质，丰富了中国文化的内涵，激发了中国文化的创造力与活力。

（一）哲学境界

佛学在中国的传译宣讲本身就极大地提高了中国人的哲学思辨能力，丰富了中国本土哲学的范畴与命题。禅宗的出现进一步提升了中国哲学的境界，这一点集中体现在儒家宋明理学的发展上。

宋明理学的出现是儒学成熟与发展的标志，而这其中可见禅宗的影响，非常显著地表现在以下三点上：

第一，儒学家受禅宗重视法统师承的影响，检视梳理儒学的历史，建立起儒学自己的道统。陈寅恪说："宋儒若程若朱，皆深通佛教者，既喜其义理之高明详尽，足以救中国之缺失，而又忧其用夷变夏也。乃求得两全之法，避其名而居其实，取其珠而还其椟。采佛理之精粹，以之注解四书五经，名为阐明古学，实则吸收异教。声言尊孔辟佛，实则佛之义理，已浸渍濡染。与儒教之宗传，合而为一。此先儒爱国济世之苦心，至可尊敬而曲谅之者也。故佛教实有功于中国甚大。自得佛教之裨助，而中国之学问，立时增长元气，别开生面。"阐述了佛教对中国哲学特别是宋明理学的影响。

程颢说："昨日之会，大率谈禅，使人情思不乐，归而怅恨者久之。此说天下已成风，其何能救！……在某，则才卑德薄，无可奈何他。然据今日次第，便有数孟子，亦无如之何……今人不学则已，如学焉，未有不归于禅也。"（《二程遗书》卷十八）由此可见禅在宋朝的影响力。

周敦颐

宋明理学的开创者周敦颐，曾向云门宗的佛印了元（1032—1098），临济宗的黄龙祖心（1025—1100）、东林常总

（1025—1091）等请教“教外别传之旨”。他自己也有体会，也参话头，但找不到答案，心里很闷。当春天来了，他看见花园里长出绿草的一刹那，开悟了，说“与自家意思一般”。绿草本是外在的东西，当春天来到，它长出绿芽的时候，他感觉那种生机与他自己的生机是一体的。他体验到这种整体感，这种一体性，这就是般若的境界。能知和所知本来就是一体的，在般若下认识事物，如同一个人知道头痛一样，不需要时间，也不需要去向外找，自己本具。所以他说：“昔本不迷今不悟，心融境会豁幽潜。草深窗外松当道，尽日令人看不厌。”

第二，儒学家受禅宗向内参究这一方法的启发，提倡体悟“孔颜心法”，参究“孔颜乐处”。宋明理学家学习禅宗的方法，也有自己参的话头，有一个话头叫“孔颜乐处”。子曰：“饭疏食饮水，曲肱而枕之，乐亦在其中矣。不义而富且贵，于我如浮云。”子曰：“贤哉回也！一箪食，一瓢饮，在陋巷。人不堪其忧，回也不改其乐。贤哉回也！”孔子和颜回为什么有那种快乐？他们那种快乐从哪里来？不从外在的拥有来，不从拥有财富而来，不从位置高而来，而是从内心来。宋明理学家用禅的方法让学生去参究，最终他们也有体会。

第三，程朱理学、阳明心学借鉴禅学，建立了自己的理论架构和实践方法。尤其阳明心学，后来甚至被称为“阳明禅”。“阳明心学”的核心是致良知，良知就是我们内心本具的判断力。经过王阳明和宋朝理学家的努力，儒家从一种伦理学道德实践，进一步提升为心性实践。简单地说，如果我们把内心本有的良知开发出来，将会随心所欲不逾矩。为什么？因为我们的内心不允许作恶。孔子说“吾未见好德如好色者”，意思是，我从来没有见过喜欢道德就像喜欢物质一样的人。但是，当人内心本具的良知被开发出来的时候，人喜欢道德就像有些人追逐物欲一样成为本能，即从道德实践上升为心性实践的提升，这种提升事关重大，儒家有了自己完整的理论体系、实践方法以及实际的效用。由于儒学系主流意识形态，吸收了禅宗智慧的阳明心学一时风靡士林，一定程度上甚至挤压了禅宗传播的社会空间。

（二）民族精神

民族精神的核心应该是自信心。禅者上来就与诸佛齐肩的自信心以及敢于承担、直指人心、“超佛越祖”的思想作风已经成为我们民族精神的重要品格。

鲁迅先生说过，我们从古以来，就有埋头苦干的人，有拼命硬干的人，有为民请命的人，有舍身求法的人。唐朝的玄奘大师从中国步行到印度取经。我觉得只有在民族文化、民族的自信心和国家的国力、影响力强大的大背景下，玄奘大师才能从中国走到印度。

（三）审美情趣

玄奘像

禅对中国人美学观念的影响广泛而又深刻。禅师向弟子教学有几个特点，归纳了一下，第一，不说破，中国诗歌的含蓄、蕴藉境界源于禅的“语忌十成”“不道破”。第二，不安排，体现本真美。中国画的“留白”、枯淡美、本真美都与禅文化的影响分不开。第三，要有自己的见解。同样的一个问题“如何是祖师西来意”，问了百遍千遍，但每一个人可以有不同的回答，这在艺术上叫个性美。菩提达摩、罗汉形象成为中国文人画用以表达内心感受的重要题材，题材千篇一律，但“一回举起一回新”，个性得到充分的表现。

（四）禅宗对今天民族复兴的价值

禅宗对我们今天民族复兴的价值有三点：

1.文化软实力。文化软实力的概念是美国人提出来的。文化可以增强一个民族的凝聚力、向心力。一个民族的凝聚力和向心力可以有很多层面。从世俗现象来看，美国很多元化，但实际上，美国的价值观非常一元化。“9·11”以后，美国人在全国唱国歌。很多问题发生的时候，他们的价值观是很一致的，是基督教的价值观。我们有几千年的文明传统，在文化层面、信仰层面，我们要用我们传统文化的核心价值，增强我们民族的向心力和凝聚力。

2.提高国民素质。现在，佛教已经在世界范围内被一些国家和地区用来提高国民素质。英国国民教学大纲规定，中小学生必须要选修基督教，之后再选的宗教有佛教、印度教、伊斯兰教。现在，很多大企业，如谷歌、推特，都开始用禅修训练他们的员工，因为这种训练会使员工更加专注、更加有创意，而且能够解决他们内心的很多情绪垃圾，提高效率。当然我们也在努力，柏林禅寺曾举办企业家的禅修培训。我们通过测试发现，禅修课程能提高企业家的领导力，提高他们对不确定性的容忍度，提高管理自己情绪的能力。

3.创新。创新是我们最常用的词，创新最大的障碍是什么？我认为，一是体制的障碍，体制的障碍要通过改革清除。二是对既有的框架、既有的知识、既有的模式、既有的技术、既有的前人权威的那些发现的盲从，这也是创新的障碍。禅有一种精神叫“超佛越祖”，连佛都敢超。所以，政治层面、经济层面、文化层面、科学技术层面，所有别人已经做出来的，我们都可以打问号、打括号，可以走出自主创新的路。

国家宗教事务局局长王作安在中国佛教协会第九次全国代表会议上的讲话中说：“习近平总书记指出，具有中国特色的佛教文化，给中国人的宗教信仰、哲学观念、文学艺术、礼仪习俗等留下了深刻影响。作为中华传统文化的重要守护者和传承者，当代中国佛教承担起积极弘扬中华优秀传统文化的历史责任，可谓因缘具足、责无旁贷。要根据新的实践和时代要求，阐发佛教中应时益世的哲学思想、人文精神、道德理念，为培育社会主义核心价值观提供思想资源和精神涵养。要重视佛教文化遗产的保护、开发和利用，传承中华传统文化的薪火慧命。要整合学术界、佛教界研究资源，开展佛教学术研究，推动具有中国特色佛教文化的创造性转化、创新性发展，使之与当代文化相融相通，发挥以文化人的积极作用。”这是给佛教界、给出家人，也包括在家的佛教徒们提出来的希望，也是我们的责任。但是，这个责任要担当，这个任务要完成，单靠佛教界是不行的。在党和政府的领导以及社会各界的支持下，我们才有可能完成这样一个历史的使命。我相信这个使命在中国能够完成，我相信佛教、禅宗能够为中华民族的伟大复兴做出自己新的更大的贡献。

张柏春

中西科技错位发展四百年

张柏春，中国科学院自然科学史研究所所长、研究员、博士生导师，兼任国际机构与机器学联盟（IFToMM）机械史委员会执委、中国机械工程学会理事、Science in Context等期刊编委。曾担任国际东亚科学技术与医学史学会副主席、中国科技史学会技术史委员会主任。

主要研究领域为：技术史、力学史、科技发展战略。

主要著作有：《中国近代机械简史》《明清测天仪器之欧化》《苏联技术向中国的转移：1949—1966》（合著）、《传播与会通：〈奇器图说〉研究与校注》（合著）、《中国传统工艺全集：传统机械调查研究》（合著）、《技术史研究十二讲》（合编）、《技术的人类学、民俗学与工业考古学研究》（合编）、《中国近现代科学技术史研究丛书》（副主编之一）等。发表论文80余篇。

科学和技术是不同的两个知识体系，一个是理论知识传统，一个是工匠传统。在古代，科学和技术是分离的。提起中国古代的“四大发明”，国人津津乐道。古代中国人解决实用技术和工程问题的能力非常突出，发明了许多技术，在数学、天文、医学、农学等知识领域也有很多创建。先秦时期，社会发生急剧变革，出现了大的战乱。但是，这一时期的思想非常解放，包括科学技术在内的知识增长得非常快，是中国最有创造力的时代之一。当时科学知识与技术的创造活跃，成就不凡。到了汉代，科学技术又有很大的发展，为社会进步做出了贡献。汉武帝对匈奴战争的胜利，大家通常关注的是一些政治原因和战略战术。实际上，科技的因素也非常重要。当时，汉兵在兵器方面占有很大的优势，以至于一个汉兵可以对五个匈奴兵。汉兵使用的钢剑尺寸长、锋利、耐用，而匈奴兵使用的是又短又脆的青铜剑。再者，青铜兵器的成本比钢铁兵器高。弓箭头的取材方面，汉兵用的是铁箭头，成本比较低，可以大量供给；匈奴兵使用的是铜箭头，成本高，不能大量供给。因此，汉朝在对匈奴的作战中，取得了兵器技术的明显优势。唐朝疆域广阔，文学艺术繁荣，但在科学技术方面相对平庸。宋朝虽在军事上打过不少大败仗，疆域不够大，但在科学技术创造方面却走向高峰，有人把北宋称作中国知识的“文艺复兴”时期。元朝以后，特别是13世纪末或14世纪初以后，中国科学技术开始趋于缓慢发展，甚至停滞、衰落。七百多年来，中国人在科技方面有不少作为，却几乎未做出对世界产生重要影响的科学发现与技术发明!

众所周知，中国近代科学技术远落后于西方，而落后的原因是近数十年来许多中外学者共同关心的一个问题。1944年10月，李约瑟博士在《中国之科学与文化》的演讲中说：“古代之中国哲学颇合科学之理解，而后世继续发扬之技术上发明与创获亦予举世文化以深切有力之影响。问题之症结乃为现代实验科学与科学之理论体系，何以发生于西方而不于中国也。”他试图认清“问题之症结”。然而，直到李约瑟95岁去世前，他和他的合作者们仍没有得出满意的结论。其实，在李约瑟先生表述这个问题之前，中国人已经意识到这一问题了。比如，竺可桢先生在1935年10月27日作了《中国实验科学不发达的原因》，试答“为什么中国不能产生实验科学”这个问题。20世纪80年代初到现在，很多学者对这一问题进行过探讨，提出了不同的观点。我们认为，中国科学技术落后于西方的发展根源中应当包括古代中西方的知识模式与发展轨迹等方面的差异。比如，先秦《墨经》中对杠杆的力学认识可以与古希腊亚里士多德的力学解释相媲美，然而，亚里士多德和阿基米德的初始力学知识发展成系统的力学理论，而中国《墨经》的力学知识传统在战国以后却中断了。不过，我们今天要讨论的不是中国为什么落后，而是另外一个问题：中国和西方在科学技术方面拉大差距之后的四百年是怎样错位发展的？两者发展的模式、方向和阶段都有怎样的差异？

一、14—16世纪中国与欧洲的初步比较

14—16世纪，中国与欧洲在社会、文化等方面的发展表现出日益明显的方向性差异。明朝取代了元朝，延续着封建王朝的传统。这个王朝把中国封建统治术运用得非常纯熟，但在文化上过于保守，缺乏创新的精神。欧洲发生了“文艺复兴”，人们更加重视对自然和自身的认识，在追求知识方面的效果与中国先秦差不多。

从创造性的角度看，中国逊色于欧洲。明朝完成了编《永乐大典》这样的文化工程。1578年，李时珍写成内容丰富的《本草纲目》，系统地总结了传统的本草知识。但是，《永乐大典》和《本草纲目》并没有突破原有的知识框架，鲜有新的创造。相比之下，欧洲的达·芬奇在机械设计、绘画透视法等领域表现出天才的想象力。米开朗基罗在绘画、雕塑、建筑等方面创造了非凡的杰作。

我们再比较一下中国与欧洲的航海。1405年，郑和开始率领两万

郑和

多人的庞大船队下西洋（即印度洋），到1433年船队共七次下西洋，这展示了中国造船与航海等技术的实力。七次下西洋的确是航海史上的壮举，不过，郑和船队既没有为明朝的发展带来新的机遇，又没有为世界造船与航海事业贡献多少新技术，44丈长、18丈宽的船型不代表未来舰船的发展方向。相比之下，1492年哥伦布发现了新大陆。6年后，达·伽马绕过非洲到达印度。1519—1522年，麦哲伦实现了环球航行。哥伦布、达·伽马和麦哲伦等人的航海不像郑和那样人多势众，却更富有冒险精神，为欧洲向全球的扩张开辟了航向，带来了机遇。欧洲的造船技术沿着高桅杆与软帆等传统，后来向着大型化、多桅杆方向发展，到18世纪已显现出明显的技术优势。不断进步的造船与航海技术支撑了葡萄牙、西班牙、荷兰、英国向亚洲、美洲扩张，帮助他们获得财富。实际上，贸易扩张是西方国家实现现代化的一个重要条件。

这一时期，中国和欧洲在科学技术及思想领域都取得了成就。不过，中国人的工作大多属于总结性的，而欧洲人的工作更具开拓性和创造性。这之间的反差非常明显的。

二、第一科学革命与有限的西学东渐

（一）欧洲的第一次科学革命

西方国家的发展在很大程度上得益于科学革命。16世纪中叶，欧洲拉开了第一次科学革命的序幕。1543年，哥白尼在犹豫了多年之后，于临终前在《天体运行论》中发表了新的行星运动模型。哥白尼把地球和太阳的位置颠倒了一下，提出“日心说”，对其他天文知识的改动并不大。由于他的模型对解决历法等实用天文学问题的帮助不大，模型与观测之间的偏差较大，“日心说”起初不被天文学家们普遍接受。在天文界之外，日心说对天主教产生了冲击，引起了罗马教会的愤怒和社会的普遍关注。意大利人布鲁诺因坚持和传播日心说而被宗教裁判所判为“异端”，于1600年2月被烧死在罗马。

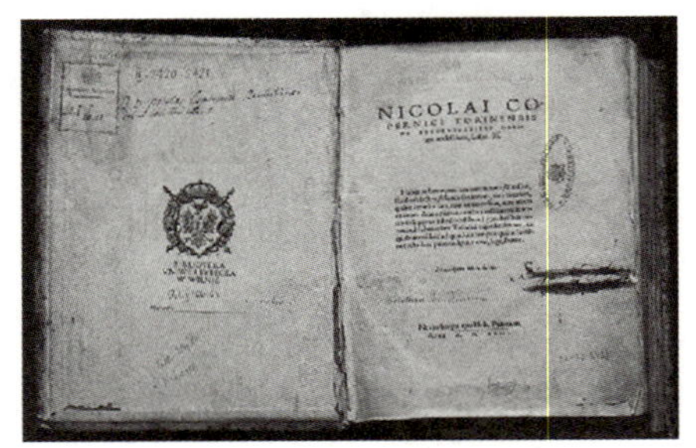

哥白尼《天体运行论》

科学发展的最大拐点出现在科学知识变革剧烈的17世纪。伽利略试图解决亚里士多德理论与观察到的现象、实验结果的冲突，创造性地将实验的方法和数学的方法结合起来，研究最具有挑战性的弹道、落体运动、摆等当时的前沿科学问题，解决这类问题与亚里士多德传统的理论解释的尖锐矛盾，也预示着理论传统与工匠传统的结合。如果一个科学革命发生时，正是因为弹道、落体、摆等新的主流科学问题的出现，才使得新研究方法形成，引起知识体系转变，科学发生革命。伽利略的研究促使经验科学走向实验科学，为解决具有挑战意义的科学问题做出了重要贡献，被誉为“科学革命之父”。1633年，声誉甚高的伽利略受到教会的审判，但这未能阻止科学前进的步伐。开普勒提出行星运动的椭圆轨道理论。在伽利略、开普勒等人工作的基础上，牛顿总结了物体运动定律和万有引力定律，实现了经典力学的理论综合，为近代科学大厦建立起基本结构。

要全面理解西方文化和近代科学，就有必要了解科学与宗教的关系。科学家信奉宗教未必妨碍他们取得科学成就。中世纪的神学家宣称上帝是万能的。有些人对这个断言，乃至是否存在上帝提出了质疑。为了说明上帝不是万能的，有人聪明地提出了这样一个问题："上帝能否造出一块连他自己都举不起来的石头？"如果说上帝不能造出来，那他不是万能的；如果说上帝能造出来，那他就不能举起来那块石头，他还不是万能的。牛顿虔诚地信奉宗教，关心上帝是否存在的问题。在他看来，世界如果是有秩序、有规律的，那一定有上帝主宰着这个世界。他相信，如果能够证明世界是有秩序的，特别是能用数学描述的，那就证明了上帝是存在的。于是，他花费了很多时间研究世界的规律性。到1687年，他终于完成了《自然哲学的数学原理》，阐释了物质世界的秩序。这部书标志着十七世纪科学革命的高峰和经典力学框架的建立，为后来的科学发展、技术发展和机器生产奠定了真正的科学基础。牛顿还在光学和其他方面也做出了很重要的创建。因此，牛顿是完成科学革命的巨人。

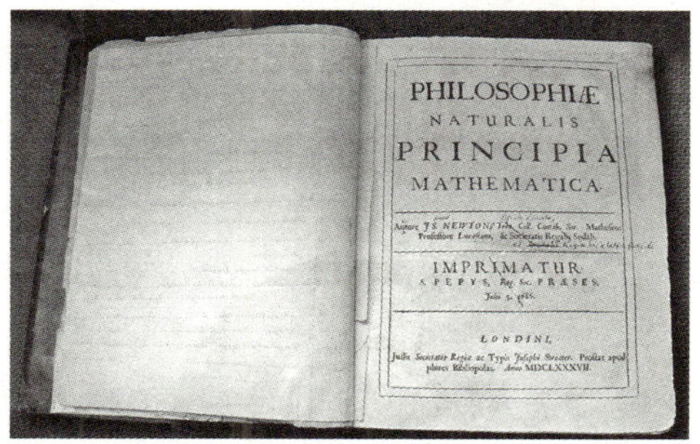

牛顿《自然哲学的数学原理》

科学革命源于已有理论与科学观察、经验或实验的本质冲突，新问题对科学家与工程师提出了挑战，新思想、新构建的理论与方法最终突破了宗教或旧理论的束缚。科学革命往往表现为集群式的突破和群星灿烂的景象，推动整个自然科学知识体系的转变，甚至对社会知识产生了广泛影响。

很多古代“科学家”的身份不是特别突出和明确。17世纪科学革命中产生了一些以追求科学知识为目标的人。他们形成了新的群体，分布在意大利、荷兰、英国、法国、德国等不同的地方，成为一种新的知识共同体。宗教已经没能力束缚这些人的思想。意大利最早形成了“猞猁学院”，伽利略等人在那里相聚，讨论和研究科学问题。1660年英国皇家学会的成立与1666年法兰西科学院的建立标志着近代科学成为一种新型的社会建制，反映着皇家和社会对新兴的知识体系与社会角色“科学家”的承认。

中国是统一的中央集权王朝。如果把观象台关掉或者束缚住，天文就很难有好的发展。相比之下，欧洲是多元的。一处不愿意支持科学活动，科学家还可以搬迁到其他的地方去。譬如，丹麦天文学家第谷·布拉赫得到国王的支持，1576年在丹麦汶岛建造天文台。经过20年的观测，他发现了许多新的天文现象，取得了大量宝贵观察资料。1588年丹麦国王去世后，第谷·布拉赫不再受到政府的重视，1597年离开汶岛，到布拉格继续做观测。

（二）欧洲科技随天主教传入中国

当欧洲发生科学革命的时候，中国科学技术则仍沿着自己的古老传统缓慢前行，有些领域甚至陷于停滞或衰落。

科学知识之所以能从欧洲传到中国是因为宗教活动。自16世纪起，由于航海技术的发达与贸易的扩张，中国与欧洲这两大文明传统得以直接交流。当时，天主教在欧洲遇到了很大的困难，不仅有来自新教的冲击，也有科学知识的冲击。为了达到传播天主教，罗马教会开始向亚洲和美洲拓展传教空间，于是，欧洲传教士来到了中国。那时，明朝比较封闭，推行禁海的政策。1551年，传教士来到广东的上川岛，试图登陆中国大陆，遭到拒绝。后来，传教士以澳门为落脚点，向内地渗透，并以小恩小惠的方式，向明朝官员赠送稀奇的礼物。此时的明朝官员已不像王朝建立之初那么廉洁。一些官员接受贿赂，为外国人行方便，但还不敢轻易接纳外国人在广州居住。1581年，意大利传教士罗明坚向广州的一名总兵赠送欧洲钟表，换取好感，试图找到与朝廷联系的途径。1583年，罗明坚和另一位意大利传教士利玛窦一起带着钟表、三棱镜等礼物到达了广东肇庆府，获准居住在肇庆城东关。利玛窦等传教士注意到，与中国官员建立良好的关系，将有助于他们在中国立足和传教。他想与明朝皇帝建立良好的关系，争取皇帝对传教的支持。1601年，他带着钟表、地图等礼物到北京，终于见到了万历帝，并因维护钟表在皇宫里的运转而获准在北京居住。

为了在中国落脚，传教士改变了传教策略，即从学习中文、适应中国习俗入手。他们还改穿中国的儒服。利玛窦是明清时期来华传教士中最有影响的一位。他推动了天主教在中国的传播，也像马可·波罗那样促进了欧洲人对中国的认识。利玛窦很聪明，记忆力也很好，曾研究过欧洲的记忆术。有些中国人愿意跟他交往，是想学记忆术，以便在科举考试时取得好成绩。

利玛窦发现，中国人对数学、天文、地理、仪器等方面的知识很感兴趣，且尊敬有这些知识的人。于是，他实践了以介绍科学知识助传教的策略，向中国人介绍西方的天文学、数学、力学、地理学、钟表技术等。在他交往密切的中国人里，徐光启是最有影响力的士大夫。徐光启向利玛窦学习了西方的数学知识，并非常推崇克拉维斯注释的欧几里得的《几何原本》。利玛窦与徐光启合作翻译了这部书的前六

利玛窦

卷，这就是我们中学所学的初等几何学。中国古代数学长于计算，在几何学方面逊色于欧洲，因此，《几何原本》的翻译弥补了中国传统知识的不足。

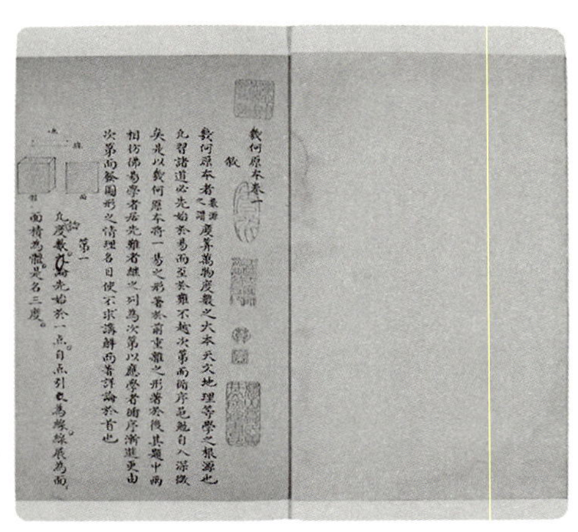

數何原本卷一

數何原本者（象數之謂）度算萬物度數之大本天文地理等學之根源也

凡習諸道必先始於易而至於難不越次第而循序已能自入深微

矣是以數何原本將一易之形著於前重難之形著於後其題中兩

相彷彿爲學者啟先難者繼之列爲次第以應學者循序漸進更由

次第而發圖形之情理名目使不求講解而書詳論於首也

第一

凡度數之類先始於一點。自點引之爲線。線展爲面。面積爲體。是名三度。

《几何原本》书影

中国历代王朝都高度的重视天文观测和历法制订。在中国的传统中，皇帝是“天子”，按照天意行使皇权。如果皇帝不支持天文历法，不能与天相通，那么皇权的合法性就成了问题，必将受到质疑。在明朝建立200多年后，朝廷所用的《大统历》实际上仍然是元朝郭守敬等人所造的《授时历》。由于时间已久，误差越来越大，预测日食很容易失准。徐光启于1628年出任礼部侍郎，次年晋升礼部尚书。他借钦天监推算日食失准之机再次向崇祯帝建议改历。1629年9月徐光启奉旨督领修历，启用传教士参与此项工作。德国传教士邓玉函等人帮助徐光启制订了一整套改革历法的方案，即制订《崇祯历书》的计划。针对修历工作，徐光启提出由“翻译”到“会通”的“超胜”欧洲人的路径，希望“取彼方之材质，入《大统》之型模”，意思是将欧洲的科学知识纳入到中国传统天文历法的框架之中。可见，他对中国传统知识体系仍然是有信心的。

古代和近代，帝王的态度对科学技术的命运有重要影响，以17—18世纪的三位帝王为例：法国的路易十四支持建立了法兰西科学院，目的是通过科学研究给法兰西带来荣耀。康熙帝是中国历史上科学素养最高，对科学兴趣最浓的皇帝。他以传教士为师，研习西洋的科技知识，并喜欢在大臣们面前炫耀天文、数学等知识，显示自己在文化方面并不比汉臣差。这反映了他内心中的文化自卑，以及在文化上打击汉人的政治谋略。事实上，他无意改变中国传统的知识体系。俄国的彼得大帝立志要追赶西欧，亲自到西欧考察，了解了科学的重要。他甚至自己发明机械装置。俄罗斯圣彼得堡冬宫收藏的一件机械模型就是彼得大帝设计的。在他的谋划下，俄罗斯模仿法兰西科学院，于1724年在圣彼得堡创建了自己的科学院。俄罗斯科学院聘请国外一流科学家到圣彼得堡工作，同时培养俄罗斯的青年学生，使俄罗斯的科学研究有了一个高起点。

传教士们看到了中国文化的优点和缺点，比较推崇中国的文官制度。他们写给欧洲教会和写给中国皇帝的信表达了不同的看法。为了能够留在中国，他们在写给中国皇帝的信中赞誉中国，称自己仰慕中国的文化。在写给欧洲的信里，他们可能说中国的天文学和数学等都是落后的。早期来华传教士向欧洲人描绘了中国美好的一面，这使得伏尔泰这样的思想启蒙者、数学家和哲学家莱布尼兹对中国产生了非常好的印象。他们没来过中国，却在论著中赞誉了中国的技术发明和科学知识。1688年法国传教士来华之后，他对中国的看法与早期来华的意大利、德国传教士有些不同。

欧洲传教士架起了明清两朝与欧洲的文化交流渠道，传播了科学技术知识，然而，他们并不是专门的科学使者，他们的主要使命是传教，很少介绍最新的科学进展。明清中国学者与皇帝虽然掌握了西方制订历法的天文和数学知识以及钟表技术等，但都不了解欧洲正在发生的科学革命。当时，中国学者自己撰写的科技论著如《天工开物》（1637）、《农政全书》（1639）、《徐霞客游记》（1642）等，主要是总结性质的或实录性质的，是沿着传统知识框架的一种渐进式的充

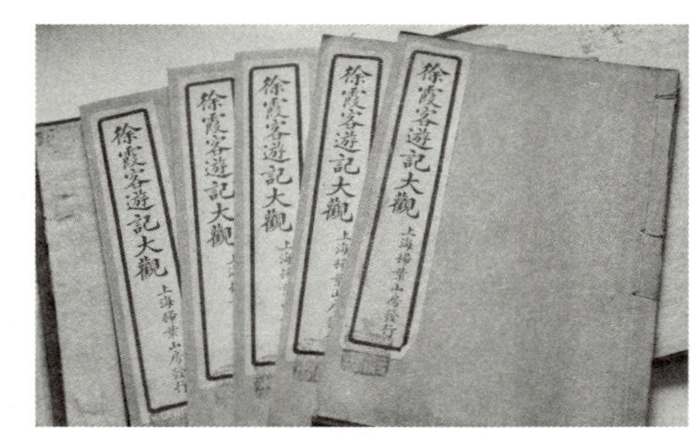

《徐霞客游记》书影

实，其创造性与文艺复兴以来的达·芬奇、伽利略、牛顿等相差甚远。中国人无缘伟大的第一次科学革命。

三、18世纪欧洲技术革命与中国对欧洲的拒斥

（一）欧洲的工业革命与技术革命

人类技术与工业的最大拐点发生在18世纪。工业革命与第一次技术革命首先发生在英国，它以蒸汽机的发明与应用及机器作业代替手工劳动为主要标志。

工业革命中，重大技术发明之间互动，技术与产业互动，造成集群式的技术发明与技术创新的技术发展态势，从而实现技术体系的根本变革。技术突破成就了工业革命，极大地丰富了社会物质财富，改变了世界格局。英国在17世纪的科学革命出现了牛顿，在18世纪的技术革命又有瓦特。这个国家作为工业革命与技术革命的贡献者与受益者，崛起为世界头号强国。法国在启蒙运动中及其后发展起来，伏尔泰亲自翻译牛顿的力学理论，推动法国的科学启蒙。

与技术革命相比，科学在18世纪的发展就显得有些逊色。18世纪科学领域最大的突破发生在化学领域，法国化学家拉瓦锡提出燃烧理论，使化学进入真正的科学研究时代。法国大革命付出了科学人才方面的代价。拉瓦锡曾是收税官，得罪了很多人，在法国的大革命时被杀。当时的革命者说："革命不需要化学家。"

（二）中国对欧洲的拒斥

18世纪，中国人对欧洲的工业革命、技术革命全然不知，"康乾盛世"的清王朝沉湎于"天朝上国"的盲目自尊，对欧洲知识的了解仍然完全依赖传教士的活动，而科学与宗教的有限结盟影响着科学知识传播的内容选择与进程，知识传播活动被限制在由中西不同的政治和宗教体系的相容部分所规定的狭窄空间内。

清朝能任用传教士主持其天文台，但是，康熙帝不允许破坏以儒家思想为核心的文化系统，即中国政治与社会的文化根基。1683年，比利时传教士南怀仁上疏康熙帝，请求刊行他集欧洲天文学、力学、逻辑学等知识而编成的《穷理学》，书名缘于中国的“格物穷理”。在这部书中，南怀仁试图将传入中国的西学构造成形而上的知识体系，将其摆在与儒学同等重要的地位，甚至希望将其纳入科举考试。这应该是犯了大忌。圣贤之学是康熙帝治国的依据，如果欧洲的知识和中国的圣贤之学齐名，就可能动摇王朝意识形态的基础和架构。于是，康熙帝以“此书内文辞甚悖谬不通”而将其拒斥。由于《穷理学》是手抄的，还没来得及配图，流传到现在仅剩14卷。

类似的，罗马教会不容忍其宗教信仰受到非基督教文化的“腐蚀”。随着罗马教廷与中国儒家学者对彼此的信仰即伦理哲学了解的加深，二者产生了不可调和的矛盾。1610年利玛窦去世后，利玛窦以科学助传教的方法受到其继承者的质疑，遂向罗马教皇状告利玛窦奉行的是邪教路线。18世纪初，天主教与儒家传统之间的矛盾日益突出。康熙帝与罗马教会的“礼仪之争”，促使1723年清朝决定禁绝天主教。天主教一旦被禁，依附于传教的科学技术传播也随之中断。

康熙帝是讲究文化策略的帝王。他支持中国学者的学术自立，其标志性的工作是在康熙帝请清初著名学术家梅文鼎的孙子，数学家梅瑴成等主持编撰《数理精蕴》，即把传教士带来的欧洲古典数理知识和中国传统的一些知识相融合，构造了一个新知识体系。1723年，《数理精蕴》完成，这部书与近代科学主流相去甚远。譬如，编者将杠杆等力学问题当作数学算题来处理，忽视其物理意义。后来的乾隆帝指派传教士按照他的设计要求，制作追求玩赏功能的机械钟表，还为观象台制作将中国传统浑仪与欧洲仪器结合的、复古的天文仪器。1793年，乾隆帝严词拒绝英国使者马嘎尔尼提出的通商请求，忽视望远镜等科学仪器及其他工业产品的意义。总之，在18世纪的大部分时间内，清朝都处于闭门造车的状态，技术革命和工业革命都与中国不相干。

即使在欧洲工业革命期间，中国的丝绸、陶瓷、茶叶等产品仍在国际贸易中具有竞争力，为清朝带来了贸易顺差。为了解决对中国的贸易逆差，欧洲人在明朝就设法向中国输入商品，1773年英国人开始向中国输入鸦片，最终引发了中国的社会问题及中英之间的冲突。

四、19世纪欧美科技革命与中国“师夷之长技”

（一）欧美的科学突破与技术革命

19世纪，科学革命的浪潮还在继续推动近代科学形成完整的体系，为新的技术革命提供了科学基础。19世纪30年代起，电力、电器、内燃机、炼钢、石油、新交通工具、新材料等技术问世，蒸汽机被内燃机和电机取代，机械革命被电力革命取代，铁被钢取代。这些革命性突破构成了第二次技术革命的壮观图景，人类社会由机械化时代进入了电气时代。

19世纪科学的发展虽然没有突破牛顿的体系，但也成就了一批重大科学发现和理论创见。譬如，达尔文做了大范围的航行与考察，在《物种起源》中阐释了生物进化论。从法拉第发现电磁感应现象并总结出电磁感应定律，到麦克斯韦建立电磁场理论，电磁学成为物理学的一个重要分支。

科技革命为很多国家的发展带来了机遇。一些国家较好地抓住了科学革命、技术革命与工业革命的机遇，崛起为强国。德国是很典型的例子。它作为新的科学中心，迅速跃升为世界工业强国。美国也是抓住了良机。这个新兴国家通过各国的移民获得先进的科学技术，并根据自己的国情进行技术的发明与创新。为了在地广人稀的国土上开发大农业，美国人发明了联合收割机等新技术，率先实现了农业机械化和现代化，并带动了相关技术的发展。到1890年，美国在世界工业生产中的份额已上升到第一位，成为后起的工业强国。西欧和美国以其强大的科技实力与工业实力，向亚洲、拉美等地区扩张，建立起许多殖民地，既争夺到海外资源，又扩大了市场，赢得巨额的经济利益。

科学技术革命还包含制度创新，且制度创新能够催生发明创造。1809年，德国教育家洪堡在柏林大学创造了新的教育体制，开创了大学的研究讨论班制度，加强了研究活动，使德国的大学成了“科学研究的养成所”。这种制度被欧美国家效仿，科学技术在教育制度中的地位被日益强化。随着化工和电器等技术的发展并受到科学的影响，19世纪末20世纪初，德国、美国的企业创建了工业实验室，使企业有了越来越强的研发能力，成为技术创新的主要力量。爱迪生不仅是多产的发明家，还是美国工业实验室的开拓者。

（二）中国人“师夷之长技”

1.技术的有限选择（1860—1895年）

19世纪前半叶，中国对欧洲的贸易仍然是顺差。为了填补贸易逆差，英国商人向中国大量输入鸦片，给中国社会造成了严重的危害，引发了第一次鸦片战争。面对战争带来的危局，魏源提出“师夷之长技以制夷”的口号，但这样具有战略意义的思路未变成国策，响应者不多。在第二次鸦片战争中，恭亲王奕訢调用中国最精锐的部队——蒙古族骑兵，抵御英法联军，结果还是被英法联军的枪炮打得人仰马翻。这使奕訢深切认识到了西方火器的优越及中国军事技术的落后。

1860年清朝输掉第二次鸦片战争以后，魏源的口号终于有了实践的机会。洋务派官员在奕訢的支持下推动了自强运动，引入“夷之长技”——“坚船利炮”及其制造技术。其目的，首先是为了剿灭太平天国，其次是为了防御外敌入侵。曾国藩在给朝廷的奏折中说：“目前资夷力以助剿济运，得以纾一时之忧；将来师夷智以造炮制船，尤可期永远之利。”曾国藩、李鸿章等人用洋枪洋炮镇压了太平军，且从小军械所或洋炮局起家，试用近代制造技术，尝到了甜头。1865年容闳从美国订购的百余台机器运抵上海，装备起中国第一个正规的近代兵工厂——江南机器制造总局。在左宗棠的推动下，清朝于1866年在福州马尾创建了中国第一家近代造船厂——福州船政局。到清末，朝廷共办了29个军工厂，其产品装备了清朝的陆军和海军。

然而，清朝办军事工业的举措存在非常明显的缺陷。第一，“头痛医头，脚痛医脚”。对西学的吸收基本上限于兵器制造，而未发展基础技术和基础工业。第二，清朝几乎是用办衙门的方法来管理工厂，甚至不计成本，不讲利润，没有采用近代企业制度。第三，本土技术人才的培养明显滞后，过多依赖外国工程师和技师。第四，一再仿造国外产品，技术不能自立，更无创新可言，落入“引进—落后—再引进—再落后”的循环。

中国海军的命运就能够反映出“师夷之长技”过程中的一些严重问题。福州船政局造军舰，并办了学堂，请法国人教造船，聘英国人传授驾船技术。但福州船政局的产品比较落后，甚至造过打仗和运兵都不好用的船。为了建立北洋水师，李鸿章向欧洲购买舰船。1880年12月，清朝驻德公使李凤苞与德国船厂签订制造两艘铁甲舰（即定远、镇远）的合同。1885年二舰驶抵中国，挂上了龙旗。1888年12月，北洋水师在

北洋水师战舰

山东威海卫的刘公岛正式成立，舰上聘用了外国海军顾问。这样，中国就拥有了号称世界第六、亚洲第一的舰队。然而，北洋水师的官兵素质和管理很成问题。它参与走私，搭载客人赚钱，平时缺乏规范的训练，打靶演习时弄虚作假。海军提督（舰队司令）丁汝昌原是李鸿章手下的一个骑兵军官，没有受过海军训练，治军不严。北洋水师在1894—1895年的中日甲午战争中全军覆没，以至于清朝与日本签订屈辱的《马关条约》，这标志着自强运动的失败。在与日本舰队的海战中，北洋水师指挥不利，发挥不出自己的长处。主力战舰的火炮口径虽大，但炮弹命中率甚低。原本向德国订购了新式的速射炮，却因海军经费被用于修建颐和园而未果。而日本人为了打败北洋水师，建造航速快的舰船，装备了进口的速射炮。

李鸿章

2.文化与制度的制约

晚清科学技术发展慢、成效不佳，原因是多方面的，其中包括国人或盲目自大，或缺乏足够的文化自信，心态不够开放。俄罗斯引入近代科学的时候，俄国人喊出了“脱俄入欧”这样的口号。类似地，日本人曾提出“脱亚入欧”的口号。这种心态使这两个国家诚心诚意地全面学习西方的先进科学技术和其他文明成果，但并没有抛弃自己的优良传统而变得全盘西化。中国人，尤其是保守的士大夫，担心引入的西方知识和技术会破坏传统社会的经济秩序、道理伦理秩序等。倡导吸收西方科技的官员也顾虑颇多，实际上坚守着“中学为体，西学为用”的原则。当西学对儒家传统伦理产生冲击时，保守派和洋务派几乎均选择维护传统。幼童留美计划的夭折就是反映这一特点的案例。

1872年到1875年，清朝先后派出4批共120名官费幼童赴美学习。学生们都是从福建和广东的商人的孩子中选的，其中就有詹天佑。该计划进行到第十年时被强行提前撤回，理由是学生们“中学荒疏”“沾染洋习”等。这就是很荒唐的近代中国早期的公派留学。

3.迟缓的认识

近代科技在中国的启蒙过于迟缓，国人对近代科学的认识滞后。从技术层面的局部接受“坚船利炮”技术，到全面认可机器、铁路、电报等近代技术及其产业，在理论知识层面对近代科学有所了解，竟然用了60多年的时间。经典力学、微积分等新知识的传播主要依赖译书等有限的方式。

五、20世纪欧美科技革命与中国的曲折追赶

（一）世界科学革命与技术革命

20世纪初，爱因斯坦、普朗克等人创建相对论和量子力学，奠定了现代科学技术体系的基石。到1953年沃森和克里克提出DNA双螺旋分子模型，科学家们基本上确立了现代科学体系的基本构架。双螺旋分子模型标志着分子生物学的诞生，这实际上是用物理学的思路来解决生命科学的问题，后来的生命科学大致还是沿着这样的思路发展的。

20世纪30—40年代起，欧美发生第三次技术革命，其主要标志是电子技术、计算机、信息网络技术、核技术、航天技术、新材料、生物技术等领域的集群式重大突破。美国为了解决弹道计算问题，于1946年2月研制出ENIAC计算机。苏联的航天技术发展迅速，在短时间内利用有限的资源和专家，高效地实现了跨越发展，令发达国家刮目相看。新技术革命极大地提升了各个产业的技术水平，加快了全球化的进程，推动人类社会进入信息时代。科学、技术和产业之间的互动更加紧密，技术科学化，科学技术化。

与17世纪时相比，发达国家在20世纪对发展科学的态度要积极得

很多。发达国家率先把科学研究当作国家的重要任务，并建立国家科学研究机构，推动大学的科研工作，以提高国家的竞争力和军事实力，他们还不断完善科学制度。1911年，德国设立威廉皇帝学会（即马普学会的前身），通过促进科学的发展，创造国家的荣耀。到后来，希特勒鼓励威廉皇帝学会为战争提供科技支持。法国政府在1666年率先创建法兰西科学院，后来这个科学院被法国国民公会解散。1939年，法国成立了国家科学研究中心，以发挥国家在组织科研活动中的作用。美国在二战爆发后成为科技精英的汇聚地与科学中心，政府在科技领域投入很多，为其战后至今保持世界第一强国地位奠定了雄厚的科技基础。苏联打赢了第二次世界大战，与其科学技术研究和工业动员能力有很大的关系。二战期间，国家最高统帅斯大林甚至直接指挥苏联科学院的许多所长，特别是那些从事自然科学和技术研究的所长们，形成服务于反法西斯战争的高效军事和科学动员能力。苏联还很好地消化了从美国等地引进的先进飞机制造技术，很快培养自己的技术人才。第二次世界大战以后，日本、德国、韩国等很多国家都利用和平发展的时机，有效组织科研活动，推进技术创新，实现国家发展目标。

（二）中国的曲折追赶

1.从制度层面接受近代科学技术

第一，选择近代科技教育制度。应该说从最早学习军事技术到改革教育制度，经历了一个逐步认识的过程。到20世纪初，清朝开始进行学制改革，即变革中国的教育制度。清朝“维新变法”的一个重要成果就是学制改革，1904年废除了科举制。京师大学堂（北大前身）的建立就是一个具体的成果。新学制使得近代科学技术成为中国知识体系中的重要组成部分，成为一种基本的社会建制，从而为社会造就一代一代的懂科学的人才。杨振宁、李政道等经过国内外的培养和历练，逐渐成长为科学大家，这也反映了中国早期科学教育事业的成功。

第二，组织科学技术学术团体。在“科学救国”和“实业救国”

思潮的影响下，中国新生的职业科学家和工程师创建了自己的学术共同体，其中最具影响力的是1915年创办的中国科学社和1912年詹天佑等创办的工程师学会，这些团体得到了政府的承认和支持，在促进学科建设、学术交流与合作方面发挥了非常重要的作用。

第三，建立了科学技术研究机构。世界科学研究体制大致有两种，一是英美体制，二是欧洲大陆体制。中国科学社的创建者试图建立独立于政府的科学研究机构，也就是说，选择了类似于英国皇家学会的自治的科学体制。实践表明，这种体制在当时中国的发展并不很成功。1928年，国民政府在科学制度方面做出了新的重大选择，即决定组建国家最高科学研究机构——中央研究院。它类似于法兰西科学院、俄罗斯科学院。1929年，国民政府又成立北平研究院。中央研究院、北平研究院、大学的研究机构给科学家们以较大的自主研究空间。

我们现在缺少像蔡元培这样的科学与教育的事业家和大师。蔡元培以一个普通大学生的身份，数度赴德国和法国留学，学来了真正的洪堡精神。他致力于改革中国的教育，追求创造知识，提倡自由思想。在担任北大校长期间，他使北大成为一个真正意义上的现代大学。后来，又

科技工业化迅速发展

主持创建中央研究院，促进科学在中国的建制化与发展，奠定了我国科研事业的基础。

德国和美国的工业实验室制度被很多国家效仿。范旭东创办的永利公司是中国企业在产品创新和创建工业实验室方面率先取得成功的典范。1928年，永利公司建立黄海化学工业研究社，它类似于欧美的工业实验室。侯德榜在永利公司成功研发制碱工艺，展现了中国企业的创新潜力。

2.建立工业体系与规划科学技术

20世纪50年代，新中国实施了“156项工程”等建设项目，引进苏联与东欧的技术，初步建立比较完整的工业与技术体系。

新中国选择了计划经济模式下的科技体制，并对科学技术事业进行规划。《1956—1967年科学技术发展远景规划纲要》（以下简称“远景规划”）的制订者们选择了“以任务带学科”为主的发展方针。苏联专家和苏联科学院等机构为此提出了很多建议，并且帮助中国开展了一些领域的研究。“远景规划”包括12个大领域，六百多个课题。作为国家目标，“远景规划”完成得比较好，原子弹和导弹研制成功，计算机、自动化等技术也实现了突破，为中国科研事业发展打下了一个比较好的基础。可以说“远景规划”的成功实施，满足了国家战略需求，对中国经济与社会的发展产生了深远的影响：第一，全面地推进了中国的科技进步，填补了很多学科领域的空白，构建了现代科学技术学科体系的基本框架，产生了以“两弹一星”、合成牛胰岛素等为代表的重大科研成果。第二，为发展社会生产力、解决民生问题等做出了重要贡献，这体现在大

中国原子弹研制成功

庆油田的勘探与开发等重大工程项目的成功实施、农业技术进步、疾病防治等方面的显著成效。

3.发展中的挫折

社会稳定与国家安全所受到的威胁始终困扰着国家的建设事业。20世纪的前30年，社会动荡，战事迭起，国家用于发展科技的人力、财力十分有限。1928—1937年，中国经济快速发展，近代科学在中国实现了建制化。然而，日本全面侵华，打断了中国的建设部署，重创了中国人实业救国、科学救国的梦想。国民政府为了表示对日本抗战的决心，把几十个师的精锐部队部署在江浙，但难以抵挡住日军的全面进攻。性能优良的重武器过少，步枪在射程上不及日制“三八”步枪，中国军队吃了装备差、兵器制造技术落后的大亏。在阵地防御战中，大量的部队被消耗在日军猛烈的炮火、飞机轮番轰炸之中。

1949年10月中华人民共和国成立后，中国经济、科技快速发展。教育体制由欧美制转向苏联的专业化制，使得中国一半的院校以工科为主，为培养工业化所需的人才奠定了基础。不过，前进中也遭受了严重的挫折。1957—1976年，批判所谓“反社会主义科学纲领”“大跃进”中的浮夸、“文化大革命”时期激烈批判“资产阶级科学”等政治运动破坏了科技事业，使中国与世界先进水平的差距再次拉大。

4.任重道远

1978年，中国人终于迎来了“科学的春天”！改革开放为科技事业的发展创造了良机。三十多年来，中国科学技术有了十分显著的进步，令世人瞩目。当然，科技现代化、民族复兴的伟大历史使命尚未完成。中国科学院在《科技革命与中国的现代化：关于中国面向2050年科技发展战略的思考》中指出：“从创新能力和体制机制方面看，还远不能适应应对新科技革命的挑战和现代化建设的需要。突出表现在：一是原始科学创新能力不足，在可能发生科学革命的重要方向上，我国基本上处在前沿跟踪的水平，真正由中国人率先提出和开拓的新问题、新理论和新方向寥寥无几。二是关键核心技术受制于人，我国许多重要产业的对外技术依存度高，先导性战略高技术领域布局薄弱，直接影响我国产业结构升级、新兴产业发展和国家安全。三是中国特色的科技创新道路尚未形成，仍未从根本上解决科技经济‘两张皮’的问题。现行的科技宏观管理体制从根本上制约着国家创新体系各单元作用的有效发挥，政府主导作用往往异化为‘部门利益’，难以真正集中力量办大事；市场基础作用往往异化为无序竞争，尚未形成竞争有序合作高效的机制；准确把握世界科技发展大势和国家长远发展需求进行前瞻部署的能力不强；有效吸引、培养和造就创新创业人才的政策与制度环境尚未真正建立；创新团体的活力和自主权、创新人才的自信心和积极性需要大幅提高。”

中国科技领域存在的问题还须通过改革的实践来解决。科技与经济、社会、文化传统等存在着密切的互动关系，因此，解决科技发展中的问题，须从科技内部的改革做起，也须从其他方面进行变革。

六、结语

16世纪中叶以来，人类经历了科学革命、技术革命与工业革命交替发生或相伴发生的变革，科学革命和技术革命都表现出一定的规律性特征与周期性。

科学传播、技术转移与模仿是后发国家不可逾越的发展阶段。中国度过这个阶段的时间为什么如此之长？或者说，中西发展的错位为什么持续了这么长的时间？四百年的经验告诉我们，中国的社会与文化存在诸多问题，需要我们认真地反思和研究，提出和实践有力度的改革举措。

由于时代的不同、资源环境不同、科技发展阶段的差异，拥有十几亿人口的中国将走一条不完全等同于西方式的现代化道路、科技创新与跨越发展的道路。如果中国的伟大目标如愿实现，那么，中国很可能为人类摸索出新经验与新发展模式，中国人应该有足够的信心，把中国的事情办好。

问：谢谢张教授。我们现在强调创新，但创新能力还是不足。我们在科技的体制上、在教育上存在着哪些问题，请您具体讲解一下。

张柏春：中国创新能力不足，这一点我觉得要考虑两个方面。一方面是我们创新能力在提高，西方国家现在进行技术限制的原因就是因为我们的创新能力提高了。另一方面我们还要脚踏实地地做好消化吸收工作。很多国家，如美国、日本，大部分的时间是在消化吸收先进的科学技术，不好高骛远。中国现在的问题是好走极端，自大的时候盲目乐观，自卑起来认为谁都比自己强。所以，从精神上来讲，应该强调创新、增强自主创新的信心和勇气；到具体的层面上还要冷静，选择务实的路径。

从持续的创新来看，关键在教育。几千年来中国教育改革有两次变化：一次是发明科举制，使得社会精英被汇集起来，在治理社会方面取得好的成效；另一次是1903—1905年，中国进行的学制改革与废科举，引入西方的教育制度和内容，科学技术教育被制度化。学制改革以来，教育在本质上没有大的变革。

教育是塑造人的，现在，我国在培养人才方面有很多问题。从幼儿园到研究生教育的完成，主要是一种“传授—应试”模式。学生从小就被告知许多个“不允许”“不行”等限制，造成与强化了心理抑制，压制着创造的天性。他们的思维形成了一定的习惯模式，长大后被鼓励进行科学创新，难度可能比较大了。

我国教育方法可能离创新活动的实际不够近。几乎所有重大创新起初都比较粗糙，不够完美。而我们的教育注重传授完美的结果，教授给学生的知识体系的逻辑往往与创造知识的过程不同。比如，大学里教的微积分，从极限到微分、积分等，逻辑上非常完美，找不出概念和理论上的瑕疵，很难再改变它。学生们以为知识就是这样一下子完美地创造出来的。然而，牛顿创造微积分的时候，概念和理论远不那么完美，也没有关于极限的理论。

三十年来，经济改革在中国差不多是一马当先。现在，最需要改革的应该包括教育。当然，科技体制也需要新的探索和改革。

孙 机

古代中国

——一个充满创造活力的国家

孙机，1929年9月生，山东青岛人。现为中国国家博物馆研究馆员、国家文物鉴定委员会副主任委员、中央文史研究馆馆员、全国古籍整理出版规划领导小组成员。1992年获国务院特殊津贴，2008年中国美术家协会评为“卓有成就的美术史论家”。曾任第四、六届国家图书奖评委，第一届中国出版政府奖图书奖评委。

长期从事中国古代车制、中国古代服饰史、中国古代科技史等方面的研究。主要著作有：《汉代物质文化资料图说》《中国古舆服论丛》《仰观集》《从历史中醒来》《中国古代物质文化》等。其中，《汉代物质文化资料图说》一书被誉为一部百科式的、可以反映汉代物质文化全貌的重要著作。

中国五千年文明灿烂辉煌，主要表现在精神领域和物质领域两方面。比起精神领域来，生产、生活方面的物质文化成就更直观、更具体。古代中国有不少发明在当时遥遥领先，后来并使世界人民普受其惠。英国人李约瑟在其著作《中国科学技术史》中指出：中国独创的而影响世界的发明有70多项。其实远不止此。今天我们就一起来重温一下我国古代这方面的若干长项。

一、农业

（一）犁

不论哪个国家都得搞农业，从事农业，首先要耕地，而耕地则需要用犁。

早期的犁仅装有犁铧，只能破土开沟，不能把耕起的土垡翻转过去，而后一点是很重要的。因为土垡翻转以后，接触到阳光空气，生土才会变成熟土，同时，杂草随之埋入土中，还能起到压绿肥的效用。耕地时土垡的翻转是由犁铧和犁壁共同构成的连续曲面完成的，其中关键的部件是犁壁，也叫犁镜。中国在公元前2世纪的西汉时期已经发明了犁壁，在陕西、山东、河南的许多地点均曾出土，且有向一侧翻土的鞍形犁壁和向两侧翻土的菱形犁壁。而当时欧洲的犁上只有犁铧，没有犁壁，直到公元11世纪时，才有了装犁壁的犁，比中国晚了一千多年。因此，当时的西方为了使犁过的土垡尽可能翻转，只好采用纵横犁田的方式，即横着耕一次，纵着

犁

耕一次，十字交叉。因此，地中海区域的田块大体上呈方形。而古代中国只沿纵向耕地，呈长条形。田块单位为“亩”，在汉代以前指的是宽1步、长100步的一个窄长条。

（二）耧

耕地之后要播种，播种有三种方法：点播、撒播和耧播。最简单的是点播：拿棍子杵一个洞，往里撒种子。此方法速度太慢，因此有些地方就用撒播的方法，但庄稼会长得很乱，不便于后续劳作。西方直到文艺复兴时期播种的方法还是撒播，这在当时的画作中能看到。画中播种的人撒播姿势挺潇洒，但方法很笨。而中国早已经有了耧车，是一种播种的专用工具。用耧播种，种出来的庄稼排列成行，非常规整，利于之后的中耕除草及施肥等。我国在公元前1世纪就发明了播种的耧。山西平陆枣园村新莽时墓葬的壁画中，有用驾一牛的三脚耧进行播种的图像。汉代的铁制耧铧在辽宁辽阳三道壕、图二播种

耧

北京清河镇、陕西富平及渭南、河南渑池等地均曾发现。居延地区瓦因托尼西汉屯垦遗址中还出土了一件硬木制的耧腿，其尖端原应装铁耧铧，但已遗失。不过仍说明这时耧播在中国北方已经相当普遍了，而欧洲直到公元13世纪以后才有耧车。

（三）扇车

无论稻子还是麦子，收获的谷物均须碾压或舂捣以脱去谷壳，脱去的谷壳就是糠，之后再除去糠秕以取得精米。这道工序开始都是用箕类

以簸扬的方式完成的，效率很低。但是古代中国在公元前1世纪已发明扇车。河南济源泗涧沟和洛阳东关汉墓中都曾出土陶扇车。

扇车

在我国普遍使用扇车的时候，欧洲农民还拿着大簸箕扬糠。他们会找一个山坡，利用下降气流顺风簸扬，把糠吹走。这种方法，西方用到了公元16世纪，直至扇车出现。

如上所述，真可谓“不比不知道，一比吓一跳”，在农具发明方面，西方与我们相比，竟差了1000多年。在相对闭塞的古代，我们能够有这些领先世界的发明，是可以引以为豪的。

二、纺织

讲到穿，中国跟西方也很不一样。古代称平纹丝织物为帛，麻织物为布。丝是中国特有的，古代其他地方都没有。除了丝之外，中国还有麻，但是中国的麻和西方的不一样。西方用的是亚麻，比如：埃及金字塔里裹木乃伊的布料，就是极细的半透明的亚麻布。中国直到清代才引入亚麻。之前使用的是大麻和苘麻，但由于苘麻太粗，刺痒、扎人，所以都用大麻布做衣服，而苘麻则做绳子使用。又因苘麻耐水，故多用于船上。另外，中国古代还有苎麻。苎麻布薄而轻，常用作蚊帐、夏布，但由于苎麻多产于气候暖和的南方，所以，虽然很受重视，却不那么普及，社会上普遍穿的还是大麻布。过去称老百姓为“布衣”，这个名称就是由此而来的。

要织麻布，首先就要把麻纤维捻成线。而丝纤维是自然界里面最长的，可达1000米，它不用捻线，只要合股就成为丝线了。麻则不然，它的纤维短，需要捻，这就得借助工具。古代要将麻纤维捻成线，不论东西方，起初都是用纺锤完成的。纺锤由纺轮和捻杆构成。可是用纺锤捻线，速度很慢，纱线的拈度也不够均匀。后来中国发明了单锭纺车。

（一）纺车

单锭纺车是从并丝的筟车演变出来的，只是将筟管换成纺锭，可见它的出现受益于丝织工具。甘肃武威磨嘴子22号东汉前期墓中曾出土木纺锭，则纺车的发明应不晚于公元1世纪。但是，单锭纺车的工效仍不高，一昼夜只能纺3—5两纱。后经不断改进，单锭改为多锭，手摇改为脚踏，性能大为改进。已知最早的脚踏三锭纺车的图像见于南宋蔡驥《新编古列女传》插图。从纺纱人双手的动作看，她是在将麻缕"绩条成紧"，而不是手握棉筒（粗棉条）"牵引渐长"，所以是在纺麻线而不是纺棉花。在元王祯《农书》中，还载有脚踏五锭纺车的图像。回过头来看古代西方，古希腊、罗马将羊毛或植物纤维捻线，要先在腿上搓成粗纱。为了防止将腿搓伤，还制作了一种扣在腿上的、有点像筒瓦那样的陶器，名纱轴。它的底面与自大腿到膝盖处的弧度相适合，表面则有鱼鳞纹，便于搓纱。搓好后再用纺锤加捻，以取得更紧密的细线，效率远远比纺车低。单锭纺车在西方的出现不早于公元13世纪，其最早的图像见于一部1338年前后出版的诗集中，比古代中国晚了1000年以上。所以，在谈到中国物质文化成就

踏板斜织机

时，可以理直气壮地说：我们的很多发明是领先世界的。

（二）踏板斜织机

纺出线来以后，就要把它织成布。踏板斜织机就是我国纺织史上的一大发明。它把原始织机用手提综片开口的方法改为用脚踏提综开口，织工可以腾出手来专门用于投梭打纬。这种织机有平置的机台和斜置的机架，二者呈50°—60°角。织工可以坐着，又可以一目了然地看到面经和底经开口后，经面的张力是否均匀，有无断头。工作的质量和速度都大为提高。欧洲到公元6世纪才出现这种机具，到公元13世纪才广泛应用。为了织出带有复杂花纹的织物，汉代在踏板斜织机上增设花楼，由一名提花工坐在上面用手操纵提花综束，与织工合作，共同将花纹织出。而罗马只有竖立的织机，织工是站着操作的。这种织机由于经轴位于机架上方，不便更换；打纬做上下运动，较难掌握纬密的均匀度。且不能加装多片综，一般只能织出平纹织物。如要加花，须另用手工编结。

三、住

关于住，中国与西方相差甚远。中国是土木建筑，在中国盖房子俗称为“大兴土木”，这个说法是有历史来由的。所谓土，指夯土也就是版筑；所谓木，指木构梁架。而西方则不同，以罗马为例：罗马是大理石之城，无论神庙、浴场、斗兽场，建筑材料均为大理石，这显然比我们的土木结构要精致得多。再看埃及开罗，用600万吨的石头做一个金字塔；开罗附近不产石材，这些大石头须从外地运来。这要有两个必须的条件：一是发达奴隶制，二是宗教狂热。中国古代恰恰不具备这两条，所以此类建筑就与我们无缘了。周代筑灵台，《诗》云：“庶民攻之，不日成之。”（《大雅·灵台》）短时间内便建成。反映出古代中国不仅注意建筑物的低成本和实用性，而且要求节约劳动力。“使民以时”在当时是全社会的共识。故宫博物院三大殿前后的御道石，长16米，重二百余吨，产自河北曲阳。当时用两万人拉，每天只能前进五里，近三个月才运到，耗费白银11万两；而古埃及的奴隶拉石头是不给钱的。

四、交通工具

（一）马车

1.轭靷式系驾法

考古学证明，中国夏代已有了车，开始可能是用人拉，再进一步就是用牲口拉，牲口如何套在车上拉车有一个专用的名称叫系驾。

说起系驾就有学问了。衡量畜力车的性能，关键之一是看它的系驾法。古代世界上不同的地区曾采用不同的系驾法。古印度用牛拉车，车辕绑在牛犄角上，现在看来是何等不便。在古埃及、古罗马，拉车的受力点落在马脖子上。马颈部的生理构造和人类差不多，都是颈椎在后，气管、食道在前，“颈带式系驾法”让马用脖子拉车，因而跑得越快，马越喘不上气来。希腊诗人荷马有一首诗这样描述，可怜的牲口，你刚使点劲就要翻白眼儿，你刚走几步就流哈喇子，你真可怜。罗马的图拉真纪功柱上雕刻的军队用车、德国的勃兰登堡门上驾车的太阳神，采用的都是“颈带式系驾法”。这种方法在欧洲一直沿用到公元8世纪。

古代中国则不然。在秦始皇兵马俑坑出土的那件模铸得无比精确的2号铜车上，可以看到服马（即靠近车之独辕左右的两匹马）是通过系在两轭内侧的两根靷绳来拉车。两靷的后端系在车厢前面的环上，再用一条粗绳子将此环与轴相连接。由于中国古车的轮径较大，平均约1.33米，所以自轭脚至车轴的连线接近水平，靷绳系在这个位置上，马的力量能集中使用，减少了对拉车前进之无效的分力。在每匹服马的轭脚底端虽然也系有一条带子，但它只是为了防止脱轭而设，马并不通过它来拉车。这条带子受力不大，不影响马的呼吸。在2号铜车上，真正受力的部件是叉在马肩胛前面的轭，所以轭底下衬以软垫，防止马被磨伤。传力的则是靷绳。依其受力的主要挽具来命名，可称为“轭靷式系驾法”。这样系驾较适合马体的特点，有利于马力的发挥。用轭靷式系驾的中国古车，车轮大，车厢小，车体轻，由四匹气管全然不受压迫的马曳引，可以达到很高的速度；从而中国古代的车战是在奔跑着的车与车之间进行的。战斗双方在各自战车上，抡戈勾击，进行车战。

而西方采用“颈带式系驾法”的车上不设靷绳，马通过车衡缚在车辕上，马的力量全靠向上扬起的车辕传导。加之马的呼吸不畅，故车的性能受到重重局限。西方虽然有战车，却不能进行车战。西方的战车一般只用于奔袭，接近敌人时，武士还得跳下车来进行步战。尽管西方的车出现的时间比中国早，公元前3000年美索不达米亚地区已有畜力车，但系驾方式与中国古车完全不同，性能迥异。所以那种认为旧大陆的古车同出一源，中国造车技术是从西方引进的说法，断难成立。

2.马镫

中国古代在陆上交通方面的另一项贡献是发明了马镫。古希腊人多骑裸背马，罗马人则要到公元以后才用马鞍。中国上古时代也是如此，马匹只作拉战车使用，并非出行工具，故六经无“骑”字。

马镫并非一开始就有。秦朝和西汉时期，只有马鞍，还非常简单。秦始皇陵兵马俑坑和陕西咸阳杨家湾西汉墓出土的无镫之陶战马虽然有鞍，但形制低平，仿佛是一块垫子。之后，出现了鞍桥。鞍桥分为前鞍桥和后鞍桥。由于人骑于马上，前鞍桥常被遮挡，后鞍桥可以令他人看得更清楚，故成为装饰重点。其后果就是：后鞍桥越来越高，令骑者跨鞍上马越来越难。为此，中国发明了马镫。

初期，中国发明的只是上马用的单马镫。有关单镫最早的报道，是甘肃武威南滩魏晋墓出土的一例。不过严格地说，单镫只能叫“上马镫”。从这个意义上考虑，应该说马镫在我国的发明是以高桥鞍的使用为前提。而这一前提在同时期的世界其他地区并不存在，所以上马时面临的情况也就不尽相同了。

比武威的例子稍迟，湖南长沙金盆岭西晋永宁二年（302）墓中出土了著名的单镫骑俑。其单镫悬于马鞍左前侧，镫系较短，是供上马时搭足用的，骑上去之后就甩开不用了。但使用单镫的历程很短，仅比金盆岭西晋墓晚20年的南京象山东晋永昌元年（322）墓中，就出土了双镫陶马俑。使用双镫，骑者才能获得稳固的依托，才能更有效地控制马匹，才使着铁甲的重装骑兵的组建成为可能。

西方于公元5世纪以前只发现过作为马镫前身的革制脚扣。第聂伯河下游契尔托姆雷克巨冢出土的斯基泰大银瓶和印度桑奇大塔的图像中都能看到这类脚扣，但革制脚扣较软。科技史家说："当一个人骑在马上时，如果他不能从柔软的环圈（指革制脚扣）中迅速地缩回脚，可能会很危险。"（《牛津科技史》卷二）所以它还不能算是真正的马镫。公元6世纪时，马镫从中国传到东欧的匈牙利，以后逐步西传。有了马镫，欧洲才出现了浑身披甲的骑士，才进入了中世纪的封建社会。后来，中国发明了火药，火器的传入同样改变了欧洲的战争方式。火枪打败了披甲的骑士，击溃了封建堡垒，欧洲这才进入近代社会。因此可以说，欧洲之社会形态的改变受益于中国的发明。

（二）船

1.舵

大海航行靠舵手，若是船没有舵，那真是无法想象。中国发明舵是在公元1世纪东汉时期，欧洲的舵则是公元11世纪，由欧洲"低地国家"（指荷兰、比利时一带）的水手首先使用。

为什么欧洲没有舵？我们知道，古代欧洲的很多东西都是从埃及传下来的。埃及最早的船是用尼罗河里的纸草（一种芦苇）制造的。这种芦苇很结实、质量很高。埃及人把它绑成船，形状就像饺子似的，两头尖翘。这种船的后部缺少一块可用于装舵的处所。因此，欧洲的船没有舵，转弯时由两人划桨来掌控。中国则不然，中国古船两端出艄（艄艉向外延伸），并用木板横向封闭，艉上翘的坡度稍缓和。而且两舷边沿

陶船

的大（船舷边沿之纵向的舷板，又名大筋）突出船尾，形成向内凹进去的一块空缺，正便于装舵。在欧洲，直到1200年前后，尼德兰地区的船工才开始使用艉舵。

2.水密舱

所谓水密舱，就是用隔舱板将船舱分隔成互不相通的一个个舱室，这是造船技术上的重大进步。即使船进了水，也只能灌一个舱，整个船是沉不了的。水密舱之隔板的下部还有个小小的过水孔，可将舱内进的水匀到各个舱内，使船身得以平衡。然后再将它堵住。中国不晚于唐代就已经有了水密舱这项技术。江苏如皋马港河故道出土的唐代早期木船隔为九舱。福建泉州湾出土的南宋海船隔为十三舱，隔板厚10—12厘米，隙缝处用桐油灰封堵，具有严密的隔水功能。这种做法的优点很多。首先，如某舱受损，其他舱室不致进水，免受牵累。既保证安全，又便于修复。其次，隔舱板横向支撑船舷，增强了抗御侧向水压和风浪的能力，起到了加固船体的作用。宋元时印度洋上的阿拉伯旅行者多搭乘这种中国船，因为它比较安全。《马可·波罗游记》中说："比较大一些的船有十三个货舱，就是船里面的隔间，都是用硬木板装隔的，跟船壳紧密地钉在一起。"他的描述与泉州湾出土之船的结构非常一致。可是这项技术的推广相当迟缓，直到公元18世纪末的1787年，美国科学家富兰克林在关于造船的信件中才说："它们的货舱照中国的方法分隔成个别的舱区，并且把每个舱区都腻缝紧密，以免进水。"1795

年，本瑟姆受英国皇家海军的委托设计新舰船时，也引进了中国的水密舱结构。他造的船“有增加强度的隔板，它们可以保护船只，免得进水而沉没，正像现在中国人做的一样”。之后，水密舱遂逐渐在造船业中被普遍采用。

五、金属冶炼

（一）铸铁

人类冶铁都是从块炼铁起步的。将铁矿石和木炭放进炉中加热，可以通过化学上的还原作用生出金属，但铁矿石在熔化后的还原过程中，变成疏松的全是气孔的海绵状物，还原出来的小铁珠凝固并隐藏在渣块中，它叫块炼铁，也叫海绵铁，含碳量很低，相当软。之后在反复加热锻打中挤出渣子，并由于同炭火接触，渗碳变硬而成为块炼钢。考古学证明，中国在西周末已经生产出这样的铁和钢。

很快，到了公元前8世纪上半叶的春秋早期就出现了铸铁。山西天马—曲村遗址出土了春秋早期和中期的条状铸铁即生铁。铸铁是在高炉里以高温液态还原法炼出来的。铁的熔点是1536℃。但是，不用烧到这么高的温度，烧到1200℃时，被木炭还原出来的固态铁就迅速吸收碳。只要含碳量超过2%，烧到1146℃铁就熔化了。西方古代炼铜时，炉温肯定超过铜的熔点1083℃，只要再提高120多度就能炼出铸铁来，可是古代西方就是长期迈不过这道坎，可能因为西方冶铁的传统是锻打海绵铁。公元初年，罗马的炼铁炉有时因为过热炼出了铸铁，然而由于铸铁一锻即碎，所以都被当作废料抛弃了。

（二）球墨铸铁

中国有了铸铁后，由于其性脆、韧性较差，于是又发明了退火的方法，即在高温下将铸铁件长时间加热，使铁中的化合碳发生变化，就可以改变其质地与性能。比如：把生铁铸的镰刀放入一个炉子里三天，

金属冶炼

一直保持900℃，再拿出来，这把镰刀就退了火，不再是普通的铸铁了。经过这样处理后制成的就是可锻铸铁（又叫展性铸铁），性能介乎钢和铸铁之间，具有较高的强度。

为什么可锻铸铁比普通铸铁强韧呢？这是因为普通铸铁中的一部分碳会以片状石墨的形式析出。而片状石墨对基体有切割作用，故产生脆性。经过可锻化退火后，铸铁中的石墨变成团絮状，切割作用大为降低，遂获得了较优的机械性能。如果进一步通过可锻化技术，使铁中的石墨成为分散的小球状，则对基体的切割作用变得极小，非常坚韧，甚至可以部分代替铸钢，这就是球墨铸铁。

河南巩义市铁生沟汉代冶铁遗址出土的一件公元前1世纪的铁，经检验，其中的球化石墨形状良好，有明显的石墨核心和放射性结构。就其球化等级而论，可以达到中国现行稀土镁球墨铸铁部颁标准的1—2级。尽管它的硅含量与现代球铁不同，但其石墨结晶致密，一直加热到液相出现才中空脱熔，开花解体，表现出球状石墨的形态稳定性。虽然中国古代很早就有了球墨铸铁，但后来却失传了。现代的球墨铸铁是到了第二次世界大战以后的1947年才发明出来。由此可见，我国古代在金属冶炼方面一点都不落后，且一直遥遥领先。

六、造纸、雕版印刷

关于书写问题，有一种说法，即中国最早的书写材料是甲骨和青铜，这是错误的。甲骨在上古时是神圣的东西，它能预知未来，用于占卜。甲骨遇热会裂出纹路，根据这些纹路，占卜人做出各种解释。所以，甲骨用于神圣的占卜的记载，不是日用品。同样，青铜更不可能。

在当时，铜器相当贵重。不说平民，就是贵族也不能随便铸造铜器。所以，无论甲骨还是青铜都不是最早的书写材料。

《尚书》有云：“惟殷先人，有册有典。”说明商代时就已有典册了，即已用竹简、木简来记事。虽然迄今为止尚未发现商代的竹木简，但考古有一定的偶然性，将来说不定就能出土；可以相信，商代一定有简牍。中国除使用简牍外，还使用丝或帛，只是丝、帛价格昂贵。不过，古代西方用于书写的材料更是五花八门，比如：埃及使用纸草纸，即芦苇的膜；两河流域使用泥板；罗马使用羊皮；要抄写基督教《圣经》中的“旧约”就要用60只羊的皮。这类书写材料大大限制了文化的传播以及教育的普及。

（一）造纸

关于纸的起源，有一种说法是认为起源于漂絮。即在漂絮时，底下放置一件浅而平的竹筐子，细碎的丝絮落入其中，积结成一层薄薄的丝絮薄膜，这层薄膜叫作“赫蹄”，有时也叫它“丝絮纸”，但此说不准确。这层薄膜其实和纸是完全不同的东西，把它再浸入水中，就会重新解散成丝纤维。因为丝纤维是动物蛋白，不能像植物纤维一样，于打浆抄制后能在纤维间产生氢键结合而成为纸。

不过，西汉时确已有纸。1933年在新疆罗布泊的西汉烽隧遗址中、1973—1974年在居延金关西汉宣帝时的遗物中、1978年在陕西扶风中颜西汉晚期窖藏中，均发现过西汉纸。它们以旧麻絮、麻布、绳头等为原料，已经过简单的切、

蔡伦

舂、打浆和抄造。然而纤维交织状态差，纸面粗糙不平，大概只用作包装材料。但这时也有质量较好的纸，1988年在甘肃敦煌小方盘城（汉玉门关遗址）以南出土了一张信纸，上面的字迹颇佳，竟是带波磔的隶书。同出的木简有汉绥和二年（前7）纪年，表明这时的纸无疑已进入书写领域。

到了东汉前期，在蔡伦主持下，造纸技术出现了重大的进步。在这里我需要说明的是，通常所说的蔡伦造纸，并非蔡伦发明，而是改进。蔡伦开始使用树肤即树皮造纸，也就是木浆纸，一直使用至今。可以说，蔡伦是木浆纸的首创者。1974年在甘肃武威旱滩坡出土的东汉晚期纸，是一种单面涂布加工纸，厚约0.07毫米，涂层均匀，纸面平整。它的纤维帚化程度高，交结紧密，是已经发现的东汉最精工的纸张。

造纸

根据新疆发现的古纸实例考察，造纸技术下一步的发展是：晋代已在纸外涂一层矿物性白粉，如吐鲁番发现的晋写本《三国志》用纸。继而采用植物淀粉糊。之后，又将淀粉糊掺进纸浆中，成为悬浮剂，这样可以使纸浆中的纤维分散得更均匀，便于抄造。西凉建初年间（405—417年）的墓葬中出土的纸就是这样的。采用这些措施的目的都是为了堵塞纸面上纤维间细微的孔隙，使运笔时不致滃晕走墨。此外还先后采用施胶、染潢、加蜡、研光等技法对纸张加工。以上种种改进，在唐天宝十年（751）唐与大食的怛罗斯（在今吉尔吉斯斯坦的Aulie Ata）战役之前均告完成。此役中被俘唐军士兵带去的造纸术，已是一种充分成熟的技术。怛罗斯战后不久，在撒马尔罕开始造纸。793年，巴格达开始造纸。900年左右，埃及开始造纸。之后，约在1100年造纸术传入摩洛哥。约在1150年传入西班牙。

1180年传入法国。1271年传入意大利。1312年传入德国。再往后到1567年俄国学会造纸。1690年美国在费城建起第一座造纸厂。中国发明的纸使全世界人民普受其惠。

（二）雕版印刷

说起雕版印刷的起源，往往会追溯到印章。只不过印章系捺印。雕版多为刷印，存在着区别。但印章出现得早，有理由把它看作是雕版印刷的前身。中国汉代印章的印文有的可长达20字，内容宛如一封短信。晋葛洪《抱朴子》中说，道士入山时为了辟邪，所佩木印刻有120字，其印文更与小幅印品相似，可以看作是雕版印刷的前驱。

南北朝时佛教流行。敦煌卷子中的东晋写本《杂阿毗昙心论》卷十，纸背捺有方形佛印，为环绕梵文经咒的西方三圣像。这种佛印、佛咒、佛像都是印在上面的，比《抱朴子》中说的大木印，更接近雕版印刷。同一面上还钤有"永兴郡印"，此郡废于隋初，上述佛印应与之同时，即不晚于隋。初唐时在长安宣扬佛法的僧人法藏，于所撰《华严经探玄记》中讨论悟道有无先后时说："如印文，读时先后，印纸同时。"又说："如世间印法，读之则句义前后，印之则同时显现。"他说的印文、印纸、印法都是指雕版印刷而言。用一块印版印出的文字，读起来虽有先后，却是同时印上去的。这些话的含义十分明确，证明此时已经有了雕版印刷。

印刷技术在慢慢地改进，到了唐代已经印得越来越漂亮。五代时冯道就开始印"五经"了。这个时期的印刷品已经非常成熟，更不用说宋朝的宋版书了。说到这里，就有了一个问题。中国国内未曾出土过唐代的印品。已知雕版印刷品最早的实例是韩国庆州佛国寺释迦塔中出土的《无垢净光大陀罗尼经》。经文字体端正，有一定的印刷质量。由此，韩国人就说雕版印刷是他们发明的。

然事实并非如此。此经正是上面提到的法藏和另一位高僧弥陀山于武则天当政时译出，里面有武则天时期特有的制字。佛国寺也正是此后

雕版印刷

不久（751年）在唐朝工匠参与下建成的。所以有理由认为此经是唐代所印。何况朝鲜古文献中并无在公元8世纪时有印刷活动的记载。朝鲜半岛最早的印刷品是1007年由高丽总持寺刊印的《宝箧印陀罗尼经》。如果说早在公元8世纪前期新罗已能印出像《无垢净光大陀罗尼经》这样的经卷，而在其后的近300年中却是一片空白，就不好解释了。

每个地方都有自己的长处。世界上最早、最好、最漂亮的铜活字印本就是古朝鲜的。日本发明了折扇，后由朝鲜半岛传到我国。所以说，有些事情我们不需大包大揽。但是，确实是我们的，也不必推让。

七、瓷器

瓷器是用高岭土做胎，表里均有一层玻璃质的釉，经过1200℃左右的温度烧结而成。它的质地坚硬，音响清越，不透水和空气，薄层半透明，碎屑有介壳光泽。瓷器是中国的伟大发明。在中西方的商贸交流中，中国的瓷器往西方卖了几亿件。可是西方长期只有陶器，制作不出瓷器来。

其实制瓷跟制陶在技术上没有一条鸿沟，只是一个经验的积累，那就是温度——瓷需要1200℃以上，陶只需900℃。另外，陶用黏土做胎；瓷用瓷土，最好是高岭土做胎。中国商代时期已经有了用黏土掺着瓷土做胎的原始瓷。到汉代，正式的瓷就烧成了。所以，中国很早就有了瓷。

自唐以来，中国瓷器远销世界各地，并受到全世界的欢迎。虽然制瓷的方法也逐渐传播到东西各国，但是，西方就是迈不过温度的这道坎儿，直到公元18世纪，欧洲才烧成了真正的瓷器。

八、罗盘

中国在秦代已认识磁石的吸铁性。《吕氏春秋·精通篇》说："磁石吸铁。"古代为了检验磁石的磁力，常以吸针为验。《名医别录》说："好磁石能悬吸针，虚连三四为佳。"这些钢针因与磁石的接触而磁化。到了宋代，就发现感磁的针能指南。沈括《梦溪笔谈》说："方家以磁石磨针锋，则能指南。"但要使磁针表现出指极性，必须使它能自由转动。对此，沈括介绍了水浮、指甲旋定、碗唇旋定、缕悬等四种方法。之后，磁体指南针很快得到应用。

罗盘

中国的堪舆罗盘最早见载于宋杨维德的《茔原总录》（1041年）。航海罗盘最早见载于宋朱彧的《萍洲可谈》（1119年）。1985年和1997年在江西临川的南宋墓中，两次出土手持罗盘的陶塑人物。前一例的年份为1198年，人像座底书"张仙人"。后一例的年代相近，人像座底书“章坚固”，也是一个仙人的名字。二者在现实生活中均应代表看风水的堪舆师。此类陶塑的屡屡出土，表明用于看风水的罗盘这时已然习见。以上情况证实罗盘在中国的出现不晚于公元11世纪初，应用于航海不晚于公元11世纪末。而罗盘在西方文献中最早见于英人尼坎姆（A Neckam）于1190年时的记载，已经是公元12世纪末叶了。中国发明的罗盘是对人类文明的伟大贡献。

讲到这里，需要对司南做一更正。前些年，根据东汉王充《论衡》中的“司南之杓，投之于地，其柢指南”数语，王振铎先生制作了一个司南，即把一个勺子放在一个方形的地盘上，说这是原始的指南针。这个说法是错误的。1952年郭沫若访问苏联，准备以司南作为礼物，于是找到物理学家钱临照，请他用最好的天然磁石，请北京最好的玉工做出了上述模型。但是，这个勺子根本不指南。没有办法，只好改用钢制作勺子，然后又缠上线圈，做成了电磁铁。对于这个问题，后来写了好多文章，才慢慢纠正过来。所以，有时候一个东西一旦说错，并得到了认可，要加以纠正是非常难的。

九、火药、火炮

（一）火药

中国古代炼丹术士是以炼制长生丹药为目的，然而他们所采用的原料却是一些烈性的矿物，如硝石、硫黄之类。由于不易控制，术士又对它们进行“伏火”。伏火时要将硝石、硫黄和炭化的皂角等一同加热。这样，一不小心就会引起猛烈地燃烧，最终导致了火药的发明。唐代孙思邈在《丹经》（682年）中说，火药是用二两硫黄、二两硝石加三个皂角子制成，这是最早记下的火药配方。

（二）火炮

火药发明后，最早的是把火药装进火药包，用抛石机投射出去。

火药

火炮

904年，五代十国中吴国的军队攻打豫章（今南昌）时，用“发机飞火”，烧了龙沙门（见宋路振《九国志》）。此事件据宋许洞《虎钤经》的解释：“飞火者，谓火炮、火箭之类也。”可见公元10世纪初，原始火炮已经出现在战场上。

但火药包的爆炸力不仅与药量的多少有关，还和装火药的容器（炮弹壳）的质地有关。初期的弹壳是陶质的，做成圆瓶形，瓶外还做出若干尖突。公元13世纪发明了铁炮弹。赵与《辛巳泣蕲录》记南宋嘉定十四年（1221）金人攻蕲州的火炮，炮弹用生铁铸成。铁弹壳强度高，壳内气体的压力大，爆炸时威力更强。《金史》中称之为“震天雷”。

以上各种火炮还都是将炮弹用抛石机投掷出去的。从公元12世纪起，发射火药及子弹的管状火器也在不断创制与改进。汤璹《德安守御录》记南宋绍兴二年（1132）陈规守德安（今湖北安陆）时，发明竹制火枪。南宋开庆元年（1259）寿春更制出了“以巨竹为筒，内安子窠”的“突火枪”（见《宋史·兵志》）。到了元代，在1287年平定乃颜叛乱的战争中，还使用过火力较强的小型火炮（见《元史·李庭传》）。估计它可能就是一种金属管状火器。在这次战争的战场之一，黑龙江阿城区半拉城子所出形制原始的铜铳，虽无铭文，但很有可能即此次战争的遗物。金属筒状火器的出现，是兵器史上惊天动地的大事，它意味着冷兵器时代即将谢幕。中国国家博物馆所藏元至顺三年（1332）铜铳是有明确纪年的世界上最早的铜火炮，完全可以被看作是火器时代来临的第一块路标。

有时候，我们对一些重要的发明宣传得不够，使得人们在有些问题上认识不到位。比如说到火药，有人认为不就是放鞭炮嘛。但是，火药的意义绝不止于此，正是中国火炮的西传，世界进入火器时代，欧洲才进入近代，市民阶层才能够登上政治舞台。所以，今天我们要宣传我国古代的发明创造，这是我国传统文化中不可或缺的一部分。同时，让我们今天的年轻人通过了解古代中国的物质文化，增强民族自豪感和自信心，要让爱国主义的教育找到根基、落到实处。我想这对于整个国民素质的提高是很有意义的，是一个值得注意的方面。